复旦中文学科建设丛书
吴语研究卷

吴声越韵

陈忠敏 陶寰 编选

商务印书馆
The Commercial Press

图书在版编目(CIP)数据

吴声越韵/陈忠敏,陶寰编选.—北京:商务印书馆,2017
(复旦中文学科建设丛书·吴语研究卷)
ISBN 978-7-100-15480-2

Ⅰ.①吴… Ⅱ.①陈… ②陶… Ⅲ.①吴语-方言研究-文集 Ⅳ.①H173-53

中国版本图书馆 CIP 数据核字(2017)第 273819 号

权利保留,侵权必究。

吴声越韵

复旦中文学科建设丛书·吴语研究卷
陈忠敏 陶寰 编选

商 务 印 书 馆 出 版
(北京王府井大街36号 邮政编码100710)
商 务 印 书 馆 发 行
苏州市越洋印刷有限公司印刷
ISBN 978-7-100-15480-2

2017年11月第1版　　开本710×1000　1/16
2017年11月第1次印刷　印张 29.25
定价:80.00元

前　言

复旦大学中文学科的开始,追溯起来,应当至1917年国文科的建立,迄今一百年;而中国语言文学系作为系科,则成立于1925年。1950年代之后,汇聚学界各路精英,复旦中文成为中国语言文学教学和研究的重镇,始终处于海内外中文学科的最前列。1980年代以来,复旦中文陆续形成了中国语言文学研究所(1981年)、古籍整理研究所(1983年)、出土文献与古文字研究中心(2005年)、中华古籍保护研究院(2014年)等新的教学研究建制,学科体制更形多元、完整,教研力量更为充实、提升。

百年以来,复旦中文潜心教学,名师辈出,桃李芬芳;追求真知,研究精粹,引领学术。复旦中文的前辈大师们在诸多学科领域及方向上,做出过开创性的贡献,他们在学问博通的基础上,勇于开辟及突进,推展了知识的领域,转移一时之风气,而又以海纳百川的气度,相互之间尊重包容,"横看成岭侧成峰",造成复旦中文阔大的学术格局和崇高的学术境界。一代代复旦中文的后学们,承续前贤的精神,持续努力,成绩斐然,始终追求站位学术前沿,希望承而能创,以光大学术为究竟目标。

值此复旦中文百年之际,我们编纂本丛书,意在疏理并展现复旦中文传统之中具有领先性及特色,而又承传有序的学科领域及学术方向。其中的文字,有些已进入学术史,堪称经典;有些则印记了积极努力的探索,或许还有后续生长的空间。

回顾既往,更多是为了将来。我们愿以此为基石,勉力前行。

陈引驰
2017年10月12日

出 版 说 明

本书系为庆祝"复旦大学中文学科百年"所策划的丛书《复旦中文学科建设丛书》之一种。该丛书是一套反映复旦中文百年学术传统、源流，旨在突出复旦中文学科特色、学术贡献的学术论文编选集。由于所收文章时间跨度大，所涉学科门类众多，作者语言表述、行文习惯亦各不相同，因此本馆在编辑过程中，除进行基本的文字和体例校订外，原则上不作改动，以保持文稿原貌。部分文章则经作者本人修订后收入。特此说明。

编辑部

2017 年 11 月

目　　录

上 海 方 言

上海方音的内部差异 ·················· 许宝华　汤珍珠　003
上海方音的共时差异 ············ 许宝华　汤珍珠　汤志祥　028
上海市区与近郊方音的比较研究 ················· 邵慧君　041
上海城市方言疑问句式使用情况的社会语言学调查 ········· 平悦铃　067

吴语概论及吴语语法

吴语形成的历史背景
　　——兼论汉语南部方言的形成模式 ············· 潘悟云　081
吴语里的反复问句 ························· 游汝杰　099
SOV完成体句和SVO完成体句在吴语中的接触结果 ········ 钱乃荣　124
吴语札记 ····························· 张惠英　132
吴语"V-脱"中的"脱" ····················· 范　晓　198
吴语"指示词＋量词"的省略式 ················· 杨剑桥　212
天台话的几种语法现象 ····················· 戴昭铭　214
吴语人称代词的范式、层次及其合音现象 ············· 陈忠敏　232

吴闽语比较二则	陶 寰	260
汉语吴方言的"处所成分—指示词"演化圈		
——兼从语言类型学看指示词的词汇更新	盛益民	267

其他吴语方言点语音研究

宁波方言(老派)的单字调和两字组变调	汤珍珠 游汝杰 陈忠敏	305
浙江台州方言中的嘎裂声中折调	朱晓农	321
On Language Change: A Case Study of Morphosyntactic Diffusion	张洪明	328
吴语 ɦ 的音系地位	沈钟伟	350
宣州片吴语古全浊声母的演变	蒋冰冰	366
降峰双元音是一个动态目标而升峰双元音是两个目标: 宁波方言双元音的声学与发音运动学特性	胡 方	378
论清浊塞音的发音协调机制		
——以上海话为例	马 良 陈忠敏 魏建国	413

吴 语 文 献

现代上海市区方言的多种来源与方言岛理论	石汝杰	425
吴语早期文献所见的"等"字句	郑 伟	445

编后记	460

上海方言

上海方音的内部差异

许宝华　汤珍珠

一、说　　明

上海话属吴语系统,位于吴语方言群的东北端,是吴语有代表性的地点方言之一。

上海居民中,外地人要比上海本地人多得多,由于五方杂处,上海话不能不受到其他方言特别是邻近吴语地点方言的影响,因而在同其他方言平行发展的同时,形成了自己的特点和复杂的内部差异。调查研究这样一个方言的发展变化,对汉语方言学和推广普通话工作来说,都有一定的理论意义和实践意义。1961年我们对上海(市区)方言进行了一次较广泛的调查,本文就是根据这次调查所得的一部分材料整理而成的。

由于上海方音的内部情况相当复杂,为便于比较分析起见,必须选择一处的语音作为出发点。经过考虑,我们选择上海人民广播电台所播的上海话为代表。因为上海人民广播电台沪语组播音员所说的上海话具有较大的普遍性。本文"上海音系简述"中所述的就是上海人民广播电台沪语组播音员的语音系统。

为了进行较深入的调查,我们曾按上海市区的行政区域分为12个调查区进行调查。这12个调查区是:黄浦区、南市区、静安区、普陀区、杨浦区、闸北区、虹口区、徐汇区、卢湾区、长宁区、闵行区、吴淞区。每个区里调查点的数目不一。调查点的总数为27个。

在物色调查对象时，我们还特别注意到年龄的差别。结果表明，上海方音的内部差异最明显的表现在人的年龄差别上。如虹口区和徐汇区的两家祖孙三代的语音就有相当大的不同。

本文"上海方音的内部差异"根据调查材料，结合《现代吴语的研究》，分8个问题来说明上海方音的内部差异和它近几十年来的变化。

本文"结语"只是在比较分析上海方音的内部差异之后提出的一点看法，并不是理论性的概括。

本文"附表"是关于上海方音内部差异的一些具体材料，"上海方音的内部差异"就是从这些具体材料中归纳出来的。地区栏内所注的"（老年）（中年）（青年）"，是说例字栏内的音是××区的某一老年或某一中年、青年发的，但他们并不能代表××区的全体老年或中年、青年。

二、上海音系简述

声母（共27个）：

p 帮布比	pʻ 滂派片	b 並盘白	m 明米门	f 非方分	v 奉文微
t 端到多	tʻ 透讨土	d 定头夺	n 南怒你		l 来路连
ts 糟招焦	tsʻ 仓昌枪			s 散扇线	z 从虫齐
tɕ 九经结	tɕʻ 丘轻缺	dz 旗穷极	ȵ 泥女涅	ɕ 戏虚血	
k 高故公	kʻ 开靠空	g 共葵环	ŋ 硬牙岳		
ø 鸭衣乌迂				h 化灰欢	ɦ 鞋移胡雨

零声母限于阴调类字。开始时带喉塞音，入声字更为明显。ɦ代表同后面元音同部位的浊擦音，限于阳调类字。

韵母（共42个）：

ɿ 资知主	i 衣鸡喜	u 乌吴路	y 须居余
	ii 烟尖鲜		
a 拉柴芽	ia 野借雅	ua 快怪坏	
o 华车茶	io 靴		
ɔ 袄桃老	iɔ 表条桥		
ɤ 斗丑走	iɤ 流酒旧		
ɛ 雷来兰	iɛ 念也械	uɛ 规关晚	
ø 干岸醉		uø 官碗换	yø 软权县
əl 而儿耳			
ã 张庚冷	iã 央想蒋	uã 横	
ɑ̃ 党桑浪		uɑ̃ 光黄况	
əŋ 根耕身	iŋ 兵民林	uəŋ 温魂困	yəŋ 群云孕
oŋ 公共中			yoŋ 穷兄用
aʔ 辣法鸭	iaʔ 脚药确	uaʔ 括	
oʔ 北各木	ioʔ 浴局肉		
əʔ 舌佛突	iɛʔ 吃	uəʔ 骨活刮	yəʔ 决血月
	iiʔ 笔密结		

m、n、ŋ能自成音节，限于白话音。如"姆"₌m̩，"□奶 n̩⁵³⁻⁵⁵na¹⁴⁻³¹"（祖母）的₌n̩，"鱼"ŋ̍。

声调（共5个）：

平声	53	刚知专
阴去	34	古展正
阳去	14	穷柱备
阴入	5	急曲黑
阳入	12	岳局合

吴声越韵

声韵调的配合关系

(1) 声母韵母配合关系表

声母＼韵母	开		齐		合		撮	
	ɿ	其他	i	i-	u	u-	y	y-
p pʻ b m		怕	米	兵	布			
f v		方	飞		夫			
t tʻ d n		单	低	条	土			
l		来	李	料	路		吕	
ts tsʻ s z	纸	庄	妻	消	租		趣	
tɕ tɕʻ dʑ ɲ ɕ			鸡	浇			女	群
k kʻ g ŋ h		高	移	要	火	快	迁	月
0 ɦ		矮			乌	挖		

p 组声母除 u 韵外，不跟其他合口韵和撮口韵相拼。

f 组声母除 i、u 韵外，不跟其他齐齿韵、合口韵、撮口韵相拼。

t 组声母除 u 韵外，不跟其他合口韵、撮口韵相拼。

l 声母和 ts 组声母除跟开合（限 u 韵）相拼外，也跟齐撮（限 y 韵）相拼。

tɕ 组声母只跟齐撮韵相拼。

k 组声母（包括 h 声母）只拼开合，不拼齐撮。

零声母和 ɦ 声母跟开齐合撮各韵都相拼。

ɿ 韵只拼 ts 组声母。

əl 韵只有零声母字。

(2) 声母、声调配合表

声母＼声调					平	阴去	阳去	阴入	阳入
p pʻ f t tʻ					帮	胖		福	
ts tsʻ s tɕ tɕʻ									
ɕ k kʻ ø h					拉	美	泥		岳
m n l ɲ ŋ							旁		局
b v d z									
dʑ g ɦ									

清音声母都是阴调类字。

全浊声母都是阳调类字。

次浊声母阴调类、阳调类字都有。

三、上海方音的内部差异

f、ɦu，v、ɦu 的分混

上海话 f、ɦu，v、ɦu 的分混问题上，目前有 4 种派别：

第一派完全分 f-、ɦu-，v-、ɦu-。如"夫"₌fu、"呼"₌hu、"父"vu²、"户"ɦu²，"分"₌fəŋ、"昏"₌huəŋ，"方"₌fɑ、"荒"₌huɑ、"文"vəŋ²、"魂"ɦuəŋ²。

第二派完全不分 f-、ɦu-，v-、-ɦu，清音都读成 f 或 hu-，浊音都读成 v-或 ɦu-。如"夫"₌fu、"呼"₌fu、"父"ɦu²、"户"ɦu²、"分"₌fəŋ、"昏"₌fəŋ、"方"₌fɑ、"荒"₌fɑ、"文"vəŋ²、"魂"vəŋ²。

第三派 u 韵前不分 fu、hu、vu、ɦu，其他合口韵字分 f-、hu-、v-、ɦu-。如"夫=呼"₌fu（其中只有"火"字，有些人读 hu²）、"父=户"vu²，也有人读成 ɦu²；"方"₌fɑ≠"荒"₌huɑ，"文"vəŋ²≠"魂"ɦuəŋ²。

第四派 u 韵前清音分 fu、hu，浊音不分 vu、ɦu，其他合口韵字分 f-、hu-、v-、ɦu-。如"夫"₌fu、"呼"₌hu、"父=户"ɦu²；"方"₌fɑ≠"荒"₌huɑ，"文"vəŋ²≠"魂"ɦuəŋ²。

《现代吴语的研究》中所记的上海音是"旧派'h(u)、f 常混（忽＝拂），'w、v'常混（王＝房），新派不大混"。这两派依然存在，相当于现在的第一、第二派。

尖团音的分混

上海话一向分尖团音，这在《现代吴语的研究》中有记录，可是现在的上海话情况就不同了。老年人几乎全部能分，中年人已有分化，有的分，有的不分，有的人基本上不分，只有少数字还保留尖音，青少年一代则差不多全部不分。

吴声越韵

这个趋向说明上海话正在朝不分尖团的方向发展。如虹口区和徐汇区两家的祖孙三代,都是上两代分尖团,第三代不分。如:

  第一代 九 tɕiɤ⁼ ≠ 酒 tsiɤ⁼ 丘 ⊂tɕ'iɤ ≠ 秋 ⊂ts'iɤ 休 ⊂ɕiɤ ≠ 修 ⊂siɤ

  第二代 九 tɕiɤ⁼ ≠ 酒 tsiɤ⁼ 丘 ⊂tɕ'iɤ ≠ 秋 ⊂ts'iɤ 休 ⊂ɕiɤ ≠ 修 ⊂siɤ

  第三代 九 tɕiɤ⁼ = 酒 tɕiɤ⁼ 丘 ⊂tɕ'iɤ = 秋 ⊂tɕ'iɤ 休 ⊂ɕiɤ = 修 ⊂ɕiɤ

ɛ 韵的分类

上海话的 ɛ 韵字可以分成 4 派。以"雷、来、兰"为例。

  第一派 雷 le⁼ ≠ 来 lE⁼ ≠ 兰 lɛ⁼

  第二派 雷 le⁼ = 来 le⁼ ≠ 兰 lɛ⁼

  第三派 雷 le⁼ ≠ 来 lɛ⁼ = 兰 lɛ⁼

  第四派 雷 lɛ⁼ = 来 lɛ⁼ = 兰 lɛ⁼

第一派把 ɛ 韵字分为 3 类,大部分是老年人,中年以下很少有这样的分法。在老年人中因地区差别而有不同。接近郊区的如徐家汇、虹口比较稳定。市中心的老年人中虽然也有分 3 类的,但系统很不整齐,尤其是 E 韵字,大都已归入 e 或 ɛ 韵,留下的为数不多。有的老年人已干脆分为 e、ɛ 两类,过渡到了第二或第三派。

第二派和第三派的势力比较大,不论男女老少和地区差别,都分为 e、ɛ 两类,所不同的只是两个韵类所包含的字数多少而已。目前在部分中年和青少年的口音里,许多 e 韵字读成 ɛ 韵,也有些 e 韵字摇摆于 e、ɛ 之间,本人都把握不定,可见正在向第四派过渡。

第四派只读 ɛ 韵一类,部分中年人和大多数青少年都属于这一派。

从调查材料看,第一派的读音是比较老的,第四派的读音是新起的,第二、三派正处于过渡阶段。《现代吴语的研究》提到"旧派来 = 雷 ≠ 兰,新派雷 ≠ 来 = 兰"。当时的旧派相当于现在的第二派,当时的新派相当于现在的第三派。现在的第一派 3 类分法,那时肯定是有的,大概由于未作全面调查而没有发现,现在的第四派在当时可能还没有产生。现在如果也要以新旧来分派别的话,那末,第一派是旧派,第四派是新派,第二、三派可以说是旧派向新派的过渡。

ε、ø两韵的读音

上海话 ts、tsʻ、s、z 的 ε 和 ø 韵字,有一部分相当于普通话 ts、tsʻ、s 和 tʂ、tʂʻ、ʂ、ʐ 的 uei 韵字,如"最、翠、岁、追、炊、税、锐"等,其中除了"嘴、吹、水"三字上海白读为 ૧ 韵外,其余字的读音不很稳定。有人读 ε,有人读 ø,有些字在同一个人的口里有时读 ε,有时读 ø,有时 ε、ø 互读。从这次调查的结果看,虽然找不出年龄或地区上的特点,不过总的趋向是明显的,大部分字现在读 ø 韵,其中只有"碎"字的读音比较统一,在 27 个调查点中,仅两处读 ø 韵,其余各点都读 ε 韵,并且比较稳定。

目前 ø 韵的读音占优势,很可能是受普通话的影响。这些字普通话都是合口字,发音时嘴唇略呈圆形,上海话由 ε 到 ø,由平唇到圆唇,虽然还保持单元音,但已可以看出其向普通话靠拢的趋向。青少年中受普通话影响较大的,已把 ø 韵读成 uε 韵了。

uε、uø 韵的分混

上海话的 uε 韵如"规、关、亏、挽"等和 uø 韵如"官、灌、宽、碗"等在分类上有 4 种派别:

第一派　　规꜂kue≠官꜂kuɛ≠关꜂kuɛ

第二派　　规꜂kue≠官꜂kuø≠关꜂kuɛ

第三派　　规꜂kue=官꜂kue≠关꜂kuɛ

第四派　　规꜂kue=关꜂kuɛ≠官꜂kuø

这两韵的分类跟 ε 韵的分类一致。因为 uε 韵是 ε 韵的合口。ε 韵的分类是第一派的,在 uε 韵的分类上不是第一派就是第二派。ε 韵的分类是第二、三派的,uε 韵也属于第二、三派。ε 韵的分类是第四派的,uε 韵也是第四派。uø 韵在不同的派别中有不同的念法,第一派读 uɛ,独立成韵;第三派读 ue,与-ue 韵合流。

第一派的分类方式,只保留在少数老年人口里,第二、三派的较多,第四派大部分是中年以下。第二、四派中有部分的 uø 韵字读成 ø 韵,失去了 u 介音。

i、ii 的分混

上海话的 i 韵相当于普通话的 i 韵如"衣、移"等，上海话的 ii 韵相当于普通话的 ian 韵如"烟、盐"等。这些字在一些上海人读来完全同音，都读成 i 韵，如"衣＝烟" ᴄi，"移＝盐" ɦi²。

i 和 ii 的分韵在老年和中年之间比较普遍，青年也有一些。i 和 ii 合为一韵，在青少年中比较普遍，老年和中年也有一些。《现代吴语的研究》中上海音分 i、ɿ，经过近 40 年的发展产生了 i、ii 合流的现象；其情况与尖团音相似，即使是同一家庭，往往是老年人分，青年人不分。

yoŋ、yəŋ 的分混

上海话的 yoŋ 相当于普通话的 yoŋ，如"穷、用、兄"等，上海话的 yəŋ 韵相当于普通话的 yn，如"群、云、孕"等。这两韵的分类有下列 4 种情况。以"穷、群、用、晕"4 字为例：

	穷	群	用	晕	
一	dzyoŋ²	dzyəŋ²	ɦyoŋ²	ɦyəŋ²	一类读 yoŋ，一类读 yəŋ
二	dzyoŋ²	dzyoŋ²/dzyəŋ²	ɦyoŋ²	ɦyoŋ²/ɦyəŋ²	一类读 yoŋ，一类 yoŋ/yəŋ 互读
三	dzyoŋ²	dziŋ²	ɦyoŋ²	ɦiŋ²	一类读 yoŋ，一类读 iŋ
四	dzyoŋ²	dzyoŋ²	ɦyoŋ²	ɦyoŋ²	两类都读 yoŋ

第一、二、四种读法势力均衡，只有第三种的读法限于文化程度较低或老年人的口音。

声调的分类

上海话的声调，在《现代吴语的研究》中分 7 或 6 类未定，现在一般都分为 5 类，靠近郊区的分 6 或 7 类，还有绝小部分的老年人分为 8 类。现在把这 4 种情况分述如下：

(1) 5 种调类 这种读音在上海最普遍，具有代表性。

阴平 53　阴去 34　阳去 14　阴入 5　阳入 12

东冬　　董冻　　同动洞　督　　独

(2) 6 种调类

阴平 53　阳平 31　阴去 34　阳去 14　阴入 5　阳入 12
东冬　　容　　　董冻　　同动洞　　督　　独

阳平字很少,大部分已归入阳去,如黄浦区和浦东一带。吴淞区也是 6 个调类,其分类比浦东更乱,3 个阳调类的字,有的都读成阳平,如"桃＝道＝盗"dɔ³¹,"同＝动＝洞"doŋ³¹;有的都归为阳去,如"情＝静＝净"ziŋ¹⁴,"台＝待＝代"dɛ¹⁴。

(3) 7 种调类

阴平 53　阳平 42　上声 34　阴去 45　阳去 213　阴入 5　阳入 12
东冬　　同　　　想　　　董冻　　动洞　　　督　　独

闵行区分 7 个调类。上声都是清声母字,为数很少,大部分归入阴去。3 个阳调类字有混而为一的,如"愉＝愈＝裕",也有阳上归阳去的,如"裕＝羽",也有阳去归阳平的,如"桃＝盗"。

(4) 8 种调类

阴平 53　阳平 22　阴上 33　阳上 213　阴去 34　阳去 14　阴入 5　阳入 12
东　　　同　　　董　　　动　　　　冻　　　洞　　　督　　独

这种读音在上海很少听到,在 27 个调查点中,分 8 个调类的只有 3 个点:徐汇区徐镇路、虹口区欧阳路、静安区曹家渡。其中老年人读音比较稳定,内部系统也很整齐;中年人读音不大稳定,系统也不整齐,3 个阳调类字大部分已混淆不清,如"徒＝杜＝度";也有阳平与阳上相混的,如"麻＝马";也有阳上和阳去相混的,如"道＝盗"。在阴调类字中,有许多阴上字和阴去字相混,如"凯＝慨"。看来 8 个调类的读音不会保持很久。

四、结　　语

一种地点方音的内部一般都是比较单纯的,但上海方音的内部则比较复杂,有明显的差异。这似乎是同上海居民"五方杂处"、各方言间相互影响的特点分不开的。

一种地点方音的内部如果产生差异,一般带有明显的地域性;但上海方音的内部差异已没有明显的地域界限,不能用行政区域的不同来很好说明上海(市区)方音的内部差异。

从上海方音的内部差异及其几十年来的发展看,较老的语音现象老年人一般保留得多些,新起的语音现象大都体现于青少年,且比较接近普通话。说明语音的不断发展和普通话对青少年影响的日益巨大。由于上海方音存在着明显的内部差异,今后在推广普通话和编写学习普通话手册时,应更多的考虑到上海方音的特点。

近几十年来,上海方音在某些方面的发展,要比邻近的其他地点方言快些。以调类而论,现在上海方音中占优势的是5种调类,而邻近的其他吴语地点方言一般都仍然分为7至8种调类。这可能说明方音的发展同具体的社会历史条件是密切联系的。

五、附　　表

(1) f、hu，v、ɦu 的分混(一)

地　区	例　字					
	夫—呼	府—虎	斧—火	父—户	腐—贺	
1　上海人民广播电台沪语组(中年)	fu=fu	fu=fu	fu=fu	ɦu=ɦu	ɦu=ɦu	f、ɦ
2　上海人民广播电台沪语组(中年)	fu≠hu	fu≠hu	fu≠hu	ɦu=ɦu	ɦu=ɦu	f、h、ɦ
3　黄浦区(老年)	fu≠hu	fu≠hu	fu≠hu	ɦu=ɦu	ɦu=ɦu	f、h、ɦ
4　黄浦区(老年)	fu=fu	fu=fu	fu=fu	vu=vu	vu=vu	f、v
5　黄浦区(老年)	fu=fu	fu=fu	fu=fu	ɦu=ɦu	ɦu=ɦu	f、ɦ

续表

地 区	例 字					
	夫—呼	府—虎	斧—火	父—户	腐—贺	
6 黄浦区(青年)	fu=fu	fu=fu	fu≠hu	ɦu=ɦu	ɦu=ɦu	f、h、ɦ
7 南市区(青年)	fu=fu	fu=fu	fu=fu	ɦu=ɦu	ɦu=ɦu	f、ɦ
8 南市区(青年)	fu=fu	fu=fu	fu=fu	ɦu=ɦu	ɦu=ɦu	f、ɦ
9 南市区(青年)	fu=fu	fu=fu	fu≠hu	ɦu=ɦu	ɦu=ɦu	f、h、ɦ
10 南市区(青年)	fu=fu	fu=fu	fu=fu	vu=vu	vu=vu	f、v
11 静安区(中年)	fu=fu	fu=fu	fu≠hu	ɦu=ɦu	ɦu=ɦu	f、h、ɦ
12 普陀区(中年)	fu=fu	fu=fu	fu=fu	vu=vu	vu=vu	f、v
13 虹口区(老年)	Φu=Φu	Φu=Φu	Φu≠hu	ɦu=ɦu	ɦu=ɦu	Φ、h、ɦ
14 虹口区(老年)	fu=fu	fu=fu	fu=fu	ɦu=ɦu	ɦu=ɦu	f、ɦ
15 虹口区(青年)	fu=fu	fu=fu	fu≠hu	vu≠ɦu	vu≠ɦu	f、v、h、ɦ
16 虹口区(老年)	fu=fu	fu=fu	fu=fu	ɦu=ɦu	ɦu=ɦu	f、ɦ
17 闸北区(中年)	fu=fu	fu=fu	fu=fu	ɦu=ɦu	ɦu=ɦu	f、ɦ
18 杨浦区(老年)	fu=fu	fu=fu	fu=fu	ɦu=ɦu	ɦu=ɦu	f、ɦ
19 杨浦区(青年)	fu=fu	fu=fu	fu=fu	ɦu=ɦu	ɦu=ɦu	f、ɦ
20 徐汇区(老年)	hu=hu	hu=hu	hu=hu	ɦu=ɦu	ɦu=ɦu	h、ɦ
21 徐汇区(中年)	fu=fu	fu=fu	fu=fu	ɦu=ɦu	ɦu=ɦu	f、ɦ
22 徐汇区(中年)	fu=fu	fu=fu	fu=fu	ɦu=ɦu	ɦu=ɦu	f、ɦ
23 徐汇区(青年)	fu=fu	fu=fu	fu=fu	fu≠ɦu	fu≠ɦu	f、ɦ
24 卢湾区(老年)	fu=fu	fu=fu	fu=fu	ɦu=ɦu	ɦu=ɦu	f、ɦ
25 长宁区(中年)	fu=fu	fu=fu	fu=fu	vu=vu	vu=vu	f、v
26 闵行区(中年)	fu=fu	fu=fu	fu=fu	ɦu=ɦu	ɦu=ɦu	f、ɦ
27 吴淞区(中年)	fu=fu	fu=fu	fu=fu	ɦu=ɦu	ɦu=ɦu	f、ɦ

(1) f、hu、v、ɦu 的分混(二)

地 区	例 字				
	方—荒	分—昏	文—魂	万—还	
1 上海人民广播电台沪语组(中年)	fuɑ̃≠huɑ̃	fəŋ≠huəŋ	vəŋ≠ɦuəŋ	vɛ≠ɦuɛ	f、h、v、ɦ
2 上海人民广播电台沪语组(中年)	fɑ̃≠huɑ̃	fəŋ≠huəŋ	vəŋ≠ɦuəŋ	vɛ≠ɦuɛ	//

吴声越韵

续表

地 区	例 字					
	方—荒	分—昏	文—魂	万—还	
3 黄浦区(老年)	fɑ≠fɑ̃	fəŋ≠huəŋ	vəŋ≠ɦuəŋ	vɛ≠ɦuɛ	//
4 黄浦区(老年)					
5 黄浦区(老年)	fɑ=fɑ̃	fəŋ=fəŋ	ɦuəŋ=ɦuəŋ	ɦuɛ=ɦuɛ	f、ɦ
6 黄浦区(青年)	fɑ≠huɑ̃	fəŋ≠huəŋ	vəŋ≠ɦuəŋ	vɛ≠ɦuɛ	f、h、v、ɦ
7 南市区(青年)	fɑ≠huɑ̃	fəŋ≠huəŋ	vəŋ≠ɦuəŋ	vɛ≠ɦuɛ	//
8 南市区(青年)	fɑ≠huɑ̃	fəŋ≠huəŋ	vəŋ≠ɦuəŋ	vɛ≠ɦuɛ	//
9 南市区(青年)	fɑ≠huɑ̃	fəŋ≠huəŋ	vəŋ≠ɦuəŋ	vɛ≠ɦuɛ	//
10 南市区(青年)	fɑ=fɑ̃	fəŋ=fəŋ	vəŋ≠ɦuəŋ	vɛ=vɛ	f、v、ɦ
11 静安区(中年)	fɑ≠huɑ̃	fəŋ≠huəŋ	vəŋ≠ɦuəŋ	vɛ≠ɦuɛ	f、h、v、ɦ
12 普陀区(中年)					
13 虹口区(老年)					
14 虹口区(老年)					
15 虹口区(青年)					
16 虹口区(老年)					
17 闸北区(中年)	fɑ=fɑ̃	fəŋ=fəŋ	ɦuəŋ=ɦuəŋ	ɦuɛ=ɦuɛ	f、ɦ
18 杨浦区(老年)	fɑ=fɑ̃	fəŋ=fəŋ	vəŋ=vəŋ	vɛ=vɛ	f、v
19 杨浦区(青年)	fɑ=fɑ̃	fəŋ≠huəŋ	vəŋ=vəŋ	vɛ=vɛ	f、h、v
20 徐汇区(老年)	fɑ=fɑ̃	fəŋ=fəŋ	vəŋ=vəŋ	vɛ=vɛ	f、v
21 徐汇区(中年)	fɑ=fɑ̃	fəŋ≠huəŋ	vəŋ≠ɦuəŋ	vɛ=vɛ	f、h、v、ɦ
22 徐汇区(中年)	fɑ≠huɑ̃	fəŋ=fəŋ	vəŋ≠ɦuəŋ	ɦuɛ=ɦuɛ	f、h、v、ɦ
23 徐汇区(青年)	fɑ=fɑ̃	fəŋ=fəŋ	vəŋ=vəŋ	vɛ=vɛ	f、v
24 卢湾区(老年)					
25 长宁区(中年)	fɑ=fɑ̃	fəŋ=fəŋ	ɦuəŋ=ɦuəŋ	ɦuɛ=ɦuɛ	f、ɦ
26 闵行区(中年)	fɑ=fɑ̃	fəŋ=fəŋ	ɦuəŋ=ɦuəŋ	ɦuɛ=ɦuɛ	//
27 吴淞区(中年)	fɑ=fɑ̃	fəŋ=fəŋ	ɦuəŋ=ɦuəŋ	ɦuɛ=ɦuɛ	//

(2) 尖团音的分混

	地　区	例　字					
		将—姜	节—结	小—晓	齐—旗	秋—丘	
1	上海人民广播电台沪语组(中年)	tsiā≠tɕiā	tsiiʔ≠tɕiiʔ	siɔ≠ɕiɔ	zi≠dʑi	tsʻiɤ≠tɕʻiɤ	ts、tsʻ、s、z、tɕ、tɕʻ、ɕ、dʑ
2	上海人民广播电台沪语组(中年)	tsiā≠tɕiā	tsiiʔ≠tɕiiʔ	siɔ≠ɕiɔ	zi≠dʑi	tsʻiɤ≠tɕʻiɤ	//
3	黄浦区(老年)	tsiā≠tɕiā	tsiiʔ≠tɕiiʔ	siɔ≠ɕiɔ	zi≠dʑi	tsʻiɤ≠tɕʻiɤ	//
4	黄浦区(老年)	tsiā≠tɕiā	tsiiʔ≠tɕiiʔ	siɔ≠ɕiɔ	zi≠dʑi	tsʻiɤ≠tɕʻiɤ	//
5	黄浦区(老年)	tsiā≠tɕiā	tsiiʔ≠tɕiiʔ	siɔ≠ɕiɔ	zi≠dʑi	tsʻiɤ≠tɕʻiɤ	//
6	黄浦区(青年)	tɕiā＝tɕiā	tɕiiʔ＝tɕiiʔ	ɕiɔ＝ɕiɔ	zi≠dʑi	tɕʻiɤ＝tɕʻiɤ	tɕ、tɕʻ、z、ɕ、dʑ
7	南市区(老年)	tsiā≠tɕiā	tsiiʔ≠tɕiiʔ	siɔ≠ɕiɔ	zi≠dʑi	tsʻiɤ≠tɕʻiɤ	ts、tsʻ、s、z、tɕ、tɕʻ、ɕ、dʑ
8	南市区(青年)	tɕiā＝tɕiā	tɕiiʔ＝tɕiiʔ	ɕiɔ＝ɕiɔ	zi≠dʑi	tɕʻiɤ＝tɕʻiɤ	tɕ、tɕʻ、z、ɕ、dʑ
9	南市区(青年)	tɕiā＝tɕiā	tɕiiʔ＝tɕiiʔ	ɕiɔ＝ɕiɔ	zi≠dʑi	tɕʻiɤ＝tɕʻiɤ	//
10	南市区(青年)	tɕiā＝tɕiā	tɕiiʔ＝tɕiiʔ	ɕiɔ＝ɕiɔ	zi≠dʑi	tɕʻiɤ＝tɕʻiɤ	//
11	静安区(中年)	tɕiā＝tɕiā	tsiiʔ≠tɕiiʔ	ɕiɔ＝ɕiɔ	zi≠dʑi	tɕʻiɤ＝tɕʻiɤ	ts、tɕ、tɕʻ、z、ɕ、dʑ
12	普陀区(中年)	tɕiā＝tɕiā	tɕiiʔ＝tɕiiʔ	ɕiɔ＝ɕiɔ	zi≠dʑi	tɕʻiɤ＝tɕʻiɤ	tɕ、tɕʻ、z、ɕ、dʑ
13	虹口区(老年)	tsiā≠tɕiā	tsiiʔ≠tɕiiʔ	siɔ≠ɕiɔ	zi≠dʑi	tsʻiɤ≠tɕʻiɤ	ts、tsʻ、s、z、tɕ、tɕʻ、ɕ、dʑ
14	虹口区(老年)	tsiā≠tɕiā	tsiiʔ≠tɕiiʔ	siɔ≠ɕiɔ	zi≠dʑi	tsʻiɤ≠tɕʻiɤ	//
15	虹口区(青年)	tɕiā＝tɕiā	tɕiiʔ＝tɕiiʔ	ɕiɔ＝ɕiɔ	zi≠dʑi	tɕʻiɤ＝tɕʻiɤ	tɕ、tɕʻ、z、ɕ、dʑ
16	虹口区(老年)	tsiā≠tɕiā	tsiiʔ≠tɕiiʔ	siɔ≠ɕiɔ	zi≠dʑi	tsʻiɤ≠tɕʻiɤ	ts、tsʻ、s、z、tɕ、tɕʻ、ɕ、dʑ
17	闸北区(中年)	tɕiā＝tɕiā	tsiiʔ≠tɕiiʔ	ɕiɔ＝ɕiɔ	zi≠dʑi	tɕʻiɤ＝tɕʻiɤ	ts、z、tɕ、tɕʻ、ɕ、dʑ
18	杨浦区(老年)	tsiā≠tɕiā	tsiiʔ＝tɕiiʔ	siɔ≠ɕiɔ	zi≠dʑi	tsʻiɤ≠tɕʻiɤ	ts、tsʻ、s、z、tɕ、tɕʻ、ɕ、dʑ
19	杨浦区(青年)	tɕiā＝tɕiā	tɕiiʔ＝tɕiiʔ	ɕiɔ＝ɕiɔ	zi≠dʑi	tɕʻiɤ＝tɕʻiɤ	tɕ、tɕʻ、z、ɕ、dʑ

吴声越韵

续表

地 区	例 字					
	将—姜	节—结	小—晓	齐—旗	秋—丘	
20 徐汇区(老年)	tsiã≠tɕiã	tsiɪʔ≠tɕiɪʔ	siɔ≠ɕiɔ	zi≠dʑi	tsʼiɤ≠tɕʼiɤ	ts、tsʼ、s、z、tɕ、tɕʼ、ɕ、dʑ
21 徐汇区(中年)	tsiã≠tɕiã	tsiɪʔ≠tɕiɪʔ	siɔ≠ɕiɔ	zi≠dʑi	tsʼiɤ≠tɕʼiɤ	//
22 徐汇区(老年)	tsiã≠tɕiã	tsiɪʔ≠tɕiɪʔ	siɔ≠ɕiɔ	zi≠dʑi	tsʼiɤ≠tɕʼiɤ	//
23 徐汇区(青年)	tsiã≠tɕiã	tɕiɪʔ=tɕiɪʔ	ɕiɔ=ɕiɔ	zi≠dʑi	tɕʼiɤ=tɕʼiɤ	ts、tɕ、tɕʼ、z、ɕ、dʑ
24 卢湾区(老年)	tsiã≠tɕiã	tsiɪʔ≠tɕiɪʔ	siɔ≠ɕiɔ	zi≠dʑi	tsʼiɤ≠tɕʼiɤ	ts、tsʼ、s、z、tɕ、tɕʼ、ɕ、dʑ
25 长宁区(中年)	tsiã≠tɕiã	tsiɪʔ≠tɕiɪʔ	siɔ≠ɕiɔ	zi≠dʑi	tsʼiɤ≠tɕʼiɤ	//
26 闵行区(中年)	tsiã≠tɕiã	tsiɪʔ≠tɕiɪʔ	siɔ≠ɕiɔ	zi≠dʑi	tsʼiɤ≠tɕʼiɤ	//
27 吴淞区(中年)	tsiã≠tɕiã	tsiɪʔ≠tɕiɪʔ	siɔ≠ɕiɔ	zi≠dʑi	tsʼiɤ≠tɕʼiɤ	//

(3) ε韵的分类(一)

地 区	例 字			
	梅—迈—慢	对—歹—旦	推—胎—滩	
1 上海人民广播电台沪语组(中年)	mε=mε=mε	tε=tε=tε	tʼε=tʼε=tʼε	ε
2 上海人民广播电台沪语组(中年)	mε=mε=mε	tε=tε=tε	tʼε=tʼε=tʼε	ε
3 黄浦区(老年)	me≠mε=mε	te≠tε=tε	tʼe≠tʼε=tʼε	e、ε
4 黄浦区(老年)	me≠mε=mε	te=tε≠tɜ	tʼe≠tʼε=tʼε	e、ε
5 黄浦区(老年)	me=me≠mε	te=tε=tε	tʼe=tʼε=tʼε	e、ε
6 黄浦区(青年)	mε=mε=mε	tε=tε=tε	tʼε=tʼε=tʼε	ε
7 南市区(老年)	me≠mε=mε	te≠tε=tε	tʼe≠tʼε=tʼε	e、ε
8 南市区(青年)	mε=mε=mε	tε=tε=tε	tʼε=tʼε=tʼε	ε
9 南市区(青年)	mε=mε=mε	tε=tε=tε	tʼε=tʼε=tʼε	ε
10 南市区(青年)	mε=mε=mε	tε=tε=tε	tʼε=tʼε=tʼε	ε
11 静安区(中年)	me≠mε=mε	te=tε=tε	tʼe≠tʼε=tʼε	e、ε
12 普陀区(中年)	me≠mε=mε	te=tε=tε	tʼe=tʼε=tʼε	e、ε
13 虹口区(老年)		te≠tɐ≠tε	tʼe≠tʼɐ=tʼε	e、ɐ、ε

上海方音的内部差异

续表

地　区	例　字 梅—迈—慢	对—歹—旦	推—胎—滩	
14 虹口区(老年)	me≠mε=mε	te≠tε=tε	t'e≠t'ε=t'ε	e、ε
15 虹口区(青年)	me≠mε=mε	te≠tε=tε	t'e≠t'ε=t'ε	e、ε
16 虹口区(老年)		te≠tE≠tε	t'e≠t'E≠t'ε	e、E、ε
17 闸北区(中年)	me≠mε=mε	te≠tε=tε	t'e≠t'ε=t'ε	e、ε
18 杨浦区(老年)	me=mE≠mε	te≠tE≠tε	t'e≠t'E≠t'ε	e、E、ε
19 杨浦区(青年)	me≠mε=mε	te≠tε=tε	t'e≠t'ε=t'ε	e、ε
20 徐汇区(老年)	me≠mE≠mε	te≠tE≠tε	t'e≠t'E≠t'ε	e、E、ε
21 徐汇区(中年)	me≠mε=mε	te=tε=tε	t'e≠t'ε=t'ε	e、ε
22 徐汇区(中年)	me≠mε=mε	te=tε=tε	t'e≠t'ε=t'ε	e、ε
23 徐汇区(青年)	me=mε=mε	te=tε=tε	t'e≠t'ε=t'ε	e、ε
24 卢湾区(老年)			t'e=t'ε=t'ε	e、ε
25 长宁区(中年)	me=mε=mε	te=tε=tε	t'e=t'ε=t'ε	e、ε
26 闵行区(中年)	me≠mε=mε	te≠tε=tε	t'e≠t'ε=t'ε	e、ε
27 吴淞区(中年)	me≠mε=mε	te≠tε=tε	t'e≠t'ε=t'ε	e、ε

(3) ε韵的分类(二)

地　区	例　字 队—代—蛋	内—耐—难	雷—来—兰	
1 上海人民广播电台沪语组(中年)	dε=dε=dε	nε=nε=nε	lε=lε=lε	ε
2 上海人民广播电台沪语组(中年)	dε=dε=dε	nε=nε=nε	lε=lε=lε	ε
3 黄浦区(老年)	de≠dε=dε	nε≠nE≠nε	le≠lε=lε	e、E、ε
4 黄浦区(老年)	de=de≠dε	ne=ne≠nε	le=le≠lε	e、ε
5 黄浦区(老年)	de=de≠dε	ne=ne≠nε	le=le≠lε	e、ε
6 黄浦区(青年)	dε=dε=dε	nε=nε=nε	lε=lε=lε	ε
7 南市区(老年)	de=de≠dε	ne≠nε=nε	le=le≠lε	e、ε
8 南市区(青年)	dε=dε=dε	nε=nε=nε	lε=lε=lε	ε
9 南市区(青年)	dε=dε=dε	nε=nε=nε	lε=lε=lε	ε

吴声越韵

续表

地 区	例 字			
	队—代—蛋	内—耐—难	雷—来—兰	
10 南市区(青年)	dɛ＝dɛ＝dɛ	nɛ＝nɛ＝nɛ	lɛ＝lɛ＝lɛ	ɛ
11 静安区(中年)	de≠dɛ＝dɛ	ne≠nɛ＝nɛ	le≠lɛ＝lɛ	e、ɛ
12 普陀区(中年)	de＝de≠dɛ	ne＝ne≠nɛ	le＝le≠lɛ	e、ɛ
13 虹口区(老年)	de≠dE≠dɛ	ne≠nE≠nɛ	le≠lE≠lɛ	e、E、ɛ
14 虹口区(老年)	de≠dE≠dɛ	ne≠nE≠nɛ	le≠lE≠lɛ	e、E、ɛ
15 虹口区(青年)	de≠dɛ＝dɛ	ne≠nɛ＝nɛ	le≠lɛ＝lɛ	e、ɛ
16 虹口区(老年)	de≠dE≠dɛ	ne≠nE≠nɛ	le≠lE≠lɛ	e、E、ɛ
17 闸北区(中年)	de＝de≠dɛ	ne＝ne≠nɛ	le＝le≠lɛ	e、ɛ
18 杨浦区(老年)	de≠dɛ＝dɛ	ne≠nɛ＝nɛ	le≠lɛ＝lɛ	e、ɛ
19 杨浦区(青年)	dɛ＝dɛ＝dɛ	nɛ＝nɛ＝nɛ	lɛ＝lɛ＝lɛ	ɛ
20 徐汇区(老年)	de≠dE≠dɛ	ne≠nE≠nɛ	le≠lE≠lɛ	e、E、ɛ
21 徐汇区(中年)	de≠dɛ＝dɛ	ne≠nɛ＝nɛ	le≠lɛ＝lɛ	e、ɛ
22 徐汇区(中年)	de＝de≠dɛ	ne＝ne≠nɛ	le＝le≠lɛ	e、ɛ
23 徐汇区(青年)	de≠dɛ＝dɛ	ne≠nɛ＝nɛ	le≠lɛ＝lɛ	e、ɛ
24 卢湾区(老年)	de＝de≠dɛ	ne＝ne≠nɛ	le＝le≠lɛ	e、ɛ
25 长宁区(中年)	de≠dɛ＝dɛ	ne≠nɛ＝nɛ	le≠lɛ＝lɛ	e、ɛ
26 闵行区(中年)	de＝de≠dɛ	ne＝ne≠nɛ	le＝le≠lɛ	e、ɛ
27 吴淞区(中年)	de≠dɛ＝dɛ	ne≠nɛ＝nɛ	le≠lɛ＝lɛ	e、ɛ

(4) ɛ、ø 两韵的读音(一)

地 区	例 字						
	催	崔	罪	碎	脆	岁	税
1 上海人民广播电台沪语组(中年)	ts'ø	ts'ø	zɛ	sɛ	ts'ɛ	sɛ	sø
2 上海人民广播电台沪语组(中年)	ts'ø	ts'ø	zø	sɛ	ts'ɛ	sø	sø
3 黄浦区(老年)	ts'ø	ts'ø	zø	se	ts'ø	sø	sø
4 黄浦区(老年)	ts'ø	ts'ø	zø	se	ts'ø	se	se
5 黄浦区(老年)	ts'ø	ts'ø	zø	se	ts'ø	sø	sø

续表

地 区	例 字						
	催	崔	罪	碎	脆	岁	税
6 黄浦区(青年)	tsʻø	tsʻø	zø	sø	tsʻɛ	sø	sø
7 南市区(老年)	tsʻø	tsʻø	zø	se	tsʻø	sø	sø
8 南市区(青年)	tsʻø	tsʻø	zø	sɛ	tsʻø	sø	sø
9 南市区(青年)	tsʻø	tsʻø	zø	sɛ	tsʻɛ	sø	sø
10 南市区(青年)	tsʻɛ	tsʻɛ	zɛ	sɛ	tsʻɛ	sø	sø
11 静安区(中年)	tsʻø	tsʻø	ze	se	tsʻe	se	se
12 普陀区(中年)	tsʻø	tsʻø	zø	sø	tsʻø	sø	sø
13 虹口区(老年)	tsʻe	tsʻø	zø	se	tsʻe	se	se
14 虹口区(老年)	tsʻø	tsʻø	zø	sø	tsʻø	se	sø
15 虹口区(青年)	tsʻue	tsʻue	ze	se	tsʻue	sue	sue
16 虹口区(老年)	tsʻø	tsʻe	ze	se	tsʻe	se	se
17 闸北区(中年)	tsʻe	tsʻø	ze	se	tsʻe	se	sø
18 杨浦区(老年)	tsʻø		zø	sø	tsʻø	sø	sø
19 杨浦区(青年)	tsʻø	tsʻø	zø	sø	tsʻø	sø	sø
20 徐汇区(老年)	tsʻø	tsʻø	zy	se	tsʻø	sy	sy
21 徐汇区(中年)	tsʻø	tsʻø	zø	se	tsʻø	sø	sø
22 徐汇区(中年)	tsʻø	tsʻø	ze	se	tsʻe	sø	sø
23 徐汇区(青年)	tsʻue	tsʻue	zue	sue	tsʻue	sue	sue
24 卢湾区(老年)	tsʻø	tsʻø	zø	se	tsʻø	sø	sø
25 长宁区(中年)	tsʻø	tsʻø	zø	sø	tsʻø	sø	sø
26 闵行区(中年)	tsʻø	tsʻø	zø	se	tsʻø	sø	sø
27 吴淞区(中年)	tsʻe	tsʻø	ze	sɛ	tsʻe	se	se

(4) ɛ、ø 两韵的读音(二)

地 区	例 字						
	虽	醉	翠	穗	追	锤	垂
1 上海人民广播电台沪语组(中年)	sø	tsɛ	tsʻɛ	zø	tsɛ	zø	zø
2 上海人民广播电台沪语组(中年)	sø	tsɛ	tsʻø	zø	tsø	zø	zø

吴声越韵

续表

地 区	例 字						
	虽	醉	翠	穗	追	锤	垂
3 黄浦区(老年)	sø	tsø	ts'ø	zø	tsø	zø	zø
4 黄浦区(老年)	sø	tsø	ts'ø	zø	tse	ze	ze
5 黄浦区(老年)	sø	tsø	ts'ø	zø	tsø	zø	zø
6 黄浦区(青年)	sø	tsø	ts'ɛ	zø	tsø	zø	zø
7 南市区(老年)	sø	tsø	ts'ø	zø	tsø	zø	zø
8 南市区(青年)	sø	tsɛ	ts'ɛ	zø	tsø	zø	zø
9 南市区(青年)	sø	tsø	ts'ɛ	zø	tsø	zø	zø
10 南市区(青年)	sø	tsɛ	ts'ɛ	zø	tsø	zø	zø
11 静安区(中年)	se	tsø	ts'e		tsø	zø	zø
12 普陀区(中年)	sø	tsø	ts'ø	zø	tsø	zø	zø
13 虹口区(老年)	sø	tse		se?	tse		
14 虹口区(老年)	sø	tsø	ts'ø		tsø	zø	zø
15 虹口区(青年)	sø	tsue	ts'ue	zue	tsø	zue	zue
16 虹口区(老年)	sø		ts'e		tsø	ze	zø
17 闸北区(中年)	sø	tse	ts'e	ze	tse		
18 杨浦区(老年)		tsø	ts'ø		tsø		
19 杨浦区(青年)	sø	tsø	ts'ø	zø	tsø	zø	zø
20 徐汇区(老年)	sø	tsø	ts'ø	zø	tsø	zø	zø
21 徐汇区(中年)	sø	tsø	ts'ø	zø	tsø	zø	zø
22 徐汇区(中年)	sø	tse	ts'ø	zø	tsø	zø	zø
23 徐汇区(青年)	sue	tsue	ts'ue	ze	tsue	zue	zue
24 卢湾区(老年)		tsø	ts'ø		tsø		
25 长宁区(中年)	sø	tsø	ts'ø	zø	tsø	zø	zø
26 闵行区(中年)	sø	tsø	ts'ø	zø	tsø	zø	zø
27 吴淞区(中年)	se	tse	ts'ɛ	ze	tse	ze	ze

(4) ɛ、ø 两韵的读音(三)

	地 区	例 字					
		炊	隋	随	锥	蕊	锐
1	上海人民广播电台沪语组(中年)	ts'ø	zø	zø	tsø	zø	zø
2	上海人民广播电台沪语组(中年)	ts'ø	zø	zø	tsø	zø	zø
3	黄浦区(老年)	ts'ø	zø	zø	tsø	zø	zø
4	黄浦区(老年)	ts'e	zø	zø	tse	zø	ze
5	黄浦区(老年)	ts'ø	zø	zø	tsø	zø	zø
6	黄浦区(青年)	ts'ø	zø	zø	tsø	zø	zø
7	南市区(老年)	ts'ø	zø	zø	tsø	zø	zø
8	南市区(青年)	ts'ø	zø	zø	tsø	zø	ze
9	南市区(青年)	ts'ɛ	zø	zø	tsø	zø	zø
10	南市区(青年)	ts'ø	zø	zø	tsø	zø	zø
11	静安区(中年)	ts'e	zø	zø	tsø	zø	ze
12	普陀区(中年)	ts'ø	zø	zø	tsø	zø	zø
13	虹口区(老年)						
14	虹口区(老年)	ts'ø	zø	zø		zø	zø
15	虹口区(青年)	ts'ue	zue	zue	tsø	zue	sue
16	虹口区(老年)	ts'e	ze	zø	tsø	zø	zø
17	闸北区(中年)	ts'ø	zø	zø	tsø	zø	zø
18	杨浦区(老年)			zø			
19	杨浦区(青年)	ts'ø	zø	zø	tsø	zø	zø
20	徐汇区(老年)	ts'ø	zø	zø	tsø	zø	zy
21	徐汇区(中年)	ts'ø	zø	zø	tsø	zø	zø
22	徐汇区(中年)	ts'ø	zø	zø	tsø	zø	zø
23	徐汇区(青年)	ts'ue	zue	zue	tsue	zue	sue
24	卢湾区(老年)			zø			
25	长宁区(中年)	ts'ø	zø	zø	tsø	zø	zø
26	闵行区(中年)	ts'ø	zø	zø	tsø	zø	zø
27	吴淞区(中年)	ts'e	zø	ze	tsø	ze	ze

吴声越韵

(5) uɛ、uø 的分混(一)

地 区	例 字			
	规—官—关	桂—灌—惯	葵——环	
1 上海人民广播电台沪语组(中年)	kuɛ≠kuø≠kuɛ	kuɛ≠kuø≠kuɛ	guɛ=guɛ	uɛ、uø
2 上海人民广播电台沪语组(中年)	kuɛ≠kuø≠kuɛ	kuɛ≠kuø≠kuɛ	guɛ=guɛ	uɛ、uø
3 黄浦区(老年)	kuɛ≠kuø≠kuɛ	kuɛ≠kuɛ≠kuɛ	guɛ≠guɛ	uɛ、uø、ue
4 黄浦区(老年)	kuɛ=kuɛ≠kuɛ	kuɛ≠kuɛ≠kuɛ	guɛ=guɛ	uɛ、uɛ
5 黄浦区(老年)	kuɛ=kuɛ≠kuɛ	kuɛ≠kuɛ≠kuɛ	guɛ=guɛ	uɛ、uɛ
6 黄浦区(青年)	kuɛ≠kuø≠kuɛ	kuɛ≠kuɛ≠kuɛ	guɛ=guɛ	uɛ、uø
7 南市区(老年)	kuɛ≠kuɛ≠kuɛ	kuɛ≠kuɛ≠kuɛ	guɛ=guɛ	uɛ、ue
8 南市区(青年)	kuɛ≠kø≠kuɛ	kuɛ≠kuø≠kuɛ	guɛ=guɛ	uɛ、uø、ø
9 南市区(青年)	kuɛ≠kø≠kuɛ	kuɛ≠kø≠kuɛ	guɛ=guɛ	uɛ、ø
10 南市区(青年)	kuɛ≠kuø≠kuɛ	kuɛ≠kuɛ≠kuɛ	guɛ=guɛ	uɛ、uø
11 静安区(中年)	kuɛ≠kuɛ≠kuɛ	kuɛ≠kuɛ≠kuɛ	guɛ=guɛ	ue、uø、uɛ
12 普陀区(中年)	kuɛ=kuɛ≠kuɛ	kuɛ=kuɛ≠kuɛ	guɛ=guɛ	uɛ
13 虹口区(老年)				
14 虹口区(老年)	kue=kue≠kue	kuɛ=kuɛ≠kuɛ	guɛ≠guɛ	ue、uɛ、
15 虹口区(青年)	kuɛ≠kuø≠kuɛ	kuɛ=kuɛ≠kuɛ	guɛ=guɛ	ue、uø、uɛ
16 虹口区(老年)	kuɛ≠kuɛ≠kuɛ	kuɛ≠kuɛ≠kuɛ		ue、uø、uɛ
17 闸北区(中年)	kue=kue≠kue	kuɛ=kuɛ≠kuɛ	guɛ=guɛ	ue、uɛ
18 杨浦区(老年)	kuɛ≠kuɛ≠kuɛ	kuɛ≠kuɛ≠kuɛ	guɛ=guɛ	ue、uɛ
19 杨浦区(青年)	kuɛ≠kuɛ≠kuɛ	kuɛ≠kuɛ≠kuɛ	guɛ=guɛ	ue、uɛ
20 徐汇区(老年)	kuɛ≠kuE≠kuE	kuɛ≠kuE≠kuE	guɛ=guɛ	ue、uE、uɛ
21 徐汇区(中年)	kuɛ=kuɛ≠kuɛ	kuɛ=kuɛ≠kuɛ	guɛ=guɛ	ue、uɛ
22 徐汇区(中年)	kuɛ≠kuø≠kuɛ	kuɛ≠kuɛ≠kuɛ	guɛ=guɛ	ue、uø、uɛ
23 徐汇区(青年)	kuɛ=kuɛ≠kuɛ	kuɛ=kuɛ≠kuɛ	guɛ=guɛ	ue、uɛ
24 卢湾区(老年)	kuɛ=kuɛ≠kuɛ	kuɛ=kuɛ≠kuɛ	guɛ=guɛ	uɛ
25 长宁区(中年)	kuɛ≠kuø≠kuɛ	kuɛ≠kuɛ≠kuɛ	guɛ=guɛ	ue、uø、uɛ
26 闵行区(中年)	kuɛ=kuɛ≠kuɛ	kuɛ=kuɛ≠kuɛ	guɛ=guɛ	ue、uɛ
27 吴淞区(中年)	kue=kue≠kuɛ	kuɛ=kuɛ≠kuɛ	guɛ=guɛ	ue、uɛ

上海方音的内部差异

（5）uɛ、uø 的分混（二）

地 区	例 字 亏—宽—筷	回—完—惠	委—碗—挽	
1 上海人民广播电台沪语组(中年)	kʻuɛ≠kʻuø≠kʻuɛ	ɦuɛ≠ɦuø≠ɦuɛ	uɛ≠uø≠uɛ	uɛ、uø
2 上海人民广播电台沪语组(中年)	kʻuɛ≠kʻuø≠kʻuɛ	ɦuɛ≠ɦuø≠ɦuɛ	uɛ≠uø≠uɛ	uø、uɛ
3 黄浦区(老年)	kʻuɛ≠kʻuø≠kʻuɛ	ɦuɛ≠ɦuø≠ɦuɛ	uɛ≠uø≠uɛ	ue、uɛ、uø
4 黄浦区(老年)	kʻuɛ≠kʻuɛ≠kʻuɛ	ɦuɛ≠ɦuɛ≠ɦuɛ	uɛ≠uɛ≠uɛ	uɛ
5 黄浦区(老年)	kʻuɛ≠kʻuɛ≠kʻuɛ	ɦuɛ≠ɦuɛ≠ɦuɛ	uɛ≠uɛ≠uɛ	uɛ
6 黄浦区(青年)	kʻuɛ≠kʻuø≠kʻuɛ	ɦuɛ≠ɦuø≠ɦuɛ	uɛ≠uø≠uɛ	uɛ、uø
7 南市区(老年)	kʻuɛ≠kʻuɛ≠kʻuɛ	ɦuɛ≠ɦuɛ≠ɦuɛ	uɛ≠uɛ≠uɛ	uɛ
8 南市区(青年)	kʻuɛ≠kʻø≠kʻuɛ	ɦuɛ≠ɦø≠ɦuɛ	uɛ≠uø≠uɛ	ue、ø、uø
9 南市区(青年)	kʻuɛ≠kʻø≠kʻuɛ	ɦuɛ≠ɦø≠ɦuɛ	uɛ≠uø≠uɛ	ue、uø、ø
10 南市区(青年)	kʻuɛ≠kʻuø≠kʻuɛ	ɦuɛ≠ɦuø≠ɦuɛ	uɛ≠uø≠uɛ	ue、uɛ、uø
11 静安区(中年)	kʻuɛ≠kʻuø≠kʻua	ɦuɛ≠ɦuø≠ɦuɛ	uɛ≠uø≠uɛ	ue、uø、uɛ、ua
12 普陀区(中年)	kʻuɛ≠kʻuɛ≠kʻuɛ	ɦuɛ≠ɦuɛ≠ɦuɛ	uɛ≠uɛ≠uɛ	uɛ
13 虹口区(老年)				
14 虹口区(老年)	kʻuɛ＝kʻuɛ≠kʻuɛ	ɦuɛ＝ɦuɛ≠ɦuɛ	uɛ≠uɛ≠uɛ	uɛ、uɛ
15 虹口区(青年)	kʻuɛ≠kʻuø≠kʻuɛ	ɦuɛ≠ɦuø≠ɦuɛ	uɛ≠uø≠uɛ	ue、uø、uɛ
16 虹口区(老年)	kʻuɛ≠kʻuø≠kʻuɛ	ɦuɛ≠ɦuø≠ɦuɛ		ue、uø、uɛ
17 闸北区(中年)	kʻuɛ≠kʻuɛ≠kʻuɛ	ɦuɛ≠ɦuɛ≠ɦuɛ	uɛ≠uɛ≠uɛ	uɛ
18 杨浦区(老年)	kʻuɛ≠kʻuɛ≠kʻuɛ	ɦuɛ≠ɦuɛ≠ɦuɛ	uɛ≠uɛ≠uɛ	uɛ
19 杨浦区(青年)	kʻuɛ≠kʻuɛ≠kʻuɛ	ɦuɛ≠ɦuɛ≠ɦuɛ	uɛ≠uɛ≠uɛ	uɛ
20 徐汇区(老年)	kʻuɛ≠kʻuE≠kʻuɛ	ɦuɛ≠ɦuE≠ɦuɛ	uɛ≠uE≠uɛ	ue、uE、uɛ
21 徐汇区(中年)	kʻuɛ≠kʻuɛ≠kʻuɛ	ɦuɛ≠ɦuɛ≠ɦuɛ	uɛ≠uɛ≠uɛ	uɛ
22 徐汇区(中年)	kʻuɛ≠kʻuø≠kʻuɛ	ɦuɛ≠ɦuø≠ɦuɛ	uɛ≠uø≠uɛ	ue、uø、uɛ
23 徐汇区(青年)	kʻuɛ≠kʻuɛ≠kʻuɛ	ɦuɛ≠ɦuɛ≠ɦuɛ	uɛ≠uɛ≠uɛ	uɛ
24 卢湾区(老年)	kʻuɛ≠kʻuɛ≠kʻuɛ	ɦuɛ≠ɦuɛ≠ɦuɛ	uɛ≠uɛ≠uɛ	uɛ
25 长宁区(中年)	kʻuɛ≠kʻuø≠kʻuɛ	ɦuɛ≠ɦuø≠ɦuɛ	uɛ≠uø≠uɛ	ue、uø、uɛ
26 闵行区(中年)	kʻuɛ≠kʻuɛ≠kʻuɛ	ɦuɛ≠ɦuɛ≠ɦuɛ	uɛ≠uɛ≠uɛ	uɛ
27 吴淞区(中年)	kʻuɛ＝kʻuɛ≠kʻuɛ	ɦuɛ＝ɦuɛ≠ɦuɛ	uɛ＝uɛ≠uɛ	ue、uɛ

吴声越韵

(6) i、iɪ 的分混

地区	例 字					
	闭—变	米—面	底—店	妻—千	移—盐	
1 上海人民广播电台沪语组(中年)	pi≠piɪ	mi≠miɪ	ti≠tiɪ	tsʻi≠tsʻiɪ	ɦi≠ɦiɪ	i、iɪ
2 上海人民广播电台沪语组(中年)	pi≠piɪ	mi≠miɪ	ti≠tiɪ	tsʻi≠tsʻiɪ	ɦi≠ɦiɪ	i、iɪ
3 黄浦区(老年)	pi≠piɪ	mi≠miɪ	ti≠tiɪ	tsʻi≠tsʻiɪ	ɦi≠ɦiɪ	i、iɪ
4 黄浦区(老年)	pi≠piɪ	mi≠miɪ	ti≠tiɪ	tsʻi≠tsʻiɪ	ɦi≠ɦiɪ	i、iɪ
5 黄浦区(老年)	pi=pi	mi=mi	ti=ti	tsʻi=tsʻi	ɦi=ɦi	i
6 黄浦区(青年)	pi=pi	mi=mi	ti=ti	tsʻi=tsʻi	ɦi=ɦi	i
7 南市区(老年)	pi=pi	mi=mi	ti=ti	tsʻi=tsʻi	ɦi=ɦi	i
8 南市区(青年)	pi=pi	mi=mi	ti=ti	tɕʻi=tɕʻi	ɦi=ɦi	i
9 南市区(青年)	pi=pi	mi=mi	ti=ti	tɕʻi=tɕʻi	ɦi=ɦi	i
10 南市区(青年)	pi≠piɪ	mi≠miɪ	ti≠tiɪ	tɕʻi≠tɕʻiɪ	ɦi≠ɦiɪ	i、iɪ
11 静安区(中年)	pi≠piɪ	mi≠miɪ	ti≠tiɪ	tɕʻi≠tɕʻiɪ	ɦi≠ɦiɪ	i、iɪ
12 普陀区(中年)	pi≠piɪ	mi≠miɪ	ti≠tiɪ	tɕʻi≠tɕʻiɪ	ɦi≠ɦiɪ	i、iɪ
13 虹口区(老年)	pi≠piɪ	mi≠miɪ	ti≠tiɪ	tsʻi≠tsʻiɪ	ɦi≠ɦiɪ	i、iɪ
14 虹口区(老年)	pi≠piɪ	mi≠miɪ	ti≠tiɪ	tsʻi≠tsʻiɪ	ɦi≠ɦiɪ	i、iɪ
15 虹口区(青年)	pi=pi	mi=mi	ti=ti	tɕʻi=tɕʻi	ɦi=ɦi	i
16 虹口区(青年)	pi≠piɪ	mi≠miɪ	ti≠tiɪ	tsʻi≠tsʻiɪ	ɦi≠ɦiɪ	i、iɪ
17 闸北区(中年)	pi≠piɪ	mi≠miɪ	ti≠tiɪ	tɕʻi≠tɕʻiɪ	ɦi≠ɦiɪ	i、iɪ
18 杨浦区(老年)	pi≠piɪ	mi≠miɪ	ti≠tiɪ	tsʻi≠tsʻiɪ	ɦi≠ɦiɪ	i、iɪ
19 杨浦区(青年)	pi=pi	mi=mi	ti=ti	tɕʻi=tɕʻi	ɦi=ɦi	i
20 徐汇区(老年)	pi≠piɪ	mi≠miɪ	ti≠tiɪ	tsʻi≠tsʻiɪ	ɦi≠ɦiɪ	i、iɪ
21 徐汇区(中年)	pi≠piɪ	mi≠miɪ	ti≠tiɪ	tsʻi≠tsʻiɪ	ɦi≠ɦiɪ	i、iɪ
22 徐汇区(中年)	pi≠piɪ	mi≠miɪ	ti≠tiɪ	tsʻi≠tsʻiɪ	ɦi≠ɦiɪ	i、iɪ
23 徐汇区(青年)	pi=pi	mi=mi	ti=ti	tɕʻi=tɕʻi	ɦi=ɦi	i
24 卢湾区(老年)	pi≠piɪ	mi≠miɪ	ti≠tiɪ	tsʻi≠tsʻiɪ	ɦi≠ɦiɪ	i、iɪ
25 长宁区(中年)	pi≠piɪ	mi≠miɪ	ti≠tiɪ	tsʻi≠tsʻiɪ	ɦi≠ɦiɪ	i、iɪ
26 闵行区(中年)	pi=pi	mi=mi	ti=ti	tsʻi=tsʻi	ɦi=ɦi	i
27 吴淞区(中年)	pi≠piɪ	mi≠miɪ	ti≠tiɪ	tsʻi≠tsʻiɪ	ɦi≠ɦiɪ	i、iɪ

(7) yoŋ、yəŋ 的分混（一）

地 区	例 字			
	穷—群	兄—勋	勇—熨	
1 上海人民广播电台沪语组(中年)	dʑyoŋ≠dʑyəŋ	ɕyoŋ≠ɕyəŋ	yoŋ≠yəŋ	yoŋ、yəŋ
2 上海人民广播电台沪语组(中年)	dʑyoŋ≠dʑyəŋ	ɕyoŋ≠ɕyəŋ	yoŋ≠yəŋ	//
3 黄浦区(老年)	dʑyoŋ≠dʑyəŋ	ɕyoŋ≠ɕyəŋ	yoŋ≠yəŋ	//
4 黄浦区(老年)	dʑyoŋ≠dʑyəŋ	ɕyoŋ≠ɕyəŋ	yoŋ≠yəŋ	//
5 黄浦区(老年)	dʑyoŋ=dʑyoŋ	ɕyoŋ=ɕyoŋ	yoŋ=yoŋ	yoŋ
6 黄浦区(老年)	dʑyoŋ≠dʑyəŋ	ɕyoŋ≠ɕyəŋ	yoŋ≠yəŋ	//
7 南市区(老年)	dʑyoŋ=dʑyoŋ	ɕyoŋ=ɕyoŋ	yoŋ=yoŋ	//
8 南市区(青年)	dʑyoŋ≠dʑyəŋ	ɕyoŋ≠ɕyəŋ	yoŋ≠yəŋ	yoŋ、yəŋ
9 南市区(青年)	dʑyoŋ≠dʑyəŋ	ɕyoŋ≠ɕyəŋ	yoŋ≠yəŋ	//
10 南市区(青年)	dʑyoŋ=dʑyoŋ	ɕyoŋ=ɕyoŋ	yoŋ=yoŋ	yoŋ
11 静安区(中年)	dʑyoŋ≠dʑyəŋ	ɕyoŋ≠ɕyəŋ	yoŋ≠iŋ	yoŋ、yəŋ、iŋ
12 普陀区(中年)	dʑyoŋ≠dʑyəŋ	ɕyoŋ≠ɕyəŋ	yoŋ≠yəŋ	yoŋ、yəŋ
13 虹口区(老年)	dʑyoŋ≠dʑiŋ	ɕyoŋ≠ɕiŋ	yoŋ≠iŋ	yoŋ、iŋ
14 虹口区(老年)	dʑyoŋ≠dʑiŋ	ɕyoŋ≠ɕiŋ	yoŋ≠iŋ	//
15 虹口区(青年)	dʑyoŋ=dʑyoŋ	ɕyoŋ=ɕyoŋ	yoŋ≠iŋ	yoŋ、iŋ
16 虹口区(老年)	dʑyoŋ≠dʑyəŋ	ɕyoŋ=ɕyoŋ	yoŋ=yoŋ	yoŋ
17 闸北区(中年)	dʑyoŋ≠dʑyəŋ	ɕyoŋ≠ɕyəŋ	yoŋ≠ɦiŋ	yoŋ、yəŋ、iŋ
18 杨浦区(老年)	dʑyoŋ≠dʑiŋ	ɕyoŋ≠ɕiŋ	yoŋ≠ɦiŋ	yoŋ、iŋ
19 杨浦区(青年)	dʑyoŋ=dʑyoŋ	ɕyoŋ=ɕyoŋ	yoŋ≠ɦiŋ	//
20 徐汇区(老年)	dʑyoŋ≠dʑiŋ	ɕyoŋ=ɕiŋ	yoŋ≠iŋ	//
21 徐汇区(中年)	dʑyoŋ=dʑyoŋ	ɕyoŋ=ɕyoŋ	yoŋ=yoŋ	yoŋ
22 徐汇区(中年)	dʑyoŋ=dʑyoŋ dʑyəŋ=dʑyəŋ	ɕyoŋ=ɕyoŋ ɕyəŋ=ɕyəŋ	yoŋ≠yəŋ	yoŋ、yəŋ
23 徐汇区(青年)	dʑyoŋ≠dʑyoŋ	ɕyoŋ=ɕyoŋ	yoŋ=yoŋ	yoŋ
24 卢湾区(老年)	dʑyoŋ≠dʑiŋ	ɕyoŋ≠ɕiŋ	yoŋ≠iŋ	yoŋ、iŋ
25 长宁区(中年)	dʑyoŋ=dʑyoŋ	ɕyoŋ=ɕyoŋ	yoŋ=yoŋ	yoŋ
26 闵行区(中年)	dʑyoŋ≠dʑyəŋ	ɕyoŋ≠ɕyəŋ	yoŋ≠yəŋ	//
27 吴淞区(中年)	dʑyoŋ≠dʑiŋ	ɕyoŋ≠ɕiŋ	yoŋ≠iŋ	yoŋ、iŋ

吴声越韵

(7) yoŋ、yəŋ的分混(二)

地 区	例 字		
	熊—云	用—晕	
1 上海人民广播电台沪语组(中年)	ɦyoŋ≠ɦyəŋ	ɦyoŋ≠ɦyəŋ	yoŋ、yəŋ
2 上海人民广播电台沪语组(中年)	ɦyoŋ≠ɦyəŋ	ɦyoŋ≠ɦyəŋ	//
3 黄浦区(老年)	ɦyoŋ≠ɦyəŋ	ɦyoŋ≠ɦyəŋ	//
4 黄浦区(老年)	ɦyoŋ≠ɦyəŋ	ɦyoŋ≠ɦyəŋ	//
5 黄浦区(老年)	ɦyoŋ=ɦyoŋ	ɦyoŋ=ɦyoŋ	yoŋ
6 黄浦区(青年)	ɦyoŋ=ɦyoŋ	ɦyoŋ≠ɦyəŋ	//
7 南市区(老年)	ɦyoŋ≠ɦyəŋ	ɦyoŋ≠ɦyəŋ	//
8 南市区(青年)	ɦyoŋ≠ɦyəŋ	ɦyoŋ≠ɦyəŋ	yoŋ、yəŋ
9 南市区(青年)	ɦyoŋ=ɦyoŋ	ɦyoŋ≠ɦyəŋ	//
10 南市区(青年)	ɦyoŋ=ɦyoŋ	ɦyoŋ=ɦyoŋ	yoŋ
11 静安区(中年)	ɦyoŋ≠ɦyəŋ	ɦyoŋ≠ɦyəŋ	yoŋ、yəŋ
12 普陀区(中年)	ɦyoŋ≠ɦyəŋ	ɦyoŋ≠ɦyəŋ	yoŋ、yəŋ
13 虹口区(老年)	ɦyoŋ≠ɦiŋ	ɦyoŋ≠ɦiŋ	yoŋ、iŋ
14 虹口区(老年)	ɦyoŋ≠ɦiŋ	ɦyoŋ≠ɦyəŋ	//
15 虹口区(青年)	ɦyoŋ≠ɦyəŋ	ɦyoŋ≠ɦyəŋ	yoŋ、yəŋ
16 虹口区(老年)	ɦyoŋ=ɦyoŋ	ɦyoŋ=ɦyoŋ	yoŋ
17 闸北区(中年)	ɦyoŋ≠ɦiŋ	ɦyoŋ≠ɦyəŋ	yoŋ、yəŋ、iŋ
18 杨浦区(老年)	ɦyoŋ≠ɦiŋ	ɦyoŋ≠ɦiŋ	yoŋ、iŋ
19 杨浦区(青年)	ɦyoŋ=ɦyoŋ	ɦyoŋ=ɦyoŋ	yoŋ
20 徐汇区(老年)	ɦyoŋ≠ɦiŋ	ɦyoŋ≠ɦiŋ	yoŋ、iŋ
21 徐汇区(中年)	ɦyoŋ=ɦyoŋ	ɦyoŋ=ɦyoŋ	yoŋ
22 徐汇区(中年)	ɦyoŋ=ɦyoŋ 或 ɦyoŋ≠ɦyəŋ	ɦyoŋ=ɦyoŋ 或 ɦyoŋ≠ɦyəŋ	yoŋ、yəŋ
23 徐汇区(青年)	ɦyoŋ=ɦyoŋ	ɦyoŋ=ɦyoŋ	yoŋ
24 卢湾区(老年)	ɦyoŋ≠ɦiŋ	ɦyoŋ≠ɦiŋ	yoŋ、iŋ
25 长宁区(中年)	ɦyoŋ≠ɦyəŋ	ɦyoŋ≠ɦyəŋ	yoŋ、yəŋ
26 闵行区(中年)	ɦyoŋ=ɦyoŋ	ɦyoŋ≠ɦyəŋ	//
27 吴淞区(中年)	ɦyoŋ≠ɦiŋ	ɦyoŋ≠ɦiŋ	yoŋ、iŋ

(8) 声调的分类

1. 5 个调类：

调类：平声 53　　阴去 34　　阳去 14　　阴入 5　　阳入 12

例字：东冬　　　董冻　　　同动洞　　督　　　独

地区：上海人民广播电台、黄浦区、南市区、普陀区、虹口区、闸北区、杨浦区、徐汇区、卢湾区、长宁区。

2. 6 个调类：

调类：阴平 53　　阳平 31　　阴去 34　　阳去 14　　阴入 5　　阳入 12

例字：东　　　　容　　　　董冻　　　同动洞　　督　　　独

地区：黄浦区(浦东)、吴淞区。

3. 7 个调类：

调类：阴平 53　　阳平 42　　上声 34　　阴去 45

例字：东多　　　同　　　　想　　　　董冻

调类：阳去 213　　阴入 5(55)　　阳入 12

例字：动洞　　　督　　　　独

地区：闵行区。

4. 8 个调类：

调类：阴平 53　　阳平 22　　阴上 33　　阳上 213

例字：东　　　　同　　　　董　　　　动

调类：阴去 34　　阳去 14　　阴入 5　　阳入 12

例字：冻　　　　洞　　　　督　　　　独

地区：静安区、虹口区、徐汇区。

原载《复旦大学学报（哲学社会科学）》1962 年第 1 期

上海方音的共时差异

许宝华　汤珍珠　汤志祥

上海从1843年辟为商埠以来,政区迅速扩展,人口急剧增长,上海人的祖籍也渐趋复杂。由于外地话和普通话的影响,上海话语音变化较快。到20世纪80年代,上海话语音的共时差异表现在:祖居上海的上海人和其他吴语区或更远区域迁入上海的上海人的语音差异;北部接近宝山县、嘉定县,南部接近上海县,西部接近青浦县、松江县,东部接近川沙县、南汇县这些市区边缘地带的上海话和大部分市区特别是市中心的上海话语音的差异;原上海县城所在地今南市区和其他各区的上海话语音的差异;原松江府地域今大部分市区和原太仓州地域今北部上海市区的上海话语音差异;上海人各阶层如工人、干部、教师、学生之间语音的差异;不同年龄的人之间的语音差异等。

现在,上海话内部最显著的语音差异主要表现在不同的年龄层次上,大致可以分为老、中、少3层。一部分老年人和少数中年人的上海话称为老派,这一派人数不多,大多居住在南市区和徐家汇,老派保留较多的旧上海话的特征,音系与老松江话(上海原属松江府所辖)较接近。另一部分老年人、中年人和一部分青年人的上海话为新派。新派语音是使用人数最多的典型上海话。大部分少年和一部分25岁以下的青年使用的上海话代表最新趋势,为少年派,使用人数已超过老派。新派上海音系及其跟老派和少年派的异同如下:

一、新派上海话音系

声母 33个

p 布帮	pʻ 怕劈	b 步盆	ʔm 美闷	ɦm 梅买	f 飞粉	v 扶奉
t 胆懂	tʻ 透通	d 夺动	ʔn 拿你	ɦn 南怒		
			ʔl 捞拎	ɦl 劳领		
ts 煮资	tsʻ 处仓				s 书色	z 树石
tɕ 举精	tɕʻ 轻清	dz 旗群	ʔȵ 粘鸟	ɦȵ 泥牛	ɕ 修血	ʑ 齐秦
k 干公	kʻ 开扩	g 葵共	ʔŋ 我研	ɦŋ 牙额		
ʔ 鸭衣乌迂					h 花荒	ɦ 鞋湖雨

ʔm、ʔn、ʔl、ʔȵ、ʔŋ 只跟阴调类联系，ɦm、ɦn、ɦl、ɦȵ、ɦŋ 只跟阳调类联系，所以也可归并为 m、n、l、ȵ、ŋ。我们在60年代写的论文如《上海方音的内部差异》就是这样归纳的。

韵母 42个

ɿ 知次	a 柴鞋	o 花模	ɔ 保高	ɤ 斗丑	E 雷来兰	ø 干最
i 基钱	ia 野写		iɔ 条蕉	iɤ 流尤	iE 也械	
u 波歌	ua 怪准				uE 回湾	uø 官欢
y 居女						yø 软圆
əl 而耳	m̩ 姆呒~没	n̩ 五鱼				
ã 冷长	ɑ̃ 党放	ən 奋登	oŋ 翁虫	aʔ 麦客	oʔ 北部	əʔ 舌色
iã 良象	iɑ̃ 旺	in 紧灵	ioŋ 穷荣	iaʔ 药脚	ioʔ 肉浴	iəʔ 笔吃
uã 横	uɑ̃ 光注	uən 困魂		uaʔ 挖刮		uəʔ 扩骨
		yn 均云				yiʔ 血确

a、ia、ua、aʔ、iaʔ、uaʔ 中的 a 偏央位。

ȵ̩、-n 为舌面前部位，或前后自由。

声调　5类

阴平　53　刀　浆　司　东

阴去　34　岛　倒　水　四　　阳去　13　桃　道　导　墙

阴入　55　雀　削　说　足　　阳入　12　石　局　读　合

阴去和阳去都似平而稍带曲折,阴入和阳入均为短调。

阴平为古平声清声母字,阴去包括古上、去二声的清声母字,阳去包括古平、上、去三声的浊声母字,阴入和阳入分别为古入声的清声母和浊声母字。

老派上海话音系的声母有32个,与新派相比,少一个ʐ。

老派上海话音系的韵母有48个,比新派少两个:uø和yn;多8个:io(靴)、ɛ(兰蛋)、uɛ(关惯)、iɪ(烟电)、ŋ̍(五鱼)、ɔʔ(各落)、iaʔ(吃)、œʔ(夺)。此外,新派的ən、in、uən、yɪʔ老派为əŋ、iŋ、uəŋ、yəʔ。

老派上海话音系的声调有6个,比新派多一个阴上44,如"好、岛"等。阴上包括古上声清声母字,其中有些字的声调不太稳定,往往阴上、阴去互读。

少年派上海话音系的声母有32个,比新派少一个ʔŋ;声母v带有喉部摩擦音ɦ。

少年派上海话音系的韵母有36个,比新派少6个:uø、ã、iã、uã、əʔ、uəʔ。

少年派上海话音系的声调有5类,与新派相同。

以上只是一种大致的分界,划分的标准只是根据多数人的语音事实。对具体的每个上海人来说,他说哪一派的语音,年龄因素常常是主要的,但不是绝对的,他的语音中的各个音素也未必全部属某一派。本文第一段所述的各种因素都这样那样地影响着每一个人的语音,于是就造成了表现在以下各方面的内部差异。

二、声母方面的差异

上海话语音内部的共时差异表现在声母、韵母、声调和连读变调等方面。声母方面的共时差异主要表现在以下一些方面:

1. 'b、'd 与 p、t 的差异,可分为两派:

A 派读 'b、'd。如:报 'bɔ⊃ 奔 ⊂'bəŋ 斗 'dɤ⊃ 丁 ⊂'diŋ

B 派读 p、t。如:报 pɔ⊃ 奔 ⊂pən 斗 tɤ⊃ 丁 ⊂tin

'b、'd 是在发 b、d 的同时声门有点紧缩,只有在少数本地籍和原松江府其他地区迁来的老年人口中还保留,绝大多数都是 B 派,市区的大部分老年人和全部的中青年及少年已没有 'b、'd 一类的音了。

2. ɸ、β 和 f、v 的分混,可分为 4 派:

A 派读 ɸ、β。如:夫 ⊂ɸu 分 ⊂ɸəŋ 飞 ⊂ɸi 父 βu⊃ 坟 βəŋ⊇ 微 βi⊇

B 派 u 韵前读 ɸ、β,跟其他韵相拼读 f、v。如:夫 ⊂ɸu 分 ⊂fəŋ 飞 ⊂fi 父 βu⊃ 坟 vəŋ⊇ 微 vi⊇

C 派 u 韵前清音读 f,浊音读 β,其余读 f、v。如:夫 ⊂fu 分 ⊂fəŋ 飞 ⊂fi 父 βu⊃ 坟 vəŋ⊇ 微 vi⊇

D 派读 f、v。如:夫 ⊂fu 分 ⊂fəŋ 飞 ⊂fi 父 vu⊃ 坟 vəŋ⊇ 微 vi⊇

A 派只存在于少数本地籍和近郊地区的老年人口中;B、C 两派也是老年人居多;D 派主要是中年人和青少年,占大多数。

3. f、hu 和 v、ɦu 的分混,可分为 4 派:

A 派完全不分 f、hu 和 v、ɦu。清音一般读成 f,浊音一般读成 ɦu;也有读成 ɸ 和 β 的。如:夫 = 呼 ⊂fu/⊂ɸu 附 = 户 ɦu⊇/βu⊇ 分 = 昏 ⊂fəŋ/⊂ɸəŋ 坟 = 魂 ɦuəŋ⊇/βəŋ⊇

B 派完全分 f、hu 和 v、ɦu。如:夫 ⊂fu ≠ 呼 ⊂hu 附 vu⊇ ≠ 户 ɦu⊇ 分 ⊂fən ≠ 昏 ⊂huən 坟 vən⊇ ≠ 魂 ɦuən⊇

C 派 u 韵前清音分 fu、hu,浊音不分 vu、ɦu,其他合口韵前分 f、fu 和 v、ɦu。如:夫 ⊂fu ≠ 呼 ⊂hu 附 ɦu⊇ = 户 ɦu⊇ 分 ⊂fən ≠ 昏 ⊂huən 坟 vən⊇ ≠ 魂 ɦuən⊇

D 派 u 韵前不分 fu、hu 和 vu、ɦu,其他合口韵前分 f、hu 和 v、ɦu。如:夫 = 呼 ⊂fu 附 = 户 vu⊇ 分 ⊂fən ≠ 昏 ⊂huən 坟 vən⊇ ≠ 魂 ɦuən⊇

A派为部分老年人和极少数中年人,以南市区与近东郊地区的老年人为多;B派为多数人,以中年为主;C派也主要存在于中年中,人数不多;D派老年、中年、少年中都有,在青少年中占多数,他们的 v 带有 ɦ 音,是 v 和 ɦu 归并的结果。

4. 尖团音的分混,有以下 4 种情况:

A 派分尖团。如:精 ₋tsiŋ ≠ 经 ₋tɕiŋ　秋 ₋tsʼiɤ ≠ 丘 ₋tɕʼiɤ

B 派部分分尖团,一般是清音不分,浊音分。如:精 = 经 ₋tɕin　就 ziɤ⁼ ≠ 舅 dʑiɤ⁼

C 派不分尖团,浊音为 z。如:精 = 经 ₋tɕin　秋 = 丘 ₋tɕʼiɤ 就 ziɤ⁼

D 派不分尖团,浊音为 dʑ 或 ɦ,或清化为 ɕ。如:精 = 经 ₋tɕin　秋 = 丘 ₋tɕʼiɤ 小 = 晓 ɕiɔ⁼ 谢 ɦia⁼/dʑia⁼ 序 ₋ɕy/dʑy⁼

部分老年人包括祖籍为原苏州府地区的 50 岁以上的人保留尖团的区别,一部分在向不分尖团的方向过渡,过渡的方式各有不同:有的清音不分,浊音分;有的常用字不分,不常用字分;有的基本上不分,只保留少数尖音字,而以第一种即 B 派为最常见;C 派为绝大多数中年人;D 派青少年居多。

5. 古疑母字的读音,有两种情况:

A 派读 ɦŋ 或 ŋ。如:尧 ₋ŋiɔ　语 ɦŋy⁼　误梧 ɦŋu⁼　傲熬 ɦŋɔ⁼

B 派都读 ɦ。如:尧 = 摇 ₋ɦiɔ　语 = 雨 ɦy⁼　误梧 = 胡 ɦu⁼　傲熬 = 号 ɦɔ⁼

A 派在老年人中占优势。有的字有时候两读。青少年多数是 B 派。

6. 古日母字的读音,有两种情况:

A 派文读为 z,白读为 ɦɲ。如:日 zəʔ⁼、ɦɲiiʔ⁼　人 zən₋、ɦɲin₋　染 zø⁼、ɦɲi⁼

B 派大部分字文读为 l,白读为 ɦɲ。如:日 ɦləʔ⁼、ɦɲiiʔ⁼　人 ɦlən₋、ɦɲin₋　染 ɦlø⁼、ɦɲi⁼

A 派为大多数人;B 派在少年中占优势,读日母字为 l-,是近年来受普通话影响的结果。

7. dz 母的并存,有两种情况:

A 派 dz 并入 z。如:迟 z̩¹ 稚 z̩¹ 治 z̩¹ 澄 zən¹

B 派 dz 仍保存。如:迟 dz̩¹ 稚 dz̩¹ 治 dz̩¹ 澄 dzən¹

A 派为大多数人;只有少数祖籍为浙江等地的老年中年上海人还保存一部分字的 dz 音。少数青少年因受普通话影响改变同部位的发音方法而把"迟、稚"等字声母读 dz 或 ts。

8. 一部分古浊声母字的读音,有以下两种情况:

A 派都仍读为浊音。B 派把一部分古浊音声母字读成了清音。

如:颂 zoŋ¹→soŋ¹   绽 zᴇ¹→tsᴇ¹   赠 zən¹→tsən   捕 bu¹→pʻu¹
　　父 vu¹→fu   硕 zaʔ¹→soʔ¹   掉 diɔ¹→tiɔ¹   绪 zy¹→ɕy¹
　　截 ziɪʔ¹→ɕiɪʔ¹ 乎 ɦu¹→hu¹   系 ɦi¹→ɕi¹   渭 ɦi¹→ɕi¹
　　演 ɦi¹→ʔi¹   羡 ɦi¹→ɕi¹   辅 vu¹→fu¹

A 派为老年人和中年人,占大多数;B 派为青少年,表现出浊音清化的趋向,它们的调类也同时由阳调类变成了阴调类。中年人中有由 A 派向 B 派过渡的情况。

三、韵母方面的差异

上海话语音在韵母方面的共时差异主要表现在以下一些方面:

1. ɿ、ʮ 的分混,有两种情况:

A 派分 ɿ、ʮ。如:书 sʮ≠诗 sɿ 树 zʮ¹≠字 zɿ¹ 主 tsʮ≠制 tsɿ¹

B 派不分 ɿ、ʮ,都读成了 ɿ。

A 派为本地籍和从原松江府迁来的少数老年上海人;B 派为多数人,ʮ 音已完全失落。

2. ᴇ 韵的区分,有 4 种情况:

A 派:雷 ɦle¹≠来 ɦlᴇ¹≠兰 ɦlɛ¹

B派:雷 ɦlɛ²=来 ɦlɛ²≠兰 ɦlɛ²

C派:雷 ɦlɛ²≠来 ɦlɛ²=兰 ɦlɛ²

D派:雷 ɦlɛ²=来 ɦlɛ²=兰 ɦlɛ²

A派只有少数老年人;B派主要存在于本地籍和来自原松江府其他地区的老年人;C派见于中年和青少年,主要在北部市区和浦东市区;D派人数最多,在南市、卢湾、黄浦(浦西)、静安、长宁等区的中年和青少年中。

3. ue、uø、uɛ 韵的分混,有4种情况:

A派:规 ₋kue≠官 ₋kuø≠关 ₋kuɛ/₋kuɛ

B派:规 ₋kuɛ=关 ₋kuɛ≠官 ₋kuø

C派:规 ₋kue/₋kuɛ=官 ₋kue/₋kuɛ≠关 ₋kuɛ/₋kuɛ

D派:规 ₋kuɛ=官 ₋kuɛ=关 ₋kuɛ

A派主要存在于少数老年人口中;B派存在于一部分老年和绝大多数中年和青少年口中,人数最多;C派见于部分老年人和从原松江府其他地区迁入的人口中;D派主要存在于一部分青少年口中。

4. ɛ、ø、uɛ 的差异,有3种情况。以"最、翠、岁、追、炊、税、碎"等字为例:

A派读ɛ或e;B派除"碎"字外都读ø;C派都读uɛ。

A派为部分老年人和其他吴语区迁入的部分人的读音;B派和A、B混合派(即有的字读ɛ,有的字读ø)为多数人;C派一般为青少年读音。

5. ɔ、o的差异,有两种情况。以"可、下、夏、丫、桠、哑、瓦"等字为例:

A派读ɔ;B派读o。A派为少数老年人;B派为绝大多数人。

6. uø、yø 和 ø 的分混,有两派:

A派 uø、yø 韵字跟 ø 韵字不同音。如:官 ₋kuø≠干 ₋kø　圆 ɦyø²≠寒 ɦø²

B派 uø、yø 韵字跟 ø 韵字同音。如:官=干 ₋kø　换=汗 ɦø²　圆=寒 ɦø²

A派主要为老年人和中年人;B派主要为青少年。B派也有把"圆"读成 hγ² 或 hγ² 的。

7. i、iɿ 的分混,有两种情况：

A 派 i、iɿ 分明。如:衣 ₍ʔi ≠ 烟 ₍ʔiɿ　移 ɦi² ≠ 盐 ɦiɿ²

B 派 i、iɿ 不分,全读作 i。如:衣 = 烟 ₍ʔi　移 = 盐 ɦi²

老年人都属 A 派,有的 iɿ 的开口度较大,读如 ie 或 iᴇ；中年人则多为 B 派,A 派占少数；青少年则几乎全不分,或个别人在个别字上还能分,如:米 ɦmi² ≠ 面 ɦmiɿ²,但 iɿ 的开口度已很小,几乎接近 i。

8. y 和 yø(或 ʏ)的分混,有 3 种情况：

A 派 y ≠ yø。如:居 ₍tɕy ≠ 娟 ₍tɕyø　瞿 dʑy² ≠ 权 dʑyø²

B 派 y ≠ ʏ。如:居 ₍tɕy ≠ 娟 ₍tɕʏ　瞿 dʑy² ≠ 权 dʑʏ²

C 派 y = y。如:居 = 娟 ₍tɕy　瞿 = 权 dʑy²

A 派为多数人,包括绝大部分老年人和大部分中年人,一部分青少年；小部分中年人为 B 派；青少年中 yø 或 ʏ 都在向 y 靠拢,合流为 y 韵,C 派约占青少年的半数。

9. ã、ɑ̃ 的分混,有 3 种情况：

A 派 ã、ɑ̃ 分得很清楚。如:张 ₍tsã ≠ 章 ₍tsɑ̃　打 tã² ≠ 党 tɑ̃²

B 派部分开口韵不分,合口韵全分。如:张 = 章 ₍tsã　打 = 党 tã²　撑 = 唱 ₍ts'ã　横 ɦuã² ≠ 黄 ɦuɑ̃²

C 派不分 ã、ɑ̃,都读作 ᴀ̃ 或 ɐ̃。如:张 = 章 ₍tsᴀ̃　打 = 党 tᴀ̃²　撑 = 唱 ₍ts'ᴀ̃　横 = 黄 ɦuᴀ̃²

多数老年、中年和部分青年是 A 派；少数老年人是 B 派；一部分青年和少年是 C 派,少年中不分 ã、ɑ̃ 已成主流。南市、卢湾和黄浦(浦西)保留 ã、ɑ̃ 分别的人稍多,南市区南部和闸北区苏北籍人较多的地方已不分 ã、ɑ̃,其他各区也多不分。

10. ioŋ 和 yn 的分混,可分 4 种情况：

A 派:穷 dʑioŋ²　群 dʑin²　用 ɦioŋ²　晕 ɦin²

B 派:穷 dʑioŋ²　群 dʑyəŋ²　用 ɦioŋ²　晕 ɦyəŋ²

C 派:穷 dʑioŋ²　群 dʑioŋ²　用 ɦioŋ²　晕 ɦioŋ²

D派:穷 dzioŋ˨ 群 dzyn˨ 用 ɦioŋ˨ 晕 ɦyn˨

A派只限于少数老年人,分布于虹口、杨浦、闸北3区,与北部郊县宝山县读音有关;B派老年居多,中年少数;C派集中在南市区,老中青少都有,市区浦东部分也以C派为主;D派以中年、青年、少年为主。

11. aʔ和əʔ的分混,有两种情况:

A派分aʔ、əʔ。如:达 daʔ˨ ≠ 特 dəʔ˨ 麦 ɦmaʔ˨ ≠ 没 ɦməʔ˨ 杀 saʔ˨ ≠ 刷 səʔ˨ 石 zaʔ˨ ≠ 舌 zəʔ˨

B派并为ɐ(一般标作aʔ或ʌʔ)。如:达=特 dɐʔ˨ 麦=没 ɦmɐʔ˨ 杀=刷 sɐʔ˨ 石=舌 zɐʔ˨

A派为老年、中年人,老年aʔ中的a,实际发音为ɑ,少数人有aʔ、ɑʔ之分;中年一般是ʌʔ;青少年中B派已占多数。

12. iaʔ韵的存并,有两种情况:

A派有iaʔ。如:脚 tɕiaʔ˨ 药 ɦiaʔ˨ 削 ɕiaʔ˨ 略 ɦliaʔ˨ 却 tɕʻiaʔ˨

B派没有iaʔ,iaʔ并入iɪʔ、yɪʔ等韵。如:脚=即 tɕiɪʔ˨ 药=叶 ɦiɪʔ˨ 削=血 ɕyɪʔ˨ 却=曲 tɕʻyɪʔ˨

A派为老年、中年;B派存在于青少年中。

13. iəʔ、iɪʔ的分并,有3种情况:

A派分iəʔ、iɪʔ。如:击 tɕiəʔ˨ ≠ 急 tɕiɪʔ˨ 逆 ɦniəʔ˨ ≠ 热 ɦniɪʔ˨

B派除"吃"读 tɕʻiəʔ˨ 外,iəʔ韵字都并入iɪʔ韵。

C派iəʔ韵全部并入iɪʔ韵,如:击=急 tɕiɪʔ˨ 逆=热 ɦniɪʔ˨ 吃=切 tɕʻiɪʔ˨

A派为一部分老年人;B派为一部分老年人和中年人;C派为一部分中年人和青少年。另一部分中年人iɪʔ都读作iəʔ。

14. əʔ、œʔ的分并,有两种情况:

A派分əʔ、œʔ。如:德 təʔ˨ ≠ 掇 tœʔ˨ 特 dəʔ˨ ≠ 夺 dœʔ˨

B派əʔ、œʔ合并为əʔ。如:德=掇 təʔ˨ 特=夺 dəʔ˨

部分老年人为A派。浦东市区一部分老年人分əʔ、eʔ,如:特 dəʔ˨ ≠ 突 deʔ˨ ≠ 夺 dœʔ˨。绝大部分上海人都是B派,青少年中有不少人已进一步把əʔ、

aʔ 合并为 ɐʔ。

15. oʔ 和 ɔʔ 的分混，有两种情况：

A 派分 oʔ、ɔʔ。如：绿 ɦloʔ₌ ≠ 落 ɦlɔʔ₌　谷 koʔ₌ ≠ 各 kɔʔ₌

B 派都读 oʔ。如：绿＝落 ɦloʔ₌　谷＝各 koʔ₌

A 派只有少数老年人和从各郊县迁入的人；B 派为绝大多数人。

16. uəʔ、uaʔ、uoʔ、oʔ 的分混，有 3 种情况：

A 派读 uəʔ。如：镀 ɕuəʔ₌　扩 kʻuəʔ₌　获 ɦuəʔ₌

B 派读 uoʔ 或 uaʔ。如：镀 ɕuoʔ₌　扩 kʻuaʔ₌　获 ɦuəʔ₌/ɦuoʔ₌

C 派读 oʔ。如：镀 ɕoʔ₌　扩 kʻoʔ₌　获 ɦoʔ₌

一部分老年人属 A 派；另一部分老年人和部分中年人是 B 派；青少年属 C 派，部分中年人开始向 C 派过渡，整个 uəʔ 有向 oʔ 合并之势。

17. ioʔ、yɪʔ、yəʔ 的分混，有 4 种情况：

A 派：菊 tɕioʔ₌　局 dʑioʔ₌　血 ɕioʔ₌　月 ɦioʔ₌　肉 ɦȵioʔ₌　玉 ɦȵioʔ₌

B 派：菊 tɕyɪʔ₌　局 dʑyɪʔ₌　血 ɕyɪʔ₌　月 ɦyɪʔ₌　肉 ɦȵioʔ₌　玉 ɦȵioʔ₌

C 派：菊 tɕioʔ₌/tɕyɪʔ₌　局 dʑioʔ₌/dʑyɪʔ₌　血 ɕioʔ₌/ɕyɪʔ₌　月 ɦioʔ₌/ɦyɪʔ₌　肉 ɦȵioʔ₌　玉 ɦȵioʔ₌

D 派：菊 tɕyɪʔ₌　局 dʑyɪʔ₌　血 ɕyɪʔ₌　月 ɦyɪʔ₌　肉 ɦȵyɪʔ₌　玉 ɦȵyɪʔ₌

A、B、C 3 派都为老年和中年人，其中 A 派在南市区和浦东市区较多，还有一些从川沙、南汇迁来的人；C 派在各区都有，表现出处于过渡状态的特点；D 派为青少年，凡北京话中读撮口呼的入声字都倾向于读 yɪʔ。老年人一般把 yɪʔ 读为 yœʔ 或 yəʔ。

18. "靴"字的不同读音

老年人多数读 ₍ɕiu 或 ₍ɕio，中年人多数读 ₍ɕyø，青少年多数读 ₍ɕy。

四、声调方面的差异

上海话语音在声调方面的内部差异主要有以下 3 种情况：

A 派 7 类：阴平 53、阳平 31、阴上 44（或 33）、阴去 34（或 35）、阳去 13、阴入 55、阳入 12。

B 派 6 类：阴平 53、阴上 44（或 33）、阴去 34、阳去 13、阴入 55、阳入 12。

C 派 5 类：阴平 53、阴去 34、阳去 13、阴入 55、阳入 12。

A 派为从松江、青浦、嘉定、宝山、奉贤、上海县等郊区迁来的一些老年人，有的人阳平、阴上已不稳定，好些字分别并入了阳去、阴去；B 派为部分老年人，有的人阴上已很不稳定，往往又读阴去，可是阴去字不读阴上，说明阴上调正处于向阴去调归并之中；C 派占绝对优势。青少年中阴入和阳入的喉塞尾开始减弱。

五、连读变调方面的差异

上海话语音在连读变调方面的共时差异相当复杂，大致可分为 A、B 两派，A 派主要为老年人和少数中年人，B 派主要为中年人和青少年。下面所谈差异系举例性质，并不全面。

两字组连读变调的差异

(1) 后字高低的不同

A 派后字舒声读 53，入声读 55，B 派后字舒声读 21，入声读 22。如：

A 派：先生 $si^{53-44}sã^{53}$　果园 $ku^{34-44}yø^{13-53}$　颜色 $ɦiŋe^{13-22}sə\mathrm{ʔ}^{55}$
　　　安逸 $\mathrm{ʔ}ø^{53-44}ii\mathrm{ʔ}^{12-55}$

B 派：先生 $ɕi^{53-55}sã^{53-21}$果园 $ku^{34-33}yø^{13-21}$　颜色 $ɦiŋe^{13-22}sə\mathrm{ʔ}^{55-22}$
　　　安逸 $\mathrm{ʔ}ø^{53-55}ii\mathrm{ʔ}^{12-22}$

(2) 前低后高和前后都读平调的不同

在前字为阴上、阴去、阳去时，A 派除有前低后高形式外，还有部分两字组能读成前后一样的半高平调；B 派则只有前低后高一种形式。如：

A 派：胆小 $tɛ^{44}siɔ^{44}$　　　巧妙 $tɕʻiɔ^{44}miɔ^{13-44}$　　马路 $\mathrm{ʔ}mo^{13-44}lu^{13-44}$
　　　爱戴 $\mathrm{ʔ}ɛ^{34-44}tɛ^{34-44}$

B派：胆小 tE³⁴⁻³³ ɕiɔ³⁴⁻⁴⁴　　巧妙 tɕʻiɔ³⁴⁻³³ miɔ¹³⁻⁴⁴　　马路 ɦmo¹³⁻²² lu¹³⁻⁴⁴
   　　爱戴 ʔE³⁴⁻³³ tE³⁴⁻⁴⁴

（3）前低后高和前升后平的不同

在前字为阴上、阴去、阳去时，A派除有前低后高和前后一样的半高平调外，还有一种前升后平的调形；而B派只有前低后高一种变调形式。如：

   A派：小碗 ɕiɔ⁴⁴⁻⁴⁵ uɛ⁴⁴⁻³³　　酒瓶 tsiɤ³⁴⁻³⁵ biŋ¹³⁻³³　　面粉 ɦmiɪ¹³⁻³⁵ fəŋ⁴⁴⁻³³
   　　细雨 si³⁴⁻³⁵ y¹³⁻²²

   B派：小碗 ɕiɔ³⁴⁻³³ uø³⁴⁻⁴⁴　　酒瓶 tɕiɤ³⁴⁻³³ bin³⁴⁻⁴⁴　　面粉 ɦmi¹³⁻²² fən³⁴⁻⁴⁴
   　　细雨 ɕi³⁴⁻³³ y¹³⁻⁴⁴

三字组连读变调的差异

（1）后字的高低

第一字为阴平时，第二、三字A派高，为44 53；B派低，为33 21。如：

   A派：周先生 tsɤ⁵³⁻⁴⁴ siɪ¹³⁻⁴⁴ sā⁵³　　西洋镜 si⁵³⁻⁴⁴ iā¹³⁻⁴⁴ tɕiŋ³⁴⁻⁵³
   　　新朋友 siŋ⁵³⁻⁴⁴ bā¹³⁻⁴⁴ iɤ¹³⁻⁵³

   B派：周先生 tsɤ⁵³⁻⁵⁵ ɕiɪ⁵³⁻³³ sā⁵³⁻²¹　　西洋镜 ɕi⁵³⁻⁵⁵ iā¹³⁻³³ tɕiŋ³⁴⁻²¹
   　　新朋友 ɕiŋ⁵³⁻⁵⁵ bā¹³⁻³³ iɤ¹³⁻²¹

第一字为阴上、阴去、阳去、阴入时，第三字A派高，为53；B派低，为21，如是入声字，则读短平调。如：

   A派：百叶窗 paʔ⁵⁵⁻³³ iɪʔ¹²⁻⁴⁴ tsʻā⁵³　　紫颜色 tsɿ⁴⁴⁻³³ ŋɛ¹³⁻⁴⁴ səʔ⁵⁵
   　　素海棠 su³⁴⁻³³ hE³⁴⁻⁴⁴ dã¹³⁻⁵³

   B派：百叶窗 paʔ⁵⁵⁻³³ iɪʔ¹²⁻⁵⁵ tsʻā⁵³⁻²¹　　紫颜色 tsɿ³⁴⁻³³ ŋe¹³⁻⁵⁵ səʔ⁵⁵⁻²²
   　　素海棠 su³⁴⁻³³ hE³⁴⁻⁵⁵ dã¹³⁻²¹

（2）依次上升连调调型的有无

第一字为阳去、阴入、阳入时，A派还有一种依次上升的连调调形；B派呈中—高—降的调形。如：

   A派：莲心汤 ɦliɪ¹³⁻²² siŋ⁵³⁻³³ tʻā⁵³⁻⁵⁵　　雪里蕻 siɪʔ⁵⁵⁻²² li¹³⁻³³ hoŋ³⁴⁻⁵⁵

辣椒粉 ɦla?$^{12—11}$ tsiɔ$^{53—33}$ fəŋ$^{34—55}$

B 派：莲心汤 ɦliɪ$^{13—33}$ ɕiŋ$^{53—55}$ t'ɑ̃$^{53—21}$　　雪里蕻 ɕiɪ?$^{55—33}$ li$^{13—55}$ hoŋ$^{34—21}$

辣椒粉 ɦla?$^{12—11}$ tɕiɔ$^{53—55}$ fəŋ$^{34—21}$

（3）末字读不读阳去调值

有一部分三字组的连调，A 派前二字读为由中到高的平调，第三字读低降调；B 派前二字都读 44，后字则读如阳去单字调调值，跟 A 派明显不同。如：

A 派：吃勿消 tɕ'iɪ?$^{55—33}$ və?$^{12—55}$ ɕiɔ$^{53—21}$　　好物事 hɔ$^{34—33}$ mə?$^{12—55}$ zɿ$^{13—21}$

打相打 ta$^{34—33}$ ɕia$^{53—55}$ ta$^{34—21}$

B 派：吃勿消 tɕ'iɪ?$^{55—44}$ və?$^{12—44}$ ɕiɔ$^{53—13}$　　好物事 hɔ$^{34—44}$ mə?$^{12—44}$ zɿ^{13}

打相打 tA$^{34—44}$ ɕiA$^{53—44}$ tA$^{34—13}$

从上述各方面的例子可以看出，上海方音内部的共时差异是相当复杂的，这种复杂的共时差异是各种因素造成的。解放以前，上海就是一个五方杂处的大城市，造成上海方音内部十分复杂的情况。解放以后，上海市人口相对比较稳定，上海方音内部的一致性渐趋明显。如果说大部分老年上海人所讲的都是老派上海话，保存较多的古音特点，这种老派上海话使用的人数已经相当少，那么他们的后代，即在上海土生土长的中年人以及部分青年人，都能讲一口新派上海话了，这种新派上海话使用人数最多，并且影响到上海 10 个郊县和邻近上海的吴语地区。一些古音特点在新派上海话中已经消失了。新派上海话还在相当迅速地发展，部分青年和大部分少年上海人所说的上海话就带有跟新派上海话不完全相同的特点，而明显地体现出音系简化和向普通话靠拢的趋势，可以说是最新的派别，暂且称之为少年派。从老派上海话到新派上海话，再到少年派上海话，共同存在，于是就形成了共时平面上的相当复杂的、几乎令人眼花缭乱的差异现象。其实共时平面上的种种差异都是历史发展的结果，也是语音历时层次的反映和缩影，它们的形成和发展都是有原因和规律可寻的。

原载《中国语文》1982 年第 4 期

上海市区与近郊方音的比较研究

邵慧君

本文主要将市区老派音系与环市区的四个近郊老派音系进行比较,得出这一共时平面上语音差异的横向分布和方音之间的亲疏关系;并观照市区音的历时演变,以期说明共时差异中的历时因素,以及各方音间的亲疏程度同其语音发展趋势、发展速度、历史人文背景的关系。

1. 共 时 比 较

本文选择五个方音点,上海市区和东南西北近郊各一点,依次为:洋泾镇、梅陇镇、真如镇和江湾乡府高境庙。[①]五个点均采用老派音系,市区根据1988年出版的《上海市区方言志》中的老派音系;真如镇借鉴复旦大学中文系汤珍珠教授的调查结果;梅陇、洋泾、江湾三个音系都由本人调查所得。

1.1 声母比较

1.1.1 "帮、端"二母的读音

五个老派音系的"帮、端"二母都读缩气塞音 ʔb、ʔd,其中梅陇、江湾的缩气

[①] 本文初稿完成于1991年,方言点的行政区划归属是按当时的标准来衡量的。随着上海市区近几年来的高速发展和不断扩展,这些点大多已并入市区范围内。

音特征较强,紧喉作用明显,真如则相对弱化,有一部分字已变为 p、t。如①:

	饱	边	到	丁
市区	ʔbɔ⁴⁴	ʔbiɪ⁵³	ʔdɔ³⁴	ʔdiŋ⁵³
梅陇	ʔbɔ⁴⁴	ʔbiɪ⁵³	ʔdɔ³⁵	ʔdiŋ⁵³
江湾	ʔbɔ⁴⁴	ʔbiɪ⁵³	ʔdɔ³⁵	ʔdiŋ⁵³
洋泾	ʔbɔ⁴⁴	ʔbiɪ⁵³	ʔdɔ³⁵	ʔdiŋ⁵³
真如	ʔbɔ⁴⁴	ʔbiɪ⁵³	ʔdɔ³⁴	ʔdiŋ⁵³

1.1.2 尖团音的分合

五个老派音系大多分尖团音,即古精组声母和古见组声母在今细音前读音不同:古精组保留舌尖音,古见组腭化为舌面前音。其中江湾古见组声母部分字发音更接近舌面中音 c、cʻ,如"轻"cʻiŋ⁵³;洋泾发展最快,尖团之分在清声母中已消失,一律变为舌面前音,而浊声母中仍保留,尤其是入声韵前。如:

	节—结	秋—丘	修—休
市区	tsiɪʔ⁵⁵≠tɕiɪʔ⁵⁵	tsʻiɤ⁵³≠tɕʻiɤ⁵³	siɤ⁵³≠ɕiɤ⁵³
梅陇	tsiɪʔ⁵⁵≠tɕiɪʔ⁵⁵	tsʻiɤ⁵³≠tɕʻiɤ⁵³	siɤ⁵³≠ɕiɤ⁵³
真如	tsiɪʔ⁵⁵≠tɕiɪʔ⁵⁵	tsʻiɤ⁵³≠tɕʻiɤ⁵³	siɤ⁵³≠ɕiɤ⁵³
江湾	tsiɪʔ⁵⁵≠ciɪʔ⁵⁵	tsʻiɤ⁵³≠tɕʻiɤ⁵³	siɤ⁵³≠ɕiɤ⁵³
洋泾	tɕiɪʔ⁵⁵=tɕiɪʔ⁵⁵	tɕʻiɤ⁵³=tɕʻiɤ⁵³	ɕiɤ⁵³=ɕiɤ⁵³

	就—旧	截—竭	席—剧
市区	ziɤ²³≠dʑiɤ²³	ziɪʔ¹²≠dʑiɪʔ¹²	
梅陇	ziɤ¹³≠dʑiɤ¹³	ziɪʔ¹²≠dʑiɪʔ¹²	
真如	ziɤ¹³≠dʑiɤ¹³	ziɪʔ¹²≠dʑiɪʔ¹²	
江湾	ziɤ¹³≠dʑiɤ¹³		ziɪʔ¹²≠dʑiɪʔ¹²

---

① 共时比较时为了书写方便,国际音标不用方括号,调值采用数码标示法。举例时五个方音点的排列顺序以市区为首,其余四个点尽量按语音的相近程度来依次排列。

洋泾　　　　ziɤ¹³≠dʑiɤ¹³　　　　ziɿʔ¹²≠dʑiɿʔ¹²

1.1.3　非组、晓组声母的分混

在单元音 u 前,江湾、梅陇"非、敷、晓"三个清声母同音,念 ɸ,"奉、微、匣"三个浊声母同音,念 ß;洋泾"非、敷、晓"三母念 f,"奉、微、匣"三母念 v;真如"非、敷、晓"三母念 f,"奉、微"二母念 v 或 ß(可以互读),"匣"母念 ɦ;市区老派三个清声母以 f 为主,三个浊声母以 ß 为主,有时也读 ɦ。如:

	肤—呼	斧—虎	扶—胡	雾—互
市区	fu⁵³=fu⁵³	fu⁴⁴=fu⁴⁴	ßu²³=ßu²³	ßu²³=ßu²³
洋泾	fu⁵³=fu⁵³	fu⁴⁴=fu⁴⁴	vu¹³=vu¹³	vu¹³=vu¹³
梅陇	ɸu⁵³=ɸu⁵³	ɸu⁴⁴=ɸu⁴⁴	ßu²²=ßu²²	ßu¹³=ßu¹³
江湾	ɸu⁵³=ɸu⁵³	ɸu⁴⁴=ɸu⁴⁴	ßu²²=ßu²²	ßu¹³=ßu¹³
真如	fu⁵³=fu⁵³	fu⁴⁴=fu⁴⁴	vu²²/ßu²²≠ɦu²²	ßu¹³≠ɦu¹³

在以 u 为介音的合口韵前,"晓、匣"二母有两对不同的读音:一是与非组相同的唇齿音 f、v,另一是喉音 h、ɦ;前者的韵母失落 u 介音变为开口韵,后者则保留合口韵。梅陇、真如晓组声母主要为 f、v,与非组同音;江湾"晓"母读 f 或 ɸ(一般单字念成 ɸ,连读成词时念作 f,两者没有音位区别概念),"匣"母读 ɦ;洋泾晓组声母 f、v/h、ɦ 两组读音都有,有些字还可以两读;市区老派"晓、匣"二母以 h、ɦ 为主,由于它的"奉、微"二母有时也可念作 ɦ,所以就同"匣"母的 ɦ 相混了。如:

	方—荒	分—昏
市区	fã⁵³≠huã⁵³	fəŋ⁵³≠huəŋ⁵³
梅陇	fã⁵³=fã⁵³	fəŋ⁵³=fəŋ⁵³
真如	fã⁵³=fã⁵³	fəŋ⁵³=fəŋ⁵³
江湾	fã⁵³—fã⁵³/ɸã⁵³	fəŋ⁵³=fəŋ⁵³
洋泾	fã⁵³—fã⁵³/huã⁵³	fəŋ⁵³=fəŋ⁵³

	房—黄	文—魂
市区	ɦuã²³＝ɦuã²³	ʙən²³≠ɦuən²³
梅陇	vã²²＝vã²²	vən²²＝vən²²
真如	vã²²＝vã²²	vən²²＝vən²²
江湾	vã²²≠ɦuã²²	vən²²≠ɦuən²²
洋泾	vã¹³—ɦuã¹³/vã¹³	vən¹³—vən¹³/ɦuən¹³

在 oŋ 韵前,五个老派音系晓组声母均为 h、ɦ。至于非组声母,梅陇、江湾清声母有两读:f、h(同"晓"母),foŋ/hoŋ 无辨义作用,浊声母读 ɦ(同"匣"母);洋泾、市区非组声母有 f、v/h、ɦ 两套读音,读 h、ɦ 的一般是年纪较大或农村里的人;真如 oŋ 韵前非组与晓组同音,为 h、ɦ。以非组声母字为例:

	风	封	冯	缝
市区	foŋ⁵³/hoŋ⁵³	foŋ⁵³/hoŋ⁵³	voŋ²³/ɦoŋ²³	voŋ²³/ɦoŋ²³
洋泾	foŋ⁵³	foŋ⁵³/hoŋ⁵³	voŋ¹³/ɦoŋ¹³	voŋ¹³/ɦoŋ¹³
梅陇	foŋ⁵³	hoŋ⁵³	ɦoŋ²²	ɦoŋ²²
江湾	hoŋ⁵³	foŋ⁵³	ɦoŋ²²	ɦoŋ²²
真如	hoŋ⁵³	hoŋ⁵³	ɦoŋ²²	ɦoŋ²²

由声母比较可见,五个老派音系略有不同:在尖团音分合上,洋泾发展稍快,清声母中无尖团之分;在非、晓组声母分混上情况比较复杂,有混读、部分混读、分读等各种类型,即使同一个方音中也未必整齐划一。

1.2 韵母比较

1.2.1 假摄开口知系字韵母的读音

假摄开口"麻"韵知系字五个老派音系韵母读音有所不同:梅陇、洋泾为 iɔ;江湾为 ø;真如同市区,为 o。如:

	渣	车马~	沙	茶	蛇
市区	tso⁵³	tsʻo⁵³	so⁵³	zo²³	zo²³

真如	tso⁵³	ts'o⁵³	so⁵³	zo²²	zo²²
梅陇	tɕiɔ⁵³	tɕ'iɔ⁵³	ɕiɔ⁵³	ziɔ²²	ziɔ²²
洋泾	tɕiɔ⁵³	tɕ'iɔ⁵³	ɕiɔ⁵³	ziɔ¹³	ziɔ¹³
江湾	tsø⁵³	ts'ø⁵³	sø⁵³	zø²²	zø²²

1.2.2 遇合三等非知系字的韵母差异

遇合三等"鱼、虞"韵非知系字，其韵母在五个老派音系中有撮口 y 和齐齿 i 的不同：梅陇、洋泾、市区为 y，唯"徐"（邪母）例外，三地均读 zi；江湾和真如有 i、y 两种读音，江湾的发音人对 i、y 无区别概念，辨读时分不清，一般较书语化的字念 y，较常用的口语字念 i；真如的两位发音人因人而异，陈先生读 i，李先生 y、i 不稳定，在此以陈先生为例。如：

	女	吕	徐	娶	举	语
市区	ȵy²³	ly²³	zi²³	ts'y⁴⁴	tɕy⁴⁴	ȵy²³
梅陇	ȵy¹³	ly¹³	zi²²	ts'y³⁵	tɕy⁴⁴	ȵy¹³
洋泾	ȵy¹³	ly¹³	zi¹³	tɕ'y⁴⁴	tɕy⁴⁴	ȵy¹³
江湾	ȵi¹³	li¹³	zi²²	ts'i³⁵	tɕi⁴⁴	ȵi¹³/ȵy¹³
真如	ȵi¹³	li¹³	zi²²	ts'i³⁴	tɕi⁴⁴	ȵi¹³

1.2.3 遇合三等与止开三等知、章组字韵母的分合

江湾、真如的知、章组遇合三等和止开三等韵母相同，均为 ɿ；梅陇、洋泾、市区则分成两个韵：梅陇遇摄字多为 y，间有 ɿ，止摄为 ɿ；洋泾、市区遇摄字多为 ʮ，洋泾有少数遇摄字为 ɿ，止摄字则为 ɿ。如：

	猪—知	竖—市	书—施	树—示
市区	tsʮ⁵³≠tsɿ⁵³	zʮ²³≠zɿ²³	sʮ⁵³≠sɿ⁵³	zʮ²³≠zɿ²³
洋泾	tsɿ⁵³=tsɿ⁵³	zʮ¹³≠zɿ¹³	sʮ⁵³≠sɿ⁵³	zʮ¹³≠zɿ¹³
梅陇	tsɿ⁵³=tsɿ⁵³	ʑy¹³≠zɿ¹³	ɕy⁵³≠sɿ⁵³	ʑy¹³≠zɿ¹³
江湾	tsɿ⁵³=tsɿ⁵³	zɿ¹³=zɿ¹³	sɿ⁵³=sɿ⁵³	zɿ¹³=zɿ¹³

真如　　　tsʅ⁵³＝tsʅ⁵³　　　zʅ¹³＝zʅ¹³　　　sʅ⁵³＝sʅ⁵³　　　zʅ¹³＝zʅ¹³

1.2.4　"灰、咍、寒"三韵帮、端、泥组字韵母的分合

帮、端、泥组声母的"灰、咍、寒"三韵五个老派音系有不同的分合关系：洋泾和市区一致，"灰、咍"读 e，"寒"韵开口稍大读 ε（市区记作 E），但市区少数字已不稳定，e 趋于 E；江湾、真如一致，"咍、寒"读 ε，"灰"韵读 e；梅陇三韵皆不同，"灰"韵读 i，"咍、寒"开口度依次增大为 e 和 ε。如：

	雷—来—兰	退—态—叹
市区	le²³＝le²³≠lE²³	tʻe³⁴＝tʻe³⁴≠tʻE³⁴
洋泾	le¹³＝le¹³≠lε¹³	tʻe³⁵＝tʻe³⁵≠tʻε³⁵
江湾	le²²≠le²²＝lε²²	tʻe³⁵≠tʻε³⁵＝tʻε³⁵
真如	le²²≠le²²＝lε²²	tʻe³⁴≠tʻε³⁴＝tʻε³⁴
梅陇	li²²≠le²²≠lε²²	tʻi³⁵≠tʻe³⁵≠tʻε³⁵

1.2.5　蟹摄合口与止摄合口精组、知系字的韵母差异

精组、知系的蟹摄、止摄合口字为数不多，而且不少字有文白异读，其韵母在五个老派音系中读音不同：占多数的是梅陇、洋泾、真如、市区的圆唇音 ø，部分字白读为 ʅ，其中梅陇有些韵母开口很小，近于 ɣ，真如个别字读 e；另一种是江湾，其蟹摄字以 e 为主，ø 只出现于止摄，白读也是 ʅ。如：

	催	追	岁	罪	吹	水
市区	tsʻø⁵³	tsø⁵³	sø³⁴	zø²³	<u>tsʻø⁵³</u>，<u>tsʻʅ⁵³</u>	<u>sø⁴⁴</u>，<u>sʅ⁴⁴</u>
洋泾	tsʻø⁵³	tsø⁵³	sø³⁵	zø¹³	<u>tsʻø⁵³</u>，<u>tsʻʅ⁵³</u>	sʅ⁴⁴
真如	tsʻø⁵³	tsø⁵³	sø³⁴	zø¹³	<u>tsʻø⁵³</u>，<u>tsʻʅ⁵³</u>	<u>sø⁴⁴</u>，<u>sʅ⁴⁴</u>
梅陇	tsʻø⁵³	tsɣ⁵³	sɣ³⁵	zø¹³	<u>tsʻø⁵³</u>，<u>tsʻʅ⁵³</u>	<u>sɣ⁴⁴</u>，<u>sʅ⁴⁴</u>
江湾	tsʻe⁵³	tsø⁵³	se³⁵	ze¹³	<u>tsʻø⁵³</u>，<u>tsʻʅ⁵³</u>	sʅ⁴⁴

1.2.6　咸摄三等与山摄三等知系字的韵母差异

咸开三"盐"韵、山开三山合三"仙"韵的知系字，其韵母在五个老派音系中有 e、ø 两种：江湾、真如、市区以 e 为主，ø 仅个别字；梅陇、洋泾则以 ø 为主，e 为个别字。如：

	展	川	扇	船	善	占
市区	tse⁴⁴	tsʻe⁵³	se³⁴	ze²³	ze²³	tse³⁴
江湾	tsø³⁵	tsʻe⁵³	se³⁵	ze²²	ze²²	tsø⁵³
真如	tse⁴⁴	tsʻe⁵³	se³⁴	ze²²	ze²²	tse⁵³
洋泾	tsø⁴⁴	tsʻø⁵³	se³⁵	zø¹³	zø¹³	tsø³⁵
梅陇	tsø³⁵	tsʻø⁵³	se³⁵	zø²²	zø¹³	tsø⁵³

1.2.7 见系臻合三等"谆、文"韵的差异

臻合三等"谆、文"两韵见系字在五个老派音系中的读音有四种：yn、ioŋ、iŋ、iᵊŋ。洋泾读 yn；市区读 ioŋ；梅陇见组读 yn，晓、影组读 ioŋ；真如有一对自由变体，iŋ 或 iᵊŋ，以 iŋ 为多；江湾见系声母字均为 iᵊŋ。如：

	军	裙	熏	训	云
市区	tɕioŋ⁵³	dʑioŋ²³	ɕioŋ⁵³	ɕioŋ³⁴	ɦioŋ²³
梅陇	tɕyn⁵³	dʑyn²²	ɕioŋ⁵³	ɕioŋ³⁵	ɦioŋ²²
洋泾	tɕyn⁵³	dʑyn¹³	ɕyn⁵³	ɕyn³⁵	ɦyn¹³
江湾	tɕiᵊŋ⁵³	dʑiᵊŋ²²	ɕiᵊŋ	ɕiᵊŋ³⁵	ɦiᵊŋ²²
真如	tɕiŋ⁵³	dʑiŋ²²	ɕiŋ⁵³	ɕiŋ⁴⁴	ɦiŋ²²

1.2.8 æʔ、iæʔ、uæʔ 和 ɑʔ、iɑʔ、uɑʔ 的分合

梅陇、洋泾、真如方音中，æʔ、iæʔ、uæʔ 与 ɑʔ、iɑʔ、uɑʔ 形成音位对立（真如后一组记作 aʔ、iaʔ、uaʔ），前者多来自古咸、山摄，后者多来自古宕、梗摄，溯其源而言，即古入声收-p、-t 与-k 尾的不同分化，不过少数字已发生变化，由 æʔ 趋于 ɑʔ；江湾和市区方音已无这两组入声韵的对立，一律归并为 ɑʔ、iɑʔ、uɑʔ。如：

	塔	匣	甲	括	脚	麦
市区	tʻɑʔ⁵⁵	ɦɑʔ¹²	tɕiɑʔ⁵⁵	kuɑʔ⁵⁵	tɕiɑ⁵⁵	mɑʔ¹²

江湾	t'ʌʔ⁵⁵	ɦʌʔ¹²	tɕiʌʔ⁵⁵	kuʌʔ⁵⁵	tɕiʌʔ⁵⁵	mʌʔ¹²
梅陇	t'æʔ⁵⁵	ɦæʔ¹²	tɕiæʔ⁵⁵	kuæʔ⁵⁵	tɕiʌʔ⁵⁵	mʌʔ¹²
洋泾	t'æʔ⁵⁵	ɦæʔ¹²	tɕiʌʔ⁵⁵	kuæʔ⁵⁵	tɕiʌʔ⁵⁵	mʌʔ¹²
真如	t'æʔ⁵⁵	ɦæʔ¹²	tɕiæʔ⁵⁵	kuəʔ⁵⁵	tɕiɑʔ⁵⁵	məʔ¹²

1.2.9 "黠"韵与"陌"韵帮组字的韵母分合

梅陇、洋泾、江湾、真如四个近郊方音中,帮组字在山开二等"黠"韵与梗开二等"陌"韵里保留了韵母对立:"黠"韵的元音舌位比"陌"韵靠前;市区音则无此对立,均为 ʌʔ。如:

	八—百	拔—白	袜—麦
市区	ʔbʌʔ⁵⁵＝ʔbʌʔ⁵⁵	bʌʔ¹²＝bʌ¹²	mʌʔ¹²＝mʌʔ¹²
江湾	ʔbʌʔ⁵⁵≠ʔbɑʔ⁵⁵	bʌʔ¹²≠bɑ¹²	mʌʔ¹²≠mɑʔ¹²
梅陇	ʔbæʔ⁵⁵≠ʔbʌʔ⁵⁵	bæʔ¹²≠bʌʔ¹²	mæʔ¹²≠mʌʔ¹²
洋泾	ʔbæʔ⁵⁵≠ʔbʌʔ⁵⁵	bæʔ¹²≠bʌʔ¹²	mæʔ¹²≠mʌʔ¹²
真如	ʔbæʔ⁵⁵≠ʔbɑʔ⁵⁵	bæʔ¹²≠bɑʔ¹²	mæʔ¹²≠mɑʔ¹²

对照 1.2.8 项可见,山摄、梗摄入声韵在江湾多已归并为一种,唯帮组声母保留了对立。

1.2.10 见系"德"韵合口入声字的韵母差异

见系"德"韵合口入声字虽为数极少,但其音值在地理分布上明显分为两种:一是梅陇、洋泾、市区的 oʔ,另一是江湾、真如的 uəʔ。如:

	国	或	惑
市区	koʔ⁵⁵	ɦoʔ¹²	ɦoʔ¹²
梅陇	koʔ⁵⁵	ɦoʔ¹²	ɦoʔ¹²
洋泾	koʔ⁵⁵	ɦoʔ¹²	ɦoʔ¹²
江湾	kuəʔ⁵⁵	ɦuəʔ¹²	ɦuəʔ¹²
真如	kuəʔ⁵⁵	ɦuəʔ¹²	ɦuəʔ¹²

1.2.11 通合三等与山合三、四等见系入声韵的分合

通合三等"屋、烛"韵见系字五个老派音系有 ioʔ、yøʔ(市区记作 yœʔ)两种读音:市区、真如、梅陇基本读 ioʔ,与山合三、四等"月、屑"韵的 yøʔ(yœʔ)不同,唯个别字已混读;江湾、洋泾既有 ioʔ 又有 yøʔ,无一定规律,与山摄混读较多。如:

	菊—决	玉—月	蓄—血
市区	tɕioʔ$\underline{55}$ ≠ tɕyœʔ$\underline{55}$	ȵioʔ$\underline{12}$ ≠ ȵyœʔ$\underline{12}$	ɕioʔ$\underline{55}$ ≠ ɕyæʔ$\underline{55}$
真如	tɕioʔ$\underline{55}$ ≠ tɕyʔ$\underline{55}$	ȵioʔ$\underline{12}$ ≠ ȵyʔ$\underline{12}$	ɕioʔ$\underline{55}$ ≠ ɕyʔ$\underline{55}$
梅陇	tɕyøʔ$\underline{55}$ = tɕyøʔ$\underline{55}$	ȵioʔ$\underline{12}$ ≠ ȵyøʔ$\underline{12}$	ɕioʔ$\underline{55}$ ≠ ɕyøʔ$\underline{55}$
洋泾	tɕyøʔ$\underline{55}$ = tɕyøʔ$\underline{55}$	ȵioʔ$\underline{12}$ ≠ ȵyøʔ$\underline{12}$	ɕyøʔ$\underline{55}$ = ɕyøʔ$\underline{55}$
江湾	tɕyøʔ$\underline{55}$ = tɕyøʔ$\underline{55}$	ȵioʔ$\underline{12}$ ≠ ȵyøʔ$\underline{12}$	ɕyøʔ$\underline{55}$ = ɕyøʔ$\underline{55}$

由韵母比较可见:江湾和真如较为接近,有近一半条目明显不同于其他三个点,见 1.2.2、1.2.3、1.2.4、1.2.7、1.2.10。梅陇、洋泾也有部分特征不同于其他三个点,见 1.2.1、1.2.6,但所占比例不大。市区老派有些特征与江湾、真如较近,有的则趋同于梅陇或洋泾。

1.3 声调比较

五个老派音系的声调有六类和七类的不同,具体的调类、调值详见下表:

方音点＼调类调值	阴平	阴上	阴去	阴入	阳平	阳上	阳去	阳入	调类数
市　区	53	44	34	$\underline{55}$		23		$\underline{12}$	6
洋　泾	53	44	35	$\underline{55}$		13		$\underline{12}$	6
梅　陇	53	44	35	$\underline{55}$	22	13		$\underline{12}$	7
江　湾	53	44	35	$\underline{55}$	22	13		$\underline{12}$	7
真　如	53	44	34	$\underline{55}$	22	13		$\underline{12}$	7

由表可见：古阴调类在五个方音中依然保持平上去入四分；古阳调类则有不同程度的归并：梅陇、江湾、真如分阳平、阳去，阳上归阳去，调类7个；市区和洋泾三个舒声阳调类不分，全部归阳去，调类只剩6个，发展最快。

2. 历 时 比 较

从整个上海地区（包括十个郊县）的方言分布来看，市区、洋泾、真如、梅陇、江湾五个老派音系是比较一致的，但就第一部分的比较结果而言，它们还是有所不同，其中既有语音本身发展演变的因素，也有语音之外的历史人文背景。

本部分通过五个老派音系与前期上海方言的历时比较，来揭示各方音对前期上海方言的不同继承和发展，以及语音发展的不平衡对形成共时方音差异的影响。前期上海方言材料以1853年J.Edkins的《上海方言口语语法》（《A Grammar of Colloquial Chinese as Exhibited in the Shanghai Dialect》）为代表（以下简称《口语》），举例照原书记音符号书写，方括号内为转写的国际音标[1]，声调从略。另外还引用1927年赵元任先生的《现代吴语的研究》（下简称《吴语》）中的某些材料，赵先生所记为当时上海城区内方音，发音人当时均为20岁左右的学生，相当于现在的老派，可作为市区老派音系的补充。

2.1 声母

2.1.1 缩气塞音声母的有无

《口语》将"帮、端"二母多记作p、t，与全浊声母"並、定"的斜体 p、t 区分开来（斜体 *p*、*t* 是出现于词首或句首的浊声母，b、d 则用于连续音节中，都是"並、定"二母的读音）。如：

比 pí[pi]　　北 póh[poʔ]　　多 tú[tu]　　当 tong[tɔŋ]

---

[1] 本文所采用的关于《上海方言口语语法》一书的转写国际音标，主要得益于前人对该书的研究成果。

但是，《口语》中有部分"端"母字另记作 d，如端、短、对、答、斗、耽"分别为 dön、dön、dé、deh、deu、dén。Edkins 指出这些字读高调，而声母却是浊声母（P.40），可见他已注意到清声母中的带音成分。

此外，《吴语》中提到旧派"帮、端"二母用"真浊音"，其所谓"真浊音"是"真带音(声带颤动)，因为是阴调，所以听起来并不'浊'"。(P.82)

本文第一部分列举的五个老派音系中"帮、端"二母也都念 ʔb、ʔd，保留了在 19 世纪中叶的上海方言中即已存在的缩气塞音声母的特征，唯部分字今已开始弱化为全清的 p、t。所谓缩气塞音声母，是指古全清塞音声母发音时声带颤动，因为读高调（阴调类），所以带有较明显的紧喉特征。

2.1.2　非组、晓组声母的分混

《口语》非组声母 f、v 与晓组声母 h、ɦ 不混。如：

夫 fú[fu]≠火 hú[hu]

房 ƒong/vong[vɔŋ]≠王 wong[wɔŋ/ɦuoŋ]

封 fóng[foŋ]≠红 ɦóng[ɦoŋ]

勿 veh[veʔ]≠活 weh[weʔ/ɦueʔ]

五个老派音系合口韵前非、晓组声母有不同程度的混读（见 1.1.3），以梅陇为例：

肤＝呼 ɸu⁵³　房＝黄 vã²²　封＝烘 hoŋ⁵³　缝＝洪 ɦoŋ²²

2.1.3　dz 声母的有无

《口语》声母表中有两个舌尖前全浊声母 dz 和 z。如：

尽 dzing[dziŋ]　　杂 dzeh[dzeʔ]　　全 dzien[dzien]

辞 dzz[dzɿ]　　　坐 zú[zu]　　　　实 zeh[zeʔ]

船 zén[zen]　　　时 zz[zɿ]

五个老派音系已没有 dz 声母，均归入 z，以市区为例：

尽 ziŋ²³　　杂 zAʔ¹²　　全 zii²³　　辞 zɿ²³

19 世纪中叶上海方言发展到今市区和近郊老派方音，声母变化不是很大，主要有:dz归入z,dz在今市区及郊县的大多数地方方音中已消失,只有崇明话里仍保留着;《口语》和五个老派音系多分尖团,唯洋泾的清声母已不再区分,今市区中派音系声母不论清浊也都不分尖团;声母演变中的f、v/h、ɦ分混是个较复杂的问题,联系今市区中派音的情况,大致可见有循环变化的现象:即由《口语》的分到五个老派音系不同程度的混再到市区中派的分,最终又回到了一百多年前的状态。《吴语》曾提及:"旧派 h(u)、f 常混(忽＝拂),w、v 常混(王＝房),新派不大混。"当时的新派相当于今老派,可见市区老派音中已出现非、晓组分读的趋势,为中派的分读打下基础;而当时的旧派相当于今老老派的却同近郊的老派音一样,非、晓组常混读。

2.2 韵母

2.2.1 假摄合口见、晓组韵母的读音

《口语》的见、晓组假摄合口"麻"韵都带有 w 介音,与同韵帮组、知系字的 o 构成一对音位变体。如:

化造~ hwó[hᵘo]　　花 hwó[hᵘo]　　挂 kwó[kᵘo]　　寡 kwó[kᵘo]
怕 p'ó[p'o]　　遮 tsó[tso]　　赦 só[so]

五个老派音系的梅陇、洋泾还保留了见系"麻"韵 u 介音的特征(洋泾的 u 介音只见于晓、影组声母);市区、江湾、真如合口"麻"韵一律读 o。如:

梅陇:瓜 kᵘo⁵³　　跨 k'ᵘo³⁵　　花 ɸᵘo⁵³　　蛙 ᵘo⁵³

真如:瓜 ko⁵³　　跨 k'o³⁴　　花 ho⁵³　　蛙 o⁵³、uA⁵³

2.2.2 遇合三等韵母的读音

《口语》遇合三等知系字韵母读 û[ʯ],知系声母以外的韵母读 ü[y]。如:

处 ts'û[ts'ʯ]　　书 sû[sʯ]　　住 dzû[dzʯ]　　主 tsû[tsʯ]
女 nü[ȵy]　　语 nü[ȵy]　　许 hü[ɕy]　　句 kü[tɕy]

市区、梅陇、洋泾三个老派音系与《口语》一致;江湾、真如则不同:知系遇合三等韵为 ʅ,其他声母的则读 i(参见1.2.2、1.2.3)。如:

	女	语	书	处
市区	nɦy²³	nɦy²³	sʮ⁵³	tsʻʮ³⁴
江湾	nɦi¹³	nɦi¹³/nɦy¹³	sɿ⁵³	tsʻɿ³⁵

2.2.3 "灰、哈、寒"三韵帮、端、泥组字韵母的分合

《口语》帮、端、泥组的"灰、哈"二韵相同,都读é[e],"寒"韵则保留鼻尾读 an[ɛn]。如:

雷 lé[le]＝来 lé[le]≠兰 lan[lɛn]

五个老派音系中市区、洋泾的三韵分合与此基本相同,只是鼻尾已失落;梅陇三韵三分;江湾、真如"哈、寒"同韵,与"灰"韵分开(见 1.2.4)。如:

市区:　　雷 le²³＝来 le²³≠兰 lɛ²³
梅陇:　　雷 li²²≠来 le²²≠兰 lɛ²²
江湾:　　雷 le²²≠来 lɛ²²＝兰 lɛ²²

2.2.4 蟹摄合口与止摄合口精组、知系字的韵母读音

《口语》蟹摄和止摄合口的精组、知系字,其韵母多记带 ɥ 介音的 ûe[ɥe],部分字记作 é,可能当时的 ɥ 介音已有弱化趋势,其白读韵为 ɿ。如:

最 tsûe[tsɥe]　　虽 sûe[sɥe]　　碎 sé[se]
罪(1)zûe[zɥe]　　(2)zé[ze]　　随 zûe[zɥe]
水 sz[sɿ]　　　　吹 tsʻz[tsʻɿ]

五个老派音系中除了江湾这些字以 e 为主以外,其余几个点都以 ø 为主,白读也是 ɿ。ø 带有合口圆唇特征,e 则为开口韵(见 1.2.5)。如:

	催	岁	罪	水
洋泾	tsʻø⁵³	sø³⁵	zø¹³	sɿ⁴⁴
江湾	tsʻe⁵³	se³⁵	ze¹³	sɿ⁴⁴

2.2.5 咸、山摄三等韵的读音

《口语》知系咸开三"盐"韵,山开三、山合三"仙"韵读 én,主元音为[e]。市

区、江湾、真如三个老派音系也以 e 为多,主元音与《口语》一致;洋泾、梅陇则不同,主元音以 ø 为多(见 1.2.6)。《吴语》中旧派读 e,新派读 ø,可见老派市区音已出现变异的端倪,今市区中派也读 ø。如:

	展	船	扇
《口语》	tsén[tsen]	zén[zen]	sén[sen]
梅陇	tsø^{35}	zø^{22}	se^{35}
江湾	tsø^{35}	ze^{22}	se^{35}
《吴语》旧派	tse	ze	se
《吴语》新派	tsø	zø	sø

2.2.6　帮组山合一等的韵母读音

山合一等"桓"韵帮组字,其韵母在《口语》中记作 én,主元音为 e;五个老派音系主元音亦为 e,唯鼻尾已失落;但参照《吴语》可见市区老派已有 e 变 ø 的迹象,今市区中派也是 ø。如:

	半	潘	盘
《口语》	pén[pen]	p'én[p'en]	ｐen[ben]
梅陇	pe^{35}	p'e^{53}	be^{22}/bø^{22}
《吴语》旧派	pe	p'e	be
《吴语》新派	pø	p'ø	bø

2.2.7　见系臻合三等和梗、通两摄合口三等韵的分合

《口语》臻合三等和梗、通两摄合口三等见系字的韵母是不同的:臻摄为 iün[yn],梗、通摄为 ióng[ioŋ]。如:

训 h'iün[ɕyn]　　君 kiün[tɕyn]　　郡 giün[dʑyn]　云 yün[ɦyn]
穷 gióng[dʑioŋ]　兄 h'ióng/h'iúng[ɕioŋ]　用 yúng[ɦioŋ]

市区老派此三摄合口三等见系字不分韵,混读为 ioŋ;梅陇部分混读,见组字臻摄为 yn,梗、通摄为 ioŋ,晓、影组字则以上三韵混读为 ioŋ;洋泾、江湾、真如分韵:梗、通两摄三地均读 ioŋ,臻摄洋泾读 yn(同《口语》),江湾、真如读 iŋ 或 i^{ə}ŋ。如:

	群—穷	云—荣	熏—凶
市区	dʑioŋ²³ = dʑioŋ²³	ɦioŋ²³ = ɦioŋ²³	ɕioŋ⁵³ = ɕioŋ⁵³
梅陇	dʑyn²² ≠ dʑioŋ²²	ɦioŋ²² = ɦioŋ²²	ɕioŋ⁵³ = ɕioŋ⁵³
洋泾	dʑyn¹³ ≠ dʑioŋ¹³	ɦyn¹³ ≠ ɦioŋ¹³	ɕyn⁵³ ≠ ɕioŋ⁵³
真如	dʑiŋ²² ≠ dʑioŋ²²	ɦiŋ²² ≠ ɦioŋ²²	ɕiŋ⁵³ ≠ ɕioŋ⁵³
江湾	dʑiᵊŋ²² ≠ dʑioŋ²²	ɦiᵊŋ⁵³ ≠ ɦioŋ²²	ɕiᵊŋ⁵³ ≠ ɕioŋ⁵³

2.2.8 阳声韵的演变

2.2.8.1 阳声韵的保留

《口语》中有一部分收-ng[-ŋ]尾的阳声韵，今五个老派音系仍保留着。如：

ung[ʌŋ]根、尊、身→əŋ

ing[iŋ]循、心、信→iŋ(或 iᵊŋ)

wung[uʌŋ]滚、困→uəŋ

óng[oŋ]松、东、通→oŋ

iúng/ióng[ioŋ]凶、雍→ioŋ

2.2.8.2 阳声韵尾的弱化

《口语》宕、江摄和部分曾、梗摄字有以下六类韵母。如：

áng[aŋ]张、生、打、行

iáng[iaŋ]娘、强、量、相

wáng[uaŋ]横

ong[ɔŋ]丧、双、梦、江

iong[iɔŋ]旺~火

wong[uɔŋ]光、黄

在五个老派音系中这六类韵母的鼻尾均已弱化成鼻化韵，简化了发音机制，分别为:ã、iã、uã、ɔ̃、iɔ̃、uɔ̃。以梅陇为例：

帮 ʔbã⁵³　旺 ɦiã̱¹³　筐 kʻuã⁵³　冷 lã¹³　娘 ȵiã²　横 ɦuã²²

《吴语》记音细致，可以看出这种简化的渐变过程。书中有两种鼻化现象：

一种是主元音后再鼻化,尚残留有鼻尾的特点如:鼻化在元音后;另一种则是主元音鼻化,与五个老派音系无异,如:ā 硬、朋、长　iā 两、香　uā 横

2.2.8.3　阳声韵尾的失落

《口语》中不少收-n 尾的阳声韵字,在五个老派音系里已经失落了鼻尾变成阴声韵了,只有 iün 例外。如:

an[ɛn]但、山→ɛ

ian[iɛn]念→iɛ

uan/wan[uɛn]关→uɛ

én[en]半、船→e

ién[ien]选、田→ie/iɪ

wén[uen]官→ue/uɪ

ön[øn]端、岸;

ûn[ɥn]杆、算→ø

iön[yøn]权、愿→yø

iün[yn]训、君→yn/ioŋ

2.2.9　入声韵尾的演变

《口语》的入声韵存在两种塞音韵尾:-h 和-k,-h 相当于今天的-ʔ。Edkins 认为,元音 á[ɑ]、u[ʌ]、ó[o]、o[ɔ]后面收-k 尾,而元音 a[ɛ/æ]、e[e]、ö[ø]、i[ɪ/i]后面收-h 尾(P.55)。换言之,其区别就是后元音收-k 尾,前元音收-h 尾。从入声韵尾的语音分布环境和书中举例来看,大致可说凡中古收-p、-t 尾的入声在当时的上海话中已变成收喉塞的-h[-ʔ],而中古收-k 尾的入声,当时的上海话却有所保留。如:

法 fah[fæʔ]　　立 lih[lɪʔ]　　月 niöh[n̠yøʔ]　　没 meh[meʔ]

百 pák[pɑk]　　直 dzuk[dzʌk]　角 kok/kók[kɔk/kok]

略 liák[liɑk]　　独 dók[dok]

但书中也有例外,尤其是词汇条目中-h 与-k 尾多有混淆,原因是入声韵尾

的不同当时已弱化,逐渐变成主要元音的不同,而且词汇环境中收-k 尾的入声字容易受前后字连读的影响变为-h 尾。如:

曲 k'óh[tɕio?]　　　木 mók/moh[mok/mo?]

头两百里 deu ní pah lí[dɣ ɲi pɑʔli]

五个老派音系入声韵尾已无-h、-k 之分,全部收喉塞尾-?。不过梅陇、洋泾、真如的 æ?、iæ?、uæ? 与 ʌ?、iʌ?、uʌ? 的对立仍可看出其来源不同的痕迹。

2.2.10　入声韵的多寡

19 世纪中叶上海方言的入声韵目比后期五个老派音系要多,入声韵的减少不仅有韵尾而且还有主要元音的归并,但这种归并过程在各地并非同步。

2.2.10.1　ah[æ?]、ák[ɑk]→ʌ?

《口语》的 ah 和 ák 韵在《吴语》的新、旧派和今市区老派、近郊江湾老派方音中皆归并为 ʌ?;而在梅陇、洋泾、真如的老派音中尚未完全归并,部分字有 æ?/ʌ? 之分。如

《口语》ák[ɑk]百、药、石→江湾、市区 ʌ?

　　　　　　　　　　→梅陇、洋泾、真如 ʌ?

《口语》ah[æ?]法、瞎→江湾、市区 ʌ?

　　　　　　　　　　→梅陇、洋泾、真如 æ?、ʌ?

2.2.10.2　öh[ø?]、uk[ʌk]、eh[e?]→ə?

《口语》的 eh[e?]、uk[ʌk]两韵在五个老派音系中均归并为 ə?;《口语》的 öh[ø?]在五个老派音系里基本保留,但《吴语》一书却已归入 ə?,说明市区老派入声韵的归并已略快于近郊方音了。如:

《口语》eh[e?]杂、实、没→《吴语》、梅陇 ə?

《口语》weh[ue?]活→《吴语》、梅陇 uə?

《口语》uk[ʌk]直、贼、刻→《吴语》、梅陇 ə?

《口语》öh[ø?]夺、脱→《吴语》ə?

　　　　　　　　　　→梅陇 ø?

2.2.10.3　ók[ok]、ok[ɔk]→oʔ

《口语》宕摄一等和通摄的入声韵的元音有开口大小之分,宕摄开口稍大,读 ok[ɔk],通摄开口较小,读 ók[ok]。这种区分五个老派音系仍保留着,但《吴语》新、旧派间的不同表明,市区老派中的宕摄入声已趋不稳定,正向通摄入声归并,就像今市区中派音一样。如:

《口语》ok[ɔk]薄、乐、角→真如、《吴语》(旧)ɔʔ
　　　　　　　　　　→《吴语》(新)oʔ

《口语》ók[ok]独、木、国→真如、《吴语》(旧、新)oʔ

2.2.10.4　iih[iɪʔ]、iuk[iʌk]→iɪʔ

《口语》有两个发音相近的入声韵 iih[iɪʔ]和 iuk[iək/iʌk],Edkins 列作两个不同韵母,"逆"nyiuk[ȵiʌk]≠"热"nyih[ȵiɪʔ]。他说:由于一般规则是后元音的入声以-k 收尾,所以与 ih[iɪʔ]相对的 ik 往往在 i 和 k 中间插入一个短促的 u[ʌ],如"力"lik 或 liuk(P.55)。书中的例字均是从词汇中剔出的,标音时有的不写-k 尾而写成 iuh,可能是受词汇语音环境的影响(参见 2.2.9)。从这些例字来看,有 u 的 iuk/iuh 多来自古曾、梗摄入声韵,古音收-k 尾,而没有 u 的 ih 多来自山、臻摄入声韵,古音收-t 尾。如:

剔 t'iuh[t'iʌʔ]　　极 giuh[dʑiʌʔ]　　吃 k'iuh[tɕ'iʌʔ]　　易 yuk[ɦiʌk]
列 lih[liɪʔ]　　　雪 sih[siɪʔ]　　　一 ih[iɪʔ]　　　　的 tih[tiɪʔ]

五个老派音系仍有 iəʔ/iɪʔ 之分,但有的点曾、梗摄入声韵读 iəʔ 的较多,有的点 iəʔ 韵仅剩少数字,像真如只有"吃、益、乞"三个字读 iəʔ。这说明 iəʔ 韵字正以词汇扩散的方法逐步归入 iɪʔ 韵。使其范围不断缩小,今市区中派音的 iəʔ 韵已全部归入 iɪʔ 了。

以上所述可见:19 世纪中叶的上海方言韵母到一百多年后的五个老派音系许多已简化或归并了,其中最显著的就是鼻尾的弱化与失落,入声韵的合并等。不过各方音点的发展并不同步:见系"麻"韵合口梅陇、洋泾保留了 u 介音,而真如、市区、江湾已简化为 o；æʔ 和 ʌʔ 市区、江湾已归并,而梅陇、洋泾、真如依然保持对立；iəʔ 归入 iɪʔ 各点有所不同，有的快，有的慢。此外，根据《吴语》上海城区方言旧派、新派不同的情况，并结合市区音老派到中派的发展轨迹，可发现市区音从本世纪初开始快速发展，逐渐脱离了与之有渊源关系的近郊方音，孕育了新的语音变异。如知系"盐、仙"韵《吴语》旧派读 e，新派读 ø，今市区中派也读 ø；"恒"韵帮组字旧派读 e（与近郊老派音同），新派读 ø，今市区中派也是 ø；旧派 oʔ、ɔʔ 相分（与近郊方音同），新派则与今市区中派一样，归并为 oʔ。

韵母比较中有些项目江湾、真如与市区、洋泾、梅陇不一致，且溯其源与早期的《口语》也有所不同，这和它们的历史人文条件有关，将在第三部分论及。

2.3 声调

《口语》共有八类声调，平、上、去、入各分阴阳。以下列出这八个声调的原文描写、例字和拟音。

阴平：急高降调，拟作 53。This is the common quick falling sound. 如：瓜、风、钟、多、飞、轻

阴上：高平调，无曲折，拟作 44。It is a high even tone without deflection. 如：水、火、许、好、点、讨

阴去：高升调，拟作 35。This tone being both high in key and deflected upwards. 如：葬、寸、变、姓、四、店

阴入：短促的高升调，拟作 45。This tone is a short syllable, high and bent upwards. 如：角、刻、法

阳平：一个长长的低平调，字音收尾时略有上升，拟作 22。This is a long low tone deflected upwards at the end. 如：逢、龙、门

Edkins 说：在黄浦江以东和上海城区是上述读法，在浦西则还有一个急升后又急降的低调，与附近的苏州、杭州音相似(P.28)，可拟作 232。今上海县的莘庄和松江县也有与此相近的 231 调。

阳上：缓慢的低升调，拟作 113。This tone properly a low protracted tone rising at its close, contains in it a number of words whose pronunciation is not fixed. Edkins 说:阳上在当时和其他一些方言一样,许多字跑到阳去调了,如"动、是、近",只有次浊声母字还比较稳定,如"五、里、有"。他还指出阳平、阳上调的细微区别:阳平的主要特征是平调(尽管收尾时略有升势),阳上则始终是低而缓升的。

阳去:低而急升的调,拟作 13 或 24。The words that were primarily in this tone, are always heard with the quick rising pronunciation that properly belongs to it. 如:病、话、大

阳入:短促的低升调,拟作 12。This may be described as the lower short rising tone, and represented as short in quantity. 如:贼、挟、掘

对照五个老派音系的声调系统,可发现一百多年前的上海方言声调与今梅陇、真如、江湾的老派比较接近,所不同的是如今已完全归并到阳去的阳上调在当时尚有部分字是独立成一调的;今洋泾和市区老派发展较快,舒声阳调类全部归并,仅剩六个调类;阴调类《口语》和五个老派音系都没有归并,而到了 20 世纪五六十年代,市区中派阴上已归入阴去,只剩五个调。声调系统不断归并、简化的轨迹如下表所示:

方　　音	调类数	阴平	阴上	阴去	阴入	阳平	阳上	阳去	阳入
城区(《口语》)	8	53	44	35	45	22	113	13	12
梅陇(老派)	7	53	44	35	55	22	13		12
市区(老派)	6	53	44	34	55	23			12
市区(中派)	5	53	34		55	23			12

3. 语音演变的历史人文背景

形成共时平面方音差异的原因,除了前章所述的语音本身演变发展的不平衡外,还有超乎语音的历史人文因素,虽然它们对语音变异不起直接作用,但也有一定的影响。本部分尝试就此作些分析,由于这方面的材料多是零星散见

的,不足代表整个音系特征的形成,所以只能大致阐述某差异同某历史人文条件的关系。

3.1 历史行政区划对方音的影响

本文所比较的五个方音点,扩至今天整个上海或苏南地区的范围来看只占很小一块,江湾今属宝山县,洋泾属市区,真如、梅陇分属嘉定县和上海县,这些包围市区的近郊点分别在宝山、嘉定、上海、川沙各县与市区的交界附近,因而和市区音的融合程度较之上海地区其他郊县要大一些,为它们音系上的相近创造了有利条件。但是,这五个点的历史行政区划自古分为两大块:一是太仓州的真如、江湾,另一是松江府的市区、梅陇、洋泾,它们之间的语音差异有些是同这种行政区划的历史沿革有关的,因为同一行政管理单位内部的政治、经济、文化等一体化会促使方言的一体化发展。

3.1.1 历史沿革

真如和江湾在清代以前一直属太仓州管辖。由《嘉定县志》(见《中国方志丛书》)可知清雍正以前的嘉定县不仅包括今宝山全境,还有今川沙县东北角的高桥一块,从西面昆山、太仓县界向东直抵海岸,南面则越吴淞江与上海县为界。雍正二年才割嘉定东半部为宝山县,同隶太仓州。《嘉庆一统志》太仓直隶州下载:"宝山县……本嘉定县吴淞所地,本朝雍正二年析置宝山县,属太仓州。"太仓州一向属苏州府,清以后才改为直隶州。

梅陇、市区、洋泾历史上向来属松江府上海县地。洋泾镇虽然与市区隔黄浦江东西相望,但清末以前行政上一直由上海县管辖。《松江府志·历代沿革》下载:"嘉庆十年,……割上海高昌乡之十五图、南汇长人乡之十图属川沙同知管辖,改为川沙抚民厅。"(后改川沙县)又从《川沙厅志》所记的全境疆域中可知它的西界只到陈推官桥横河港一带,并未西进到今洋泾镇附近。洋泾先属上海县,1906年属上海城东泾镇,民国十七年始属上海特别市浦东区,后又属市东郊区,今仍在黄浦区辖内。今市区也是自租界开放后才逐步从上海县中独立出来的。

3.1.2 历史沿革对方音的影响

若将视角扩至整个上海(包括十个郊县)乃至苏南地区,不难发现共时方音差异中渗透着历史行政区划的影响,只是这种影响在上海方音分布的今貌中已较难辨析了。

3.1.2.1 遇合三等精、泥组字的韵母读音

遇合三等"鱼虞"两韵的精、泥组字在今苏南昆山、太仓一带读 i 或 y,在旧松江府地读 y。

从19世纪中叶的《口语》到今市区、梅陇、洋泾方音,遇合三等精、泥组字韵母均读 y;真如有读 i、y 两种的;江湾则读 i(见 1.2.2)。其分布与旧太仓州、松江府的分界大致吻合。

3.1.2.2 遇合三等知、章组字的韵母读音

遇合三等"鱼虞"韵知、章组字韵母,读 ɿ 的集中在旧太仓州(今太仓县城读 ʮ,乡下仍读 ɿ),读 ʮ 或 y 的集中在旧松江府、苏州苏和常州府。

《口语》、梅陇、洋泾、市区老派这些韵母读 ʮ 或 y,江湾、真如则读 ɿ(参 1.2.3)。惟今市区中派音已变读 ɿ 了。

3.1.2.3 古"哈灰"韵的分混

古"哈灰"两韵的读音,在旧苏州府的常熟、苏州、吴江一带同为 ɛ,在旧松江府的上海县、川沙、南汇、奉贤同为 e;分读为 e(灰)和 ɛ(哈)的则处在旧松江府的西边,即今太仓、昆山一带。

江湾、真如"灰"e≠"哈"ɛ;市区、洋泾则混读为 e(参 1.2.4)。

3.1.2.4 臻合三等见系字的韵母读音

臻合三等"谆文"两韵母见系字的韵母,读 ioŋ 的主要分布在旧松江府及常熟、江阴一带;读 yn、yəŋ 的地方较分散;读 ɿŋ 的仅见于旧太仓州和沙州。

江湾、真如这些字韵母读 iŋ(或 iᵊŋ),市区老派读 ioŋ,洋泾读 yn,梅陇部分字读 ioŋ,部分读 yn(见 1.2.7)。

3.1.2.5 见系"德"韵合口的韵母读音

见系"德"韵合口字，旧松江府地均读 oʔ，旧太仓州、苏州府、常州府和镇江府多数地方读 uəʔ。这个韵字数虽然很少，但松江府居民对常用字"国"的读音与外地的差异特别敏感，当被问及本地话和外地话的差别时，往往首先提到"国"字。

江湾、真如这些字韵为 uəʔ，而市区、洋泾、梅陇则为 oʔ（见 1.2.10），与上面所述一致。

3.2 自然地理条件对方音的影响

自然地理条件指河流、山川、森林等自然地貌。在上海地区这一水网密布的鱼米之乡，河流当然成为自然地理条件中的一个重要因素。对于人的日常生活，河流具有双重意义：一方面河流是两岸人们互相来往的天然阻隔，另一方面有了河流就有了舟楫之利，便于两岸的交通联络。当河流和政区的界线几乎重合时，河流对方言的分区就有了决定意义（《方言与中国文化》P.72）。

上海地区古水系中占重要位置的当首推以"江"为名的古吴淞江，至少南北朝以前，就有关于太湖东注三江之一的松江（南北朝时叫沪渎）之明确记载。从历史考证得出的吴淞江古道来看，其下游比今天的吴淞江、苏州河要靠北得多。古吴淞江自嘉定的江桥镇接青龙汇故道后，东至曹杨新村，分出桃浦之水经真如北流，又穿过今市区光新路、中山北路、中兴路地段到共和新路虬江路，向东沿今沙泾路北上，跨海伦路、通州路、临平路、大连西路等段，绕曲阳、玉田新村，往北绕江湾又经五角场，过翔殷路直至南跄口入海。吴淞江古道是向东北入海而非向东南循今苏州河流去的，吴淞江今道及其下游苏州河段是明穆宗隆庆三年（1569 年）才挖成，在今黄浦江下游（从外滩附近至海口）还未形成的宋代，吴淞江大致流经今川沙县境沿东北方面直接入海，现在的黄埔江下游是明洪武末年为消除水患凿范家浜而成的，以便黄浦江之水能截过吴淞江自行入海，减轻吴淞江下游排泄的负担。江湾镇乃"在县治东南六十里，其水自吴淞江屈入虬江故名（虬江也是旧吴淞江别名，谐音"旧江"）"。（见《嘉定县志》）

如今整个上海地区的方言大致明显分成南北两片,北片相当于旧太仓州,南片相当于旧松江府,这两片各自内部的一致性很大,特点也很明显,本文所比较的五个老派音系均落在南片的上海小区内。两片的分界线基本上同吴淞江故道吻合,与太仓州、松江府的分界也相去不远。据此我们不难理解地处太仓州境内的真如、江湾在语音特点上更接近南片方言的缘故了,不仅因为它们紧邻市区,而且自古傍吴淞江畔而置,文化交流上有相当的便利,只是行政上向来属太仓州所辖,所以又保留了一些北片方言的特点。

3.3 人口流动对方音的影响

市区音从老派开始发展迅速,逐渐脱离了与之有渊源关系的近郊方音,形成具有自己特色并在上海地区乃至整个吴语区影响重大的新上海市区话。赵元任1927年《现代吴语的研究》记音中已可见端倪,当时就有旧派、新派的差异。

上海新市区话的形成同其人口交流大、五方人士杂处有密切关系。上海市区的迅速发展、人口剧增是1843年清政府辟上海为商埠以后才开始的,在此之前,上海只是松江府属下的一个县,县城方圆九里,集中于今南市中心地带,县城周围的其他地区都是农村,人口稀少。随着公共租界的开发,19世纪后半期人口迅速增长,由原来的48000多人增至1910年120万,到1950年已剧增至498万了。从1843年到1950年约一百年的时间内,市区人口增长主要是外地人口的大量涌入,1934年的统计资料显示当时江苏、浙江吴语区的人口占比例最多,总计约60%,本地人口仅占25%。外来人口带来了自己的家乡话,由于这些方言与本地上海方音近似而不尽相同,像苏州话、宁波话等,加上社会地位和人口比例上的优势,使得原本缺乏传统和权威规范的上海方音发生动摇,吸收外来方言的一些语音特征融合到自己方音里一起发展,脱离其原来发展缓慢,比常州、苏州、宁波、嘉兴等方言还守旧古老的旧貌,一跃而为领先于吴语地区、发展最迅速、影响最大的新上海话,而其周围的郊县仍然保持原来状况,发展速度已跟不上新市区话的步伐,从前面两部分的比较中可以看出它们发展上的不平衡,像新市区话里,来自宁波话的"阿拉(我们)""老(很)""辣[gəʔ[12]]"个

（这个）"已完全替代了《口语》时普遍使用的"我伲""邪气""迭个"。词汇发展最快,语音次之。下面用一个音理上很难理解的语音演变例证来说明人口流动对方音变异的影响。

19世纪中叶上海城区话非、晓组声母在合口韵前分读,非组读 f、v,晓组读 h、ɦ,而后期五个老派音系却有不同程度的混读,1927年《吴语》则是"旧派常混,新派不大混",混读又有分的趋势,原因何在?从郊区一些方音的老派读音中可以发现这样一条线索:《口语》时上海城区非、晓组声母分读很可能受当时颇具权威的苏州话影响,清嘉庆《松江府志》提到"府城视上海为轻,视姑苏为重",可见当时苏州话是松江府上海地区的权威方言。但是当时城镇周围的农村,仍保留了比较守旧的读法,非、晓组混读为 ɸ、β,直至今天的老派近郊音中还可发现,像梅陇、江湾。租界初开之际,首先涌入的是大量的农村人口,租界所处也是当时上海城区以外的农村范围,这就导致了市区音非、晓组混读的现象。随着市区的进一步发展,20世纪初外来的江、浙人口占了优势,他们的方言中这两组声母是分开的,于是市区音重又回到分读的状态,就有了赵元任"旧派常混,新派不大混"的现象。

历史行政区划的沿革、自然地理条件为市区与近郊方音的相近和相异提供了历史背景,而人口流动又造成了以后市区音与近郊音的分离。随着新市区话权威方言地位的确立,以及上海市在政治、经济、文化上的强大影响。这些近郊方言也开始向市区话靠拢、趋同。除了客观的历史人文条件以外,有些方言差异也可能与发音人本身的主观条件有关,如年龄、文化程度、工作生活环境、语音干扰等等,在此不再赘述。

附录:五个老派音系(略)

参考文献

J.EDKINS, *A Grammar of Colloquial Chinese as Exhibited in the Shanghai Dialect*. Presbyterian Mission Press, 1868, Shanghai.

吴声越韵

赵元任:《现代吴语的研究》,清华学校研究院丛书第四种,1928年。

江苏省和上海市方言调查指导组:《江苏省和上海市方言概况》,江苏人民出版社1960年版。

许宝华、汤珍珠:《上海市区方言志》,上海教育出版社1988年版。

祝鹏:《上海市地理沿革》,学林出版社。

《上海史研究》,学林出版社。

《上海史》,上海人民出版社。

《松江府志》《松江府续志》《嘉定县志》《川沙厅志》,《中国方志丛书》第10、143、421、174分本,成文出版社有限公司印行。

周振鹤、游汝杰:《方言与中国文化》,上海人民出版社1986年版。

胡明扬:《上海话一百年来的若干变化》,《中国语文》1978年第3期。

许宝华、汤珍珠、汤志祥:《上海方音的共时差异》,《中国语文》1982年第4期。

许宝华、游汝杰:《苏南和上海吴语的内部差异》,《方言》,1984年第1期。

周同春:《十九世纪的上海语音》,《吴语论丛》,上海教育出版社1988年版。

许宝华、汤珍珠、游汝杰:《北片吴语内部的异同》,《方言》1984年第1期。

桥本万太郎:《现代吴语的类型学》,《方言》1979年第3期。

沈同:《上海话老派新派的差别》,《方言》1981年第4期。

原载詹伯慧主编、伍巍副主编《暨南大学汉语方言学博士研究生学术论文集》,暨南大学出版社2001年版

上海城市方言疑问句式使用情况的社会语言学调查

平悦铃

1. 上海城市方言中的五种疑问句式

1.1 上海城市方言和乡村方言

在过去的研究中,往往以行政区划的"市区"和"郊区"来区分上海的"城市方言"和"乡村方言"。随着近三十年整个上海市的城市化快速进程,过去十个郊县中的九个已改为区,中心城区人口大量外迁,以行政区划来区分这两类方言显得"名不符实"。可将以前的上海市区方言称为上海城市方言(Shanghai urban dialect),特指上海开埠、城市化后逐渐形成的一种方言,上世纪50—80年代通行于当时的市区的范围;将上海郊区方言称为上海乡村方言(Shanghai rural dialect),指未开埠前上海地区原有的方言并一直延续至今,上世纪50—80年代通行于当时的郊区范围,包括了当时的十个郊区方言以及浦东音系方言,浦东方言通行于黄浦江东岸属于当时市区范围的南市区、黄浦区(许、汤1988:2,73)。

本文只调查五种疑问句式在"上海城市方言"这个"言语社区(speech community)"中的使用情况,而不涉及在乡村方言里的情况。为行文方便,下文将"上海城市方言"简称成"上海方言"。

1.2 五种疑问句式

① V+伐?

从历史层次看,这是最古老的疑问形式(游 1999:110),在上海方言中"伐[vaʔ]"是"勿[vɐʔ]"和句尾语气词"啊[a]"的合音(游 1999:103)。从句子的表面形式看起来与普通话中的是非问"V+吗?"句式对应。

② V+勿+V?

从历史层次看,此疑问形式的形成和发展是唐宋时期,在吴语中盛行则在明代之后(游 1999:110)。此句式存在于上海移民来源较多的苏北、宁波、绍兴、杭州等地,在普通话中也有,是典型的反复问。这种句式不是上海方言故有的,在开埠时只有少数这样的句子,用在句末(钱 2003:319)。如:"我买侬拉个行情买勿买?"

③ 阿+V?

此句式只见于旧常州府和苏州府,在北部吴语晚至明代才出现(游 1999:109,111)。上世纪 20、30 年代,受苏州方言影响,在上海方言里开始较多的使用,"V"可以有除了"是、要、有、会"以外的其他动词,如"阿去、阿想、阿做、阿白相、阿讨论"等(钱 1997:310—311)。

④ 阿+V+伐? 和⑤ 阿+V+勿+V?

都是③和其他形式的杂糅,是上海方言特有的疑问句式,苏州话里也没有。

这五种疑问句式在上海方言中都可以用,具有完全相同的语义作用,使用时似乎完全不受条件限制,如在教室里教师问学生"懂不懂"的时候可以有很多用法:"懂伐?""懂勿懂?""阿懂?""阿懂伐?""阿懂勿懂?"(钱 1997:312),看上去完全是"自由变异"。从社会语言学角度看,上海方言这五种疑问形式正可构成"疑问变项(interrogative variable)"的五个变式(variant)(徐 2006:4),这些变式不受任何语言环境、语体条件的制约,可从各种社会变项(social variable)入手,把各种社会变项在疑问句式使用时的制约能力搞清楚。

2. 调查问卷和调查方法

2.1 调查问卷的设计

2.1.1 社会变项的设计

包括以下七个变项:性别、年龄、职业、文化程度、收入、0—12岁生活区域、家庭成员移民背景。大部分变项都比较简单明确,不必特别说明,但有两个变项情况较复杂,说明如下:

(1) 收入

收入分四个层次:温饱,人均月收入低于￥2000;小康,人均月收入￥2000—5000;大康,人均月收入￥5000—10000;富裕,人均月收入￥10000以上。由于此变项内容较敏感,如被调查人不愿做选择,可不填,不作强求,避免调查的不真实。

(2) 家庭移民背景

这个变项要求被调查人写出在家里与父母说什么话?如三代同堂,祖父母(外祖父母)说什么话?(具体到__省__市,还包括所谓的"本地话",即上海原有的乡村方言。)

由于目前生活在上海,母语为上海话的人基本已是第二代或第三代移民,问其祖籍,对了解他在学母语期间受其他方言影响已毫无意义,关键是要搞清楚0—12岁母语习得关键期有什么方言在频繁影响他(Krashen, S, 1973:63—74)。而上海普遍存在祖父母辈领养第三代的现象,所以从小由什么地方的人领大的必须搞清楚。

2.1.2 疑问句式各种情况的设计

如前所述,上海方言存在完全等义的五种疑问句式。将它们设计成以下五个例句:①南京路去伐?②南京路去勿去?③南京路阿去?④南京路阿去勿去?⑤南京路阿去伐?要求被调查人将①—⑤分成三类情况:(1)自己说的,包括常常说和偶尔说等；(2)听别人说过，但自己不说；(3)自己不说，也没听别人说过。

第(1)类情况，表明这(几)个句式还存活着(living)，只要使用过，就归在这类里。第(2)类情况，表明这(几)个句式正在消亡(dying)，自己已不说，听到过，或者说还存在于记忆中，但还没有彻底消亡。第(3)类情况，表明这(几)个句式已经消亡(dead)。对第(2)(3)类情况的分析将另行撰文阐述。

2.2　调查方法

采用社会语言学的所谓"滚雪球"法。调查人本人就是"上海方言"这个言语社区的成员，从身边人入手调查，如自己的家人、亲戚、同学、朋友，再发展至他们周边的人，共调查了198人次，有效问卷184份，有效样本率92.9%。

采用调查问卷结合当面询问的形式。曾采用过散发问卷的方法，效果不佳，后结合当面询问，效果不错。

3. 问卷统计与分析

3.1　使用规律

对有效问卷分析得出三条总的使用规律：

规律A:所有人都使用句式①

句式①的使用率达到100%。说明上海方言中的疑问句式与本土旧松江府的句式一脉相承，上海方言的疑问句式依然保留其本土方言特色。从开埠到现在，百多年里虽有众多形式出现，但此句式一直使用至今，而且占据绝对优势地位。

原因可能有二：一是解放后随着户籍制度的确立，上世纪50—80年代大规模的人口迁移停止，上海市区人口处于稳定状态。1951年公安部公布《城市户口管理暂行条例》，1957年政府开始实行控制户口迁移的政策。1958年1月，全国人大常委会第91次会议讨论通过《中华人民共和国户口登记条例》

(百度百科2010)。二是随着教育普及,普通话普及工作的深入开展,普通话是非问句式"V+吗?"正和上海方言疑问句式①吻合,所以也使句式①得以稳定地存在于上海方言中。如很多上海人说普通话时往往把"吗"直接说成"伐"。

规律B:只有少数人还使用"阿"字句。

句式③④⑤都是含有"阿"的疑问句式,这三种句式使用人都很少,184份有效问卷中只有16份还使用"阿"字句中的1种或几种,占8.7%。

说明含"阿"的句式在上海方言里正逐渐消失。上世纪20、30年代苏州方言对上海方言的影响,在解放后已消失;相反,上海方言在吴方言通行地域的权威地位则不断上升,早已成为吴方言的代表方言。所以,"阿"字句显得很古旧,正处于消亡阶段。

规律C:半数左右同时使用句式①和句式②。

所有有效问卷都使用句式①,其中还有问卷同时使用句式②,样本数为101,占总有效样本的54.9%。而不用"阿"字句,同时使用句式①②的样本数为88,占总有效样本的47.8%。

句式②得到普遍使用的原因可能是:上海江苏苏北籍(通行江淮官话的地区)和浙江籍(如宁波、绍兴、杭州等地)移民母语里都使用句式②,而且普通话里也有相对应的反复问句式"V+不+V?"。

对规律A、B、C作表1和图1,可更形象反映上海方言疑问句式的总体使用情况:

表1 疑问句式总体使用情况

使用情况	只使用①	使用①②	使用①和"阿"	使用①②和"阿"
样本数	80	88	3	13
百分比	43.5%	47.8%	1.6%	7.1%

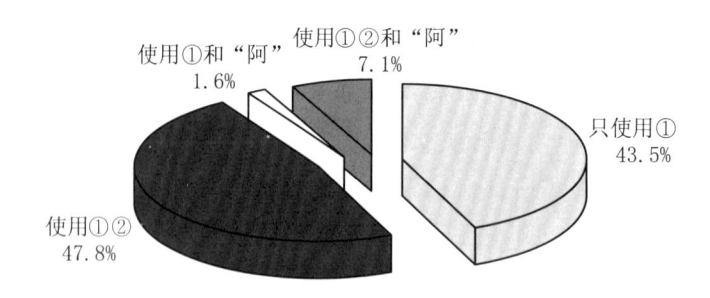

图 1　疑问句式总体使用情况

3.2　使用句式①还是使用句式①②的统计分析

如前所述,只有少数人还在使用"阿"字句。184份有效问卷中只有16份使用"阿"字句,占8.7%,由于绝对样本数过小,无法用统计方法看出各个社会变项对其使用上的限制,因此,只对剩下的168份问卷做统计分析,占总有效样本的绝大部分,达91.3%。

这些问卷只有两种情况:A 只使用句式①,80份,占被统计的168份的47.6%;B 使用句式①和②,88份,占168份的52.4%。B 与 A 的百分比差为4.8%,差值越大说明发展越快,因这类变体的人群同时使用上海本土和后起的两种疑问句式;差值越小,甚至为负值,则说明越保守。下面以 A、B 来代表以上两种情况,分析七个社会变项对其制约性。

3.2.1　性别变项

性别变项只有两个变体:[男][女]。

表 2　性别变项对疑问句式使用的限制

	A 只使用①		B 使用①②		B 与 A 的百分比差
	样本数	百分比	样本数	百分比	
男	43	48.3%	46	51.7%	3.4%
女	37	46.2%	42	53.2%	7.0%
总	80	47.6%	88	52.4%	4.8%

从表2可看出,性别对句式使用无限制性,男性和女性在使用上都与总的使用情况很接近。总体情况是:A 为 47.6%;B 为 52.4%。男性 A 为 48.3%;B 为 51.7%。女性 A 为 46.8%;B 为 53.2%。男性比女性略保守一些,男性的 B 与 A 的百分比差 3.4%略小于女性的 7.0%,但都接近总体的 4.8%。

3.2.2 年龄变项

调查的年龄跨度为:15—74 岁。将年龄分四个变体:[老年](60—74 岁)、[中老年](41—60 岁)、[中青年](26—40 岁)、[青年](15—25 岁)。

表3 年龄变项对疑问句式使用的限制

	A 只使用① 样本数	A 只使用① 百分比	B 使用①② 样本数	B 使用①② 百分比	B 与 A 的百分比差
老 年	2	20.0%	8	80.0%	60.0%
中老年	27	55.1%	22	44.9%	−10.2%
中青年	25	50.0%	25	50.0%	0.0%
青 年	26	44.1%	33	55.9%	11.8%
总	80	47.6%	88	52.4%	4.8%

从年龄变项看,除了[老年],其他变体 A 类情况为:年龄越大,A 使用百分比越高,[中老年]55.1%>[中青年]50.0%>[青年]44.1%,随年龄而递增;B 类情况为:年龄越大,百分比越低,[中老年]44.9%<[中青年]50.0%<[青年]55.9%,随年龄而递减。B 与 A 的百分比差为:[青年]11.8%>[中青年]0.0%>[中老年]−10.2%,发展最快,代表发展趋势的是[青年],百分比差最高。

在此的[老年]变体比较难解释,B 与 A 的百分比差为 60.0%,比[青年]还高很多,可能样本数过少的原因?

3.2.3 职业变项

将职业变项设为四个变体:[学生]、[工人]、[职员]、[研究人员]。其中[学生]、[工人]比较单纯,[职员]包括:职员、公务员。[研究人员]包括:研究人员、工程技术人员、教师。

表4 职业变项对疑问句式使用的限制

	A 只使用①		B 使用①②		B与A的 百分比差
	样本数	百分比	样本数	百分比	
学　生	17	44.7%	21	55.3%	10.6%
工　人	12	50.0%	12	50.0%	0.0%
职　员	29	45.3%	35	54.7%	9.4%
研究人员	21	52.5%	19	47.5%	－5.0%
总	80	47.6%	88	52.4%	4.8%

从职业变项看，A类情况为：[研究人员]52.5%＞[工人]50.0%＞[职员]45.3%＞[学生]44.7%；B类情况为：[研究人员]47.5%＜[工人]50.0%＜[职员]54.7%＜[学生]55.3%。B与A的百分比差为：[学生]10.6%＞[职员]9.4%＞[工人]0.0%＞[研究人员]－5.0%；[研究人员]和[工人]是两类较保守的人群，B与A的百分比差小，[研究人员]甚至是负值－5%；[职员]和[学生]同时使用两种句式的人较多，B与A的百分比差大，都在10%左右，发展得更快些。

3.2.4 文化程度变项

文化程度变项设为三个变体：[中学]、[大学]、[研究生]。

表5 文化程度变项对疑问句式使用的限制

	A 只使用①		B 使用①②		B与A的 百分比差
	样本数	百分比	样本数	百分比	
中　学	27	52.9%	24	47.1%	－5.8%
大　学	39	41.9%	54	58.1%	16.2%
研究生	13	56.5%	10	43.5%	－13.0%
总	80	47.6%	88	52.4%	4.8%

从文化程度变项看，A类情况为：[研究生]56.5%＞[中学]52.9%＞[大学]

41.9%；B类情况为：[研究生]43.5%＜[中学]47.1%＜[大学]58.1%。B与A的百分比差为：[大学]16.2%＞[中学]－5.8%＞[研究生]－13.0%。说明[研究生]最保守，百分比差－13.0%，远低于总体的4.8%；而文化程度为[大学]的人群发展最快，领风气之先，百分比差16.2%，远高于总体的4.8%。

3.2.5 收入变项

收入变项设计成四个变体：[温饱]（人均月收入低于￥2000）、[小康]（人均月收入￥2000—5000）、[大康]（人均月收入￥5000—10000）、[富裕]（人均月收入￥10000以上）。前文已交代，此变项较敏感，不是所有被调查人都做出回答，在A、B两种情况下，只有144人作了回答。

表6　收入变项对疑问句式使用的限制

	A 只使用①		B 使用①②		B与A的百分比差
	样本数	百分比	样本数	百分比	
温　饱	7	43.8%	9	56.2%	12.4%
小　康	38	48.1%	41	51.9%	3.8%
大　康	19	52.8%	17	47.2%	－5.6%
富　裕	5	38.5%	8	61.5%	23.0%
总	69	47.9%	75	52.1%	4.2%

从收入变项看，A类情况为：[大康]52.8%＞[小康]48.1%＞[温饱]43.8%＞[富裕]38.5%；B类情况为：[大康]47.2%＜[小康]51.9%＜[温饱]56.2%＜[富裕]61.5%。B与A的百分比差为：[富裕]23.0%＞[温饱]12.4%＞[小康]3.8%＞[大康]－5.6%。最保守的是[大康]，B与A的百分比差为负值－5.2%；发展最快的是[富裕]，差值为23.0%，远高于总体的4.2%，说明收入越多的人，越领风气之先。最接近总体的是[小康]，而小康收入确实也占了大多数，144份问卷中的79份为[小康]。最有意思的是[温饱]，B与A的百分比差12.4%，远高于总体的4.2%，超过了[大康]和[小康]，只排在[富裕]之后，可解释为虽然收入较少，

但在语言方面却呈现出"赶时髦"。

3.2.6 生活区域变项

0—12岁生活区域变项分为两个变体：[南]，指苏州河以南，上世纪50—80年代中心城区的南市、黄浦、静安、卢湾、长宁、徐汇六区，语言发展相对保守；[北]，指苏州河以北，上世纪50—80年代的虹口、杨浦、闸北、普陀四区，语言发展相对快速。原浦东属于市区范围，通行城市方言的沿江地带，也归入[南]，因在这个地带同时还生活着大量"本地人"，此类人群的母语——浦东方言——属于上海乡村方言，受到这种"古老"方言影响，这个地域的上海城市方言也显得较保守。

表7 生活区域变项对疑问句式使用的限制

	A 只使用① 样本数	A 只使用① 百分比	B 使用①② 样本数	B 使用①② 百分比	B 与 A 的百分比差
南	48	50.5%	47	49.5%	−1.0%
北	32	43.8%	41	56.2%	12.4%
总	80	47.6%	88	52.4%	4.8%

从生活区域变项看，A类情况为：[南]50.5%＞[北]43.8%；B类情况为：[南]49.5%＜[北]56.2%。B与A的百分比差为：[北]12.4%＞[南]−1.0%。从这个变项可明显看出，苏州河以北确实体现出语言发展的领先性，苏州河以南的保守性。

3.2.7 家庭成员移民背景(简称"口音背景")变项

如前所述，此变项着重于幼年时的语言环境，包括七个变体：

[无]，指幼年时家庭成员都说上海方言，不说其他方言或带其他口音的上海方言；[本地]，指有说上海乡村方言——所谓的"本地话"——的主要家庭成员；["阿"地区]，指来自苏南通行"阿"字句的苏州、无锡、江阴、靖江、常熟等地；[苏北]：指来自江苏通行江淮官话的地区；[宁波]：指来自浙江宁波地区；[杭绍]：指

来自浙江杭州、绍兴地区;[其他]:指来自除了以上六类地区的中国其他地区。

表8 口音背景变项对疑问句式使用的限制

	A 只使用①		B 使用①②		B与A的百分比差
	样本数	百分比	样本数	百分比	
无	31	45.6%	37	54.4%	8.8%
本地	6	54.5%	5	45.5%	−9.0%
"阿"地区	15	65.2%	8	34.8%	−30.4%
苏北	6	31.6%	13	68.4%	36.8%
宁波	15	57.7%	11	42.3%	−15.4%
杭绍	2	66.7%	1	33.3%	−33.4%
其他	5	27.8%	13	72.2%	44.4%
总	80	47.6%	88	52.4%	4.8%

从口音背景看,A类情况为:[杭绍]66.7%>["阿"地区]65.2%>[宁波]57.7%>[本地]54.5%>[无]45.6%>[苏北]31.6%>[其他]27.8%;B类情况为:[杭绍]33.3%<["阿"地区]34.8%<[宁波]42.3%<[本地]45.5%<[无]54.5%<[苏北]68.4%<[其他]72.2%。B与A的百分比差为:[其他]44.4%>[苏北]36.8%>[无]8.8%>[本地]−9.0%>[宁波]−15.4%>["阿"地区]−30.4%>[杭绍]−33.4%。

除了[杭绍]外,其他变体都体现了原方言对上海方言的影响。[无]变体是最接近总体情况的,B与A的百分比差和总体一样,都在0.0%—10%;原方言没有"V+勿+V"句式的,B与A的百分比差都小于零,如[本地]−9.0%、[宁波]−15.4%、["阿"地区]−30.4%;原方言有"V+勿+V"句式的,B与A的百分比差都远大于10%,如[其他]44.4%、[苏北]36.8%。

剩下的[杭绍]比较难解释,因原方言有"V+勿+V"句式,但B与A的百分比差为−33.4%。可能是绝对样本数过少的原因?

4. 结　　语

从七个变项对上海方言疑问句式使用的限制性来看,都有一定影响。可从 B 与 A 的百分比差分布范围大小来判断,范围越大,影响力越大。影响力大小依次为:口音背景(－30.4％—44.4％,去除难以解释的[杭绍])＞文化程度(－13.0％—16.2％)＞收入(－5.6％—23.0％)＞年龄(－10.2％—11.8％,去除难以解释的[老年])＞职业(－5.0％—10.6％)＞生活区域(－1.0％—12.4％)＞性别(3.4％—7.0％)。影响最大的是口音背景,B 与 A 的百分比差分布范围最大,－30.4％—44.4％。最小的是性别,B 与 A 的百分比差分布范围最小,3.4％—7.0％,与总体的 4.8％都很接近。

从七个变项的影响力(去除难以解释的[老年]和[杭绍]两个变体)可得出发展最快的一种变体组合情况:[女]＋[青年]＋[学生]＋[大学]＋[富裕]＋[北]＋[其他];得出最保守的一种变体组合情况:[男]＋[中老年]＋[研究人员]＋[研究生]＋[大康]＋[南]＋["阿"地区]。

参考文献

许宝华、汤珍珠(1988):《上海市区方言志》,上海教育出版社 1988 年版。

游汝杰(1999):《吴语里的反复问句》,《游汝杰自选集》,广西师范大学出版社 1999 年版。

钱乃荣(2003):《上海语言发展史》,上海人民出版社 2003 年版。

钱乃荣(1997):《上海话语法》,上海人民出版社 1997 年版。

徐大明(2006):《语言变异与变化》,上海教育出版社 2006 年版。

百度百科(2010):城乡二元结构,http://baike.baidu.com/view/735820.html。

Krashen, S, 1973, Lateralization, language learning and the critical period: some new evidence. *Language Learning* 23:63-74.

原载《语言研究集刊》第九辑,上海辞书出版社 2012 年版

吴语概论及吴语语法

吴语形成的历史背景*
——兼论汉语南部方言的形成模式

潘悟云

一、南方的古代居民

文波等(Wen etc. 2004)说:

> 语言和文化在人群间的扩散有两种不同的模式:一种是人口扩张、人群迁徙模式;另一种是文化传播模式,人群之间有文化传播,而基因交流却很有限。通过系统地对汉族群体的 Y 染色体和线粒体 DNA 多态性进行分析,发现汉文化向南扩散的格局符合人口扩张模式。……大量的北方移民改变了中国南方的遗传构成,而汉族人口扩张的同时也带动了汉文化的扩散。

文章中有个表格,是基于复旦大学的南方汉族人群遗传基因库的资料制成的(见下页)。

Y 染色体反映父系遗传,线粒体 DNA 反映母系遗传。M_{BE} 与 M_{RH} 是两种不同的统计方法,两统计结果均说明男性南方汉族中北方汉族有超过 80% 的遗传贡献,女性也至少有 50% 的遗传贡献。

---

* 本文据作者在第 40 届国际汉藏语言暨语言学会议(2007 年 9 月,哈尔滨)上的学术报告《语言的两种接触模式——兼论吴语形成的历史背景》改写。

该文的论证思路大概如下:南方汉族遗传构成中,如果北方汉族的遗传成分占少数,说明北方汉族并没有大量地到南方来,南方汉语是通过文化扩展的方式从北方传来;如果北方汉族的遗传成分占多数,说明北方汉族大量地迁移南方,南方汉语是北方移民带过来的。他的观点正与通常的中国移民史的观点一致。按通常的看法,南方的汉族居民从北方迁来。按古代史书的记载,古代的南方人烟稀少,后来经过几次大的从北而南的移民运动,南方的人口才增加起来,所以南方汉族的主体是北来的移民。

这个问题还需具体辨析。现代南方汉族遗传构成中,北方汉族成分固然占多数,但是,这并不足以说明在历史上,南方汉语形成时期,南方居民中来自北方汉族的人已经占多数了。

南方汉族中的北方汉族混合比例

群 体	Y 染色体		线粒体 DNA	
	M_{BE}（±s.e.m）	M_{RH}	M_{BE}（±s.e.m）	M_{RH}
安 徽	.868±.119	.929	.816+.214	.755
福 建	1	.966	.341±.206	.248
广 东 1	.677±.121	.669	.149±.181	.068
广 东 2	ND	ND	.298±.247	.312
广 西	.543±.174	.608	.451±.263	.249
湖 北	.981±.122	.949	.946±.261	.907
湖 南	.732±.219	.657	.565±.297	.490
江 苏	.789±.078	.821	.811±.177	.786
江 西	.804±.113	.829	.374±.343	.424
上 海	.819±.087	.902	.845±.179	.833
四 川	.750±.118	.713	.509±.166	.498
云 南 1	1	.915	.376±.221	.245
云 南 2	.935±.088	.924	.733±.192	.645
浙 江	.751±.084	.763	.631±.180	.540
平 均	.819	.819	.560	.500

吴语形成的历史背景

古代东南地区居民,文献上通称百越,有于越、瓯越、闽越、东越、扬越、南越、骆越等,"自交阯至会稽七八千里,百越杂处,各有种姓。"(《汉书·地理志》臣瓒注)这些民族的人数并不少。我们举南越、闽越和瓯越中的东瓯为例。南越王赵佗曾上书汉廷,说:"老夫身定百邑之地,东西南北数千万里,带甲百万有余。"(《汉书·南粤王传》)这话有点自吹自擂,但是士卒数十万应该是有的。吴王刘濞造反,说自己"素事南越三十余年,其王诸君皆不辞分其兵以随寡人,又可得三十万。"(《汉书·吴王刘濞传》)三十万军队自然只是南越军队数目的一部分,可见赵佗自诩"带甲百万有余"虽然言过其实,但是相去当不太远。赵佗很看不起闽越,说:"东有闽粤,其众数千人,亦称王。"(《汉书·南粤王传》)但武帝建元七年闽越攻打南越,南越要向汉廷求救。如果闽越只有数千众,南越也就不必害怕了。当时,汉武帝准备遣兵帮助南越,淮南王刘安上书说:"臣闻越(引者按:指闽越)甲卒不下数十万"(《汉书·严助传》),这是比较可靠的数字。南越、闽越的甲卒都有数十万,其全国人口当然都以百万计。吴王刘濞造反时,东瓯也派了军队跟从他作战,兵力"可万余人"。东瓯国决不会把全国的兵力都派去帮助刘濞,这万余人当只是东瓯军队的小部分。建元三年,闽越发兵围东瓯,东瓯虽然不敌,但是也相持到汉军到来,说明东瓯的兵力即使没有闽越那么多,但是与闽越相比不会差得太大,如此推测,东瓯国也可能有上百万人口。南越、闽越、东瓯只是百越中的三国,而百越还有其他各支。元鼎五年汉武帝派伏波将军平南,骆越四十余万口降,不降的人数估计不会少于此数,所以骆越人数也可能以百万计。再加上会稽、巴蜀、荆扬这些人口密度更大的地方,当时南方的人口是相当可观的。(参看潘悟云 2004)

史载,东瓯、东越、闽越三国都被武帝内迁,"地遂虚"(《史记·东越列传》)。但郑张尚芳(1993)认为被内迁的只是这些王国的君臣、军队及王畿居民,实际上仍有大量遁逃的遗民。《太平御览》卷 171 引《吴地记》:"东瓯乃举国徙中国,处之江淮间,而后遗人往往渐出,乃以东瓯地为回浦县。"《宋书·州郡志》:"汉武帝世闽越反,灭之,徙其民于江淮间,虚其地。后有遁逃山谷者颇出,立为冶县,属会稽。司马彪云:章安是故冶,然则临海亦冶地者。……后分冶地为会稽东南二部都尉:东部,临海是也;南部,建安是也。"汉代的都尉是为镇抚少数民族、防备边患而特设在民族地区的,可见以上三国内迁后的浙江仍然是非汉族居民占主体,而且势力很大,逼得都尉府连连内迁。南部都尉开始设在冶(今建安),后迁到章安(今台州东),阳朔元年又迁到鄞(今奉化县东),最后迁到句章(今宁波慈溪县西南)。一直到东汉,这些地区的越族势力仍然相当强大,汉王朝在东瓯、东越、闽越三王故都全都建立了军事据点,还派骠骑将军大肆镇压。到三国的时候,这些地区还是越人的势力。诸葛恪镇压丹阳山越,"献戎十万",其中四万编入军队(《三国志·诸葛恪传》)。可见当时丹阳的山越总数在十万以上。丹阳还是接近金陵的地区,更偏远的地方山越人数会更多,如在新都郡,金奇"万户"聚居在安勒山;毛甘"万户"聚居在林历山(《三国志·贺齐传》)。在建安郡,洪明、洪进、苑御、吴免、华当等五人,各率"万户",分别聚居在汉兴县各地。吴五"六千户"聚居在大潭;邹临"六千户"聚居在盖竹(《三国志·贺齐传》)。晋灭吴时孙吴军队有二十三万人。根据文献上的记载,在孙吴的军队中,有九万一千余名的山越人。考虑到还会有数字未被列出,孙吴的军队中至少有半数是由山越人充当的(叶国庆、辛土成1982)。这样推测,山越的总人数在孙吴的版图内应该占大部分。正因为如此,吴国官员必须靠"浮海"才能从会稽到永宁、东冶。许靖与曹操书,自述从会稽"南至交州,经历东瓯、闽越之国,行经万里,不见汉地"(《三国志·许靖传》),正可印证三国时代的东南各地还是百越人的居住区。

北方来的多次移民运动确实构成江南地区居民的主体,但是,江南的土著在江南居民中的构成成分不可忽视,特别是在孙吴以前,百越族的人口比例决不是少数,对早期吴语形成有不可忽视的影响。后来北方汉族在江南居民的主体构成,是历史上多次移民才造成的。对于文献记载的移民情况和江南户口的变化,必须考虑以下几个因素:

第一,古代根据在册户籍统计人口,大量的百越居民是不在统计之内的,还有许多佃户依附于庄主,户籍也没有反映出来。所以江南的实际人数与史料所记往往有很大的出入。此外,郡县建置在上古江南的许多地区确实是一片空白,但这并不说明这里没有居民,只不过是汉族的统治集团还没有把行政管辖权扩大到这些地方而已,这方面的重要原因是这些地区住着非汉族居民,难以把他们置于行政管理范围,一般只设都尉、侯官加以控制。

第二,江南人口在某一个时期的增长,要考虑到土著居民的自然增长成分,不全是北方移民的结果。如汉代会稽十三郡人口从元始二年的 3062079 口,到永和五年增至 7409139 口,在 138 年内增长 1.4 倍(游汝杰 1992),好像是一个大数目,实际上年增长率仅 0.6%。古代虽然医疗设施比较差,人的寿命较短,但是生育率则比现代高,在没有战乱的情况下,0.6% 的自然增长率是可以达到的。所以,这些增长的人口,主要不会是北方的移民。

第三,汉与汉以前,百越的势力范围一直延伸到山东半岛。林惠祥(1958)确认百越文化的主要特征是有段石锛,其分布一直到山东半岛的大汶口文化。山东半岛和淮河一带是东夷的主要活动地区,据《越绝书·吴内传》对勾践《维甲令》的解释:"习之于夷。夷,海也",可见"东夷"就是"东海"的意思。夏族几次对东夷用兵,是引起东夷南迁的重要原因,最早可以追溯到轩辕氏对蚩尤的用兵,后来周公镇压东国之乱,灭奄、蒲姑,"以师逐之,至于江南"(《吕氏春秋·古乐篇》)。奄在今山东曲阜,蒲姑在今山东博兴东北,都属于东夷集团。《越绝书》记吴地有淹君城、蒲姑大冢,就是奄、蒲姑之人被逐南迁以后所建。这就像会稽原在泰山附近,所以禹才会"封泰山,禅会稽"。后来一部分东夷人南迁至越地,也把山名带到越地。吕思勉(1987)认为越就是居住在江南的夷。郑张尚芳(1990)考证了两个山东的古地名,说明山东古地名有越语特征。《左传·昭公十年》"子周亦如之,而与之夫于",据杜注,夫于在"济南於陵县西北",故城在今山东长山县。"於""于"二字古来通用,"夫于"相当"於陵"。《左传·桓公十一年》"公会宋公于夫锺",夫锺在今山东宁阳县北境,北齐改置平原县,隋以县东南有龚岳城,改名龚丘县。"锺""龚"皆锺韵三等字,"龚"见母,从"龙"声,古音*kloŋ,"锤"章母,古音*kljoŋ,二音极相近,故"夫锤"相当于"龚丘"。"夫"古音*pa,正跟今侗台语的"石山"相对当:

壮	布依	泰文	傣雅	仫佬	侗	佯黄	普标
pla	pja	pha岩石	pha山崖	pɣa	pja石	pa岩石	pja石

"夫于"改名"於陵"、"夫锤"改名"龚丘",其中"丘、陵"二字对应"夫",不过把语序按汉语语法倒置过来而已(郑张尚芳 1990)。

《吕氏春秋·知化篇》记伍子胥劝夫差不要去伐齐:"夫齐之与吴也,习俗不同,言语不通,我得其地不能处,得其民不得使。夫吴之与越也,接土邻境,壤交通道属,习俗同,言语通,我得其地能处之,得其民能使之。越于我亦然。"这说明春秋时吴越两国语言相同,跟齐国不同。刘向《说苑·善说》记鄂君子皙听不懂越人之歌,叫一个人把它翻译成楚国话。当时的齐国、楚国说的已经是汉语,齐、楚与吴越语言不通,最有可能是后者不是汉语。

大多数人认为古越语属侗台语,其中最有说服力的是郑张尚芳的解释。他把《越人歌》和《越绝书》中勾践《维甲令》的上古拟音与泰文作了比较,并作了解读(郑张尚芳 1991,1998),还对几个古吴越地名作了考证,认为这些地名的语义可从侗台语找到解释(郑张尚芳 1990)。

汉语各方言的形成时间各有先后。楚方言形成比较早,从屈原的作品看,楚语在先秦已经是一种汉语方言了。吴语的时间要晚得多。在先秦,吴语的雏形在吴、越的上层社会已经形成,但是一直到三国,长江下游部分地区还是少数民族占多数,所以许靖会有"不见汉地"之说。我们不能因为现代南方汉族的遗传构成中汉族成分占大多数,就得出当时南中国汉族就占多数的结论,也就不能据此来解释汉语南方方言的形成过程。

由于文献无征,上古时代的语言接触与变化已经很难得到直接的证据。但是发生在古代的语言现象,实际上也发生在现代。通过对现代语言现象的观察,得出可靠的结论,就可以用来解释过去。下面,我们来讨论两种不同的语言接触模式。

二、海 口 模 式

今海口居民说的是闽语,有说是宋元之际来自闽南,有说来自莆仙,但是其音系结构与闽南、莆仙话都相差很远,却与当地的临高话音系非常接近。下面是海口闽语(陈鸿迈 1998)与临高话(刘剑三 2000)的辅音系统:

海口闽语

ʔb		m	f	v
ʔd	t	n	l	
	ts		s	z
	k	ŋ	x	
	∅		h	

临高话

ʔb		m	f	v
ʔd	t	n	l	
	ts		s	
		ȵ		j
	k	ŋ	x	
	ʔ		h	

两者的辅音结构几乎一样,只是临高话的 j- 在海口闽语中变成了 z-。临高话的 ȵ-、n- 在海口闽语中合并成一个 n-。东部临高话的情况更与海口闽语相同。

下面是这两种语言的韵母系统:

海口闽语:

a	ia	ua	e	ue	i	o	io	ɔ	u	ɛ
ai		uai						ɔi	ui	
au	iau				iu			ɔu		
am	iam				im			ɔm		
aŋ	iaŋ	uaŋ	eŋ		in	oŋ		ɔŋ	iɔŋ	un
ap	iap				ip			ɔp		
ak	iak	uak	ek		it	ok		ɔk	iɔk	ut

临高话：

a	ia	ua	e	i	o	ɔ	u	ə
ai		uai			oi	ɔi	ui	əi
au	iau		eu	iu		ou		əu
am	iam		em	im	om	ɔm	um	əm
an	ian	uan	en	in	on	ɔn	un	ən
aŋ	iaŋ	uaŋ	eŋ	iŋ	oŋ	ɔŋ	uŋ	əŋ
ap	iap		ep	ip	op	ɔp	up	əp
at	iat	uat	et	it	ot	ɔt	ut	ət
ak	iak	uak	ek	ik	ok	ɔk	uk	iɔk

这两种语言的韵母系统大同小异,海口话比临高话要简单一点,临高话的-ŋ与-n在海口话中合并成-ŋ,在元音i后全部归并成-in,在其他元音后,全归成韵尾-ŋ。

从历史来源看,两者也有很大的相似性。如心、生、书母的一个层次在这两种话中都变成了t-：

	沙	诗	四	嫂	输	削	写	西	消	新	三
海口话	tua¹	ti¹	ti⁵	to³	tu¹	tia⁷'	tia³	tai¹	tiau¹	tin¹	tam¹
临高话	ta¹	ti¹	ti²	to¹	tu¹	tiak⁷	tia³	təi¹	tiu¹	tin²	tam¹

透、定母的一个层次在这两种语言中都变成了h-：

	塔	停	头	跳	提	太	图	拖	脱	同
海口话	ha⁷'	heŋ²	hau²	hiau⁵	həi²	hai⁵	hu²	hua¹	hut⁷	hoŋ²
临高话	hɔp⁷	heŋ²	həu¹	hlau²	həi²	hai²	hu¹	ha¹	hot⁸	huŋ¹

溪母与群母平声的一个层次变作x-：

	抗	琴	钳	捆	宽	口	求	敲	开	科	丘	奇
海口话	xaŋ⁵	xim²	xiam²	xun³	xuaŋ¹	xou³	xiu²	xau¹	xai¹	xua¹	xu¹	xi²
临高话	xaŋ²	xim¹	xiam²	xun³	xuan¹	xəu⁴	xiu¹	xau¹	xəi²	xua²	xu¹	xi¹

滂母与並母平声的一个层次变成了 f-：

	破	皮	婆	派	陪	炮	判	盆	瓶	拍
海口话	fua⁵	fi²	fo²	fai⁵	fui²	fau⁵	fuan⁵	fun²	feŋ²	fa⁷'
临高话	fa³	fi¹	fɔ²	fai²	fui¹	fau²	fuan²	fun²	feŋ²	fak⁷

清、初、昌母以及平声从、崇母的一个层次读 s-：

	差	粗	财	催	抄	愁	掺	七	册
海口话	sa¹	sou¹	sai²	sui¹	sau¹	sou²	sam³	sit⁷	sɛ⁷'
临高话	sa¹	so¹	sai¹	soi¹	sau¹	sou¹	sam¹	sit⁷	sek⁷

海口人既然从闽地迁来，为什么他们的方言与闽地相差很远，而与临高话这么接近？有两种不同的解释：

第一种解释，也是目前汉语界的主流解释，认为闽人来海南以后，受临高话的影响改变了自己的音系。

但是这种改变实在令人不解。首先，闽人来到海南以后，文化、政治都处于优势，他们居住在城镇，对农村的临高人占有语言强势。按理应该是弱势接受强式的影响，而不是反过来。此外，语言借用通常是在词汇平面上进行，而不是在抽象的音系平面进行。一种语言音系的改变是很困难的，单一音位的改变都会产生推拉链，造成牵一发动全身的音系重组。我们实在很难相信闽人到海南以后，因为受临高人的影响把原来的[pʰ]都改成了[f]，原来的[kʰ]都改成了[x]，原来的[tsʰ]都改成了[s]，原来的[s]都改成了[t]。一个姓孙的家族迁来海南的时候，他们的姓原来念[sun]，后来他们的子孙为什么一定要把自己的姓改念成[tun]呢？假如很多的临高人都姓"孙"，而且念作[tun]，影响说还能勉强对付，当时临高人显然根本就没有这个姓。更重要的是，上面提到的音变都与中古的音类有关，临高人的原来音系自然与中古音无关，闽人到了海南以后，为什么按中古音类来接受临高话的影响，更是不可解。

于是我们提出另一种解释：海口话是临高人学习汉语过程中的石化中

介语。

　　临高人学习闽语的过程相当于第二语言习得。人们在学习第二语言的时候,会在母语与目的语(target language)之间形成一种特定的语言系统,即"中介语"(interlanguage)。中介语会不断地向目的语靠拢,但是,由于第二语言习得的心理、社会、文化等诸方面的因素,学习者在达到目的语的模式以前,这种变化就永远停止了,这种现象称之为石化(fossilization,参看 Selinker & Lashmanan 1992)。这种石化的中介语,有显著的母语干扰,是为"负迁移"(negative transfer)。例如,目的语中的一个音在母语中不存在,中介语会在母语中挑选一个最接近于目的语的音来代替它。

　　不过通常说的中介语石化,指的是第二语言习得过程中的个体现象,而临高人学习闽语是一种群体现象。临高人的中介语可能是在个人向闽人学习的过程中形成,也可能是向其他临高人学的。特别在临高人的语言社团中出现双语制的时候,更多的情况是互相学习这种中介语。它甚至成了孩子学说话时候的第一语言。这种社会互动,会出现一种社会性的统计平衡,中介语的语音、词汇、语法逐渐在语言社团普遍认可的状态下固定下来,出现社会性的石化现象。

　　闽人到海南的时候,海南的主要居民是临高人。闽人建立了自己的城镇,在文化上处于优势。临高人要上城买东西、上学、学手艺,都要跟闽人打交道,就得学习闽语。他们去买农具,老板说:"我姓孙[sun]"。当时的临高话中没有[s]这个音素,他们就用最接近的音[θun]去称呼这位老板。他们的孩子到城里上学,老师教他们学汉语,他们也都把闽语中的[s]念成了[θ],这个[θ]在临高话中后来演变为[t]。临高人起初还通行双语制,与闽人说汉语,回家说临高话。久而久之,他们说闽语的机会越来越多,最后就只剩下闽语了。不过他们说的已经不是原来闽人说的闽语,而是有着母语干扰的中介语,这种石化的中介语,就成了海南闽语。

　　临高人学会了闽语,就汉化了。这些汉化了的临高人大量进城,有些甚至建立了自己的城镇,他们掌握了新的文化,与原来的闽人在文化上已经没有太

多强弱之分了。但是他们的人数却要多得多,这就造成了一种新的强势,反过来把原来的闽语同化了。看下面的示意图:

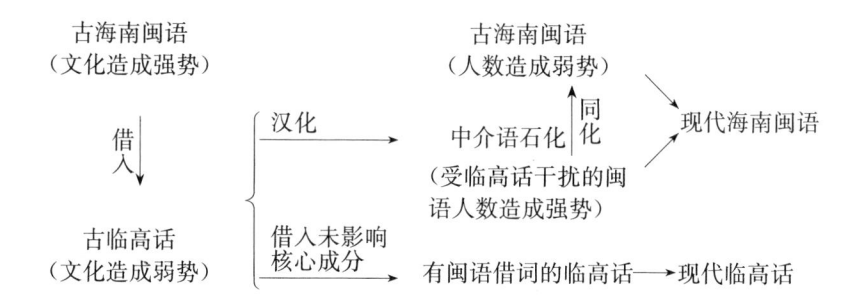

```
    古海南闽语                        古海南闽语
   (文化造成强势)                    (人数造成弱势)
                      汉化                        ↓同化
        借                    →   中介语石化       →  现代海南闽语
        入                      (受临高话干扰的闽
        ↓                       语人数造成强势)
    古临高话           借入未影响
  (文化造成弱势)        核心成分   →  有闽语借词的临高话 → 现代临高话
```

在现在的海口话中还残留着一些临高话的语词:

	泥巴	蚌	吹(乐器)	抽打	(用针)扎
临高话	boŋ²	hɔi¹	vən⁴	viat⁷	(ɕam² 壮语)
海口闽语	ʔboŋ⁶	hai³	ʔbun²	vit⁷	sɔm²
	背(孩子)	寻找	(粥)稠	经常(来)	赶快(去)
临高话	ta⁴	di⁴	kɔt⁸	tsiau⁴ tsiau⁴	mɛŋ² mɛŋ³
海口闽语	ta⁶	ʔdue⁵	kit⁸	tsiau² tsiau²	mɛ³ mɛ³

Campbell(1998:59)指出,"需要"和"声望"是借用的根本动因。闽人有文化、技术,拥有行政、教育、经济的资源,所以具有声望。临高人则有向闽人学习闽语的需要,学了闽语,他们才能向闽人学习技术,才能与闽人打交道。他们一方面自己学习闽语,一方面把自己的子女送到闽人办的学校去,学的也自然是闽语。但是,学习是一种开支,如果不妨碍交际,能不学就不学,可以暂时不学,就先放在一边。闽语中的文化词显然要学习的,这是掌握技术、提高文化的需要。出现频率最高的基本词也必定要学,否则他们就无法与闽人交谈。但是还有相当一部分使用频率并不太高的基本词,在交谈中并不经常使用。如果偶尔用到,通过一种转弯抹角的说法也能对付,于是这些词语就残留下了。我们把这种词汇特征叫作海口模式的词汇特征。一种语言的词汇如果符合海口模式

的特征,就可以认为它们是通过海口模式形成的。

南方各方言的词汇与海口闽语的词汇特征大体相似。如客家话中有不少苗瑶语的底层词,可比较以下的词语(李如龙、张双庆 1992;毛宗武等 1982,1986):

臭虫:梅县、清溪、揭西、秀篆、三都、香港 kɔn¹ pi¹,罗浮畲语 kɔn³ pi³

烫(伤):梅县、翁源、清溪、揭西、西河 luk⁸、宁化、大余 lu⁸、勉瑶语 ɬu⁷

潜水:梅县、连南、河源、揭西、秀篆、长汀、三都 mi⁶、勉瑶语 mei⁵、标敏瑶语 mi⁵

臭虫在北方也是常见的害虫,北人来到南方的时候,他们早就知道臭虫怎么说了,很难理解他们要放弃北方汉语的说法,改用南方苗瑶语的名称。所以,这里的情况可能更像海口闽语:北方的汉人来到洞庭湖一带,建立了城镇,造成语言强势,当地的苗瑶人就向他们学习汉语,像臭虫之类使用频率并不很高的词语就被保存了下来。这种新形成的汉语方言就是原始客家话。苗瑶人被汉化以后,取得了与原先汉人相同的文化优势,但是由于人数更多,原始客家话反而成了强势方言,把原先来到洞庭湖旁的汉语同化了。这就是"海口模式"。

台湾语言的变化也属于海口模式。台湾居民原来通行闽南话。1949 年国民党政府迁台,强力推行国语。大陆过去的人虽处于少数,但文化处于强势,特别是学校全用国语教学。当地居民普遍接受了国语,但是他们说的国语有着闽南话的干扰,与大陆的普通话明显不一样,实际上也属于一种石化了的中介语。但是说这种中介语的人数占有优势,造成另一种语言优势,大陆上来的北方人,他们的子女不去学他们父母的话,而接受了这种有台湾特色的国语。

三、原始吴语通过海口模式形成

我们来想象发生在古代吴语地区的语言接触情景。这里居住着百越居民,他们很早就与北方的汉族发生接触了。小股的汉人移居江南一些城镇,如会稽、吴、秣陵，有些甚至作了君长，如吴太伯等。百越族要学习汉族先进的技术、文化，必须学习汉语。于是在百越社会中就出现了双语现象，百越人互相之间说百越语，与汉人打交道的时候说汉语，不过不是纯正的汉语，而是一种中介语，在语音、语序上都留有百越的特征，也夹杂着一些百越语词。随着汉语的影响越来越大，这种中介语中的百越成分越来越少。此外，长期的双语状况，使百越语也吸收越来越多的汉语成分，百越语与中介语之间的差别越来越小，最后百越语消失，剩下石化了的中介语，就是吴语的前身。《越绝书·吴内传》记录勾践向越民发布的《维甲令》，进行备战动员，就是一个典型的中介语材料。郑张尚芳(1998)曾通过与泰文的比较对它作过解读。下面是《维甲令》全文，根据郑张尚芳的意见把原文与注解分开。黑体字为原文，六号字为注解。

维甲维甲者，治甲系断，**修内[纳]矛**"赤鸡稽繇"者也，越人谓"人[入]铩"也。**方舟航**"买仪尘"者，越人往如江也，**治须虑**~者，越人谓船为"须虑"。**亟怒纷纷**~者，怒貌也，怒至，**士击高文**~者，跃勇士也。**习之於夷**"夷"，海也，**宿之於莱**"莱"，野也，**致之於单**"单"者，堵也。

其中"习之於……""宿之於……""致之於……""治……"是汉语，"夷、莱、单、须虑"是百越语，《越绝书》用"海、野、堵、船"对百越语加以解释。"修内[纳]矛"是汉语，"赤鸡稽繇"是百越语，意思是"将要修理刀矛"，估计是"维甲令"原有的注解。"维甲令"向越民发布，说了一句汉语以后，怕一般的百越人听不懂，又用百越语说一次。"越人谓'人[入]铩'也"则是《越绝书》作者对它的注释。"方舟航"是汉语，百越语就是"买仪尘"，意思是"扬眉吐气地航行前进"，《越绝书》用"往如江也"注释。"亟怒"是汉语，"纷纷"是百越语，与泰语的 fun(怒气冲冲，怒火中烧)相对应。"士"是汉语，"击高文"是百越语，意思是精神振奋，步伐坚定。

通过《维甲令》可见：在勾践时代，越国说的还是百越语，但是在首都会稽，已经借入许多汉语成分，特别是上层统治阶级，在他们的公文用语中已经开始大量地运用汉语，包括汉语的语词和句式。《维甲令》是对越国百姓的动员令，自然要用百姓能够懂的百越语，这种百越语已经混有许多汉语成分。一般老百

姓所用的百越语中,汉语成分可能没有这么多,所以《维甲令》中的汉语部分,还要加一句百越语,使老百姓知道这是什么意思。但是,就是一般百越人的语言中,汉语的成分也已经不少了,这从《越人歌》可以窥见一斑。根据郑张尚芳(1991)的解读,《越人歌》中的"予"我|"州"="舟"摇船|"踰"="喻"知晓,了解,应该是汉语成分。

《维甲令》的情况告诉我们,早期原住民借用汉语形成中介语的过程是渐次进行的。开始的时候,他们说的是百越语,只是夹杂着一些汉语成分。后来在他们的语言中汉语成分越来越多,当汉语的借用成分进入到语言的核心部分的时候,就被汉化成汉语的一种方言。海口话与临高话的区别,只是汉语的借用成分是不是进入到语言的核心部分而已。

在吴语中,我们常会碰到一些百越语的底层词。

薸,吴语谓浮萍。此词很早就见于文献记录,《广韵》:"方言云,江东谓浮萍为薸"。但它不见于北方方言,也不见于北方地区的文献记录。在侗台语中可以见到"浮萍"的相似形式:

邕宁	武鸣	柳江	临高	琼山	水语	毛南	锦语	莫语	拉珈
piːu²	piəu²	piːu²	fiu²	fiu²	piu²	pjeu²	piu²	piu²	pieu²

下面几个百越词见于温州话(郑张尚芳1993):

酒坛子,温州说"埕"dzeŋ²,龙州壮语说tɕiŋ²。

鸡虱,温州说 ji↘,来宾壮语说 jwi²(北)、rei²(南)。

袷褶、贴,温州都说"迫"paʔ⁷<paʔ⁷<pek⁷,壮语说pek⁷,侗语"贴"说phek⁹。

田野,温州说"垟"ji²<jaŋ²,傣语平野说jaŋ²。

鸟啄物,温州说"咄"tai⁷(与"夺"白读同韵),来自古代的*tot⁷。武鸣壮语说toːt⁷。

抚摩,温州说 lai⁴,泰文也说 lai⁴,全同。

辱骂,温州说"謥"kaŋ⁵<kon⁵,泰文作 gən¹。

稻子开花,温州说"浪花"luɔ⁶ho¹<laŋ⁶hua¹,武鸣壮语"开花"laːŋ⁵va¹。

抛、甩，温州说 ɕai⁷，折合成中古音应为晓母质韵合口字，本字考为"扻"，《广韵》于笔切，《广雅》："投也"。云母可归匣，温州的声母仅清浊不同。此字在南方方言分布得很广，都表现为清声母，如泰顺蛮讲 huɐʔ⁷，青田 ɕyɐʔ⁷，上海话 huɛ⁷。拉珈语说 hwit⁷。

大锅，温州说 də²＜dau²，侗语作 taːu¹，临高语说 dou¹。

柚子，温州说 phə¹＜phau¹，侗语说 pau²。

所有这些例子都与海口闽语类似，带有明显的石化中介语的特征。如果一种汉语方言的词汇带有这种石化中介语的特征，大致上可以断定它们原始语形成阶段，采用的是海口模式。

所以，我们认为最初的吴语就是古代百越人学习汉语过程中形成的石化了的中介语。

四、现代吴语通过上海模式形成

文波等（2004）的材料确实说明南方汉族的主体来自北方汉族。那么，这是不是就能说明现代吴语是北方移民带过来的呢？我们来讨论语言接触的第二种模式：上海模式。

上海是一个典型的移民城市，外来移民的数目占总人口的 90％以上。但是，当这些移民分批陆续进入上海的时候，他们碰到的是占有强势文化的上海人，各种政治、经济、文化、教育部门都使用上海话，新移民要在上海立脚就必须学会上海话，所以每一个家庭进入上海，两代人以后就完全改说上海话了。在普陀、闸北区，居民绝大部分来自苏北。苏北人处于文化劣势，两个苏北人私下在说苏北话，当一个上海人从旁边经过，他们往往会改说上海话，生怕暴露苏北人的身份。他们的后代宁愿改说上海话。并且生怕在自己说的上海话中流露出苏北话的痕迹，所以苏北话对上海话的影响几乎是零。

另一个是温州话的例子。南宋乾道二年（1166）温州发生海啸，潮水灌城，居民大批死亡,民谣有:"乾道水满炎亭架,江南只剩十八家。"温州府传檄福建,要求移民补籍,闽民大量来温。民国《重修浙江通志稿》第12册《民族志》提到近代温州主要氏族的来源,统计共得宋代迁入温州43族,35族来自福建,占总数的80%。换言之,温州外来居民的大多数来自福建。但是,从现代温州话的特征看,它更多地保留吴语的特色。可以从两方面说:

㈠ 基本词汇中,保留吴语的特点。如:

义项	他	一	脚	大便	雌	屋	小孩	嘴	晒
温州	渠	一	脚	恶	草	屋	细儿	嘴	晒
闽东	伊	蜀	骹	屎	母	厝	傀儡	噤	曝
义项	打	高	泥	稻	小称	锅	眼睛	夜	怕
温州	打	高	泥	稻	儿	镬	眼灵珠	夜	吓
闽东	拍	悬	涂	秜	囝	鼎	目珠	暝	惊

宋戴侗《六书故》中有当时的一些温州话记录:蟹的种类"有彭滑,有彭蜞,有蟷";"蟷,乌介切,似彭蝤可食,薄壳而小"。一直到现代温州话中,蟹还有这些种类与称呼。《六书故》"䲙,谟杯切,似鲩而小,首亦有石",今温州小黄鱼还叫作"鱼末䲙"。而闽语的说法不一样。

㈡ 有些语词在南部吴语和闽语虽然采用相同的语素,但是语音形式却不相同。例如,"传染"一义,闽语和南部吴语都是"过侬",但是闽语的"过"为见母字,而温州的"过"为《广韵》所不收的匣母字。温州的"过侬"自然不是从闽语传过去的,它们之间的联系只能来自更早的历史阶段。又如"柿"闽语读作溪母,而温州读作崇母。

在吴语以外的方言,也同样可以找到类似于上海模式的例子。

闽地的居民大多来自唐以后的北方移民。但是这些移民并不能改变闽语的面貌。唐诗人顾况在《囝》诗中指出闽人呼父为"郎罢",呼儿为"囝",这两个词至今是重要的闽语特征词。宋孙奕《履斋示儿编》卷23引《古今诗话》:"章圣(按即宋真宗)朝试'天德清明'赋,有闽士破题云:'天道如何,仰之弥高(读作歌)。'

会考试者亦闽人，遂中选。"这是宋初闽语歌豪字同韵的例子，也跟今闽语的语音特征相同。这说明闽语的基本特征在唐代就已经形成。可见，虽然后来闽地居民中北方移民已经占多数，但由于是陆续分批移入，每次的移民都处于弱势，于是都接受了闽语，而他们带来的北方话没能改变闽语的总体面貌。

五、结　　语

海口模式与上海模式是中国历史上两种很不一样的语言接触方式。它们的共同特点是文化的强势造成了语言强势，而文化弱势的人群借用强势语言。

当弱势语言的使用人数与地域面积远远超过强势语言的时候，他们会形成自己独立的语言社团，在接受强势语言的过程中受母语的影响而形成中介语。当他们接受了强势文化以后，又因为人数的优势，反过来使这种中介语成为强势语言。这就是海口模式。

当弱势语言在人口上也处于少数，而且在强势语言的包围之中，它就不能形成独立的语言社团，其语言就完全被强势语言所同化。虽然持续的移民历史，最终也会造成外来者累积的遗传基因优势，但是这不仅不能改变强势语言的性质，反而会在人数上加强了强势语言。这就是上海模式。

中国的早期历史，周边地区大多数是非汉族居民，文化上处于弱势，他们采取海口模式形成各地的汉语方言；当这些方言形成以后，中原地区的居民不断移入，以上海模式加强了各地的汉语方言。

当然，各地方言在中原文化的影响下，还会不断地接受中原强势文化和方言的影响，但是这种影响与上面两种模式已经不一样。上面两种模式的特点都是弱势语言失去自己的核心成分，而各地方言形成后向中原强势方言的借用，多是保留了自己语言的核心成分，表现为零星的词语借入，或者只是借入文读形式，形成外借层次。

参考文献

陈鸿迈：《海口方言词典》，江苏教育出版社1998年版。

李如龙、张双庆：《客赣方言调查报告》，厦门大学出版社1992年版。

林惠祥：《中国东南区新石器文化特征之一：有段石锛》，《考古学报》1958年第3期。

刘剑三：《临高汉词典》，四川民族出版社2000年版。

吕思勉：《中国民族史》，东方出版中心1987年版。

毛宗武等：《瑶族语言简志》，民族出版社1982年版。

毛宗武等：《畲语简志》，民族出版社1986年版。

潘悟云：《语言接触与汉语南方方言的形成》，《语言接触论集》，上海教育出版社2004年版。

叶国庆、辛土成：《关于山越若干历史问题的探讨》，《百越民族史论集》，中国社会科学出版社1982年版。

游汝杰：《汉语方言学导论》，上海教育出版社1992年版。

郑张尚芳：《古吴越地名中的侗台语成分》，《民族语文》1990年第6期。

郑张尚芳：Decipherment of Yue-Ren-Ge, CLAO（《东方语学报》）20卷2期冬季号，（巴黎）法国高等社会科学研究院，1991年；孙琳、石锋中译：《越人歌》解读，《语言研究论丛》第七辑，语文出版社1997年版。

郑张尚芳：《温州市方言志·总论》（稿），温州市地方志编委会办公室，1993年。

郑张尚芳：《古越语》，董楚平编：《吴越文化通志》，上海人民出版社1998年版。

Campbell, Lyle, *Historical Linguistics: An Introduction*, The MIT Press, Cambridge, Massachusetts, 1998.

Selinker, L. & Lashmanan, U., Language Transfer and Fossilization: The Multiple Effects Principle. In Gass & Selinker(eds.) *Language Transfer in Language Learning*. Ansterdam: John Benjamines, 1992:197-216.

Wen, Bo(文波), Hui Li(李辉), Daru Lu(卢大儒), Xiufeng Song(宋秀峰), Feng Zhang(张锋), Yungang He(何云刚), Feng Li(李峰), Yang Gao(高扬), Xianyun Mao(毛显赟), Liang Zhang(张良), Ji Qian(钱吉), Jingze Tan(谭婧泽), Jianzhong Jin(金建中), Wei Huang(黄薇), Ranjan Deka, Bing Su(宿兵), Ranajit Chakraborty & Li Jin(金力), Genetic evidence supports demic diffusion of Han culture, *Nature* vol. 431, Iss. 7006: 302-305, 2004.

吴语里的反复问句

游汝杰

本文分六部分:1)关于反复问句的定义;2)未然体反复问句;3)已然体反复问句;4)反复问句的地理分布和历史层次;5)吴语和闽语反复问句的比较;6)结语。文末附有三张表格:未然体反复问句一览表、已然体反复问句一览表、混合型反复问句一览表;两幅地图:未然体反复问句句型地理分布图、已然体反复问句句型地理分布图。

本文所用反复问句的材料来源如下:

1. 实地调查材料:上海的市区和崇明;江苏的海门;浙江的宁波、临海、天台、东阳、青田、乐清、平阳、温州、杭州;安徽的铜陵和泾县;江西的玉山。以上方言除上海、杭州和温州三种系由本人调查外,其余皆由陈忠敏协助调查。

2. 方言文献材料主要有:《圣经》的苏州土白译本和上海土白译本;《海上花列传》和《九尾龟》(部分对话用苏州话)。

3. 早期南戏作品《张协状元》(有若干温州方言成分)。

自从朱德熙先生发表《汉语里的两种反复问句》一文(朱德熙 1985)以来,已有若干篇研究方言里的反复问句的论文发表,其中以张敏的博士论文《汉语方言反复问句的类型学研究》内容最为详赡、研究最为深入。对张文已经述及而笔者没有异议的内容,本文略而不论或略为述之,对张文没有述及或笔者另有异议的部分则从详。

本文所用的符号如下：V＝动词　VP＝动词短语　N＝名词　O＝宾语　F＝发问词　PRT＝语气词　conj.＝连词　neg.＝否定词　＊＝实际上不使用的形式或构拟的形式。

本文对所引方言例句，凡与普通话差别较大的，即用普通话译注，外加括号。类似的例句上文已作译注的，下文不烦再译。

一、关于反复问句的定义

汉语里的疑问句通常分为三类，即是非问句、特指问句、选择问句。所谓反复问句是选择问句的特殊形式。在一个反复问句里，动词谓语的肯定形式和否定形式叠用，作为供选择的项目。例如：你去不去？\今天开会不开？\报纸来了没有？（朱德熙1982）此类问句的谓语可以用"V-neg.-V"来表示。这是从语法形式出发给反复问句下的定义。

根据上述定义，下列两类问句不是反复问句。

1) "F-V"。例如苏州话：阿要吃点物事？
2) "V-neg."。例如温州话：你走也否？

在"F-V"中只有动词的肯定形式；"V-neg."中的动词否定形式不完全，虽然有否定词，但是动词不重叠。

有的语法学家主张，可以从回答的方式来区别一般疑问句和选择疑问句。一般疑问句可以用点头或摇头来回答，而选择疑问句不可以。对选择问句的回答只能是选择问句中出现的某一个事项。例如不能用点头或摇头来回答"你喝酒还是喝茶？"而只能选择"喝酒"或"喝茶"来回答。然而反复问句作为选择问句的特殊形式，是可以用点头或摇头来回答的。例如对"你去不去？"这个问题，可以用点头表示"去"，用摇头表示"不去"。所以反复问句兼有一般疑问句和选择疑问句的性质。

如果从语法形式来判断，方言中的"F-V"和"V-neg."这两类句子不是反复

问句;如果从回答的方式来判断,这两类句子都有一般疑问句的性质。以下两例取自《海上花列传》:

　　张大少阿有相好嘎?小村微笑摇头。杨家母道:"张大少无拨相好末,也攀一个?"(1回)

　　小村问秀宝:"庄大少爷阿来里?"秀宝点点头。朴斋听说便过去打招呼,小村连连喊住。(2回)

赵元任将吴语中的"F-V"和"V-neg."这两类问句归入"是非问句"。

总之"F-V"和"V-neg."不是反复问句,而是是非问句,反复问句是在普通话语法研究中提出的术语和概念,它不能概括方言里"F-V"和"V-neg."这两类问句。不过可以把它们当作反复问句的对应形式来研究。为了讨论的方便,本文所谓反复问句也包括这些对应形式。

二、未然体反复问句

吴语里的未然体反复问句可以分为三类:"F-V"、"V-neg.-V"和"V-neg."。

第一类:F-V

"F-V"中的"F"是发问词,其读音可以分为零声母和舌根塞音声母两组,在各地的不同读音如下:

金坛	丹阳	张家港	玉山	铜陵
khəʔ	khəʔ	khəʔ/əʔ	kəʔ	khəʔ
武进	江阴	常熟	无锡	苏州
əʔ/həʔ	ɪʔ	aʔ	aʔ	aʔ

下文用"可"代表舌根塞音声母开头的发问词,"阿"代表零声母开头的发问词。可以用"可"或"阿"前置于动词,构成问句。句中的动词可以是"有""是"或任何别的动词。下面这些例子取自《九尾龟》。

　　1) 倪阿有好福气?　　43回

2）大少爷问俚阿又有啥逃走的凭据？　63回

3）俚唔笃阿是一道来格？　9回

4）耐今朝阿是啥实梗动气,阿是吃仔酒哉？　175回

5）耐笃总是实梗瞎三话四,阿要无淘成？　1回

6）勿得知耐阿放心？　77回

7）耐阿认得俚格？　35回

8）耐看看俚阿中意嘎？　42回

9）耐今朝阿要请客嘎？　5回

例8和例9中的"嘎"应该读作 tɕiaʔ,但是今新派读作不带喉塞尾的 tɕia。赵元任将这个词记作"脚"(赵元任1926)和"家"。这个语气词不仅可以用于选择问句或以发问词开头的问句,而且也可以用于特殊疑问句。下面的例子取自《九尾龟》。

耐倒有功夫到倪搭来坐坐,啥勿到花云香搭去嘎？　1回

阿要热昏,啥人来理耐嘎？　3回

啥格要紧嘎？倪还要坐歇去勒。　5回

所以疑问语气词"嘎"在苏州方言里不能用作疑问句分类的标准。(刘丹青1991)

从语音的角度来看,"F-V"可以分为两小类,即"可-V"和"阿-V"。"阿"用作发问词,最早见于明末冯梦龙所辑苏州方言民歌集《山歌》。而在冯梦龙所辑的短篇小说集《警世通言》里,发问词只用"可",不用"阿"。在明代"可-V"用于官话或书面语;而"阿-V"见于苏州方言口语。

至于"可"和"阿"的关系,张敏认为"阿"来源于"可","可"的声母脱落,变成"阿"(张敏1990)。他试图通过内部拟测法来证明两者的关系。笔者对此有下述几点异议。

第一,"内部拟测法"和"空格填充法"是历史语言学的概念,用于构拟同一个音系里的音位,而文白异读是方言之间互相借用的结果,所以不能"拟测"文读音或白读音。一般说来方言中的白读音是原有的,文读音是从标准音借入

的。哪些字有文白异读现象,会因方言不同而有所不同。例如见母开口二等字在吴语区北部有文白异读,在吴语区南部则只有白读。在同一种方言里,音韵地位相同的字,文白读现象也不是一律的。例如"家、加"都是麻韵开口二等字,但是在吴语区北部只有"家"字有文白异读。一个音系内部在结构上有对称性,文白异读则没有这种对称性,因此不能用空格填充法来推测出一个文读音或白读音。

第二,如果"F-V"是从官话借入的,那么应该同时借入"可"的文读音,而不可能借入白读音。事实上苏州方言口语不用"可"字,这个字不可能有白读形式。

第三,"可"字的音韵地位是"歌韵溪母开口一等"。歌韵的中古音拟作 *a,今吴语有些歌韵字仍读 a 韵,如"番茄"的"茄"[ga];"阿哥"的"阿"[aʔ];"何"(什么)[ga]。所以"可"字的中古音可以拟为 *kha。假定在古吴语里这个字曾读作 *kha,后来因为声母脱落,变为 aʔ。这个假设在语音上似乎可以讲得通,问题是孤证难立。在吴语区声母脱落现象只见于南部,而"阿-V"却只见于北部。

所以,"可"和"阿"的关系还需要进一步研究。

"F-V"在吴语区只见于除旧松江府外的苏南地区、皖南旧宣州府的铜陵和泾县、江西的玉山,而不见于浙江(参见附表1、附图1)。"F-V"中的"阿"在苏南吴语里一律读作零声母;在其他地方读作舌根塞音声母。从读音上看,宣州吴语的反复问句在类型学上与江淮官话同类。至于玉山吴语的反复问句为什么在类型学上与江淮官话相同,这在方言地理学上颇难解释,在与之相邻的赣方言和浙西吴语里,并没有"F-V"型的反复问句。也许要从移民史实中去寻找原因。

第二类: V-neg.-V

此类反复问句的基本形式是用一个否定词插入重叠的动词之间,又分三小类:

"V-0-neg.-V",第一个动词和否定词之间没有别的成分;"V-PRT.-neg.-V",在第一个动词和否定词之间有一个语气助词;"V-V",重叠的动词中间没有任何别的成分,这一形式是"V-0-neg.-V"中的否定词省略的结果。以下逐类详论。

1. V-0-neg.-V

此类中的动词不包括"有"。其中的否定词可以是"不、勿、否"(见附表)。例如杭州方言否定词用"不":

下半天去不去耍子儿?

你明朝来不来?

他们是不是学生子?

临海方言否定词用"勿":

个人你认得勿认得(这个人你认识不认识)?

晏介划水去勿去(下午游泳去不去)?

你雨衣着勿着?

乐清方言否定词用"否":

你个西瓜甜否甜(你的西瓜甜不甜)?

渠用功否用功?

"勿"的声母读 v 或 ʋ,"否"的声母读 f。"V-0-neg.-V"的地理分布很广阔,在整个吴语区只是不见于常州、无锡、苏州和宣州。这几个地方的方言里,"V-0-neg.-V"只用于陈述句,例如见于《九尾龟》的两个句子:

耐做仔倪翠凤倒也不在乎吃酒不吃酒。　7 回

来勿来随耐个便。　24 回

"V-0-neg.-V"中的 V 也可以是形容词,如青田方言用例:

你个西瓜熟否熟?

屋底架热否热(屋里热不热)?

这种格式中的动词如果带宾语,宾语前置或后置两可,不过以前置为常见。虽然动宾词组也可以叠用,但是在口语中较少见。另一种可能的形式是省略前一个动宾词组中的宾语,省略后一个动宾词组中的宾语的格式则是不合格的。

如温州方言用例：

> 你饭吃否吃？\茶喝否喝？\雨衣着否着？（宾语前置例）
>
> 你吃否吃饭？\喝否喝茶？\着否着雨衣？（宾语后置例）
>
> 你吃饭否吃饭？\喝茶否喝茶？\着雨衣否着雨衣？（动宾词组重叠例）
>
> 你写否写字眼？\读否读书？（前一动宾词组中的宾语省略例）
>
> *你写字眼否写？*读书否读？（后一动宾词组中的宾语不可省略例）

苏州话中有一种混合的格式，即"阿-V-neg.-V"这是由"F-V"和"V-neg.-V"混合而成的。例如《九尾龟》用例：

> 勿得知耐倪少阿肯赏光勿肯赏光？　97回
>
> 耐自家想想看，阿该应勿该应？　187回
>
> 陶大人……，勿得知耐阿肯答应勿肯答应？　96回

2. V-V

这种格式中的动词重叠，否定词省略，例如绍兴话用例：

> 诺要要去（你要不要去）？
>
> 伊肯肯话（他肯不肯说）？

这种格式只见于旧绍兴府的绍兴、诸暨和嵊县；旧金华府的金华和武义。在这些方言中"V-O-neg.-V"并用并存。"V-V"应该是"V-O-neg.-V"中的否定词省略的结果。赵元任所记绍兴方言有这两种格式，但是诸暨话只有"V-O-neg.-V"这一种格式（赵元任1928）。"V-V"型显然是后起的。

如果"V-V"中的动词带宾语，宾语一般只用在第二个动词后边；如果动词是双音节的，只是重叠第一个音节，例如绍兴话用例：

> 诺吃吃饭（你吃饭不吃饭）？
>
> 伊愿愿意来（他愿意不愿意来）？

3. V-PRT-neg.-V

语气词插在动词的肯定形式和否定形式之间。这种格式见于苏州（刘丹青1991）、海门、湖州、温州、乐清。语气词分别用"勒、呢、也"，例如海门话用"勒"：

吴声越韵

  你去勒勿去(你去不去)?

  个块牛肉你吃勒勿吃(那块牛肉你吃不吃)?

  广州的荔枝甜勒勿甜(广州的荔枝甜不甜)?

苏州话用"呢"(例见《圣经》苏州土白译本,1923年):

  完税拨该撒应该呢勿应该? （马太福音）

  伲完税拨该撒应该呢勿应该? （路加福音）

温州话用"也":

  你走也否走(你去不去)?

  你着也否着(你穿不穿)?

  苏州话中有一种混合的格式,即"F-V-PRT-neg.-V",这是由"F-V"和"V-PRT-neg.-V"混合而成的。(刘丹青1991)例如:

  奈到底阿去勒勿去(你到底去不去)?

  完税拨该撒阿应该呢勿应该(向该撒缴税应该不应该)?

后一例见于《圣经》的苏州土白译本。

  第三类:V-neg.

  否定词后置于动词。又分两小类,即"V-O-neg.",动词和否定词之间没有别的成分;"V-PRT-neg."动词和否定词之间插入语气词"勒"或"也"。

  这种格式中的否定词可以分为三类:P声母否定词,即"不";F声母否定词,即"否";V声母否定词,即"勿"。"勿"和句尾语气词"啊"常常读成合音 vaʔ,在例句中写作"伐"。在有的方言里"勿"字清化,并与句尾语气词"啊"读成合音"法"。这个语气词在不同的方言里读音如下:

  fu:温州、平阳、青田、乐清

  faʔ:常州、金坛、溧阳

  vaʔ:上海、崇明、天台、黄岩、宁波、余姚、嘉兴

  vəʔ:海门

现在分类讨论。

1. V-0-neg.

  天台话：个件事干你答应勿？\你讲个是北京话勿？

  上海话：侬今朝夜里去伐？\侬羊肉要吃伐？

  平阳话：渠应承做否喔？\你茶叶卵吃否喔？

  常州话：你吃酒法？\他聪明法？

2. V-PRT-neg.

中间的语气词是"也"或"勒"。"V-也-neg."见于浙南吴语（参看附表）。温州方言用例：

  你后半日走去泗河儿也否（你下午去不去游泳）？

  西餐你爱吃也否？

乐清方言用例：

  你能界走去读书也否（你现在去不去读书）？

  渠个说话你相信也否（他的话你相信不相信）？

"也"是语气词，读音与副词"也"一样，即[a]。"也"用于动词和否定词之间，表示选择语气。此种用法常见于明清小说。例如：

  柴大官人在庄上也不？ 《水浒传》22回

  独坐无寐，我往视新妇来也未？ 《聊斋志异 菱角》

除了"V-也-neg."外，"V-neg.-V"和"V-也-neg.-V"也见于温州和乐清方言。最后一种格式是由前两种格式混合而成的，应是后起的。例如乐清方言用例：

  个本书用着也用否着（这本书有没有用）？

  你俫识也否识（你们认识不认识）？

"V-勒-neg."只见于宜兴方言，例如：

  我勿晓则他有佬勿（我不知道他有没有）？

  他走快佬勿（他走得快不快）？

P声母否定词很明显是"不"。赵元任将 faʔ 写成"法"，vaʔ 写成"唔"（赵元任 1928)。早期的上海方言文献，如 J.Edkins，*Grammar of colloquial Chinese as exhibited in the Shanghai dialect*(1853)和《方言备终录》(1903)，都将 vaʔ 写作"否"。下述用例取自《圣经》的上海方言土白译本。

  侬勿回头否？　《马太福音》
  侬勿顾否？　《马可福音》
  难道伊要自家寻死否？　《约翰福音》

  温州、乐清、平阳、青田的 f 声母否定词，其本字应该是"否"。"否"在《广韵》音系的音韵地位是：流开三上有非，有韵方久切。《说文》："否，不也，又房彼切。"音义皆与今方言密合。

  这三地方言"V-neg."问句中的"否"是六朝之前古汉语"V-neg."问句中称代性"否"的直接继承。在早期南戏作品《张协状元》和元本《琵琶记》里，"否"字仍用作称代式，如：大婆来否？\浑身燥痒否？"否"在古汉语中不用作单纯的否定(pure negation)，但是在今方言中也可以用作单纯的否定，如：我否走。\你走否走？方言和古汉语里的"否"用法不一致，从方言历史语法学的角度来看是不难理解的。

  反复问句在这些方言中最初应该是"V-否"型的(详下)，其中的"否"最初也是称代式的。这些方言里纯粹的否定词本来是自成音节的 m 或 n，今仍有遗留，例如温州话：n 胚(不成样子)\n 胆(没胆量)\n 起讲(很难说、无从说起)\mə(不好、坏)。mə 是 m 和"好"的合音，即 m+hə=mə，后来从别的方言借入"V-neg.-V"型反复问句，其中的"neg."就用本来只用于句尾的称代式的"否"来填充。因此"否"字才兼有表示纯粹否定的用法。但是当其中的动词是"有"时，"neg."仍用自成音节的鼻音，例如"有没有？"乐清话是"有 mau"；平阳话是"有 nau"；温州话是"有 nau"；临海话是"有 m 有"。乐清的 mau 是 m 和 jau(有)的合音；温州和平阳的 nau 是 n 和 jau(有)的合音。比较客家话：m+xie=mie(不是)；m+oi=moi(不要)。所以这些方言中的"否"用于纯粹否定是后起的。

  嘉兴、宁波等地吴语的否定词读 fəʔ(见附表)，一般写作"勿"。"勿"在广韵音系的音韵地位是"臻合三入物微"，《广韵》："勿，无也，莫也。"文弗切。与今音韵合声不合。如果将 fəʔ 的本字与"否"联系,则声合韵不合。但是这些方言"V-neg."中的否定词都是读 V 声母的,与"勿"字相合。这样看来较合理的解释是"V-neg.-V"中的 fəʔ 和"V-neg."中的 vəʔ 应该都是"勿",不过"V-neg.-V"中的"勿"声母清化了。

三、已然体反复问句

吴语中的已然体反复问句可以分为两大类:一类用发问词构成;另一类用否定词构成。

1. 用发问词构成的反复问句

此类反复问句又可以分成两个类型:即"F 曾 V"型和"FV 了\朆"型。

（1）"F 曾 V"型

此型将"阿曾"前置于动词。"阿曾"常常读作合音,如苏州音:aŋ44。

此型的地理分布与未然体的"F-V"型一致,只见于旧苏州府全境,旧常州府和今上海部分地点,请参看附表和附图。例如

  身浪阿曾碰痛?　《九尾龟》72 回

  俚笃阿曾开错?　《九尾龟》74 回

  李大人阿曾困醒?　《九尾龟》130 回

  高升阿曾来?　《海上花列传》8 回

  阿曾碰着歇小村?　《海上花列传》13 回

回答如果是肯定的,就直接用问句中的动词作答,如果是否定的,一般是在动词前加"勿曾",例如

  朴斋便问:"台面阿曾散?"相帮道:"散仔歇哉。"(《海上花列传》31 回)

  老娘姨迎着问道:"阿个阿曾来?"堂倌道:"勿曾来哰。"(《海上花列传》15 回)

此型的一个变式是"阿曾来勿曾来?"但不常用,例如苏州话:俚阿曾来勿曾来?

(2)"FV了\呒"型

此型只见于铜陵、泾县和玉山。前两地用"FV了"型,例如

  伊可来了? 来了。\没来。

  天可黑了? 天黑了。\还没黑。

玉山用"可V呒"型。动词后的"呒"是个表示完成体的助词,相当于"了",有时单用,音 m31,有时与语气词"啊"结合,读合音 maʔ,例如

  渠昨 mo113 各来 m31? 来 m31。\没来。

  你各讲 m31? 讲 m31。\没讲。

  渠来 maʔ55? 来 maʔ55。\没来。

  你各食 maʔ55? 食 maʔ55。\还没食。

2. 用否定词构成的反复问句

此类反复问句根据所用否定词的不同,又可以分成若干小类。

(1)"V 勿曾型"

此型用"勿曾"后置于动词,"勿曾"常读成合音形式:fəŋ 或 vəŋ。回答如果是肯定的,就直接用问句中的动词;如果是否定的,则用"勿曾"前置于动词。此型见于丹阳、常州、宜兴和衢州。如衢州话用例:

  渠来勿曾葛? 渠勿曾来。

(2)"V 勒勿\伐"型

此型是用完成体助词"勒"后置于动词,再接否定词"勿"。在完整的问句末尾往往带有语气词"啊","勿"和"啊"常读成合音形式"伐"[vaʔ]。答句如果是否定的,就用否定词前置于动词。其中的否定词在各地的语音形式不同:m̩ ɦiʔ(上海)、m̩ pəʔ(嘉兴)、miʔ(宁波)、m̩(黄岩、天台)、m̩ niŋ。例如崇明用例:

  牛肉你吃勒勿? 银吃。

  你去勒勿? 银去。

(3)"V 勒呒没"型

此型是用完成体助词"勒"后置于动词,再接否定词。如果回答是否定的,

就用与问句中相同的否定词前置于动词。此型与"V 勒勿\伐"的回答形式是一样的。此型见于上海、松江、南汇、崇明、溧阳、余姚、天台。例如上海话用例：

伊来勒伐？　（还）没来。

侬电话打好勒伐？　（还）没好。

此型有一个变式，即"V 勒呒没 V"，例如天台话用例：

伊来勒呒没来？　呒来。

你去勒呒去？　呒去。

（4）"有 neg.有 V"型

此型是"有"和"有"的否定形式叠用，再后加动词。其中的否定词各地读音不同：vəʔ（绍兴）、fəʔ（诸暨）、m（临海）。如果回答是否定的，就用"neg.有"前置于动词。例如临海话用例：

渠来呒有来？　呒有来。

天有呒有暗？　还呒有暗。

此型的一个变式是"V 勒 neg.有"，见于临海，用得较少，例如：

你有去勒呒有？　呒有去。

你有讲勒呒有？　呒有讲。

（5）"有 V(也)冇有"型

此型是用"有"前置于动词，再后接"有"的否定形式，有的方言在两者中间插入副词"也"，"也"的读音是 a7。"有"的否定形式是"n 有"，常读成合音 nau，写作"冇"。此型见于乐清、温州、平阳、青田。在这些方言中前置于动词的"有"是表示动词的完成体的。例如平阳话用例：

渠昨天有走来冇喔？　冇走来。

你昨夜黄昏有吃点心？　冇吃。

温州话用例：

你旧年有读英文也冇？　冇读。

渠有伉你讲说话也冇（他有没有跟你说话）？　冇讲。

/ 111 /

此型的一个变式是"有 V（也）否"。例如上述四个例句中的"冇"都可以用"否"替换。这个变式应该是"有 V（也）呒"和未然体反复问句"V-neg."型的混合。例如温州话用例：你有讲也否？\渠有写也否？

（6）"V-PRT（也）未"型

此型的基本结构是用否定词"未"后置于动词，动词则带完成体后缀"罢"，再后接语气助词"也"（平阳、青田、金华、永康不用"也"）。否定回答的形式是"未＋V"。例如乐清话用例：

渠走来罢也未？　未走来。

你走去罢也未？　未走去。

平阳话用例：

天暗罢未喔？　还未暗。

你讲罢未喔？　还未讲。

（7）"V 未勿"型

此型中的"V 未"是动词的否定形式。末尾的"勿"虽然是否定词，但是兼有疑问语气的作用。否定回答是"pɜ5＋V"。此型只见于东阳。

渠来未勿？　呒 pɛ 来。

牛肉你食未勿？　呒 pɛ 食。

"V-PRT（也）未"型和"V 未勿"型的共同特点是都使用否定词"未"。

四、反复问句的地理分布和历史层次

吴语区的反复问句在地理分布上有五个特点。

1. 未然体反复问句的两大类型"V-neg."和"V-neg.-V"几乎分布于吴语区全境，只有下列例外："V-neg."不见于旧宣州府、苏州府和绍兴府；"V-neg.-V"不见于旧苏州府和宣州府。在各种反复问句中这两种格式在地理上的分布是最广阔的。

2. 除了上述两种句型外，其他句型在地理上的分布都局限于某一狭小的范围。例如"F-V"只见于旧常州府和苏州府,上海的"F-V"是后起的;"有 neg.有"只见于旧绍兴府,等等。

3. 各类反复问句的地理分布境界线事实上与明清时代府、州边界线重合或部分重合。例如"V-PRT-neg."只见于旧温州府。参见附表及附图。

4. 在同一个地点方言里,同时使用两三种不同的未然体反复问句,这是很普遍的现象。其中又以"V-neg.-V"和"V-neg."的并存现象更为常见,例如这两种句型并存于嘉兴方言。参看附表和附图。

5. 各种句型在地理分布上具有区域特征,即某一种句型只分布于某一个地区。例如"F-V"和"F 曾 V"大致只见于旧常州府和苏州府;"V-V"和"有 neg.有 V"只见于绍兴府;"V-Aux-neg."和"有 V(也)"只见于旧温州府。

上文述及在现代吴语里未然体反复问句可以分为三大类,即"F-V"、"V-neg.-V"和"V-neg";已然体反复问句可以分为两大类,即用发问词构成的句型"F-V"和用否定词构成的句型"V-neg."。各类又可分若干小类。现在讨论各种类型产生时代的先后。

可以通过以下几个途径,来判断方言中共存的语法形式的时代层次。

(1) 有没有共同语的文献资料可以用于断代?

(2) 有没有方言文献资料可以用于断代?

(3) 从方言类型地理学的角度来看,哪些形式见于方言演变较慢的地区?

(4) 对于同一个地点方言中的并存形式,则要看哪些形式用于老派,哪些形式用于新派?哪些形式较常用?哪些形式较少用?

在未然体的三种类型中,应以"V-neg."为最古层,"V-neg.-V"为中间层,"F-V"为最新层。

在古代汉语文献中最早出现的反复问句即是"V-neg.",从先秦到南北朝,除了秦墓竹简较为特殊外,"V-neg."是唯一的反复问句形式(张敏 1990)。

能够反映某些温州方言语法特征的最古老的文献是宋代南戏作品《张协状元》,其中有"V-neg."型反复问句有六例,而"V-neg.-V"型反复问句却只有一例。在元本《琵琶记》(作者是温州人)里,"V-neg."型有十三例,"V-neg.-V"型却只有三例(张敏1990)。《全唐诗》吴语区作者的作品只用"V-neg."型,不用"V-neg.-V"型。这说明在当时的温州话里"V-neg.-V"还是新兴句型。在古汉语中"V-neg.-V"型的形成和发展是在唐宋时期(张敏1990)。历史上北方移民进入今吴语区有三次大浪潮,先后发生在两晋之交、三国东吴和两宋之交。在第三次移民浪潮中,温州人口大增,南戏也正是在这个时期在温州形成的。"V-neg.-V"很可能于此时进入南部吴语。但是"V-neg.-V"在吴语中盛行应在明代之后,《二拍》中的反复问句仅用"V-neg."型,至今在有的地点方言里"V-neg."型仍用得极少,如天台、崇明、玉山。

从方言类型地理学的角度来看,吴语在历史上不断受到北方官话的影响。这种影响是从北到南逐渐减弱的,也就是说官话对北部吴语影响深,对南部吴语影响浅。所以较古老的吴语特征在南部保留比较多,例如儿尾词在今南部吴语普遍使用,在明末辑录的《山歌》里也屡见不鲜,但是在今太湖片吴语里只能找到残迹而已。

"可-V"型不见于南部吴语,只见于苏南吴语。在书面文献中"阿-V"型大量出现是在明末的白话小说《警世通言》里,在吴语文献中最早则见于明末的《山歌》。北部吴语中的"阿-V"型可能是晚至明代才出现的。在"阿-V"者前应该是用"V-neg."型的。至今苏南的有些地点,如常州,仍然是"V-neg."和"阿-V"并用。

上海话的"阿-V"型是晚近从苏州话借入的,上海旧属松江府,上海话的底子是松江话,旧松江府所辖地区除上海市区外今方言皆不用"可-V"型。

已然体反复问句中用否定词"未"后置于动词的句型,只见于浙南的旧金华府、温州府和处州府的青田县。这种句型屡见于宋代的话本小说。这种句型应该是由两宋之交的官话区移民输入吴语区的,至今仍用于浙南吴语,在苏南和浙北虽然已不再用此类问句,但是在一般的陈述句里,仍残留"未"(意谓"未到一定时间,早着呢")这个词。如上海话:"三点钟看电影,直直未来。"

五、吴语与闽语反复问句的比较

闽语区的移民历史对于比较和理解吴语和闽语的异同是很重要的。自西汉末在今福州置治县以后,闽地始有北方汉人移居。大规模的汉人移居入闽是在汉末三国晋初的百年之间。这些移民的原居地是江南、浙北,大致相当于三国东吴的会稽郡。他们带到闽地的是当时的吴语,而不是中原汉语。由于吴语区自北而南自东晋之后所受官话影响日深,所以最古老的吴语特征可能较多的保留在今闽语中。

闽语反复问句的固有句型是"V-neg."。句型"V-neg.-V"是受北方话影响产生的非固有句型(余霭芹 1989),在今闽语区它的构成和使用还是受到严格的限制(张敏 1990)。在今吴语中虽然"V-neg."和"V-neg.-V"并存并用,但是正如上文所述,"V-neg."是吴语的固有形式或较古形式,"V-neg.-V"是两宋之交官话区移民输入的。当三国东吴时代吴语区居民大规模入闽的时候,在他们的方言里,反复问句是"V-neg."型的。所以今闽语反复问句的基本句型是"V-neg.",这是不难理解的。

在吴语区内部"V-neg."可以分为若干小类,其中有一类是"V-PRT-neg.",其中的语气词是"也"[a]。这一类只见于浙南的瓯江片,在其他的吴语里,动词和否定词之间是不能插入语气词的。这种句型也见于闽语,并且其中的语气词"也"的读音也是[a](张敏 1990)。例如文昌话用例:

汝有三角钱也无?

伊想去美国也无?

"V-PRT-neg."中的"也",闽语与吴语瓯江片相同,也可以插在一般选择问句的两项之间,例如

温州话:你吃酒也喝茶?\你走去也渠走去?

厦门话:汝食酒抑是食茶?\你去也是伊去?

吴语已然体分为两大类,其中用否定词后置的一类又分为两小类,即"V-PRT(也)未"和"有 V(也)(有)"。这两小类在吴语中只见于瓯江片,在各地闽语中则是普遍使用的。例如

  温州话:你有走上海也?

  东山岛话:汝有去上海也无?

  温州话:你写好罢阿未?

  海丰话:你写好了未?

在吴语瓯江片和处州片里,动词为"有"的反复问句,最常见的句型是"有 N 冇",如"还有药吗?"这个问句在各地的说法:

  青田话:还有药 m 噢?

  温州话:还有药也 nau?

  乐清话:还有药也 mau?

  平阳话:还有药 nau?

这个句型也是大多数地点的闽语常用的。例如

  莆田话:厝里有人无?

  台湾闽语:你有纸票也是无?

在闽语里句尾的"无",今音读[b]声母,本是明母。在吴语里句尾的否定词,青田读 m,乐清读 mau,温州和平阳都读 nau,mau 是 m+jau(有)的合音,nau 是 n<m=+jau(有)的合音。青田的"有 N"应该是较古的形式,温州等地的"有 N 冇"是模仿后起的"V-neg.-V"型,进行类比创新的结果。所以从较古的形式来看,浙南吴语和闽语的这一类反复问句,是同源的,或者说它们的底层形式是相同的。

此外,浙江的旧金华府也有"V-PRT(也)未"型,旧绍兴府则有"有 neg.有 V"型,这两个句型也是跟闽语相同或相似的。

浙南吴语和闽语的反复问句在类型上的相似,显然不是互相借用的结果。吴语瓯江片与闽语区相邻接,闽语在历史上形成以后有不断向外扩张的倾向,

不过在明清时代对吴语区瓯江片的扩张在边界地区仅止于平阳。平阳蛮话是吴语和闽语的混合方言。闽语区的居民及其方言并没有深入到瓯江片的腹地,浙南的权威方言是温州话。因为商业地理的关系,温州话往南可以通行到闽北的福鼎。所以浙南的反复问句在类型上显然不是从闽语借入的,两者的相似应该是同源关系,是对古吴语的反复问句的继承。其中的"V-PRT(也)未"则可能是两宋之交由北方的移民同时输入吴语区和闽语区的。

如果以反复问句的类型为标准来划分方言区,那么浙江的旧温州府、处州府、金华府、绍兴府应该与今闽语划归同一区。

六、结　语

吴语的反复问句,未然体可分为"F-V""V-neg.-V"和"V-neg."三大类。已然体可以分为用发问词构成的和用否定词构成的两大类。如果用未然体的框架,已然体中的"F-V 了"和"阿曾 V"可以归入"F-V"型;"V 勒勿\伐""V 嚜没""V 未勿""V-PRT(也)未"可以归入"V-neg."型;"有 neg.有 V"和"有(也)有"则各自另成一类。"V-neg."型的产生时代可以追溯到先秦汉语,"V-neg.-V"形成于两宋之交,"F-V"应是晚至明代才形成的,"有 V(也)嚜(有)"则应产生于东晋之前的古吴语。

吴语的反复问句有以下几个重要的特点:

第一,不同的类型在同一个地点共存,这是很普遍的现象。例如"V-neg."型和"V-neg.-V"型共存于宁波方言。

第二,有一些混合型结构,即由两种不同的类型混合生成的新的类型。这种不同时代产生的语法结构的层次积压现象,需要深入的调查和比较才能发现。已经发现的五种混合型结构及其原型、使用地点和例句,详见附表Ⅲ。

第三,浙南吴语的反复问句在类型上与闽语相同,宣州片则与江淮官话相同。

吴声越韵

附表Ⅰ 吴语未然体反复问句句型一览表

片	地点	F-V	V-neg.-V	V-Aux-neg.-V	V-conj.-neg.-V	V-V	V-neg.	V-Aux-neg.	V-conj.
太湖片	常州	✓					✓		
	靖江	✓							
	丹阳	✓	✓				✓		
	金坛	✓	✓						
	溧阳						✓		
	宜兴								✓
	江阴	✓							
	张家港	✓					✓		
	苏州	✓			✓		✓		
	上海	✓	✓				✓		
	无锡	✓							
	常熟	✓							
	昆山	✓							
	吴江	✓							
	海门				✓		✓		
	启东	✓							
	崇明		✓				✓		
	宝山	✓					✓		
	松江		✓						
	南汇		✓				✓		
	嘉兴		✓				✓		
	海盐		✓				✓		
	湖州				✓		✓		
	绍兴		✓			✓			
	诸暨		✓			✓			
	嵊县		✓			✓			
	宁波		✓				✓		
	余姚		✓				✓		
	奉化		✓			✓	✓		
	杭州		✓						

吴语里的反复问句

续表

片\句型\地点	F-V	V-neg.-V	V-Aux-neg.-V	V-conj.-neg.-V	V-V	V-neg.	V-Aux-neg.	V-conj.
婺州片 金华		✓			✓	✓		
东阳		✓				✓		
永康		✓				✓		
丽衢片 衢州		✓				✓		
龙游		✓				✓		
玉山	✓	✓						
丽水		✓				✓		
青田		✓				✓		
台州片 临海		✓				✓		
天台		✓				✓		
黄岩		✓				✓		
温岭		✓				✓		
瓯江片 温州		✓	✓				✓	
乐清		✓					✓	
平阳		✓	✓			✓		
宣州片 铜陵	✓							
泾县	✓							

附表Ⅱ 吴语已然体反复问句句型一览表

句型\地点	FV了/吗	阿曾V	V勿曾	V勒勿/哦	V勒吭没(V)	有neg.有V	V未勿	V-PRT(也)未	有V(也)吭有
常州			✓						
武进		✓							
靖江		✓							
丹阳			✓						
金坛		✓							
溧阳					✓				

/ 119 /

吴声越韵

续表

句型 地点	FV了/吗	阿曾V	V勿曾	V勒勿/哦	V勒咾没(V)	有neg.有V	V未勿	V-PRT(也)未	有V(也)咾有
宜兴			✓						
张家港		✓							
苏州		✓							
上海				✓	✓				
无锡		✓							
常熟		✓							
昆山		✓							
吴江		✓							
海门			✓						
崇明				✓	✓				
宝山		✓							
松江					✓				
南汇					✓				
嘉兴				✓					
湖州				✓					
绍兴						✓			
诸暨						✓			
嵊县						✓			
宁波				✓					
余姚					✓				
金华								✓	
东阳								✓	
永康								✓	
衢州			✓						
青田								✓	✓
玉山									
临海						✓			
天台				✓	✓				
黄岩				✓					
温州								✓	✓
乐清								✓	✓
平阳								✓	✓
铜陵	✓								
泾县	✓								

注:杭州是"V了没有"型,未列入表内。

附表Ⅲ 吴语混合型反复问句句型一览表

原　　型	混合型	例	方言地点
A 阿-V B V-neg.-V	阿-V-neg.-V	侬阿去勿去？	苏州、上海
A 阿-V B V-conj.-neg.-V	阿-V-conj.neg.-V	山东地方阿冷勒勿冷？	苏州
A V-neg.-V B V-Aux-neg.	V-Aux-neg.-V	你走也否走？	温州、平阳
A 有 V(也)呒(有) B V(也)neg.	有 V(也)否	你有书也否？	温州、平阳、乐清、青田
A 阿-V B V-neg.	阿 V-neg.	侬阿要吃哦？	上海

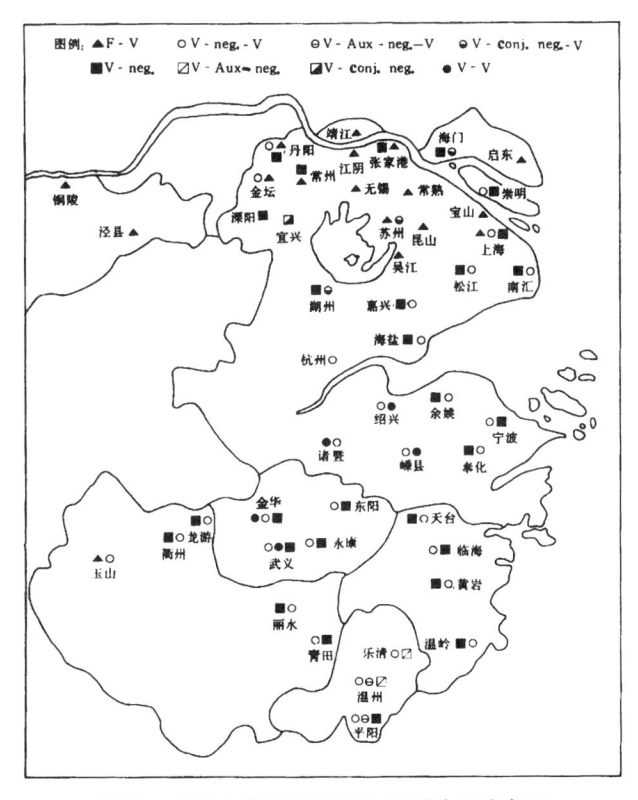

图Ⅰ 吴语未然体反复问句句型地理分布图

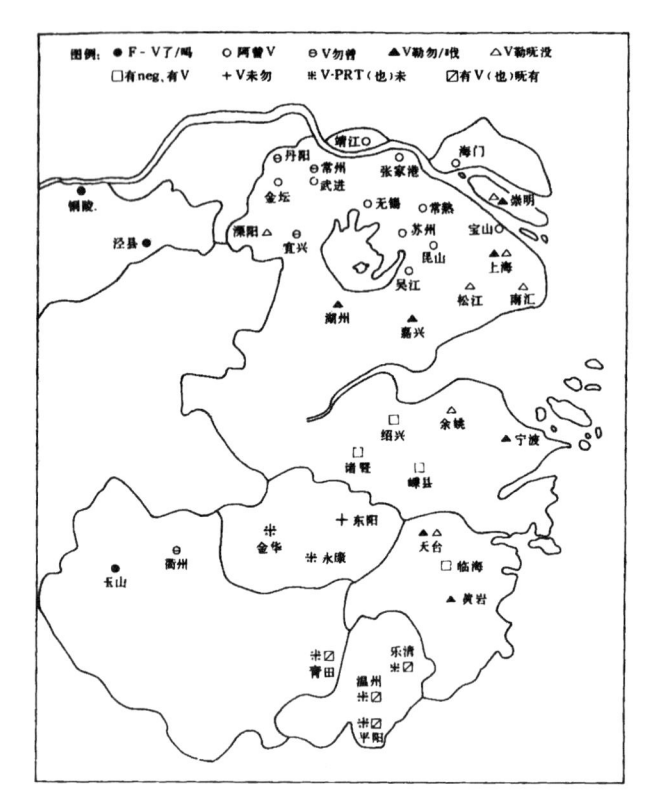

图Ⅱ 吴语已然体反复问句句型地理分布图

参考文献

赵元任:《北京、苏州、常州语助词的研究》,《清华学报》第三卷第二期,1926年,第865—917页。

赵元任:《现代吴语的研究》,清华大学1928年版。

刘丹青:《苏州方言的发问词和"可VP"句式》,《中国语文》1991年第1期,第27—33页。

余蔼芹:*Problems of stratification in comparative dialectal grammar—A case in southern Min*, paper presented at the International Conference on Languages and Linguistics, Hawaii, 1989。

张敏:*A typological study of yes-no questions in Chinese Dialects: in diachronic perspective*,北京

大学博士学位论文。

朱德熙:《语法讲义》,商务印书馆1982年版。

朱德熙:《汉语里的两种反复问句》,《中国语文》1985年第1期,第10—20页。

此文1991年10月写于美国西雅图,为华盛顿大学亚洲语言和文学系的"汉语方言比较语法"研究项目(Project of Comparative Chinese Grammar)而作。原文用英语写,1992年4月改用汉语写时略有删改

原载《中国语文》1993年第2期

SOV完成体句和SVO完成体句在吴语中的接触结果

钱乃荣

上海方言中存在着两种不同语序的完成体句子。一种是SOV句,如"我饭吃拉哉/拉了。我吃了饭。""我饭吃仔/了做生活。我吃了饭干活。"("拉了"又作"辣海了")一种是"SVO"句,如"我吃仔/了饭哉/了。""我吃仔/了饭做生活。"两者表示的含义相同。

上海话表示现在完成可以有两种句式表达,而宁波话只有一种表达形式(下列宁波话句子引自钱萌,2007)。

上海话: 宁波话:

我伊_他情况了解辣海了。 我其情况了解盖了。

我了解了伊个_他的情况了。

伊校徽别好辣海了。 其校徽别好盖了。

伊别好了校徽了。

小陆杭州去拉了。 小陆杭州去盖了。

小陆去了杭州了。

外婆肉买辣海了。 外婆肉买盖了。

外婆买了肉了。

从上海方言带体标记的句子的通常使用语序来看,第一句应是土语形式,第二句是外来形式的层次叠加,使用频率较低。

理由之一是上海方言中时体句,通常情况都采用SOV语序的句子。例如:

1. 存续体

伊一只包裹拿辣海在那儿。

小张辫眼这点英文学辣海,已经派用场了。

2. 现在完成时态[①]

我伊个情况晓得辣海了。

阿姐研究生考好拉了。

侬你八字出拉末吗?

3. 过去完成时态

我一张条子贴辣海个,侬吓没没有看见啊?

伊个人那人脚哪能怎么跷跛拉个?

4. 现在进行时态[②]

伊生活辣辣在做了他在干活了。

姆妈妈妈馄饨辣辣裹了,马上要下了。

5. 过去进行时态

辫个辰光这个时候,伊股票还辣辣炒个的。

我看见侬你单据辣辣写个,侬勿要赖脱。

6. 经历体

侬中文读过哦。

我好小菜侪都尝过。

---

① 上海方言中有时体结合的复合时态,用在"时态句"中,表示"现在时"的"了/哉"与表示"存续体"的"辣海/拉"合成"现在完成时态";表示"过去时"的"个"与表示"存续体"的"辣海/拉"合成"过去完成时态"。

② 上海方言中表示"现在时"的"了/哉"和表示进行体的"辣辣/辣海"合成"现在进行时态";表示"过去时"的"个"与表示"进行体"的"辣辣/辣海"合成"过去进行时态"。

7. 短时反复体①

依台子揩擦揩。

依搿篇文章看一看。

我房间收作收拾收作。

依快点台子揩个揩,地扫个扫。

8. 长时反复体

大家老酒吃喝吃,笑话讲讲。

我登拉呆在屋里螺蛳嘲嘲,蹄膀笃笃。

小王一日天辣屋里音乐听听,功课做做。

伊面皮老老,肚皮饱饱。

9. 尝试体

依拍子打打看。

我绒线生活做做看。

10. 重行体

依重新搿只歌唱过。

味道勿好,我搿只菜再烧过。

SOV 句式是上海方言中普遍存在的吴语语序,分布于各种句式。如疑问句(依铜钿钱带来哦?倷你们介这么便宜个物事东西买勿买?依啥地方去?)、否定句(依好物事东西勿要攒脱扔掉。)、能愿句(我搿眼这点饭吃得落下。)、心理动词句(伊小囡小孩老欢喜个。)、有字句(要种花,我空地老早很早就有。)、地点宾语句(我楼浪上去了。)、结果句(我一只床搬脱了。)、带状语句(依裙子慢慢叫地做。)、带补语句(我衣裳汏洗干净了。)、状语从句(为了大家辰光时间省,阿拉我们几个人出来服务。)、定语从句(我从前家当赅拥有家产个辰光,伊拉他们侪都眼热羡慕

---

① 上海方言中动词重叠在对象为定指的情形下表示句子事件的"短时反复",在对象为不定指的情形下,表示句子事件的"长时反复"。"短时反复"的动词重叠实际上是"V-V"的缩略,可读成三字组的连读变调的缩略式,"长时反复"的动词重叠只能读两字组连读变调。

我。)、数量宾语句(到现在伊三篇文章写了。)、双宾语句(侬生梨梨㧅拨削给我。)、祈使句(侬报纸快点理!)等,都用SOV语序。有的句子虽然现在也能用SVO形式来说,但是总感有点别扭。

还有一个理由是,在老上海话中,完成体"V辣海了"(即老派的"V拉哉"或"V拉了")的形式使用范围宽,不论动词带不带宾语,都可表示完成体,因此"V辣海了"可以用在不及物动词后、连动式句里、无宾语句中表示现在完成,而SVO句的"V了O了"(老派用"V仔O哉")形式未扩展到那些语域。如可以说:"小陆杭州回来拉咪。""一百元洋钱我收拉哉。""日头里暴晒辣海了。"在上海话里,如SOV换用SVO表达法,只能说成:"小陆从杭州回来哉。""一百元洋钱我收哉。""日头里暴晒着。"句义相近,然句中往往没有"拉"所表示的"完成"语义了,比如说"一百元洋钱我收哉"这句话,可以是告诉对方"钱要收了(但还未收)"的意思,这样就没有"现在已经完成"意思。"小陆从杭州回来哉。"也可能有"小陆现在正在从杭州回来"或"小陆现在已经从杭州回来"两种不同的含义。

所以我们说,SOV式的完成体句是上海方言的土语层次。不过在21世纪的上海话中,这两种句子不断接触和融合,现今新派上海话已经慢慢地向SVO句形式转变。

下面再看离长江较近的江阴方言、无锡方言和苏州方言等,完成体句一般都使用SVO形式,而较少见使用SOV的形式。如"我吃了饭了。"这句话,用江阴话讲:"我吃则饭糟。"无锡话:"我吃了饭咧。"

下面是吴语一些地方表达现在完成时态的句式:

普通话:我吃了饭了。

用SVO:(此处全部吴语例句,引自钱乃荣,1992)

宜兴:我吃则饭咧。　　　　江阴:我吃则饭糟。

溧阳:我吃则饭溜。　　　　常州:我吃饭葛咧。

丹阳:我吃则饭喽。　　　　无锡:我吃了饭咧。

常熟：我吃是饭了。　　　　　盛泽：吾奴吃好饭台。

昆山：我吃是饭了。　　　　　杭州：我吃了饭得雷。

苏州：我吃仔饭哉。　　　　　绍兴：我吃了饭哉。

用SOV：

上海霜草墩：我饭吃过则/了。　崇仁：我饭食过啊拉。

上海罗店：我饭吃过则。　　　太平：我饭食过怪啊。

上海周浦：吾饭吃过啊什。　　余姚：我饭吃好郎哉。

松江：奴饭吃好啊哉。　　　　宁波：我饭吃过来。

黎里：吾饭吃好台/了。　　　　黄岩：我饭吃好号。

嘉兴：五奴饭吃好啊哉/哩。　　永康：我饭食过咧。

双林：五饭吃好台/了。

从上面的例句可见：靠北的吴语较多使用SVO句，而南部的吴语宁波话完成时态只能用SOV句，如"我其情况了解盖了。"上海、松江城内可用SVO形式，但在上海地区的乡下，小镇周浦、罗店等地就用SOV句。在绍兴城里，可以说"我吃了饭哉""我吃完了饭再做生活。"但是在同属原绍兴府的嵊州地区，只能说"我饭食过也拉。"越到浙江南部越不用SVO形式。

即使用在连动句的非主要动词带的从句里，吴语南部也只能用SOV形式，如宁波话、嘉兴话只能说："我饭吃好做生活。"

下面是用于从句中的完成体句子：

普通话：我吃了饭干活。

常州：我吃完则饭做事体。　常熟：我吃好则饭做生活。我饭吃好则做生活。

杭州：我吃好饭做事体。　　霜草墩：吾吃好了饭做生活。吾饭吃好了做生活。

宁波：我饭吃好再做生活。　嘉兴：吾奴饭吃好再做生活。

我们再看长江沿岸的江淮官话，句子都是SVO形式。如：

/ 128 /

SOV 完成体句和 SVO 完成体句在吴语中的接触结果

普通话:他吃了饭了。(此处江淮官话例句皆引自江苏省地方志编纂委员会,1998)

镇江:他吃过饭了。　　　泰州:他吃格饭奈。
南通:他吃到饭到啦。　　扬州:他吃过饭了。
如皋:他吃嘎饭啊。

在从句中也如此。如:

普通话:吃过晚饭再走。

镇江:吃了/过晚饭再走。　　泰州:吃果夜饭再走。
南通:吃到晚饭再走。　　　扬州:吃过/了晚饭再走。
如皋:吃嘎夜饭再跑。

与此相似的现象,是吴语大部分地区,可以用摇头或点头代替回答的"是非问句",都是用"SOV 勿"、"SOV 哦("勿"、"啊"合音)"形式,只有一小部分地方(杭州、绍兴、嵊县)用"SV 不/勿 VO"形式,这是南宋时开封话对之的覆盖层次。

在太湖片北部一片吴语地区,几乎相当于使用 SVO 完成体句的那块地域,是非问句采用"S 可 VO"形式,而这种形式也与主要分布在长江以北的江淮官话相同。比如:

普通话:他是学生吗?

嘉兴:伊是学生子哦?　　　苏州:俚阿是学生?
宜兴:他是学生则勿?　　　无锡:他阿是学生子?
溧阳:他是先生则勿啦?　　常熟:渠阿是学生个吤?
上海:伊是学生哦?伊阿是学生?　金坛:他葛是学生子啊?
盛泽:伊阿是学生子?　　　靖江:他果是学生啊?
罗店:伊阿是学生?　　　　江阴:他一是学生则啦?

在江淮官话中,是非问句也是用"S 可 VO"形式。如:

普通话:你愿意不愿意干?

/ 129 /

南通:你果弄散？　　　　扬州:你可愿意干？你愿不愿意干？你可愿不愿意干？

如皋:你果高兴弄啊？　　镇江:你可愿意干？你愿不愿意干？

泰州:你个愿意做？

"可 V"的"可"，在各地发音有点差异，这是虚词语法化同时带来的语音模糊化中性化的特征，到了长江以南，多数地方失落了声母，就成为"阿 V"。

在老派上海话中，是非问"V 哦"和"阿 V"两种形式皆用，但以土语形式"V 哦"为重，新派上海话却几乎完全回到土语形式，极少见"阿 V"。

吴语里是非问句用"可 V"的地域几乎与用 SVO 完成体句的地域重合，主要用于旧苏州府地域。"可 V"形式是江淮官话对太湖片靠长江流域的吴语区的覆盖或叠加。

语言变化的层次应区分内部演变的层次和外部叠加或覆盖的层次两种。前者是演变，后者是更换。吴语中的"V 勿"是是非问最古老的形式，甲骨文中就有"今日雨不？"的句子。在吴语广阔地域上，"SOV 勿"（如在宜兴、溧阳、余姚、宁波）变为"SOV 哦"（如在嘉兴、上海、常州），是变化的内部层次，宁波在近两代人中已由"SOV 勿"演变成"SOV 哦"。"SV 不/勿 VO"形式（如在杭州、绍兴、嵊县）和"S 可 VO"形式（如在江阴、苏州、无锡）则是外来方言对吴语的叠加覆盖层次。

在外来层次的影响下，当地方言产生了两种模式:杭州模式（更换）和上海模式（土层为主，外来兼附）。

本文结论:像是非问句的"阿 V"（"S 可 VO"）形式那样，吴语中的 SVO 完成体形式是长江北部官话对吴语的覆盖层次，越在吴语北部 SVO 句使用越普遍，越是中心城市使用越多。在吴语南部广阔农村山区中，还是吴语原来的 SOV 完成体句的天下。

参考文献

江苏省地方志编纂委员会:《江苏省志·方言志》,南京大学出版社1998年版。

钱萌:《宁波方言语法》,上海大学硕士学位论文,2007年。

钱乃荣:《当代吴语研究》,上海教育出版社1992年版。

原载《中国语文》2011年第1期

吴 语 札 记

张惠英

一、释"居"(附释"虚""许")

吴语里有一个表示占有的动词,《海上花列传》里写作"该":

1)(张)小村道:"……要是无拨仔名气,阿好做倽生意嗄?就算耐屋里响该好几化家当来里也无用啘。"(十四回3页,上海亚东图书馆1935年第3版。下同)

2)(卫)霞仙道:"……二少爷一迳生意勿好,该着仔实概一个家主婆,难末要发财哉!"(二十三回10页)

3)(黄)翠凤……又向(钱)子刚道:"论起来,哩哚做老鸨,该仔倪讨人要倪做生意吃饭个呀;……"(三十二回3页)

有人以为这"该"字的本字是"赅"字。音义不合,且于古无徵。以音义求之,就是《广韵》的"宿"。《广韵》平声鱼韵"九鱼切"小韵:"宿,宿储。"古书写作"居",没有那个宝盖儿。如:

4)《论语·公冶长》:"子曰:'臧文仲居蔡,山节藻棁,何如其智也?'"
【按,"居蔡"是居有即占有大龟。皇侃疏谓"居犹畜也"。(《论语集解义疏》卷三)】

5)《汉书·食货志下》:"元龟为蔡,非四民所得居有者,入大卜受直。"

(卷二 14 下,179 页。二十四史均用中华书局标点本。下同)

【按,此句"居有"义明白不过,也正好用以注解《论语·公冶长》"臧文仲居蔡"的本义。《汉书》标点者读为"非四民所得居,有者……"欠妥。】

6)《汉书·五行志下之上》:"小女而入宫殿中者,下人将因女宠而居有宫室之象也。"(1475 页)

【按,"居有"即"有",如把"居"和"有"分开读,即不成句。】

7)《史记·吕不韦列传》:"子楚,秦诸庶孽孙,质于诸侯,车乘进用不饶,居处困不得意。吕不韦贾邯郸,见而怜之,曰'此奇货可居'。"

【按,前一个"居处"的"居"是常见的"居住"的意思。后一个"奇货可居"的"居"就是居有的意思。裴骃集解谓"以子楚方财货也",就是注的这个意思。】

8)《资治通鉴》卷四周纪四:"昭子曰:'……今子欲诛残天下之共主,居三代之传器,器南,则兵至矣!'"(134 页,中华书局标点本。下同)

9)又卷二八四后晋纪五:"述律太后谓契丹主曰:……'汝今虽得汉地,不能居也;万一蹉跌,悔何所及!'"(9293 页)

10)又卷二八五后晋纪六:"(张)彦泽纵兵大掠,贫民乘之,亦争入富室,杀人取其货,二日方止,都城为之一空。彦泽所居山积,自谓有功于契丹,昼夜以酒乐自娱……"(9322 页)

按,"所居"就是所占的财产。章钰等人的校本"居"下都有"宝货"二字,意义就更明白了。

11)又卷二三四唐纪五十:"由是务轻资而乐转徙者,恒脱于徭税;敦本业而树居产者,每困于征求。"(7557 页)

按,"居产"指所占有的产业。又如:

12)《敦煌资料(第一辑)》:"一以分书为凭,各为居产,更若后生加谤,再说偏波,便受五逆之罪,世代莫逢善事。"(436 页,中华书局 1961 年版)

【按,分书分的就是家产。】

现在讨论一下"居"的音。"居"写作"该(赅)"可能是作者的方言"居"和"该

（赅）"音同，或者只是音相近，但没合适的字，就写作"该（赅）"。而从崇明方言看，"居"和"该（赅）"明显不同，属于不同的两个韵。

崇明方言"居家当_有家产_，居男女_有子女_，居脚踏车_有自行车_，居千居万_有很多家财_"的"居"，读[ₑkei⁵⁵]。而且，和"居"同韵的，如"裾_衣裾_"读[ₑkei⁵⁵]，"锯"读[kei³³⁻]，"鱼"读[ₑɦŋei²⁴]。也就是说，鱼韵（举平声以包括上声去声）的见系声母字，有好些白读都是[ei]韵（文读为[y]或[i]）。而"该（赅）"所属的哈韵字，则都读[ɛ]韵。

"居"字的音义明确以后，"虚"、"许"的音义也可随同得到明确。崇明方言浮肿叫[ₑhei⁵⁵]，可单说，也可和"肿"相连为"[ₑhei⁵⁵]肿"。如"[ₑhei⁵⁵]来_肿得很_"，"[ₑhei⁵⁵]肿癞团_肿得像癞蛤蟆_"。其实，这就是"虚"字。虽然《广韵》"虚"字无肿意一解，但"虚肿"一词是书面和口语中所常用的。"虚肿"连用，"虚"即"肿"也。

崇明方言答应、许诺叫[ₑhei⁴²⁴]。如："[ₑhei⁴²⁴]你_答应给你_"，"[ₑhei⁴²⁴]我一本书_答应给我一本书_"，"[ₑhei⁴²⁴]过_答应过_"。这就是允许、许愿、许诺的"许"字。

二、释"污""解手"

吴语区很多地方大便叫"污"。据崇明方言的读音，可以确定为阴去调。作为大便讲的"污"，即《广韵》去声暮韵乌路切的"恶（去声）"字。《广韵》虽无此义，但文献记载很明白。《吴越春秋卷七·勾践入臣》有两处说到勾践为吴王尝大便，都作"恶"。现摘录于下：

> 1) 范蠡曰，臣窃见吴王真非人也，数言成汤之义而不行之。愿大王（按，指越王）请求问疾得见，因求其粪而尝之，观其颜色，当拜贺焉。……越王明日谓太宰嚭曰，囚臣欲一见问疾。太宰嚭即入言于吴王，王召而见之，适遇吴王之便，太宰嚭奉溲恶以出。逢户中，越王因拜请尝大王之溲以决吉凶，即以手取其便与恶而尝之。……越王曰……今者臣窃尝大王之

粪,其恶味苦且楚酸,是味也应春夏之气,臣以是知之。……越王从尝粪恶之后,遂病口臭。(53—54页,四部丛刊初编缩印本。下同)

2) 子胥曰,何大王之言反也。……大王以越王归吴为义,以饮溲食恶为慈,以虚府库为仁,……今越王入臣于吴,是其谋深也。虚其府库不见恨色,是欺我王也。下饮王之溲者,是上食王之心也。下尝王之恶者,是上食王之肝也。(55页)

【按,从"勾践入臣"尝粪这段看,"溲"有时专指尿,"恶"指屎,"粪"则混而指之。徐天祐注对"恶"字义虽有所说明,谓"溲即便也,恶大溲也",但对"恶"字音并不明了。】徐注"恶"为"遏各切",是入声。与今吴方言不合。"恶"指大便,还如:

3)《汉书·武五子传》:"后王(按,指昌邑王贺)梦青蝇之矢积西阶东,可五六石,以屋版瓦覆,发视之,青蝇矢也。以问(龚)遂,遂曰:'……陛下左侧谗人众多,如是青蝇恶矣。'"(2766页)

【按,颜师古也注"恶即矢也",但未注音。】

今吴语区都写作"污",读阴去调,折合成普通话当是去声。

"解手"一语,吴语方言说,官话区也说。吴语单说"解手"多指小便;要分别大便小便时,就说"大解""小解"(如崇明方言)。所以,意思都明白,字也都这么写。如《古今小说》第三卷第四卷这么写,《红楼梦》二十九回也这么写。各种辞书也都这么写。其实,"解手"即"解溲"。由于韵书及古人传注,都以作尿讲的"溲"只有平声尤韵"所鸠切"一读,就觉得"手"和"溲"声音不同,不可通假。下面就从意义和声音两方面讨论"解手"即"解溲"。

《吴越春秋卷七·勾践入臣》凡是"溲"和"恶"对言时,"溲"指小便,"恶"指大便;不对言时,"溲"可泛指大小便。

专指小便的如:"太宰嚭奉溲恶以出","大王……以饮溲食恶为慈","下饮王之溲者……下尝王之恶者"。(均见上文所引)

泛指大小便的如:"越王因拜请尝大王之溲以决吉凶,即以手取其便与恶而尝之。"(见上文所引)

《史记·仓公列传》"溲"可用于大小便,"溲"用作动词时则专指小便。

齐郎中令……循病……臣意(按,即太仓公)诊之,曰:"涌疝也,令人不得前后溲。"循曰:"不得前后溲三日矣。"臣意饮以火齐汤,一饮得前溲,再饮大溲,三饮而疾愈。(2799页)司马贞索隐:溲音所留反,前溲为小便,后溲,大便也。

齐王太后病,召臣意入诊脉,曰:"风瘅客脬,难于大小溲,溺赤。"臣意饮以火齐汤,一饮即前后溲,再饮病已,溺如故。(2801页)

臣意即诊之,告曰:"公病中热。论曰:'中热不溲者,不可服五石。'石之为药精悍,公服之不得数溲,亟勿服。"(2811页)

《后汉书·张湛传》也以"溲"指小便。

(张)湛至朝堂,遗失(按,"失"当是"矢"之讹)溲便,因自陈疾笃,不能复任朝事,遂罢之。(930页)李贤注:溲,小便也。溲音所流反。

明确了"溲"字的意义以后,再讨论"手"和"溲"的声音可否通假。

关于"溲"字音,上引司马贞、李贤音注,均为"所留(流)反"。《广韵》平声尤韵"所鸠切"小韵下:"溲,小便。"和唐人音注合。《玉篇》《集韵》也是这样。应该指出的是,"溲"有上声一读。《广韵》上声有韵:"溞,溞面,亦作溲。疏有切。"《吴越春秋卷七·勾践入臣》徐天祜(宋末元初人)注小便意义的"溲"正作上声"所九切"。这和"书九切"的手字声音相近。所以,"解溲"演变为"解手"。苏州人冯梦龙编的白话小说写成"解手",连反映北京地区方言较多的《红楼梦》也这么写。

三、释"孛相(白相、鼻相、薄相)"

吴语方言"孛相游戏、玩儿",崇明读[bəʔ₂ ɕiã⁴²⁴⁻³³]。乾隆二十五年(1760年)刊本《崇明县志》卷十二第7页下"孛相"条云:"俗以嬉游为孛相。吴江志作白相。宝山志作薄相。"(波多野太郎编《中国方志所录方言汇编》——以下简称

《汇编》——第六编149页)"白相"用得较多,但语音不合。如《笑林广记》有"老白相"(乾隆五十六年三德堂刻本卷7第2页上),《何典》(光绪二十年上海图书集成印书局。下同)、《海上花列传》也作"白相"。有的作"鼻相",如乾隆十五年(公元1750年)序刊本《昆山新阳合志》(《汇编》第六编276页。按,吴语有些地方"鼻"有"字"音一读)。有的作"薄相",雍正五年(公元1727年)重修的《崇明县志》卷九"白相"注:"又作薄相。"钱大昕(嘉定人)《竹枝词和王凤喈诗》也作"薄相"(《潜研堂诗集》卷二)。非吴语区的人,说成"白相",是受字形影响。现在写作"字相",和语音切合。

虽然现代吴语"字相"一语的读音、用法都很一致,但因为写法不同,所以解释起来常常迁就字形,众说纷纭。如1912年重刊本《乌青镇志》:"嬉戏曰薄相。"原注作:"薄者白也,相者共也哄也。"(《汇编》第七编257页)雍正五年重修本《崇明县志》卷九谓:"白相,犹云顽顽。言无钱而观看也。"《汇编》编者波多野太郎认为,"白相""谓别赏之讹,曰其行无所事,别有所赏也。"(《汇编》第六编编者识语8页)

就来历说,"字相"的本字可能是"薄相"。根据是:一、"薄"有搏击,摔跤游戏的意思;二、吴语方言"薄"有"字"音一读;三、"相(阴上调)"可能是词尾,所以作"相"作"想"都无关紧要。因此,"字相(字相相)"一语是由"薄"的摔跤游戏的意思引申而来。下面分别从这三个方面进行讨论。

(一)"薄"有搏击,摔跤游戏的意思

"薄"作为搏击,摔跤游戏用时,有"薄暴搏撲撲"等几种写法。作"薄"的如:

(1)《易·说卦传》:"战乎乾,乾,西北之卦也,言阴阳相薄也。"

按,"相薄"即"战"。此"阴阳相薄"与上文"雷风相薄"意思不同。王念孙《广雅疏证》卷五下(同治癸酉本,下同)"薄,附也"条下,引了"雷风相薄"为例,未引"阴阳相薄";卷三下"薄……迫也"条下,也未引"阴阳相薄"。《郑氏周易注》卷下正作"战言阴阳相薄"。(4页上,古经解汇函本)《陆氏周易述》谓:"乾为阳,西北阴,二气盛,必战。"(9页上,古经解汇函本)孔颖达疏也谓"阴阳相薄"

"解上战乎乾"。

  (2)《诗·小雅·六月》："薄伐猃狁,以奏肤公。……薄伐猃狁,至于大原。"

按,"薄伐"是同义并列,和"薄言采芑"的"薄"为语助不同。古传注"薄伐"成词使用。

  (3)《左传·庄公十一年》："十一年夏,宋为乘丘之役,故侵我。公御之,宋师未陈而薄之,败诸鄑。"

按,《广雅疏证》卷三下谓此"薄"即"迫也"。其实就是搏击意。

  (4) 又宣公十二年："楚人亦惧王之入晋军也,遂出阵。孙叔曰,进之,宁我薄人,无人薄我。……军志曰,先人有夺人之心,薄之也。遂疾进师。"《通典》卷一六二兵十五引述此事时也作"薄"(875页上,《万有文库》本)。

  (5) 西汉枚乘《七发》："客曰,未既,於是榛林深泽,烟云闇莫,兕虎并作。毅武孔猛,袒裼身薄。"(《文选》卷三十四)

按,李善注引孔安国尚书传,"薄,迫也。"其实,"身薄"就是肉搏。

  (6)《宋书·柳元景列传》："劲以元景垒堑未立,可得平地决战,既至,柴栅已坚,仓卒无攻具,便使肉薄攻之。"(1987页)

  (7)《宋书·自序》："腹心劝(沈)璞还京师,璞曰:'若贼大众,不盼小城,故无所惧。若肉薄来攻,则成禽也。……'"(2462—2463页)

  (8)《资治通鉴》卷一八四隋纪八："日已暮(李)渊即命登城,时无攻具,将士肉薄而登,遂克之。"(5748页)

  (9) 又卷二二二唐纪三十八："史思明乘其陈未定,进兵薄之,官军大败,死者数千人,军资器械尽弃之。"(7105页)

作"暴"的例子如:

  (10)《诗·郑风·大叔于田》："叔在薮,火烈具举,袒裼暴虎,献于公所。"毛传:"暴虎,空手以搏之。"

按,此"袒裼暴虎"与第(5)例"袒裼身薄"意思相同。

(11)《论语·述而》:"子曰:'暴虎冯河,死而无悔者,吾不与也。'"孔注"暴虎,徒搏"。

作"搉"的例子如:

(12)《资治通鉴》卷一七五隋纪三:"(史万岁)既见上,言'将士有功,为朝廷所抑!'词气愈厉。上大怒,令左右搉杀之。"(5584页)胡三省注:"搉,弼角翻……击也。"

(13)又卷二一四唐纪三十:"监察御史周子谅弹牛仙客非才引谶书为证。上怒,命左右搉于殿廷,绝而复苏;仍杖之朝堂……。"(6827页)胡注:"搉,薄角翻,击也。"

【按,《广韵》入声觉韵:"搉,击声。""蒲角切"。此处是杖击意,和"薄"音近义通。《玉篇》卷上手部六十六正作"击也"解。(25页上,泽存堂本)胡注音义皆确。】

作"撲"的例子如:

(14)《资治通鉴》卷一九九唐纪十五:"(武)昭仪在帘中大言曰:'何不撲杀此獠!'"(6290页)胡注:撲,弼角翻。

【按,《新唐书》也作"撲杀"(4029页)。】

(15)又卷二〇九唐纪二十五:"上召(燕)钦融面诘之。钦融顿首抗言,神色不挠;上默然。宗楚客矫制令飞骑撲杀之……"(6641页)胡注同上。

【按,《旧唐书》也作"撲杀"(4884页)】

《水浒全传》的"撲"可以用作搏斗和摔跤的意思。搏斗义的例子如:

(16)李逵在内大叫道:"我舍着一条性命,直往北京请得你(按,指卢俊义)来却不吃我弟兄们筵席!我和你眉尾相结,性命相撲!"(六十二回1045页,人民文学出版社1954年版。下同)

用作摔跤的,可单说"撲"也可说"相撲"。"撲,相撲"既可作动词,也可作名词:

(17)燕青智撲擎天柱,李逵寿张乔坐衙。(七十四回题目,1240页)又:此时宿雾尽收,旭日初起,部署拿着竹批,两边吩咐已了,叫声:"看撲"(同回1246页)又:这一撲,名唤做鹁鸽旋。(同回1247页)

(18)燕青道:"小人姓张,……听得任原搠天下人相扑,特来和他争交。"(七十四回1246页)又:当日燕青禀宋江道:"小乙自幼跟着卢员外,学得这身相扑,江湖上不曾逢着对手。"(同回1240页)

【按,关于"相扑",有更早的记载。《太平御览》卷七五五工艺部一二"角觝"引:王隐《晋书》曰颍川襄城二郡班宣相会,累欲作乐。襄城太守责功曹刘子笃曰,卿郡人不如颍川人相扑。笃曰,相扑下伎,不足以别两国优劣。请使二君更对论经国大理人物得失。(3352页,中华书局影印本,1960年)】

这里,必须对"扑"字读音有所说明。"扑"字现在都只读"匹角切",因此初看起来,"扑"和"薄暴爆"不同音,有清浊之异。其实,"扑"作搏击用时,都可读"蒲角切"。胡注《资治通鉴》上述数例为"弼角翻"正是如此。唐慧琳《一切经音义》"椎扑、缚扑"等词下,都注下字为"庞邈反",与"弼角翻"同。而"相扑"的"扑",韵书及古人音注都明确读为"蒲角切"。《广韵》入声角韵"蒲角切"小韵下:"扑,相扑。亦作撲。"慧琳《一切经音义》:"相扑,下庞学反。"(六一卷14页,榑桑雒东狮谷白莲社藏版)《集韵》入声角韵"弼角切"小韵下,"扑撲"为异体字。关于"扑"有浊声母一读,还有日语借音和现代吴语方言可资参证。

(19)"扑"的日语读音为buku,与"蒲角切"合。日语"相扑"意义与《水浒全传》同(音为训读)。

(20)《海上花列传》有"扑交打滚"一语:"(苏)冠香挈(孙)素兰随后,步出院门,只见十来个梨花院落的女孩儿在这院子里空地上相与扑交打滚,踢毽子,捉盲盲,顽耍得没个清头。"(五十一回页1)

苏州话"扑交打滚"音同"字交打滚"。是浊音字。陆澹安引这段文字时作"勃交打滚"(362页,上海古籍出版社1979年版),不知据何版本。

浙江富阳县还说摔跤游戏为"薄交","薄"读如字。

和摔跤游戏的意思相通,吴语区有些地区以"薄"为游戏的量词。崇明话有"打一薄陀螺_{克玩一把扑克}"、"来一薄_{玩儿一遍}"、"字相一薄_{玩儿一遍}"等说法,沙洲话(指沙洲县的常阴沙话,下同)也这么说。《何典》作"扑":饿杀鬼看这黑漆大头鬼时,还醉得人事不省,便道:"原来是一个酒鬼,吃了一撲臭酒,连死活都弗得知的了。……"(九回 34 页下)这个量词"撲"与量词"薄"意思相通。可以认为,这又是"撲"读如"薄"的明证。

所以,虽然"薄"的搏击、摔跤游戏的意思有时写作"暴爆撲撲"等字形,但意思相同。

(二) 吴语方言"薄"一读"孛"

1. "薄刀_{切菜刀}"一语,江浙很多地方都说。《越谚》记载:"薄刀,即菜刀,厨刀。"(卷中 27 页下,光绪壬午刊,谷应山房藏版)官话区也有说"薄刀"的,如沈阳、合肥等地。就吴语而言,"薄刀"的"薄"有两种读法。一种读如字,如浙江富阳县,上海川沙县,江苏沙州县;《越谚》"薄刀"未注音,可能也读如字;一种是读如"孛",如常州、崇明。

2. "薄交、薄跟头",都是摔跤玩儿的意思。吴语也有两种读法。一种是"薄"读如字,如浙江富阳县说"薄交";一种是"薄"读如"孛",如苏州、启东、海门、沙洲、崇明等地说"孛交、孛交打滚",常州说"孛跟头"。

3. "赤脚薄倒",是光脚丫的意思。其中"薄"字也有几种读法。沙洲读如字;苏州、崇明说"赤脚倒孛",读如"孛"。《何典》作"赤脚跋倒":"一日走到一个鬼庙前,便信步走入去看看,却是个脱空祖师庙,那里塑得披头散发赤脚跋倒的坐在上面。"(六回 24 页下)疑此"跋"是音近字,实际读音可能也是"孛"。

4. "薄嘴"的读音,同治十二年本《安吉县志》记载:"相角曰薄嘴,薄读如白;斗殴曰打交,读如高。"(《汇编》第七编 2 页)按,"薄读如白"的注音,和"薄相"写作"白相"的道理相同,实际读音当如"孛"。1915 年序本《象山县志》正读"勃":"口角曰勃觜。"(《汇编》第二篇 88 页)

5. "薄"一读"孛"并非个别的孤立的现象。铎韵还有几个字也有这样的又读现象:

"作"一读"则"。近代戏曲、小说中的"则甚"就是"作甚","则声"就是"作声"。

"昨"一读"贼"。崇明方言"昨日"说为"贼尼"(《孽海花》十八回作"昨伲")。

上述几个例字,吴语方言多数地区"薄作昨"同韵,"字则贼"同韵。所以"薄"一读"字"并非个别例外读音。

(三)"孛相、孛相相"的"相"可能是词尾

先说一下,"孛相"的"相"的本调,一般都以为就是阴去调。根据崇明方言的连读变调,不论"孛相"两字连读,还是和"孛相"组成三字连读,都辨别不了"相"是阴去还是阴上(我在《崇明方言的连读变调》一文中,就把"孛相"的"相"的本调误作阴去调)《方言》1979年第4期298页)。只在"孛相去"这类三字组"去"字式连读中,能看出"孛相去"[2　33　33]和"拔草去、煠蟹去"[2　424—33　33]的连调相同,而和"热酱去"[2　33　33—55]的连调不同。可知这"相"当是阴上调,和"想"同音。沙州县常阴沙话"孛相"两字连读,就能辨别出这个"相"是阴上调。

关于"孛相"的"相"的本义,从文献记载和前人论著中,苦于得不到消息,从"孛相"的构词和连调特点看"相"似乎是个词尾。"孛相"作为动词,在构词上和其他动词明显不同之处,就是能重叠后字而成"孛相相"。如《海上花列传》,"睡到早晨六点,(赵)朴斋已自起身,叫栈使舀水洗脸,想到街上去吃点心,也好趁此白相相;……"(二回 8—9 页)这种"ABB"重叠式在吴语动词中实在罕少。相反,在形容词中却极为常见。如"轻笃笃轻、热吼吼热"等。形容词"ABB"中的"B"是词尾。

崇明方言"白相相"的连读调[2　33　33],不同于其他三字词,如"杂货铺、孛相棍玩具"[2　33　33—30];而和"ABB"式形容词的连调相同,如"狭紧紧狭、肉够够肉多"[2　33　33]。

总起来说,"孛相、孛相相"的游戏玩儿的意思,是由"薄"的摔跤游戏意思引申而来。"相"可能是个词尾。

四、释"回(廻、迴)"

吴语方言"回"有转买、转卖的意思。崇明话读作[ɦuei³¹³],是阳去调。

例如：

  回拨我两斤白糖（转卖给我两斤白糖）。

  回脱子一双洋袜（转卖了一双袜子）。

  回着三尺布（转买到三尺布）。

  你回拨我，好哦（你转卖给我，好吗）？

  江苏海门话、浙江平湖话、温岭话，以及闽语，如福建漳平附近有的地方，也有这种用法。北方话，如山东巨野话，"回"也用作转手买卖。

  "回、迴"《集韵》有平声胡隈切和去声胡对切两读（《广韵》"迴"有平去两读，"回"只有平声一读）。"回"作为转手买卖用，崇明话、海门话读阳去调，温岭话读阳平调，山东巨野话也读阳平调。今方言的不同声调，正反映了古音的平去两读。

  "回（廻、迴）"用作买卖或转手买卖的意思，古韵书、字书都没有记载。但史书和白话小说中，则多次出现这种用法。其中，《隋书》《通典》《旧唐书》《梦粱录》《宋史》等书，作"回易、迴博、回买"等，《水浒全传》等白话小说则"回"字单用。例如：

  (1)《隋书·食货志》："开皇八年五月，高颎奏……请于所管户内，计户征税。帝从之。先是京官及诸州，并给公廨钱，迴易生利，以给公用。至十四年六月，工部尚书、安平郡公苏孝慈等，……奏皆给地以营农，迴易取利，一皆禁止。十七年十一月，诏在京及在外诸司公廨，在市迴易，及诸处兴生，并听之。"(685—686页。二十四史均用中华书局标点本。下同)

【按，回（廻、迴）同音相通。万有文库本《通典》卷五、31页中记载此事均用"迴易"。】

  (2)《通典·食货九》："至天宝初年，两京用钱稍好，米粟丰贱。数载之后，渐又烂恶，府县不许好钱加价迴博，令好恶通用。"(卷九、53页中。十通均用万有文库本。下同)

  (3)《旧唐书·食货下》："天宝六载三月，太府少卿张瑄奏：'……臣使司商量,且裦旧籴新,不同别用。其赊粜者,至纳钱日若粟麦杂种等时价甚贱,恐更迴易艰辛,请加价便与折纳。'"(2124 页)

(4)宋罗大经《鹤林玉露》卷二"老卒回易"条:"(张循)王尝春日游后圃,见一老卒卧日中。王蹴之曰:'何慵眠如是?'卒起身喏,对曰:'无事可做,只得慵眠。'王曰'汝会做甚事?'对曰:'诸事薄晓,如回易之类,亦粗能之。'王曰:'汝能回易,吾以万缗付汝,何如?'……对曰:'不能百万,亦五十万乃可耳。'"

(5)宋吴自牧《梦梁录》卷十三:"市肆谓之团行者,盖因官府回买而立此名。不以物之大小,皆置为团行。"(2 页上,知不足斋本)

(6)《宋史·食货志上一》:"六郡回买公田,亩起租满石者偿二百贯,九斗者偿一百八十贯,……"(4194 页)

(7)《宋史·食货志下二》:"嘉定元年,三省言:'自来有市舶处,不许私发番船。绍兴末,臣僚言:泉、广二舶司及西、南二泉司,遣舟回易,悉载金钱。四司既自犯法,郡县巡尉其能谁何?'"(4396 页)

(8)《宋史·食货志下八》:"绍兴三年,临安火,免竹木税。然当时都邑未奠,兵革未息,四方之税,间有增置,及于江湾浦口量收海船税,凡官司回易亦并收税;……"(4546 页)

(9)《金史·食货志三》:"(金章宗承安三年)九月,……于两行部各置回易务,以锦绢物段易银钞,亦许本务纳银钞。"(1076 页)

(10)《续文献通考·钱币二》:"(金宣宗贞祐四年学士)三月,复置回易务。翰林侍讲赵秉文言,……自迁汴以来,废回易务。臣愚谓当复置。令职官通市道者掌之,给银钞粟麦缣帛之类,权其低昂而出纳之。"(卷八、2851 页中下)

【按,"回易、迴博、回买",都是同义并列,是交易、博换、买卖的意思。"回易务"则是由"通市道者掌之"的市易官衙。】

下面再举白话小说中"回"字单用的例子:

(11)《水浒全传》九回:"当下(鲁智)深、(林)冲、(董)超、(薛)霸,四人在村酒店中坐下,唤酒保买五七斤肉,打两角酒来吃,回些面来打饼。"(135页。人民文学出版社,1954年。下同)

(12)又十回:"林冲烘着身上湿衣服,略有些干,只见火炭边煨着一个瓮儿,里边透出酒香。林冲便道:'小人身边有些碎银子,望烦回些酒吃。'老庄客道:'我们每夜轮流看米囤,如今四更天气正冷,我们这几个吃,尚且不勾,那得回与你。休要指望。'林冲又道:'胡乱只回三五碗与小人烫寒。'老庄家道:'你那人休缠,休缠!'林冲闻得酒香,越要吃,说道,'没奈何回些罢。'"(157页)

(13)又三十二回:"武松却大呼小叫道:'主人家,你真个没东西卖?你便自家吃的肉食,也回些与我吃了,一发还你银子。'"(494页)

(14)又四十六回:"石秀道:'我与他些银两,回与我一把朴刀用如何?'"(767页)

(15)《古今小说》三十三卷:"公公道:'好薄荷!本草上说凉头明目,要买几文?'韦义方道:'回三钱。'公公道:'恰恨缺。'韦义方道:'回些个百药煎。'公公道:'百药煎能消酒麵,善润咽喉,要买几文?'韦义方道:'回三钱。'公公道:'恰恨卖尽。'韦义方道:'回些甘草。'公公道:'好甘草!性平无毒,能随诸药之性,解金石草木之毒,市语叫做国老,要买几文?'韦义方道:'问公公回五钱。'"(499—500页。人民文学出版社1979年版)

(16)《初刻拍案惊奇》卷一:"(张大)便对文若虚道:'你这些银钱在此置货,作价不多,除是转发在夥伴中,回他几百两中国货物上去,打换些土产珍奇,带转去有大利钱,也强如虚藏此银钱在身边,无个用处。'"(10页。古典文学出版社1957年版。下同)

(17)又卷八:"陈大郎便问酒保,打了几角酒,回了一腿羊肉,又摆上些鸡鱼肉菜之类……"(145页)

(18)《二刻拍案惊奇》卷二十一:"(做公的)吃得半阑,大叫道:'店主

人,有鱼肉回些我们下酒。'"(449页。古典文学出版社1957年版。下同)

上述例子中的用法,既可指直接跟商店发生的买卖关系,也可指私人之间进行的买卖或转手买卖。而今崇明、平湖和山东巨野等地,则只用于私人间进行的转手买卖。

五、释"便"

吴语方言"便"有借贷的意思。崇明堡镇读为[bie^{24}],是阳平调(城关地区不说)。海门话这个用法也读阳平调。多用于粮食的借贷。例如:

便子两斗麦种(借了两斗麦种)。

便拨你一担黄豆(借给你一担黄豆)。

浙江东阳也有这种用法。

《广韵》"便"有阳平阳去两读,但都没有借贷的意思。而在敦煌所出文件、《册府元龟》和《资治通鉴》中,都有这种用法。例如:

(1)《敦煌资料(第一辑)》:"癸未年彭顺子便麦粟契:癸未年五月十六日平康乡彭顺子乏少粮用,遂于高通子便麦两硕,至秋肆(硕),便粟两硕,至秋肆硕。"(367页。中华书局,1961年。下同)

(2)又:"僧神宝借契:□二月十四日当寺僧神宝为负任柒柒汉斗麦(贰)硕八斗,今于灵图寺佛帐麦内便两硕八斗。"(387页)

【按,在《敦煌资料》一书的"契约、文书"部分的"借贷"一项下,"便麦契"、"便豆种契"等随处可见,意思也极显豁,不用解释。】

(3)《册府元龟》卷九二四:"乃命宰臣豆卢革专判租庸,(孔)谦弥失望,乃寻革过失。时革以手书便省库钱数十万。谦以手书示(郭)崇韬。"(10909下。中华书局1960年版。下同)

(4)《资治通鉴》二七三卷"豆卢革尝以手书便省库钱数十万,……"胡三省注:"今俗谓借钱为便钱,言借贷以便用也。"(8911页。中华书局1976年版)

【按,《资治通鉴》取《旧五代史》所述,故用"便"。今《旧五代史·孔谦传》录自《册府元龟》,都用"便"。而《新五代史·孔谦传》则作"假",盖欧阳修等易口语为文词。从胡三省注可以看出,"便"为借贷的说法,是当时的俗语,可惜胡三省未注音。】

今河北献县不用单字"便"作借贷意,而用"便换"作为借贷的意思,便字读去声。借贷粮食、借贷钱都可以用"便换"。家里比较富裕、不愁吃穿的,就叫做"便家"(便字也读去声)。

从吴语的"便"、河北献县的"便换""便家"的用法,还可以顺便讨论一下《儿女英雄传》二十七回"便(钱)""使(钱)"的问题。先把这段文字抄录于下:

> 及至你偶然短住了,偺爷儿俩的交情就说不到个"借"字儿"还"字儿。通共一星子,半点子,你才使了我三百金子,这算得个甚么儿?归齐不到一个月,你还转着湾儿到底照市价还了我了。

这段文字及标点,据上海亚东图书馆 1929 年版《儿女英雄传》二十七回 12 页。凡是留有这段文字的现存版本,只有光绪十四年(1888年)有益堂刊本(中国科学院图书馆藏)"使"字作"便"字(另有一本虽未注明版本,经比较,和光绪十四年的有益堂刊本相同),其余如北京隆福寺聚珍堂活字本、上海蜚英馆石印本、上海图书集成印书局本、上海勤裕草堂本,都作"使"字。

应该说,这段文字作"使"作"便"都讲得通,也就是说,作"便"作"使"都有可能。

如果以"使"为正字,那末,有益堂本是因为形近而讹作。

如果以"便"为正字,这"便"就是借贷意思的用法,和吴语及古书用法相合。今北京话虽然没有"便"作借贷的用法,但河北献县"便换"用作借贷意思,可以证明《儿女英雄传》"便(钱)"用法是有方言基础的。正如"便家"一语,今北京话也不说,河北献县还有此说法,《儿女英雄传》十三回、三十二回共两见,意思和献县话以及 1931 年序刊本《成安县志》、1933 年排印本《邯郸县志》的记载完全相合。所以不能以今北京话为准来否定《儿女英雄传》用"便(钱)"一词的可能。

犹如崇明话的"便",城关地区没有这种说法,但堡镇地区老人确有这种说法。

六、释"杀(煞、撒、萨、褹)"

吴语方言"杀"有把衣服塞好束紧或打褶缩小的意思。上海、嘉定、崇明,还有浙江宁波、平湖、富阳等地,都有这个用法。例如:

被头杀杀好(把被子塞好、盖紧)

帐子杀杀好(把帐子的底边压在席子或褥子下)

杀裤子(系裤子。如是中式裤,则把宽大的裤腰折叠在腹部,然后束上裤带。如是西式裤,就指束紧裤腰)

拿衬衫杀勒裤子里(把衬衫束在裤子里面)

浙江温岭等地,也有这个用法。由于这个"杀"和"塞"意义相通,温岭话"杀、塞"又同音,所以就以为这个"杀"是"塞"字。凌濛初是浙江乌程人,他在《初刻拍案惊奇》《二刻拍案惊奇》中有两处写到"杀被"的情形,一处用"塞",一处用"撒"。他虽是明朝人,却反映了和今天温岭话相同的语音现象。现摘录于下:

(1)《初刻拍案惊奇》卷三十一:"董天然两个早起来,打点面汤早饭,整齐等着。(何)正寅先起来,又把被来替(唐)赛儿塞着肩头,说:'再睡睡起来。'"(579页)

(2)《二刻拍案惊奇》卷三十七:"程宰着了急,没奈何了,只得钻在被里,把被连头盖了,撒得紧紧向里壁睡着,图得个眼睛看不见,凭他怎么样了。"(721—722页)

上海地区"杀"和"塞"不只声音不同,用法也不同。以崇明话为例,杀,音[sæʔ⁵],塞,音[səʔ⁵]。上文所举"杀被、杀帐子、杀裤子"例中,都不能用"塞"字去替代。同样,用"塞"的地方,也不能用"杀"来代替。所以,浙江乌程、温岭的"塞(撒)被"就是"杀",而上海地区的"杀被"绝不是"塞"。

官话也有类似说法。老舍的《骆驼祥子》写作"杀":"看着那高等的车夫,他计划着怎样杀进他的腰去,好更显出他的铁扇面似的胸,与直硬的背;……杀好了腰,再穿上肥腿的白裤,裤脚用鸡肠子带儿系住,露出那对'出号'的大脚!"(5页,人民文学出版社 1978 年版。下同)《现代汉语词典》作"煞":"煞一煞腰带。"用崇明话说,就是"裤子带杀杀结足(裤带束紧)"。

虽然"杀"和"煞"字形不同,但声音相同,不管是吴语还是官话,读的都是《广韵》入声黠韵"所八切"的音。《广韵》入声黠韵"杀煞"就是异体字,古书也相假。两字的意思在上述用例中也相同。以北京地区方言写成的《儿女英雄传》,一处作"萨"和"煞",一处作"擦":

(3)《儿女英雄传》十四回:"安老爷从不曾坐过这东西,果然坐不惯;才走了几步,两条腿早溜下去了。……那推小车子的先说道:'这不行啊!不,我把你老萨杭罢。'老爷不懂这句话,问:'怎么叫萨杭?'戴勤说:'拢住点儿,他们就叫煞上。'老爷说:'狠好,你就把我萨杭试试。'只见他把车放下,解下车底下拴的那个湾柳条杆子来,望老爷身上一搭,把中间那湾弓儿的地方向车梁上一攀(按,同襻),老爷将身子往后一靠,果觉坐得安稳。"(6—7页。上海亚东图书馆,1929 年。下同)

按,北方话车上装了东西,中间加绳子捆紧,叫做"杀"。人坐在车上加以拢住,和杀紧车上东西的意思一样。杀,《广韵》入声二等黠韵生母字,二等生母字北方方言有的读[ʂ],有的读[s],所以"萨"也就是"杀、煞"。

(4)又十七回:"邓九公合褚一官都摘了帽子,甩了大衣,盘上辫子,又在短衣上擦紧了腰,叫了四个人进来捆绑那绳杠。"(4—5页)

【按,"擦"是作者造的形声字,也就是"杀、煞"。】

北京话、河北深县话、河南获嘉话、山东巨野话"杀"除了上述用作束紧的意思以外,还有缝合、缝小的意思,如"杀根(缝腋下)、杀裆(缝裤裆)、杀缝(缝合衣缝)",衣服去瘦也叫"杀"。获嘉话"杀"字的这几种用法,都读入声,山西平遥话读阴入。

"杀"字的这类用法,古书上早有记载。但古传注对其音义揭示得并不明

确。《广韵》《集韵》一类韵书也承袭古注,字形则作"襂",加了衣字旁。例如:

> 《广韵》去声怪韵"所拜切"小韵:"襂,衣衸缝也。"(按,《龙龛手鉴》卷一衣部第十"衸"作"袂"。)

> 《集韵》去声祭韵"所例切"小韵:"襂,衣襄缝。"又去声怪韵"所介切"小韵:"襂,衣削幅也。"

以上所列去声的反切,都和今方言音不合。只有《集韵》入声黠韵"山戛切"小韵"襂,衣缝余"的音,和今方言相合,但所注意思也不明白。

现在回头看看古书的用法。先看晋人用例:

> (5)《搜神记》卷七"绛囊缚绔"条:"太兴中,……为衣者上带短才至于掖,着帽者又以带缚项,下逼上,上无地也。为裤者直幅无口(按,据《晋书·五行志》和《太平御览》卷六九五,"无口"当作"为口")无杀,下大之象也。寻而王敦为逆,再攻京师。"(学津讨原本)

> (6)《晋书·五行志上》:"是时,为衣者又上短,带才至于掖,着帽者又以带缚项。下逼上,上无地也。为裤者直幅为口,无杀,下大之象。"(826 页)

按,《宋书·五行志一》作"下袴者,直幅为口无杀,下大失裁也。"(880 页)裤子"直幅为口无杀",可能指裤脚不绑紧。今山东巨野话用带子扎紧裤脚叫"杀裤脚",今平遥话则说"杀住裤腿腿",意思正相符合。和吴语"杀裤腰"的"杀"意思也相类,即折叠后加以束小。唐何超《晋书音义》此"杀"字未注音。可能读如字,即入声。

> (7)束皙《近游赋》:"其男女服饰,衣裳之制,名号诡异,随口迭设。系明襦以御冬,胁汗衫以当热,帽引四角之缝,裙有三条之杀。"(严可均辑《全晋文》卷八十七,196 页下。中华书局,1958 年。《太平御览》卷六八七,3067 页上)

按,《艺文类聚》卷六十四作"裙为素条之杀"。"素条"与"四角"不相对仗。裙上的"杀"可能指折子,和今人裙褶相似。这样,裙上的褶子"杀",和裤脚、裤腰打了折加以束小的"杀"意思相通。

再看先秦的用例：

(8)《论语·乡党》："非帷裳，必杀之。"

按，此"杀之"的"杀"明显是动词。可以有两种解释。一是缝杀。王肃注："以必有杀缝，唯帷裳无杀也。"皇侃疏："杀谓缝之也，若非帷幔裳，则必缝杀之。"（《论语集解义疏》卷五，古经解汇函本）今北京地区"杀"都有缝的用法。二指折叠束紧。今吴语和北方话"杀"就有打褶束紧的意思。缝杀指衣服的制度，打褶束紧指衣服的穿法。两者似都可以说得通。"杀"字音各家都注为去声，如陆德明《经典释文·论语音义》："杀，色界反。"朱熹《论语集注》："杀，去声。"今人注本也都沿袭此音。这和今方言读入声"所八切"的音不合。

综上所述，"杀（煞、摋、萨、繓）"在今吴语和北方话中的用法虽然不完全一样，晋人和先秦的用法也不完全一样，但是，用作束紧、收小这种意思，则是南北古今都相通的。

七、释"交关""行情行市"

吴语方言"交关""行情行市"都是形容很多的意思。如："街浪人交关（行情行市）。""交关"一语，书面常见。例如《海上花列传》"故歇上海个诗风气坏哉；耐倒是请教高大少爷做两首出来，替耐扬扬名，比俚保好交关哚！"（三十一回，12页，上海亚东图书馆，1926年）1930年排印本《嘉定县续志》："交关，俗谓极多也。"（《中国方志所录方言汇编》第六编123页）又说："行情行市，俗言甚多也。行读若杭。"（同上132页）今上海市及附近地区如浦东等地，也都这么说。崇明话不只"行情行市"形容多，"行情"一词，除指市价外，也可指很多。

"交关""行情行市"之形容多，是因为这两个词都关于市场买卖，由市场买卖的繁荣拥挤，引申而为很多的意思。（这两个词在意义、用法上的不同，此从略。）

"行情行市"，从字面上就可看到，是指有关情况。"行情"除了专指市价以

外,也可泛指市场一般情况。"行市"在近代多指市价,也可泛指市场情况。例如:

> 《红楼梦》六十一回:"你们深宅大院,'水来伸手,饭来张口',只知鸡蛋是平常东西,那里知道外头买卖的行市呢?——别说这个,有一年连草棍子还没了的日子还有呢!"(776—777 页,人民文学出版社 1974 年版)

按,此"行市"指当时鸡蛋短缺的情况,不只是指价格。再看老舍的用法:

> 《骆驼祥子》:"大家好像不约而同的心里说:'这就是咱们的榜样!到头发惨白了的时候,谁也有一个跟头摔死的行市!'"(89 页)

【按,老舍早期作品《老张的哲学》《赵子曰》《骆驼祥子》中的"行市"用法,今北京话已不说了。】

由于"行情""行市"都是关于市场情况,而市场情况,即以《易·系辞下》所述,"日中为市,致天下之民,聚天下之货",可见是极繁盛的。所以,由"行情行市"引申为"很多"的意思,是完全可以理解的。

至于"交关",就需要说明一下。"交关"虽有多项意义,但很早就有买卖交易这一意义。因此,"交关"就与"行情行市"相类,由买卖繁荣景象引申为"很多"的意思。

先说"关"字。"关"古也有"市"义,故"关市"常连用。可作名词或动词用。如:

(1)《礼记·月令》:"是月也,易关市。来商旅,纳货贿,以便民事。"

按,陈澔《礼记集说》引朱熹曰:"关者货之所入,市者货之所聚。"(世界书局影印本 94 页)其实,这里的"关市",都指交易的所在。

(2)《汉书·匈奴传》:"自是后,景帝复与匈奴和亲,通关市,给遗单于,遣翁主如故约……武帝即位,明和亲约束,厚遇关市,饶给之。"(3764—3765 页)

(3)又:"自是后,匈奴绝和亲,攻当路塞,往往入盗于边,不可胜数。然匈奴贪,尚乐关市,耆(按,同嗜)汉财物,汉亦通关市不绝以中之。自马邑

军后五岁之秋,汉使四将各万骑击胡关市下。"颜师古注:"以关市中其意。"(3765—3766 页)

(4)《汉书·两粤传》:"高后时,有司请禁粤关市铁器。"(3848 页)

(5)《魏志·公孙度传》裴松之注引《魏略》:"比年以来,复远遣船,越度大海,多持货物,诳诱边民。边民无知,与之交关。长吏以下,莫肯禁止。"(255 页)

(6)《宋书·顾觊之传》:"觊之家门雍睦,为州乡所重。五子约、缉、绰、缜、绲。绰私财甚丰,乡里士庶多负其责,觊之每禁之不能止。及后为吴郡,诱绰曰:'我常不许汝出责,定思贫薄亦不可居。民间与汝交关有几许不尽,及我在郡,为汝督之。……'"(2081 页)

(7)《宋书·吴喜传》:"西难既殄,便应还朝,而解故槃停,诡云扞蜀。实由货易交关,事未回展。又遣人入蛮,矫诏慰劳,贼伐所得,一以入私。"(2118 页)

(8)《南齐书·虞愿传》:"(虞愿)出为晋平太守,在郡不治生产。前政与民交关,质录其儿妇,愿遣人于道夺取将还。"(916 页)

(9)《南齐书·沈宪传》:"少府管掌市易,与民交关,有吏能者,皆更此职。"(920 页)

(10)《梁书·徐勉传》:"汝交关既定,此书又行,凡所资须,付给如别。自兹以后,吾不复言及田事,汝亦勿复与吾言之。"(385 页。又见《南史》1485 页)

(11)《唐律疏议卷四·名例》:"又问,有人知是赃婢,故买自幸,因而生子,合入何人。答曰,知是赃婢,本来不合交关,违法故买,意在奸伪。赃婢所产……依律随母还主。"(77—78 页,丛书集成本)

按,此"交关"是买卖意。台湾《中文大辞典》(第一册 717 页下)解为男女之事,不确。

(12)《册府元龟》卷五〇一:"(唐上元元年)十二月诏,应典贴庄宅店铺田地碾硙等，先为实钱典贴者令还以实钱赎，先以虚钱典贴者令虚钱赎。其余交关，并以前用给赏价钱。由是钱有虚实之称。"(5999—6000页。中华书局1955年排印本《唐会要》卷八十九、1625页文字多相同)

(13)《旧唐书·食货上》："自今已后，有因交关用欠陌钱者，宜但令本行头及居停主人牙人等检察送官。……若非因买卖，自将钱于街衢者，一切勿问。"(2102页)

按，"交关"与"买卖"相对。

(14)《敦煌变文集·庐山远公话》："诸家事体，粗会数般。匹马单枪，任情比武。锄禾刈麦，薄会些些。买卖交关，尽知去处。"(176页。人民文学出版社1957年版)

除书面用语"交关"有买卖交易的意思外，今方言中，也还有这种用法。福建漳平县一带，今仍用"交关"作买卖的意思。例如漳平话：

今日来交关□[tia⁴²⁼]甚个(今天来买点什么)。

加交关及镭无要紧(再买些无妨。镭：钱)。

交关物件着讲实在(买卖东西要老实)。

交关交关就熟啊(买卖几次就熟悉了)。

所以，"交关"，从古至今，从书面到今福建漳平话等活方言，都有买卖的意思。今吴语"交关"引申为很多，和"行情行市"引申为多的道理相同。

八、释"做十五(做三五、做舍母)"

吴语方言谓妇女生产期间为"做十五""做三五""做舍母"，相当于北京话的"坐月子"。崇明方言读为"做十五"[tsʋ³³⁻⁴² so³³ n̩²⁴²⁻³⁰]，其中的"十五"与数词"十五"同音，"十"音同"舍"，上海地区"十五"多读"舍五"。启东话也说"做十五"，还说"做十二"。沙洲县的常阴沙话读为"做三五"("五"读作[˨u]，是书面音)。上海、苏州、川沙、嘉定、宁波、平湖等地都读为"做舍母"。

虽然意思相同,但是读音不同,写法不同,于是对"做十五"或"做舍母"中的"十五、舍母"的理解也就不同。例如:1930年排印本《嘉定县续志》就这么记载:"舍母娘,俗称产妇也,本《礼记·内则》'妻将生子或月辰,居侧室'句。今言舍母娘,意为居产妇他舍也。"(《中国方志所录方言汇编》第六编92页)另一种最容易产生的理解是:"做舍母",就是"做产妇"。这两种理解,孤零地去看,似乎也说得过去。但把有关词语集合在一起,就解释不了。如第一种意见,把"舍"理解为动词,那么,"舍母里"怎么是个"月子里"的意思呢?据第二种意见,"舍母"即"产妇",同样解释不了"舍母里"一语,而且"做十二"又该作何理解?

为了讨论"做十五、做舍母"中"十五、舍母"到底是什么意思,先把有关的词语列举如下,然后再从构词特点和方言间的对比两个方面加以说明。

崇明话:做十五　十五娘(产妇)　十五羹(送给产妇吃的食品)　十五里(月子里)　三五里(同上)　月子里　伴十五(月子里请女佣干活)　伴原日(同上,原日:整月)　产[⁻sæ]⁴²⁴房(产房所在的房间)　血房(同上)　暗房(同上)　十二朝(产后十二天)

启东话:做十五　做十二　十五娘(产妇)　十五羹(送给产妇吃的食品)　产[⁻sæ]里(月子里)　产[⁻sæ]房(产房所在的房间)　十五朝(产后十五天)　十二朝(产后十二天)

常阴沙话:做三五　三五里(月子里)　三五([⁻ņ]或[⁻ŋ])羹(送给产妇吃的食品)

嘉定话:做舍母　舍母娘(产妇)　舍母羹(送给产妇吃的食品)　舍母里(月子里)

下面,就从构词特点上加以讨论。以"做十五、做舍母"和"十五里、舍母里"两个词为例。先看"做十五"的构词特点:

1. 吴语方言"做"字后常带人物称谓词。如:做新人(做新娘子)、做和尚、做郎中、做媒人等。在这些词中,"新人、和尚、郎中、媒人"等词都可以单说。但是"舍母"不能单说,"十五"可以单说,可是不指产妇。所以,"做十五、做舍母"中

吴声越韵

的"十五"或"舍母"都不是人物称谓词。

2. 吴语方言"做"字后常带表示时间的词。例如：做₋菁₋过（庆祝婴儿满一周岁）、做朝数（婴儿生后几天内生病或死亡）、做满月（庆祝婴儿满月）、做生日（庆祝诞辰）、做头七（人死后第七天的祭祀活动，做三七、做六七、做六十日同）。

显然，"做十五"属于这类构词格式。"十五"泛指月子期间。常阴沙话的"做三五、三五羹（海门话也说'三五羹'）"，"三五"相乘得十五，所以也就是"做十五、十五羹"。

再看"十五里、舍母里"的构词特点：

1. 吴语方言"里"不能加在人物称谓词之后。不能说"阿哥里、老头子里、小伙子里、丈母里"等等。所以，"十五里、舍母里"中的"十五"或"舍母"也不可能是对人物的称谓词。"舍母"如指产妇，"舍母里"就不成词。

2. 吴语方言"里"可以加在时间词后，表示某段时间。举崇明话为例，如：正月里、二月里、三月里……新年里（春节期间）、陈年里（去年年终）、春里（春天）、夏里、秋里、冬里、日里（白天）、夜里、五更里（五更时候）、初里（阴历上旬）、十里（阴历中旬）、廿里（阴历下旬）。

显然，"十五里、舍母里"是属于这一类构词格式，表示月子期间。即"月子里"。

所以，从构词特点看，"做十五、十五里"的"十五"都是时间词。嘉定、上海等地读为"做舍母、舍母里"，其中"舍"和"十五"的"十"同音。"五"读为"母"，可能是鼻音声母字在发音部位上的变读现象，这是一种常见现象。例如，常阴沙话"三五羹"的"五"，就有[n]、[ŋ]两读。崇明话的"屁眼（屁股）"一读"屁₋曼"[pʻi³³ mæ²⁴²⁻³⁰]。青海西宁话的"女人"读如"米人"。

再从方言间的对比看：

崇明话有"做十五"；启东话除了说"做十五"外，还说"做十二"；《儿女英雄传》三十九回 24 页作"办三朝"；北京话有"坐月子"。"十五、十二、三朝、月子"都是时间词，泛指月子。

崇明话有"十五里",北京话有"月子里",温岭话有"月里间"。

崇明话有"十五娘",盐城话、长沙话有"月婆子",1934年序刊本《邱县志》作"月子妇"。这些,意义上都有关联。犹如崇明话的"血房、暗房",盐城话称"红房"一样。

总之,不论从构词特点看,还是从方言间的对比看,"做十五"的"十五"是个时间词,而不是关于人物的称谓词。

九、埭

上海地区吴语有一个量词"埭",表示"行、排"的意思。崇明话读作[dɑ³¹³⁼]例如:

一埭瓦屋(一排瓦房)　两埭小菜(两行蔬菜)　三埭字(三行字)

横一埭竖一埭(横一行竖一行)　东西埭(东西向的行)　南北埭(南北向的行)

埭头阔(行距宽)　埭头狭(行距窄)　一埭生(一行那样)

又如《何典》一回6页(人民文学出版社1981年版。下同):"到这活鬼手里,发了横财,做了暴发头财主,造起三埭院堂四埭厅的古老宅基来,呼奴使婢,甚是受用。"

"埭"作为量词的用法,不但未见于古字书韵书(《说文解字》未收"埭"字),也未见于当代各大辞书。那么,吴语的量词"埭"是否只是随意挪用的一个同音字,和"埭"的本义毫不相干呢?应该说,"埭"的量词用法,和"埭"的本义有相关之处。现在试说明如下:

《广韵》去声代韵:"埭,以土遏水。"徒耐切。今浙江温岭一带,称拦水的坝为"埭",音义和《广韵》所载一致。

从古书的用法看,也都是用的"堤坝之类"这个本义。例如:

(1)《搜神记》卷十八:晋有一士人,姓王,家在吴郡。还至曲阿,日暮,引

船上当大埭。见埭上有一女子,年十七八,……(225页,中华书局1980年版)

(2)《南齐书·垣崇祖传》:(垣)崇祖著白纱帽,肩举上城,手自转式。至日遹时,决小史埭。(中华书局标点本462页)

所以,"埭"的本义为堤坝之类,由于其形状成条成行,因而引申为表示一行一行的量词用法,是可以理解的。又如"根"由"木株"的本义(《说文》六篇上木部:"根,木株也。")引申为量词,"条"由"小枝"的本义(《说文》六篇上木部:"条,小枝也。")引申作量词,"葉"由草木之"葉"的本义(《说文》一篇下艸部:"葉,草木之葉也。")引申为书葉之葉,并用作一葉书两葉书的葉(今通作"页",从方言口语音收-p韵看,当是"葉"。《广韵》作"箂",是后起字)。

而且,由于"埭(堤坝)"在六朝时多用于水乡如吴郡,因而"埭"引申作量词的现象流行于吴语,也就有源可寻了。

十、通

崇明话称衣服上下一套为"一通"。"通"音[tʻoŋ^{55}]。例如:

一通布衫裤子(一套中式内衣裤)

一通洋装布衫洋装裤子(一套西装的衬衫裤子)

脱一通换一通(脱下一套,换上一套)

横一通竖一通(形容衣服之多)

今沙州县常阴沙话也这么说(曹剑芬同志告知)。

今上海市区都说"一套"。而在冯梦龙编的白话小说中,却能见到"通"作为衣服量词的用法。例如:

《醒世恒言》一卷:况且潘华衣服炫丽,有心卖富,脱一通换一通。那萧雅是老实人家,不以穿着为事。(1页,人民文学出版社1979年版。下同)

可见,在冯梦龙那时,苏州吴县等地有"一通"的说法。今苏州话仍说"通"(见张家茂《〈三言〉中苏州方言词语汇释》,《方言》1981年第3期)

"通"作为衣服量词的用法,在古今字书韵书中未见记载。而在古书中,六朝时期已常见到。例如:

(1)《南齐书·武帝纪》:又诏曰:"我识灭之后,身上著夏衣画天衣……唯装复夹衣各一通。"(中华书局标点本61—62页)

【按,《南史·齐武帝纪》(中华书局标点本126页)也作"通"。】

(2)《南齐书·张融传》:太祖素爱奇融,……即位后,手诏赐融衣曰:"见卿衣服粗故,诚乃素怀有本……今送一通故衣,意谓虽故,乃胜新也。"(中华书局标点本727页)

(3)隋释智𫖮《答谢晋王施物书》:"开府柳顾言宣教,以法岁圆满,爰降劳问,并施金色新制香炉奁一具,法衣一通,绵绢百段……"(严可均辑《全隋文》卷三十二,4205页下。中华书局1965年版)

十一、墨

崇明话称家织土布一丈为"一墨","墨"音[ɦməʔ²⊇]。农家经纱织布时,于一丈处涂上某种颜色,以作标志。(从商店买的布用量词"丈",不用"墨"。)例如:

纺子三墨布个纱(纺了能织三丈布的纱)

织子两墨布(织了两丈布)

拨你几墨老布着着(给你几丈土布穿)

北方话也有地方用"墨"作量词的。1935年序刊本《莱阳县志》记载:"土布或称家织布,约五丈为个,施物尺为墨。"原注:"机匠每至其数,以墨识之,故名。"(引自波多野太郎《中国方志所录方言汇编》,以下简称《汇编》,第八编39页)

"墨"作为土布长度的量词用法,在今方言中不多见,具体所指的量度也不一致,崇明以一丈为一墨,莱阳以一丈五为一墨。但是,"墨"作为长度量词,古已有之。所指长度和今方言也不一,以五尺为"墨"。例如:

(1)《国语·周语下》：夫目之察度也，不过步武尺寸之间。其察色也，不过墨丈寻常之间。（嘉庆庚申读未见书斋重雕天圣明道本卷三，12页上、下）韦昭注：五尺为墨，倍墨为丈。

(2)《小尔雅·广度》：五尺谓之墨，倍墨谓之丈。

(3)《楚辞·离骚》：背绳墨以追曲兮，竞周容以为度。王逸注：绳墨所以正曲直。洪兴祖补注：墨，度名也，五尺为墨。

"墨"用作法度、标准，古时常与"绳"连用作"绳墨"。例如：

(4)《礼记·经解》：礼之于正国也，犹衡之于轻重也，绳墨之于曲直也，规矩之于方圜也。故衡诚县，不可欺以轻重；绳墨诚陈，不可欺以曲直；规矩诚设，不可欺以方圜。

今工匠仍用"墨斗"、"墨线"做工具来标志度量，这和"绳墨"一脉相传。和"墨"作为量词用法也相关联。

十二、几化　多化　场化　来海

上海、苏州地区问多少叫做"几化"。形容很多叫做"多化、多多化化"或"几化、几几化化、几化化"。据1880年排印本《周庄镇志》，"化"的实际读音为"花上声"（《汇编》第六编248页）。

崇明话不论问多少，或形容很多，都可说"多话"[tu⁵⁵ ʋo³⁰]。川沙话则说"几好、多好"（卫志强同志告知）。

上海、苏州地区表示处所、所在叫做"场化"。此"化"也是"花上声"（《汇编》第六编248页）。

崇明话表示处所、所在叫做"场下"[dzã²⁴ o²⁴²⁻³⁰]。如"何场下什么地方"，"别场下别处"。

"几化、多化、场化"这三个词，过去的方志多写作"几许、多许、场许"。吴语白话小说则写作"几化（几花）、多化（多花）、场化（场花）"。例如：

光绪六年(1880年)排印本《周庄镇志》:"谓众多曰多许,多(引者按,当作'许')黑可切,花上声。谓所在曰场许,同上。"(《汇编》第六编248页)

1930年排印本《嘉定县续志》:"俗问几何曰几许,古音许读若虎,转音作化。"(《汇编》第六编121页)

乾隆十二年(1747年)序刊本《苏州府志》:"谓众多曰多许,许字音若黑可切。谓所在亦曰场许。"(《汇编》第六编5页)按,这儿"许"字音虽注为"若黑可切",实际读音并非如此,当如上引"花上声"。《海上花列传》正写作"多花""场花"。

1918年排印本《上海县续志》:"若差(音权)若茶若纱,则读音皆麻韵,而浦东语音入萧韵。又若几许、多许、邪许之许,读音语麌韵,而语音晧号韵。"(《汇编》第六编340页)这里指出了一个很重要的语音现象,即麻韵字"差茶纱",浦东人读同萧韵;而"许"字,书面音读语麌韵,口语音则读晧号韵。《上海县续志》方言部分的编者,看到了这种不规则现象,但他没觉得这是个问题,或者,他看到了问题,有所考虑,但找不到解释,也就置之勿论了。应该指出的是,1937年排印本《川沙县志》中黄炎培的《川沙方言述》也谓:"六麻之一部读如萧肴豪。"但没有记载语麌韵字读如晧号韵的(《汇编》第六编340页),可见,麻韵字读同萧豪韵是有很多例字的,可以认为是一种系统的规律的读法。所谓语韵字"许"读成晧韵,则是孤例,值得怀疑。很可能,由于口语有"几好、多好"的说法,于是推论"许"读如晧号韵。

吴语小说《海上花列传》写作"多花、几花、场花"。例如:

(1)陶云甫见李漱芳黄瘦脸儿,病容如故,问道:"阿是原来浪勿适意?"漱芳道:"故歇好仔多花哉。"……覃丽娟道:"窦小山蛮好个呀。阿请俚看嗄?"漱芳道:"窦小山勤去说俚哉;几花丸药,教我陆里吃得落!"(三十五回6页,上海亚东图书馆,1926年。下同)

(2)(张小村)慢慢说道:"……耐要白相末,还是到老老实实场花去,倒无倽。"(二回4页)

《九尾龟》《九尾鳖》等写作"几化、多化",《何典》写作"场化"。例如:

（3）（陆兰芬）:"倪为仔觑看见过歌汇票,问俚要得来看看,说仔一句笑话,俚加二勿对哉。面孔末涨得通红,头浪向汗末出仔几化,极得来要死要活。……"(《绘图九尾龟》卷一,六回17页上。语言所图书馆藏,无出版部门、出版年月)

（4）倪晓得子,连牵按住子勿许响,勿然拨来格格客人晓得子,阿是要拿车夫停生意多化,阿是作孽格。(《九尾鳖》初编10页下,上海花丛会社印行)

（5）（活死人）肚里想道,这蟹壳里仙人既是一团好意,也该说明个场化,如何无出麸皮弗出面的。教我朝踏露水夜踏霜,东奔西走去瞎寻,这等无影无踪,不知寻到何日是了。(《何典》八回80页)

冯梦龙编吴语《山歌》作"多哈、多呵、几呵":

（6）你是酒店里壶瓶着子多哈人筲手。(16页下,1937年排印本,下同)

（7）作勿得多呵准。(44页上)

（8）我为你受子几呵头头脑脑尽阁在肚里,长长短短侪听你包容。(61页下)

按,《山歌》中,"多哈"只见一次,"多呵"见四次(4页下、17页下、24页下、44页下),"几呵"见一次。"多哈"即"多呵"。实际口语语音当是"花"上声。

本文的目的就是要指出,"几化、多化、场化"的"化",既然是"花上声",所以不是大家通写的"化"字;也不是"许"的转音,因为吴语鱼虞韵字既没有读如萧豪韵的,也没有读同麻韵的。这个"花上声",大概是"下"字。试说明如下:

一、吴语"几化、多化、场化"的"化"(花上声)可以确定是麻韵字。吴语(以崇明话为例)古见系声母字与"化"同韵的有两个来源,一是麻韵开口二等(虾下夏厦哑)、合口二等(夸跨瓦花),一是卦韵合口二等(挂卦)。但是,卦韵合口二等的来源可以排除,因为卦韵是去声,"几化、多化、场化"的"化"实际读音是"花上声",声调不合。而且,据上引《上海县县志》《川沙县志》,只有麻韵字可以读同萧豪韵,卦韵字不读萧豪韵,川沙话的"几好、多好"就一定不是来源于去声卦韵。而且,因为吴语萧豪韵不读如麻韵,所以,"几好、多好"一定不是来自萧豪韵。

二、吴语"几化、多化、场化"的"化"(花上声)可以确定是麻韵二等开口字。初看起来,"化、花"是麻韵二等合口字,崇明话"多话"的"话"[ʋo³⁰]也是合口字(夬韵二等),好像该是个合口字了。其实不然。根据有二:1.吴语有些地方,如上海、崇明,麻韵二等有些字开合不分,以见系字为例,麻韵开口二等"虾下夏厦哑"与合口二等"夸跨瓦花化"都读[o]韵。2.据上引《上海县县志》记载,麻韵读同萧豪韵的举了"差茶纱"三字,都是麻韵二等开口字。据上引《川沙县志·黄炎培川沙方言述》,麻韵读同萧豪韵的,举了"茶纱车遮义(叉)赊差蛇鸦挐丫些"等十二个字,都是开口字,没有一个合口字。还特别注明"花"不读萧豪韵。(均引自《汇编》第六编340—341页)现在讨论的"几化(花)、多化(花)""化(花)"可读萧豪韵。今奉贤话"几化(花)"读同"几好",川沙话"几化(花)、多化(花)"读同"几好、多好",而"花、化"则读麻韵。可见,这个"几化(花)、多化(花)"的"化(花)"不是麻韵二等合口字,而是麻韵二等开口字。

要确定这个"化"就是麻韵二等开口的"下"字,则需要进一步的论据加以说明。

三、"下"字在上引《上海县县志》《川沙县志》中,虽没有交代可读同萧豪韵,但在隋诗中,和萧豪韵字相押韵。阙名《挽舟者歌》中,"下"与"道小保草老"押韵:

> 我儿征辽东,饿死青山下。今我挽龙舟,又困隋堤道。方今天下饥,路粮无些小。前去三十程,此身安可保。寒骨枕风沙,幽魂泣烟草。悲捐门内妻,望断吾家老。

(丁福保编《全汉三国晋南北朝诗》中《全隋诗》卷四,1734页。中华书局1959年版)

吴声越韵

"下"和萧豪韵字押韵,在《全隋诗》中虽然只此一见,但这说明:今浦东话麻韵二等开口字读同萧豪韵,由来已久,至少自隋已然。而且,"下"字也可读同萧豪韵。

四、崇明话称别的地方、别处所在为"别场下"[bəʔ² dza²⁴⁻⁵⁵ o²⁴²⁻³⁰],苏州话、上海话则说"别场化","化"与"下"正相对。《海上花列传》作"别场花":

（9）（吴）雪香道:"耐(按,指葛仲英)听子我闲话,别场花也去末哉;耐为㑚勿听我闲话嗄?"(六回2页)

崇明话"下"单字音[ɦɦo²⁴²],连读时,作前字不变音,作后字(第二字以下)时失落浊擦音声母[ɦɦ],符合崇明话浊擦音作后字声母时音变规律。又如"乡下",读作[ɕia²⁴⁻⁵⁵ o²⁴²⁻³⁰],"底下"读作[ti⁴²⁴⁻³³ o²⁴²⁻³⁰]。

五、崇明话"下"有[ʋo³⁰]一读。例如:"灶下厨房[tsɔ³³ o²⁴²⁻³⁰]一读"灶话"[tsɔ³³ ʋo²⁴²⁻³⁰],"廊下"[lã²⁴ o²⁴²⁻³⁰]一读[lã²⁴ ʋo³⁰]。所以,崇明话的"多话多少;很多"[tu⁵⁵ ʋo⁻³⁰],也就是"多下"。

六、吴语"下"是浊擦音声母字,"几化、多化、场化"的"化"是清擦音声母字,怎么解释呢?我们认为,"下"作为前字,读浊擦音声母;作为后字,在某些词语中,读清擦音声母,这在吴语并非孤例,例如崇明话"何"字,在"何物事什么东西、何吃头有什么吃头、何颜色"等词中,读浊擦音声母,在"有何吃何有什么吃什么、无何吃没什么吃的"等词中则读相应的清擦音声母。又"十",在"十一、十二、十三"等词中,读浊擦音声母,在"二十阴历二十、三十、四十"等词中,读相应的清擦音声母(参拙作《"何"与"何物"》,《方言》1984年第1期)。

以上六点,从音理上说明了"几化、多化、场化"的"化",实际上就是"下"字。下面,再从"下"作为量词、处所词的用法上,进一步加以说明。

七、"下"字在其他方言中作为量词、处所词的用法,和吴语相类。这里主要以北京话、重庆话为例。

北京话"下"可以作量词,表示动作的次数。例如:"钟打了几下?""打了三下。""下"用在"两、几"后面,可以表示本领、技能。如:"他真有两(几)下。"吴语方言"几下、多下"的说法,是数词或形容词加量词。既可以问事物的数量,也可以形容数量之多。但吴语不用作动量词。

北京话"下"用在"这、那"后,可以表示处所。书面上常见的"这儿、那儿",北京话口语音一读"这 hər°、那 hər°",实际上就是"这下儿、那下儿"。"这下、那下"和"这里、那里"相同。"下"和"里"相对,都指处所。犹如崇明话的"勒化('化'即'下')在内",苏州话说"来里"一样。山东巨野话"这儿、那儿"也说"这 hər°、那 hər°"。1930 年序刊本《新河县志》:"彼处曰那儿海儿,此处曰这儿河儿。"(《汇编》第五编 568 页)"那儿海儿、这儿河儿"也就是"那儿下儿、这儿下儿"。"这下、那下"的"下"口语音读作 hər°,犹如把"杨家庄、胥家庄"等地名中的"家"读为 gə°(写成"郭"或"各")一样,都读洪音,不读细音。重庆话"下"可用作量词,读洪音去声[xa^{24}],或洪音阴平[xa^{55}]。(范继淹《重庆方言"下"字的分化》,《方言》1979 年第 2 期)

重庆话"下"用在"这、那"后,表示处所,读洪音阳平[xər^{11}]。"这下这里"读[le^{24} xər^{11}],"那下那里"读[la^{24} xər^{11}]。例如:"帽子在这下的。"(范继淹同志告知)

北京话、巨野话、重庆话的"这下、那下",在崇明话、常阴沙话则都可以说[tɕio^{33} ho^{30}]、[ko^{33} ho^{30}]。这里的[ho^{30}],正和上海、苏州的"几化、多化、场化"的"化"同音,可见也就是那个"下"字。崇明话"这儿、那儿"一说[tɕiɔ̃^{33} ɔ̃^{30}]、[kɔ̃^{33} ɔ̃^{30}],实际上就是"这儿下儿、那儿下儿",这可以认为是一种儿化现象。

"下"作为处所词,在武汉方言中也可以看到。如"边下"指旁边,"沿下"指跟前。(朱建颂、刘兴策《武汉方言词汇》,《方言》1981 年第 1 期 74 页)

"下"作为量词,用得比较多,为人所熟悉。"下"作为处所词,由于词性不同,也由于处于词末常读轻声的缘故,音变比较特别,不易为人识破。

八、"下"作为处所词,在古籍和白话小说中都能见到。例如:"垓下、塞下、渠下、河下、吴下、都下、村下、家下、厨下"等。例从略。

和"下"作为处所词相连,"下"另有一种用法,虽然并非明确指处所,但也失去了"下"与"上"相对的确定的方位意义。有些方言和白话小说中,"心上"说成

"心下","地上"说成"地下"。话剧《左邻右舍》:"看的是天上,想的是地下。"这"地下"即地上,指人间。

现在说"来海"。"来海"是"在内;在这里,在那里"的意思。"一淘来海"是"全在内,一共"的意思。"来海"的用例如:

(10)《九尾龟》初集:格格小房间,是包来俚格哉,终归登来海,吃鸦片烟。(11页上)

【按"登来海",是待在里边的意思。】

(11)又:赛玉笑道:耐康大少末,说说终是鸭尿臭格。耐看见格,倪是大格,恐其耐格头才钻得进来海。(同上10页上)

【按,"才钻得进来海",是都能钻进里边去的意思。】

"一淘来海"的用例如:

(12)《海上花列传》:一时陶云甫也到。罗子富道:"单有(陶)云甫无曾来,倪先坐罢。"汤啸庵遂写一张催客条子,连局票一起交代赵家姆道:"先到东兴里李漱芳搭,催客搭叫局一淘来海。"

【按,"催客搭叫局一淘来海",是指催客的条子和叫局的票全在内的意思。】

这个"来海,一淘来海"的"海"也表示处所,是"下"的又一读音。理由有以下三点:

(一)1918年重修本《新昌县志》谓:"以几许为几海。"(《汇编》第七编198页)上文已说明,"几许"就是"几下"。所以,"几海"是"几下"的又一读音。

(二)崇明话"来海"说成"勒化_{在内}"[ɦləʔ² ho³³]或"勒醢_{阴去}"[ɦləʔ² he³³]。"来、勒"在这里都是"在"的意思。"一淘来海"崇明话说"一淘勒化_{全在内}"。崇明话把"来海,一淘来海"说成"勒化,一淘勒化",犹如上海话把"几下,多下,场下"说成"几化,多化,场化"一样,都是"下"字。崇明话一读"勒醢_{阴去}、一淘勒醢_{阴去}"当是和"来海、一淘来海"相当的一种读音,"海"[ʿhɛ]与"醢_{阴去}"[heˀ]语音也相近。阴去的连读调在入声后可以来自阴去调或阴上调。所以"醢_{阴去}""化"和

"海""花上声"在声调上可以是来源相同。

（三）川沙话"一淘来海"说成"一淘勒好"，和"几下，多下"说成"几好，多好"一致。

最后，把"下"字不同的词性，不同的用法，以及三种不同的读音（以苏州话、崇明话为例），归纳如下：

词性	用　法	读　音
动词	下面　下馄饨　下来　下去　坐下来	读如字，即"胡雅切"
方位	下面　下头　底下　脚底下　上下	读如字，即"胡雅切"
量词	几下　多下	苏州读同"化"，崇明"多下"读"多话"
处所	场下	苏州读同"化"，崇明"别场下"读如字
处所	勒下　一淘勒下	苏州读同"海"，崇明读同"化"或"酣$_{阴去}$"

十三、时间词"难末""葛轩"

北部吴语如上海苏州地区，表示"现在、这时候"的时间词有两种：

一种是"难"、"难末"，下面行文时有时就简写为"难（末）"，上海话可标音为 nɛ¹³（mə⁰）。许宝华、陶寰（1997）编的《上海方言词典》87页记录了"难"[nɛ¹³]以及"难朝"[nɛ¹³ tsɔ⁵³]的说法。叶祥苓（1998）《苏州方言词典》87页写作"耐末"[nE¹³ mə⁰]。

一种是"个歇"，上海话可标音为 gəʔ² ɕieʔ⁰。附近地区有不同的变体，赵元任记的苏州话就写作"葛歇、葛轩、姑歇"（赵元任1956，98页。）按，苏州、崇明的"轩"读同"掀"，虚言切，山摄开口呼三等字，今北京话读合口呼和古反切不合。崇明话就说"个先[kəʔ⁵ ɕie⁵⁵]、吉先[tɕiəʔ⁵ ɕie⁵⁵]"（崇明话不分尖团）。

我们认为，这两个时间词，都是指示词作首字构成的。"难（末）"就是"那末"（来自"那物"）的合音，"葛轩"就是"个下儿"的合音。下面我们分别加以说明。

(一) 难,难末

"难(末)"的用法,一是用作连词,常常表示后一事情是前一事情的结果,简单地说就是引出结果,相当于普通话的"于是"。一是用作副词,表示现在、这会儿的意思。请看崇明话的例子:

"难(末)"表示结果:

1. 骂子夷两声,难(末)就哭特。(说了她几句,于是就哭了。)

2. 做子一日营生,难(末)就吃力了。(干了一天活,于是就累了。)

"难(末)"表示现在:

1. 夷前面苦杀,难(末)发财特。(他以前很穷,现在发财了。)

2. 难(末)日脚好过特。(现在日子好过了。)

3. 难(末)要吃夜饭特。(现在要吃晚饭了。)

我们注意到,"难(末)"这个词,既可以表示结果,也可以表示现在。可见结果和现在之间,有着内在的联系和逻辑。好像圆圈的终点和起点相重合的道理一样。

现在从"难(末)"的声音说起。

从崇明方言看,"难"音[ɦnø²⁴](阳平:烦难)或[ɦnø³¹³](阳去:灾难),而表示现在或结果的那个词音[ɦnæ²⁴],所以,从崇明话出发,表示现在的那个词写作"难"是不合适的,它们不是同音词。崇明话这个[ɦnæ²⁴]无同音字可写,可以说是和"蓝(咸摄一等谈韵)、兰(山摄一等寒韵)"同韵同调的 n 声母字,这样,来历的考订就可以局限在咸、山两摄了;再进一步看,由于山摄一等寒韵的 n 声母字"难"在崇明话读[ø]韵,不可能读[æ]韵,所以山摄寒韵这个可能的来源也可以排除了。于是就只可能来源于咸摄一等了。

古咸摄是-m 尾韵,所以崇明话的[næ²⁴]就反映了一个-m 尾的来历。这和我们假设的上海话的"难末"来自"那么(那末)"的合音,正相吻合。1930 年排印本《嘉定县续志》就指出:"乃末,俗言则也,即那么。乃字读如难。""那、乃"音义相通,犹如"大、太"音义相通。

(二) 葛轩(个歇、个先、吉先)

赵元任所记"葛轩",和崇明话的"个先"完全同音。崇明话"个先、吉先"可以换用,不别意义,所以"吉先"是"个先"的腭化读法。"个先(吉先)"单用时,可表示现在,也可以表示这个时候。以崇明话为例:

个先何辰光(现在什么时候)?

你吉先勒做何(你现在在干什么)?

夷个先啴还弗转来(他这个时候了还不回来)。

也可以作修饰语,表示这个、那个、这么等意思,例如(崇明话):

个先辰光弗太平(那个时候不太平)。

坐子个先辰光啴,跑啴(坐了这么[长]时间了,走了)。

上海话"个歇"的"个"是指示词,"歇"在词末轻读,来历不明。崇明话"个先、吉先"的"个"是指示词,是清声母入声读法,"吉"也是指示词,是"个"的腭化。"个先、吉先"中的"先",音同赵元任所记苏州话"葛轩"的"轩",崇明话不分尖团,"先、轩"同音,这个"先、轩"大概是"下儿"的合音。而上海等地的"个歇"可能是"个下儿"的另一种读法,一种轻读。还有赵元任记的苏州话"姑歇",其中"姑"是"个"的又读,崇明话"个数"指数目字,"个数"就读同"姑数",所以苏州话的"姑歇"也就是上海话的"个歇"。

北京话表时间的"这会儿、这忽儿",实际上也是来自"这下儿"。北京话表示短暂的时间,可以说"一会儿、一忽儿",也可以说"一下儿"。例如(据《现代汉语词典》2002年版):

灯一下儿又亮了

这天气,一下儿冷,一下儿热(以上1497页)

天气一会儿晴一会儿阴

你妈妈一会儿就回来了(以上1474页)

又如普通话:

等(去、坐、玩)一会儿就来

等（去、坐、玩）一下儿就来

崇明话"一会儿、一忽儿、一下儿"就叫作"一先先"，再一次看出"先"就是"下儿"的合音。又崇明话"爷儿俩"的口语音就是"演俩"，这个"演"也就是"爷儿"的合音。所以"下儿"合音为"先"，犹如"爷儿"合音为"演"，"儿"在合音中就变成一个-n尾。

我们以为，"下"是古假摄开口二等匣母字，主要元音开口度较大，和舌根音 h 相拼时，很容易就读成圆唇音，所以有的方言读开口音，有的方言读合口音。于是有书写上的种种差异。

广州近郊增城话，表示现在的说法，也是由指示词加上"下"组成（据何伟棠提供）：

卡下　　 ⸝kʻɑ ⸛hɑ

咔　　　 ⸛kʻɑ

家下　　 ⸝kɑ ⸛hɑ

嗱下　　 ⸝nɑ ⸛hɑ

哋下　　 ⸝nei ⸛hɑ

伊下　　 ⸝ei ⸛hɑ

哋[⸝nei]、伊[⸝ei]都是近指词，"卡、家"都是远指词，是"个"的变读："个"在吴语有浊声母的读法，有 ɑ 韵的读法（笔是你个[gɑ]？｜衣裳介[kɑ]漂亮），所以增城读同"卡"是古浊音今读送气音常见现象，增城还有广州等地粤语时间词"家下"的"家"都是"个"的一种异读。阳上调的"咔[⸛kʻɑ]"是"个下"的合音，阳上调取的是"下"的声调。

最后，我们要说，这个表示现在的时间词，无论在吴语，还是粤语或北京话，都是由指示词"个"或"这"等指示词加上位置词"下"构成。

北京话表处所的口语音 zhè·her 就是"这下儿"，nà·her，就是"那下儿"，但在书面都写成"这儿，那儿"，和口语音不合。陈刚《北京方言词典》329 页就写作"这合儿"，注音为 zhèihar；徐世荣的《北京土语词典》482 页写作"这儿",注音为 zhèher,他还解释说"里'li'轻声变读为'儿',再增声母 h。或可写作这合儿"。陈刚、徐世荣注意到了北京话口语语音中这个 h 声母,但不明究竟。

表示处所的"这儿",就既可以表示处所指这里,也可以表示时间表示这时候,请看《现代汉语词典》1596 页：

【这儿】(1)这里。(2)这时候(只用在"打、从、由"后面)：打~起我每天坚持锻炼。

用位置词"下、上、中、间"等构成时间词,是一种常见的值得注意的语言现象,它反映了时间词和位置词相合一,或说时间词来自位置词这一语言事实,反映了时间空间合一的古代文明。例如崇明方言"东南角子"一词,就既是位置词,又是时间词(指太阳在东南角的方向,将近中午)：

夷住勒东南角子(他住在东南边儿)。

东南角子辰光哧,要烧点心快哧(快近中午了,快要准备做午饭了)。

又如"场浪(场上)",既可以表示位置,又可以表示时间：

你勒何场浪字相(你在什么地方玩儿)？

你几场浪去上海个(你什么时候去上海的)？

个先是点心场浪快哧(这时候快是中午[时候]了)。

夷饭场浪跑个(他早饭时候走的)。

按,崇明西部地区说"场浪",东部地区"场浪"的"场"有时候失落声母,读成 ɑ̃(前字是非 i 介音或 i 韵母的字),或 iɑ̃(前字是 i 介音或 i 韵母的字),如"饭 ɑ̃浪"、"点心 iɑ̃浪"。

十四、挦、揫

今普通话"挦、揫"被看作是异体字,以"挦"作正体,表示撕、取、拔(毛发)的意思。而在吴语崇明话中,这两个字是完全不同的音和义。

先说"挦"。

崇明话从口袋里掏东西叫作[dze³⁵],和"蚕"[ze³⁵]韵母相同,声母相同,而声母则读浊塞擦音,这就是"挦"字。崇明话的用例,如:

袋里挦出一块糖(口袋里掏出一块糖)。

挦子几块钞票出来(掏了几块钱出来)。

你个绢头快点挦出来(你的手绢快点掏出来)。

夷勒挦蟛蜞洞(他在掏蟛蜞洞[抓蟛蜞])。

我姆妈勒挦综,要织布(我妈妈在综叶里掏纱头,要织布)。

不只崇明话有这个读法和用法,江苏沙洲县常阴沙话也有这个读法和用法,还有江苏武进话也有这个读法和用法。胡文英《吴下方言考》卷五载有:

挦,音蚕。扬子《方言》挦,取也。卫鲁扬徐之间曰挦。案,挦,手如穴而暗寻也。……其索不得者曰"小洞不挦大蟹"。

显然,所谓"手如穴而暗寻",就是从洞中掏取的意思。胡文英是武进人,所以武进话一定有此说法。

海口、雷州、厦门"挦"也有掏出、探取的用法。例如(据李荣2002):

海口"挦"[tsim²¹]:按从衫袋上衣口袋～出两块银纸纸币(5387页)

雷州"挦"[tsim¹¹]:从衫袋里～钱出来买物|拢手空里～塍蟹把手伸进洞里掏田蟹(5386页)

厦门"挦"[siam³⁵]:在衫袋衣兜～钱(5387页)

"挦袖"[tsim³⁵⁻¹¹ siu¹¹]:两手互插入袖里,放在身前

按,厦门话的"挦袖",也是手伸进袖中,类似袋中掏物。

"挦"的这个读音和用法,已经不见于字书辞书了。但《广韵》《集韵》确实记载有这个字音和字义:

《广韵》平声覃韵:"挦,取也。"昨含切。又平声盐韵:"挦,挦取也。"视占切。又平声侵韵:"挦,取也。"徐林切。

《集韵》"挦"有四个音:覃韵"徂含切"、盐韵"徐廉切"和"时占切"、侵韵"徐

心切"。都是取的意思。

今崇明话、常阴沙话、胡文英所记武进话,正是读的《广韵》覃韵"昨含切"的音,意思是掏取,音义切合。闽语厦门、海口、雷州读的是平声侵韵"徐林切"的音。

再说"搴"。

崇明话拔掉动物身上的毛发,叫做[zie^{35}]：～毛、～鸡毛。《广韵》平声盐韵："搴,搴摘物。出《字䂞》及《声类》。"徐廉切。崇明话的"搴"和《广韵》所载音义完全切合。

我们以为,吴语如崇明等地,"撏"和"搴"是两个词,读音不同,意思也不同。而北京话"撏、搴"相混,两字合而为一,读阳平调xián,读的是《集韵》所载"徐廉切"这个音,《广韵》未载"徐廉切"这个音。其实,唐朝诗人早已把这个"撏"用同搴摘义了,例如:唐贾岛《原居即事言怀赠孙员外》："镊撏白发断,兵阻尺书传。"唐徐夤《病中春日即事寄主人尚书》诗之一："镜里白须撏又长,枝头黄鸟静还呼。"所以"撏、搴"相混,有自来矣。

当然,我们也注意到,北魏人唐人也有用"搴"的,例如北魏贾思勰《齐民要术·菹绿》："白瀹豚法:用乳下肥豚。作鱼眼汤,下冷水和之,搴豚令净,罢。若有毳毛,镊子拔却,柔毛则剔之。"唐杜荀鹤《重阳日有作》诗："偷搴白发真堪笑,牢锁黄金实可哀。"可见还是有人用"搴"而不用"撏",但不管用哪个字形,其意思都是摘取义。

最后,我们要说,吴语崇明等地的读昨含切表示掏去的"撏",可以说是还未见经传的古音古义。

十五、迅、猛

今普通话"迅、猛"在形容速度之快这一点上是一组同义词,而"迅猛"联合成词后则表示迅速而猛烈。吴语崇明话"迅、猛"则都是用来形容一种密度,

"迅、猛"都可以形容空间的密度,而"猛"还可以形容时间的密度。

崇明话有个形容词,形容野生的动物植物生长得密集,或者是庄稼水果蔬菜结的果实多,叫作[ɕin^{33}],和"信、迅"同音,崇明话口语音没有撮口呼,所以"信、迅"同音。这个形容词[ɕin^{33}],用在"有、好"以及指示词[ki^{55}]后,也可以用作表示复数或集合的量词;也可以表示很多。请看有关用例:

沟滩头荠[ɕin^{33}]来(沟边荠菜很多[指长得很密集])。按,荠菜是野生的。

个墩羊草[ɕin^{33}]来交关(那边羊吃的青草很多很多[指长得很密集])。

落子阵头雨,海滩头蟛蜞[ɕin^{33}]来(下了雷雨,海滩上蟛蜞很多[指雷雨后很多蟛蜞从洞里爬出来])。

稻田爿里蟹[ɕin^{33}]来(稻田里螃蟹很多)。

明沟里虾[ɕin^{33}]来(小河沟里虾很多)。

今年长生果[ɕin^{33}]来(今年花生结的果实很多)。

柿子树浪柿子[ɕin^{33}]来(柿子树上柿子很多)。

洋扁豆[ɕin^{33}]来(扁豆[崇明所产的一种比较扁、比较宽的扁豆]结得很多)。

□[ki^{55}]□[ɕin^{33}]物事够事勒伐(这么些东西够了吗)?

你吃子□[ki^{55}]□[ɕin^{33}]爱弗饱(你吃了这么多还没饱)?

有[ɕin^{33}]物事,是吃勿得个(有些东西是不能吃的)。

个种小吃物事,夷屋里是有[ɕin^{33}]特勒(这种零嘴小吃,她家里多着呢)。

我衣裳是有[ɕin^{33}]特勒(衣服多的是)。

夷跑子好□[ɕin^{33}]日脚特(他离开了好多日子了)。

《广韵》"迅"有两个读音:去声震韵息晋切,去声稕韵私闰切。今北京话读的是"私闰切",读撮口呼。崇明话口语音没有撮口呼,所以无论"私闰切"还是"息晋切",都一样,都是[ɕin^{33}]这个音。而"迅"由形容速度而引申为崇明话的形容密度或数量,也是很自然的。

其实,作为名词用的"潮汛、汛期"的"汛",和"迅速"的"迅",其音义是相通的。崇明话就有"黄花郎汛、面鱼汛"的说法:

黄花郎汛:指春末黄花鱼成群到近海区(到时,渔民大量捕捞,百姓大量购买并醡制,叫作"拔黄花郎")。

面鱼汛:指一种银鱼成群到长江口。

所以,"鱼汛、潮汛"的"汛",都表示多的意思,和用作形容词表示速度高、数量多的"迅"完全相通。

"汛、迅"表示多这个意思,辞书都未载入。文献中见得也寥寥,如:

冯梦龙《山歌》卷一11页上:"箇星闲神野鬼。""箇星"就是这些,就是崇明话的"个迅"。

《楚辞·招魂》:"九侯淑女,多迅众些。"其中"多迅众"是同义并列。各注家或未及此义,或以常义迅疾解之。郭在贻《训诂丛稿》12页解为"迥众",超群出众。

崇明话有个形容词,形容庄稼枝距小、缝衣的针脚密、雨点密、孩子生得多而且间隔时间短,都叫 mã^{242}(音同"孟"的阳上调)。从音韵地位看,当是"猛"字。《横泾志稿》就载有:"稠曰猛"(引自《中国方志所录方言汇编》六编356页)。崇明话的用法如:

大米秧出了猛来,匀脱点(玉米苗长得很密,拔掉一些)。

芋艿弗要种得忒猛(芋艿不要种得太密)。

扎鞋底,针脚猛一眼(纳鞋底,针脚要密一点)。

网眼结勒猛来(网眼织得很小[就是密])。

雨点猛来,要撑伞(雨点很密,要打伞)。

夷生子五个小囝,一年一个,猛来(她生了五个小孩,一年一个,很密)。

崇明话口语不说"凶猛、猛烈"。"猛"由猛烈、疾速引申为紧、密,是可以理解的,犹如"迅"引申为密集,是同样的道理。

"猛"作为紧密讲,书面不容易见到,辞书当然也就不见载录。不过我们还是可以见到,如宋林逋《林和靖集二·杏花》诗:"隈柳旁桃斜欲坠,等莺期蝶猛成团。"修订本《辞源》(合订本 1086 页)把这个"猛"解释为"突然",似可商。我们以为,"猛成团",是指杏花密集成团,等待莺、蝶的到来。"猛成团"和"斜欲坠"相对,"猛"在此解作密似更妥。

最后,我们要说,"迅、猛"从疾速意义上固然是一组同义词,而从崇明话用作密集这个意义上,依然是一组同义词。这也反映了同义词发展演变有某种类化现象。

十六、探

吴语方言"探"有一个常见的用法,就是把悬挂或套着的东西摘取下来、捋取下来。各种辞书还未载录这个用法,提出来可以引起注意。先看崇明话的用法:

戒指探下来(把戒指捋取下来)。

拿耳朵浪个副金环探下来(把耳朵上那副金耳环摘下来)

悬钩浪个只大篮探下来(把那只大的篮子从悬吊在梁上的钩子上去下来)。

帽子探脱子(把帽子摘下吧)。

窗闼探下来(把窗闼[门边上的木制窗门]取下来)。

按,门窗之类,都有一处圆形的接合口,一方凹,一方凸,崇明话叫做"门臼、门柱"。所以,探取门、窗时,都要先送出那个圆形的底座,才能取下来。

个块匾拿夷探下来(把这块匾取下来)。

按,匾一般是挂在钩子上,所以,要探取时,先要送出圆形的钩子,才能取下来。

个是结一针探一针的结法(这是打毛活时先织二针,然后把前面已经织的一针移到后织的一针下面的织法)。

按,这实际上也是从圈套中取下的做法。

苏州上海地区都有这个说法，吴语小说《九尾龟》就有这样的用例：

（1）［陆］兰芬就［方］幼恽左手上勒下一个戒指来，戴在自己手上……原来幼恽这个戒指，是他的母舅徐观察，出使美国，带来送他的。约来也值一千多块洋钱。现在又被兰芬探去，更觉心痛。（初集六回 16 页）

按，这个"探"，就是上文所说的"勒下"，是上海地区取下戒指的两个常用动词。

（2）林黛玉见邱八已经应允，便立刻叫相帮出去，把门首那一块一尺余长四寸余阔金地黑字的书寓牌子探了进来。……［黛玉］向邱八道，故歇倪探仔格块牌子下来，倪就是耐格人哉。（二集七回 27 页）

按，例中两次出现"探"牌子，都是从悬挂的钩子上取下。

（3）［金小宝］大声讲道，你间搭故歇是鬼也吭拨一个来格哉，格扇招牌挂俚做啥，探探脱末拉倒哉喔。（七集八回 22 页）

按，"探探脱"就是取下意。

江苏上元人李伯元著的《官场现形记》也有这个用法：

（4）俗语说得好，"情急智生"，还是刘大侉子有主意，赶忙把朝珠探掉，拏个外褂反过来穿，跟了众人一块儿进去，或者抚台不会看出。（二十回 2 页）

上文讲到，那天是忌辰，"各位司道大人都是素褂，不钉补服，亦不挂珠"，所以可以知道，这"朝珠"是挂着的。那么，"探掉"朝珠，犹如把悬挂的东西取下一样。

吴语"探"字的这种用法，在古文献中也能见到。例如：

（5）《列子·汤问》：扁鹊谓公扈曰："汝志强而气弱，故足于谋而寡于断。齐婴志弱而气强，故少于虑而伤于专。若换汝之心，则均于善矣。"扁鹊遂饮二人毒酒，迷死三日，剖胸探心，易而置之；投以神药，既悟如初。（《二十二子·列子》211 页）

按，例中"探心"就是从胸腔中取出心脏，犹如门、窗从门臼中取出。又如：

（6）《晋书·袁耽传》：［袁］耽投马绝叫，探布帽掷地，曰："竟识袁彦道不？"其通脱若此。（2170 页）

按，袁耽善赌，这次为帮桓温而赌，改装易服，一起赌的人认不出他，故摘下帽子，露出真相，让大家认个明白。笔者由此怀疑，上文一段描写中"怀布帽"三字值得怀疑："桓温少时游于博徒，资产俱尽，尚有负，进思自振之方，莫知所出，欲求济于[袁]耽，而耽在艰，试以告焉。耽略无难色，遂变服怀布帽，随温与债主戏。"按我的粗浅理解，袁耽"在艰"，即丁艰，因而戴重孝在身。为助桓温，就换了孝服穿上便服，并换了孝巾戴上布帽，然后去赌钱，而不可能只换孝服不换孝巾或光着脑袋去赌钱。所以"变服怀布帽"中的"变服"很合理，而"怀布帽"则不合情理。很可能，在编纂或刻写过程中，对"探帽"原意是摘下帽子不理解，揣测是从怀中取出帽子，故而把"戴布帽"换成"怀布帽"。

(7)《晋书·羊祜传》：[羊]祜年五岁，时令乳母取所弄金环。乳母曰："汝先无此物。"祜即诣邻人李氏东垣桑树中探得之。主人惊曰："此吾亡儿所失物也，云何持去！"乳母具言之，李氏悲惋。时人异之，谓李氏子则祜之前身也。（1023页）

按，金耳环从桑树中"探"得，这个"探"一定是从树枝上摘下，也就是说耳环原来是挂在树枝上。这样，从树枝上取下耳环，犹如从耳朵上取下耳环。

我们从《晋书》的用例中得到启发，吴语方言中"探"的这种特别用法，和《晋书》的用法一脉相传，《晋书》"探帽子""探耳环"的用法，至今还活在苏沪一带老百姓的口中，而在辞书中还未见这种用法的记录。

十七、发

崇明话打开包好、封好的物件，或拆开家具，都叫做"发"。北京话则只有"开发、揭发、发现、发掘"等复合词中，"发"才存在有某种打开的意味。

先看崇明话"发"表示打开的用法：

信发开看看（信打开看看）。

包裹发开来（把包裹打开）。

发一包白糖(把一包白糖打开)。

床架子那夷发开来(把床架子拆卸开)。

明清吴语小说也有这个用法,例如(冯梦龙 1979、1980):

(1)《警世通言》十三卷:"[包爷]喝教左右同王兴押着小孙押司,到他家灶下,不拘好歹,要勒死的尸首回话。众人似疑不信。到孙家发开灶床脚,地下是一块石板。"(280页)

(2)又十五卷:"阴捕走入卧房,发开床脚,看地下土实不松,已知虚言。"(210页)

(3)《醒世恒言》三十四卷:"大子[杨]广遣使者赍金合,缄封其际,亲书封字以赐夫人。夫人见之惶惧,以为药酒,不敢发。使者促之,乃开。"(481页)

"发"用作拆开、打开的意思,自古而然。《广雅·释诂三》:"发,开也。"王念孙疏证以《庄子·胠箧》"胠箧探囊发匮之盗"为例。现再举数例于下:

(4)《诗·邶风·谷风》:"毋逝我梁,毋发我笱。我躬不阅,遑恤我后。"按,这四句又见于《诗·小雅·小弁》。"发"即拆毁意,"发"和"逝"相对,意思同。

(5)《左传·襄公二十八年》:"冬十月,庆封田于莱,陈无宇从。……陈无宇济水,而戕舟发梁。"杜预注:"戕,残坏也。不欲庆封得救。"按,"发梁"与"戕舟"对,"发"即拆毁意。

(6)《礼记·月令》:"天子布德行惠,命有司发仓廪,赐贫穷,振乏绝;开府库,出币帛,周天下,勉诸侯,聘名士,礼贤者。"按,"发仓廪"和"开府库"相对,"发"即"开"也。

(7)又同上:"[天子]命有司曰,土事毋作,慎毋发盖,毋发室屋,及起大众,以固而闭。"按,孔颖达疏"毋发盖"为"毋得开发掩盖之物"。"发室屋"是拆毁房屋意。

(8)《史记·项羽本纪》:"于是大风从西北而起,折木发屋,扬沙石,窈

吴声越韵

冥昼晦,逢迎楚军。"(322页,中华书局标点本,下同)

(9)又《周本纪》:"昔夏后氏之衰也,有二神龙止于夏帝庭而言曰:'余,褒之二君。'夏帝……卜请其漦而藏之,乃吉。于是布币而策告之,龙亡而漦在,椟而去之。夏亡,传此器殷。殷亡,又传此器周。比三代,莫敢发之。至厉王之末,发而观之。"(147页)

(10)又《齐太公世家》:"会饮,田乞盛阳生橐中,置坐中央,发橐出阳生,曰:'此乃齐君矣!'大夫皆伏谒。"(1507页)

(11)又《越王勾践世家》:"朱公不得已而遣长子,为一封书遗故所善庄生。……长男既行,亦自私赍数百金。至楚,庄生家负郭,批藜藋到门,居甚贫。然长男发书进千金,如其父言。"(1753—1754页)按,"发书"即打开封书。

(12)《三国志·魏志·陈泰传》:"京邑贵人多寄宝货,因泰市奴婢,泰皆挂之于壁,不发其封,及征为尚书,悉以还之。"(639页,中华书局标点本,下同)

(13)又《魏志·杜袭传》裴松之注引《先贤行状》:"时贵戚慕[杜]安高行,多有与书者,辄不发,以虑后患,常凿壁藏书。后诸与书者果有大罪,推捕所与交通者,吏至门,按乃发壁出书,印封如故,当时皆嘉其远虑。"(665页)按,"辄不发"指不拆开书信。"发壁"指打开墙壁。

(14)《晋书·刘毅传》:"[王]镇恶以[刘]裕书示城内,[刘]毅怒,不发书而焚之。"(2210页,中华书局标点本,下同)

(15)又《杨轲传》:"[杨轲]常卧土床,覆以布被,倮寝其中,下无茵褥。颍川荀铺,好奇之士也,造而谈经,轲瞑目不答。铺发其被,露其形,大笑之。"(2450页)

(16)[刘]宋刘敬叔《异苑》卷八:"每听闻荐下有声历历,发之见一青色白缨蚯蚓,长二尺许。"(5页上,学津讨源本)

其他如"发蒙、发缄、发函、发鞍"等古代汉语词语,也都是打开的意思。

十八、伴、畔、叛

吴语方言躲避叫作"畔",和"伴、叛"同音,阳去调,崇明音[bie313]。上海苏州地区用得很普遍,好几处方志也都有这方面的记载。例如1919年排印本《太仓州志》:"躲避曰畔。"(《中国方志所录方言汇编》第六编66页)1929年排印本《崇明县志》:"畔,俗谓躲避也。"(同上377页)明陈继儒《群碎录》"今人谓避人为畔。"

崇明话"畔"用作躲避的例子如:

  畔野猫(捉迷藏游戏)

  畔房小姐(躲在房内不出来的女孩儿)

  畔脱夷(躲起来不让他瞧见)

  畔勒房头里(躲在房间里)

  畔来畔去(躲来躲去)

  弗晓得夷畔到何墩去特(不知道他躲到哪儿去了)

吴语小说中也见到"畔"用作躲避的例子:

(1)《何典》四回:"雌鬼道,这被他逃去的,畔在里头钻筋透骨的作起怪来,便怎么处?"

(2)又五回:"话说刘打鬼自从入舍到活家做了财主婆的老公,思衣得衣,思食得食,安居乐业的,岂非一朝发迹。若是有正性,畔在家里,关门吃饭,真是上弗欠官粮,下弗欠私债,风弗摇水弗动的,也够他吃着受用了。"(17页上)

(3)又五回:"[刘打鬼]尚在外面百孔千疮做下一屁股两胁肋的债,常常弄得前门讨债后门畔。"(18页上)

(4)又八回:"谁知那色鬼的老婆却是识宝太师的女儿,叫做畔房小姐。生得肥头大耳、粗脚大手。"(32页上)

顾颉刚编注《吴歌甲集》写作"伴、拌":

(5)《吴歌甲集》:"水车沟里一条蛇,游来游去捉鞋蟆,鞋蟆伴拉青草里。"(21页)编者注:"伴,藏匿也。"

(6)又同上:"勿论穷富配成双,要拌私房娘窝里拌。""我弗拉里哭,弗拉里慌!我拌子私房买棺材,拌子衣衫下棺材!"(61页)编者注:"拌,藏也。"

(7)又同上:"啥个鸟飞来青草里拌?啥个鸟飞过太湖梢?"(135页)编者注:"拌,藏匿也。"

《吴歌甲集》的"伴、拌"既可以表示人躲藏,也可以表示物件藏匿。苏沪地区躲叫作"畔",藏物件叫作"囥"。"拌"在崇明话中读阳上调,"伴、畔、叛"读阳去调,在没有阳上调的方言中,"伴、拌、畔、叛"同音,都读阳去调。因而同音相假。

"畔、叛"之有躲藏意义,在古韵书字书中都无记载,直到1990年版的《汉语大词典》,才对"畔"的躲避用法有所记载,而对"叛"的同类用法还是未予联系。《集韵》去声换韵薄半切小韵有个"半"加上走之"辶",表示"去也",意义有所关连,声音完全相同,大概是《集韵》作者借此来表示躲避意义的方言词,但语焉不详。其实不烦另造新字,笔者以为,这个躲、藏意义的"畔"也就是"叛",古书"畔、叛"都可以表示躲避义,而且,可以更进一步看出,原来"畔、叛"都是"伴"的反训。下面请看"畔、叛"在古书中的用例:

(8)《史记·吴王濞传》:"吴大败,士卒多饥死,乃畔散。"按,这里"畔散"已经谈不上背叛,而是躲藏离散的情形了。

(9)《汉书·冯奉世传》:"以将军材质之美,奋精兵,诛不轨,百下百全之道也。今乃有畔敌之名,大为中国羞。"颜师古注引如淳曰:"不敢当敌攻战,为畔敌也。"(3298页)笔者按,此例之"畔敌",就是回避交锋,犹如崇明话的"畔脱夷"都是躲避不让看见的意思。

(10)《隋书·五行志上》:"陈后主造齐云观,国人歌之曰:'齐云观,寇

来无际畔。'功未毕,而为隋师所虏。"(637页)

(11)《楚辞·九章·抽思》:"昔君与我成言兮,曰黄昏以为期。羌中道而回畔兮,反既有此他志。"按,这个"回畔"解做回避或反背都可以。

(12)《尚书·胤征》:"惟时羲和,颠覆厥德。沈乱于酒,畔宫离次。"按,"畔宫"多数本子作"畔官",中华书局缩影阮元刻本《十三经注疏·尚书正义》作"畔宫"。文中明明白白指责羲和,而羲和不是一般官员,而是国王,所以说他背离官职是不合适的。笔者以为,"畔宫"是也,"畔宫"者,躲在宫中,沉迷酒色。"畔宫"之谓,犹如吴语"畔房小姐"的"畔房"。

(13)《艺文类聚》卷九五引南朝宋刘义庆《幽明录》:"奴名周。鼠云:阿周盗二十万钱叛。后试开库,实如所言也。奴亦叛去。"按,例中"叛"是躲避或逃避的意思。

(14)《太平广记》卷一二七引北齐颜之推《还冤记·吕庆祖》:"又问,汝既反逆,如何不叛?奴曰,头如被系,欲逃不得。"按,此例"叛"也是躲避或逃避的意思。

(15)《艺文类聚》卷三五引《妒记》:"荀走叛不敢还,妇密令觅荀。"按,例中"叛"也是躲避或逃避的意思。

(16)韩愈《南山诗》:"延延离又属,夬夬叛还遘。"按,例中"叛"解作躲避较妥。

(17)《汉书·韩王信传》:"陛下宽仁,诸侯虽有叛亡,而后归,辄复故位号,不诛也。"按,此"叛亡"也是走避之意,并非叛乱造反。"叛亡"和例(7)"畔散"义同。

给人启发的是,作为同伴的"伴",古书也可以写作"畔",例如南朝梁陶弘景《冥通记》卷三"右一条十三日夜所受记书一小白纸"原注:"阶前一人唤言:在御仗中蒙假还东,畔等数人乏资粮,故来就先生乞。"清黄生《义府》卷下:"畔等,犹同伴"。所以,"畔等"和伴等、伴当、伴党、伴儅是同词异写而已。请看"伴等、伴当、伴党、伴儅"用例(引自《汉语大词典》第一册1281页):

元张可久《朱履曲·归兴》:"莺花新伴等,鹅鸭旧比邻。怕称呼陶令尹。"

《百喻经·杀商主祀天喻》:"中贾共思量言:我等伴党,尽是亲属,如何可杀?"

元孟汉卿《魔合罗》第四折:"莫不他同买卖是新伴当?"

《水浒传》第四四回:"令石勇也带十来个伴当去北山那里开店。"

《三国演义》第一回:"正思虑间,人报有两个客人,引一伙伴儅,赶一群马,投庄上来。"

我们从中得到启发,"畔、叛"的躲避躲藏义,大概就是伙伴、伴随、陪伴的"伴"的反训。"伴"之有躲、叛义,犹"乱"之有治义,"乞"之有给义,"丐"之有给义。

十九、办

吴语方言"办"有惩治的意思,崇明话读阳去调[bæ³¹³],例如:

好好叫办办夷(好好地惩治他)

做子坏事弗办弗来事个(做了坏事不惩治是不行的)

"办"的惩治意义,在吴语小说及其他白话小说中也能见到。例如:

(1)《何典》二回:"土地也不再问,把他(按,指活鬼)上了全副刑具,带去下在黑暗地狱里,说要办他个妖言惑众的罪名。"(8页上)

(2)《官场现形记》二十回:"管家不服,口里叽里咕噜,也不知说些什么,把黄三溜子气伤了,立时立刻就要叫号房挚片子,办他递解。"(2页)

(3)《儿女英雄传》二十八回:"说时迟,那时快;又是第三箭,却正正的射在轿框上,噔的一声,把支箭碰回去了。姑娘暗想:'这可不是件事!怎么挚着活人好好儿的当鹄子办起来了?'"(4页)

"办"用作惩治的意思,三国时期就已见得很多,或者"办贼"连用,或者"办"字单用,例如:

(4)《三国志·魏志·陈泰传》:"司马文王语荀颙曰:'玄伯(按,即陈泰字)沈勇能断,荷方伯之重,救将陷之城,又希简上事必能办贼故也。都督大将,不当尔邪!'"(641页)

(5)又《蜀志·费祎传》:"光禄大夫来敏至祎许(按,即所)别,求共围棋。于时羽檄交驰,人马擐甲,严驾已讫,祎与敏留意对戏,色无厌倦。敏曰:'向聊观试君耳!君信可人,必能办贼者也。'"(1061页)

(6)又《魏志·常林传》:裴松之注引《魏略·清介传》:"校事刘肇出过县,遣人呼县吏,求索稿谷。是时蝗旱,官无有见。未办之间,肇人从入[沐]并之阁下,呴呼骂吏。"(661页)

(7)又《吴志·贺邵传》:"老幼饥寒,家户菜色,而所在长吏,迫畏罪负,严法峻刑,苦民求办。"(1458页)

今普通话"惩办、严办、首恶必办、查办、拿办、法办"中的"办",也是惩治的意思,只是不能单用了。

二十、毒、触毒、恨毒

吴语方言"毒"有气愤、生气的意思,或者单用,或者和别的词连用,如"触毒、恨毒"等。崇明话读作[doʔ²](阳入调),用例如下:

心里毒来(心里很生气)

我就触毒夷(我就是恨他)

你弗来,我要毒个(你不来,我要生气的)

我实在恨毒勿过(我实在气愤得很)

你弗要惹毒我(你不要惹我生气)

"毒"表示生气、愤恨的这些用法,在冯梦龙、凌濛初编的白话小说中,也常见到。例如:

(1)《警世通言》二十四卷:"[玉堂春]骂了一顿,放声悲哭,'但得我哥

哥在,那个奴才敢调戏我!'又气又苦,越想越毒。"(360页)

(2)《初刻拍案惊奇》十四卷:"[丁戌]想一想道:'若不救他,他若教人问我,无可推托。到惹毒了他,万一攀扯出来,得也得不稳。何不了当了他?到是干净。'"(248页)按,"惹毒了他"是惹他生气的意思。

(3)又十七卷:"太清无奈,四目相觑,怏怏走出去了。吴氏越加恨毒,从此一连十来日,没处通音信。"(306页)按,"恨毒"是同义并列。

(4)又二十六卷:"[老和尚]又见他(按,指杜氏)与智圆交头接耳,嘻嘻哈哈,心怀愤毒。"(490页)按,"愤毒"也是同义并列。

(5)《二刻拍案惊奇》二十五卷:"知县断决不开,只把徐达收在监中,五日一比,谢三郎苦毒,时时催秉。"(537页)按,"苦毒"是气愤意。

"毒"表示生气愤恨的意思,在古字书韵书中都有记载。例如:《广雅·释诂三》"毒,恶也。"又《释言五》"毒,憎也。"《广韵》入声沃韵"毒,……苦也,憎也。"王念孙《广雅疏证》卷三下"毒,恶也"条注:"凡相憎恶亦谓之毒。"并举《礼记·缁衣》"唯君子能好其正,小人毒其正"为例。现更举汉以后用例如下:

(6)《盐铁论·周秦》:"故高皇帝约秦苛法,慰怨毒之民,而长和睦之心,惟恐刑之重而德之薄也。"(191页)按,"怨毒"者,怨恨也。

(7)《后汉书·陈蕃传》:"陛下虽厌毒臣言,凡人主有自勉强,敢以死陈。"(2165页)按,"厌毒"者,讨厌愤恨也。

(8)《三国志·蜀志·先主传》:"太傅许靖……等上言:'曹丕篡弑,湮灭汉室,窃据神器,劫迫忠良,酷烈无道。人鬼愤毒,咸思刘氏。'"(888页)按,"愤毒"者,愤恨也。

(9)应劭《风俗通》:"汝南周霸,字翁仲,为太尉掾,妇于乳舍生女,自毒无男,时屠妇比卧得男,因相与私货易。"(引自《全后汉文》683页上)按,"自毒"者,自恨也。

(10)(刘)宋刘敬叔《异苑》卷九:"河间沐坚字壁强,石勒时监作水田。御下苛虐,百姓怨毒。"(5页下)

所以，古书上的用法，和今吴语方言用法，完全一致。而北京话中已无此用法。

二十一、学

吴语方言把听到的话告诉别人叫作"学"。崇明话读作[ɦɪoʔ²]（阳入调）。例如：

弗要学说话（不要把听到的话告诉别人）

说话学来学去就不好（把听到的话传说开去就不好）

脱你话个弗要学拨夷（跟你说的别传给他）

夷是学说话精（他是最会传话的人）

来，你学拨我听听（来，你把听到的说给我听听）

吴语小说中也常看到这种用法，例如：

(1)《古今小说》十卷："倪述善听到那里，便回家学与母亲知道，如此如此，这般这般……"（157页）

(2)《醒世恒言》八卷："裴老九指着骂道：'老忘八打的好！我与你到府里去说话。'一路骂出门去了。刘璞便问父亲：'裴九因甚清早来厮闹？'刘公把他言语学了一遍。"（171页）

(3) 又三十四卷："且说赵完叫赵寿到一个厢房中去，将门掩上，低低把赵一郎说话，学与儿子，又道：'我一时含糊应承了他，如今还是怎地计较？'"（734页）

(4)《初刻拍案惊奇》十七卷："吴氏也叫儿子出来，把适才道士捣鬼的说话，也如此学与儿子听了……"（300页）

今北京话或普通话中，"学"已经没有这个用法。修订本《辞源》和《汉语大词典》都载"学"有诉说、述说的用法，举例子如宋沈端节《克斋词·醉落魄》："红娇翠弱，春寒睡起慵匀掠。些儿心事谁能学。"显然，"学"的诉说意义，是从"学"

的模仿、学舌、复述的用法演变而来。《汉语大词典》还举了《金瓶梅词话》七十五回"你就学与他,我也不怕"的例子,把其中的"学"看作是诉说义,看来有失斟酌,源于不了解方言中"学"有学舌、传说所听所闻的用法。

二十二、清　　水

崇明话干净也叫"清水",读作[$tɕ'in^{55}\ s1^{424-30}$]。例如:

屋里敛勒清水来(家里收拾得很干净)

衣裳净勒清水来(衣服洗得很干净)

物事裁要弄勒清清水水(东西都要搞得干干净净)

"清水"用作干净的意思,不止崇明话这么说,上海的川沙话和江苏的常阴沙话、常熟话也这么说。浙江的象山县、鄞县也有这种说法,只是有时写作"清泚",例如:

乾隆二十四年(公元1759年)刊本《象山县志》:"洁净曰清泚。"(《中国方志所录方言汇编》第七编395页)后来道光十四序刊本及1915年序本《象山县志》也都有这条记载。

咸丰六年(公元1856年)序刊本《鄞县志》也有:"洁净曰清泚。"(同上410页)

我们知道,"泚"非常用字,《广韵》有两个反切:上声纸韵雌氏切、上声荠韵千礼切,意思都注为"水清"。

我们以为,写作"泚"是不符合崇明话的读音的。"泚"是古清母字,是塞擦音,而崇明话是擦音,来自古心母或审母字。所以,我们以为,这个表示干净的"清水",大概就是一清如水的"清水"意,不烦另造新字或找生僻字。

"清水"形容物体干净或为人廉洁,书面常有"(一)清如水"的说法,例如:

(1)《醒世恒言》二十卷:"任你官清如水,难逃吏滑如油。"(400页)

(2)《何典》五回:"[白矇鬼]做官虽是一清如水,只是才具浅促些"。(20

页上)

(3)《儿女英雄传》十四回:"一过北道便远望见诸家庄,虽不比那邓家庄的气概,只见一带清水瓦房,虎皮石下剪白灰砌墙,……"(15页)

显然,"清如水"用以形容做官的廉洁,和"清水"形容物品的洁净,意思是相通的。吴语用"水"形容清和洁,闽南话则用"水"形容俊,道理也是一样的。

二十三、射　　私

先说"射"。

崇明话大小便(包括放屁)的动词都叫 dza^{313}(阳去调),上海川沙、浙江平湖、富阳、舟山、义乌等地,也都是 dza 这个音,声母是浊塞擦音(参方松熹 1999,98页、2002,63页)。上海等地读浊擦音声母 za(上海无浊塞擦音 dz),所以 dza 和 za 语音上完全对应。有些著作把这个字写作"尸"下加"查"(用形声会意来造字),从崇明话的读音看,dza 来自麻韵三等的"射"。

需要说明的是,崇明话"射箭、喷射"的"射"读 ze^{313},如何看待这个 dza 的读法呢?我们以为,古从、邪、澄、崇、船、禅几个浊塞擦音和浊擦音声母,崇明话今读 dz 或 z,并无一定规则,所以"神夜切"的"射"一读 dza 于声母上无隔碍。至于韵母,麻韵三等"惹"也读 a 韵,其他精组影组声母字"姐借且写泻斜邪谢、耶爷也野夜"都读 ia 韵,所以"射"读 dza 在声母韵母上都说得通。吴语如江苏常阴沙话公社的"社"和麝香的"麝"也读 za。

从意义上看,"射"用作大小便的动词,大概来自喷射义,这和闽语有些方言大小便的动词用"放"是同样的道理。

晚清作家张南庄的吴语小说《何典》十回写大小便就用了"射"字(张南庄 1981,109页):

且说活死人与黑漆大头鬼两个正是棋逢敌手,一个半斤,一个八两,战够多时,被活死人捉个破绽,一枪戳去,把纸糊头老虎戳穿。那老虎痛极,薄屎直射,一个虎跳,把黑漆大头鬼掀下背来。

按,吴语大便叫做"恶"(音同"污"的阴去调),小说写"薄屎"是方言夹通语,指的就是稀薄的大便。

崇明话还有"秋射射"tɕ·iɵ⁵⁵ zɑ³¹³ zɑ³¹³一词,指秋天下毛毛雨。这个 zɑ³¹³ 当是"射"的又一个读法。

崇明话还有一个"射起子"dzɑ²⁴² tɕ·i⁴²⁴⁻⁴⁴ tsɿ⁴²⁴⁻⁴⁴,形容坐着时屁股往后突出的样子。实际上,这个样子就是坐着大小便的样子,所以 dzɑ²⁴² 大概是"射"的又一个读法,读阳上调是用来区别不同的用法。

再说私。

苏沪地区吴语,如崇明话,称小便(名词)为 sɿ⁵⁵,和"私"同音。而北京话口语称尿(名词)为 sui⁵⁵,《现代汉语词典》就写作"尿",注明"尿"有 niao⁵¹ 和 sui⁵⁵ 两读。sui⁵⁵ 的读法用在"niao⁵¹ sui⁵⁵(溺尿)"和"sa⁵⁵ sui⁵⁵(撒尿)"按,据贾彩珠先生提供,《现代汉语词典》未载"sa55 sui55(撒尿)"。《现代汉语词典》还载有"sui⁵⁵ pao⁵⁵(尿脬)"一词用来指膀胱,注明是方言用语,其中 sui⁵⁵ 的意义显然和便尿密切相关。据韩敬体先生提供,至少在河南商丘一带,都有这种说法。笔者以为,北京话的 sui⁵⁵,和吴语的 sɿ⁵⁵,音义相对应,都是来自"私"。

北京话 ui 韵和崇明话 ɿ 韵的对应情况看下表:

	北京	崇明
嘴	tsui²¹⁴	tsɿ⁴²⁴
锥	tʂui⁵⁵	tsɿ⁵⁵(锥钻锥子)
吹	tʂ·ui⁵⁵	ts·ɿ⁵⁵
垂	tʂ·ui³⁵	zɿ²⁴
水	ʂui²¹⁴	sɿ⁴²⁴

虽然,北京话"私"读 sɿ⁵⁵,好像和表示尿的 sui⁵⁵ 完全不同音,但我们怀疑,这个 sui⁵⁵(尿)音,是"私"的后起的变读,是避俗还是避讳之类?

古书"私"有男女阴处私处之义,和便尿自然有联系。古书"私"作小便(动词)用的例子,如《左传·襄公十五年》:"师慧过宋朝,将私焉。"杜预注:

"私,小便。"唐张鹭《朝野佥载》卷一:"食讫还房,午后如厕,长参典怪其久私,往候之。"

阮元还认为"施"也可用于便尿:《左传·定公三年》:"邾子在门台,临廷,阍以缾水沃廷,邾子望见之,怒。阍曰,夷射姑旋焉。"杜预注:"旋,小便也。"阮元《揅经室一集·释矢》(国学丛书本19页)谓:"旋当为施,施者谓便溺也。便溺有施余之义。"我们以为,"施旋"形近而讹是可能的,"施私"在有些不分卷舌不卷舌声母的方言中,也是完全同音而可以通假为便尿义。

和书载相比,吴语的"私"是名词,北京话的sui^{55}也是名词,这是值得注意的不同于书载的语言现象。

二十四、邪、邪气

吴语崇明话形容人能干、厉害,或者健康,叫作dzia^{24},可以单说,也可以组成复合词。例如:

dzia^{24}(能干、厉害):□ki^{55}人~煞个(那人很厉害)

夷是忒~特(他是太能干了)

夷只~勒嘴巴浪(他只能干在嘴上)

(健康):我个一跑人~煞(我这一段时间身体可以)

夷八十岁个人爱~煞(她八十岁的人仍旧很健康)

dzia^{24}能能(能干、厉害):夷人是~个(她人是很能干的)

dzia^{24}人头(厉害的人、能干的人):夷是~(他是个厉害的人)

这个dzia^{24}无同音字可写,但从音韵地位看,是来自麻韵三等从母或邪母字。我们以为,这就是"邪恶、邪气"的"邪"。《崇明方言词典》就写作"邪"。

不只崇明话有这个形容词dzia^{24},而且在整个上海苏州地区,都有这个词。所以有必要讨论一下词的形音义问题。

首先,崇明话不分尖团,"邪"在"邪恶、邪气"中读zia^{24},在分尖团的方言如苏州话中就读 zia(阳平调)。"邪"和歪斜的"斜"同音。而形容人能干的"邪"读 dzia[24],该如何解释呢?

我们以为,在不分尖团的吴语方言中,古从母邪母今细音读 z 读 dz 都无所谓,赵元任早在《现代吴语的研究》14 页就指出,古从母、邪母、床母、禅母在今吴语读浊塞擦音还是浊擦音这点上,是"一笔糊涂账","一处一个样子",就是说无所谓规则。所以崇明话"邪"一读 zia[24],一读 dzia[24],正好用来区别"邪"的两种不同的意义和用法。而在分尖团的方言中,如苏州上海等分尖团的方言,根本没有 dz 这个声母,所以尖团分别只限于 ts、ts'、s、z 这四个声母,就是说,不可能出现和 dzia[24](能干)相应的 dzia 这个音。钱乃荣《上海语言发展史》21 页,就指出,在上海市区,dz 声母的失落大约在 19 世纪末到 20 世纪初,多数人读为 z;49 页谈到尖团合并不分时,举了邪母字"序"读为[dzy]的例子。所以,dz 声母不只容易失落塞音部分而读为 z,而且也不容易和 i、y 开头的韵母相拼,也就是说容易从尖音演变为团音。所以,用"邪"是尖音来怀疑 dzia[24] 是"邪"的异读,是没有看到这个声母发展演变的实际情形,我们以为,dzia[24] 这个音,和"邪"是尖音完全不冲突。

从意义上看,邪即斜也,不正也。不正者非正常也,非正常者可以是反常,可以是低于正常,也可以是超乎寻常。北方话"邪乎、邪门儿"的用法,就反映了"邪"的这些引申意义。请看《现代汉语词典》的解释:

【邪乎】(方)1. 超出寻常;厉害:这几天天气热得～。

    2. 离奇;玄乎:这事没什么,你别说得那么～。

【邪门儿】(方)不正常;反常:这里天气也真～,一会儿冷,一会儿热。

上海话还有"邪、邪气"一词,用作副词,表示非常的意思,例如:

  夷拉两家头邪好个(他们两人很要好的)

  夷个人邪气好(他这人很好)。

  个物事邪气推扳(这东西很差)。

一般人都写作"斜气",如果对比一下北方话的"邪乎、邪门儿",就明白都是和

"邪"的不正常意义相关联,和表示健康、厉害的"邪"也一脉相承。

最后,我们要说,"邪"之用作褒义,表示能干、健康等义,和用"神、鬼"来形容聪明机灵是同样的道理。例如《现代汉语词典》:

  神(聪明;机灵):瞧!这孩子真神。

  鬼(机灵):这孩子鬼得很!

其实,英语名词 demon,daemon,既可用于指魔鬼,也可用于指有能力的人;形容词 demonic 既可以表示似魔鬼的,也可以表示有魅力的、受灵感的。又如 terrific,既可以表示可怕的,也可以表示极好的。这些和吴语的"邪"既可以表示邪恶,又可以表示能干是同类现象。

附:閗、撑、掅、橕

吾友钱碧湘从事文物和中国文学的研究,六十年代末七十年代初在河南明港干校时,看到一个罪犯的名字用了一个"閗",请教多位古文字学者,都说没有见过这个字,不知其音其义。一次她向我谈及此字,她说,从"门"字里头有一竖这个字形考虑,这是否我们老家用来撑住大门不让外人外物进入的那根木棍,或者说是用木棍从地面斜着顶住大门的那个样子,老家叫"门掅"(名词)或"掅门"(动词)。我随即就说,对,一点没错。

她还说到,用此字作名字,大概取其强壮有力、能支撑一方之意,犹如北方常用"柱子"取名一般。

为了支持她这个想法说法,于是就查找有关记载。原来,过去的字书韵书都没有载有这个字。直至罗竹风主编的《汉语大词典》(1990年版)第 12 册 20 页才载有此字,指明据自《清嘉录》:

  【閗】[chèng]撑。清顾禄《清嘉录·掅腰糕》:"《昆新合志》:'二月二日,食閗腰糕。'閗,字书无此字,俗呼雌枪反,去声。"

顾禄(字铁卿),吴县人。《清嘉录》共十二卷,分别记吴地一年十二个月的

吴声越韵

民俗风土人情。《清嘉录》者,取陆士衡《吴趋行》"土风清且嘉"而来(宛山老人序语)。

上海文艺出版社 1985 年影印的上海进步书局本《清嘉录》卷二(2 页下)"撑腰糕"原文:

(二月二日)是日,以隔年糕油煎食之,谓之撑腰糕。蔡云《吴歈》云:"二月二日春正饶,撑腰相劝啖花糕。支持柴米凭身健,莫惜终年筋骨劳。"又徐士鋐《吴中竹枝词》云:"片切年糕作短条,碧油煎出嫩黄香娇。年年撑得风难摆,怪道吴娘少细腰。"

案,刘若遇芜史:"燕俗,二月二日用黍面枣糕,以油熬之,曰薰虫。吴曼云《江乡节物词》小序云:杭俗二日,煎糕炒豆,以祀土地,谓即春祭社之礼。有'糕花凝白豆萁红'之句。方以智《通雅》:撑,即䦂。一作牚。雌争反。《集韵》'支柱也。'《昆新合志》:'二月二日,食䦂腰糕。'䦂,字书无此字,俗呼雌枪反,去声。"

江苏古籍出版社 1999 年出版的王迈校点本《清嘉录》46 页,引《吴歈》"撑腰相劝啖花糕"句"啖"作"馁",疑误。关于"刘若遇芜史",校点本 55 校记指出,当是明际宦官"刘若愚《酌中志》",顾禄不屑其人而隐之。

我们以为,"䦂"字音义已经非常明确,是"撑"的去声,也写作牚、䦂、樘(《集韵》耻孟切,柱也)。意义就是支柱斜顶着的那个动作、状态,也指那个支撑的柱子、棍子。这和崇明话的音义完全一致。张惠英《崇明方言词典》(江苏教育出版社 1993 年本)147 页右栏作"牚":

牚 (1)斜柱:可以斜着支撑的木棍:拿一根木头当～

(2)斜着支撑:拿一根竹头～勒门浪(拿一根竹棍支住门_{译文新加})

崇明话还有"三脚牚"的说法,指用三根棍棒支起的三脚架,用来支撑重物。而且,崇明话的"牚"还有引申意义,有体力上坚持住的意思,例如:

硬牚(指体力上勉强撑着):生子毛病要看郎中,弗要～(生了病要看医生,不要硬撑着)。

许宝华、陶寰《上海方言词典》(江苏教育出版社,1997年)222页写作"撑",是读阴去调的"撑",注释为"支撑":"拿根棒头撑起来"。上海话阴去调"撑"的用语较多,如(同页):

> 撑腰糕:年糕放在油中煎炸而成。旧时上海在农历二月初二(龙抬头)那天吃撑腰糕,以祈一年中腰身强健。

> 撑头:支撑物体的东西。

> 撑墙:撑墙的石柱。

> 撑档:撑档物体的柱状物。

> 撑压棒:拐杖。

我们要指出的是,碧湘是吴江震泽人,和吴县顾禄可算是同里,风俗民情完全相通。而且吴江震泽也吃撑腰糕,但是在九月九日登高节,不是二月二日土地公公生日。而从乾隆十五年编的《昆新合志》(昆山自清雍正四年添设新阳县,故有乾隆十五年的《昆新合志》)开始,说"二月二日食㸃腰糕",可见稍处北邻的昆山新阳上海和稍南的吴江盛泽就有不同的过节习惯。或者,由于年久失传,都是凭记忆传说,因而说法不同?

作为从事方言研究有年的学人,对碧湘的语言文字修养甚是钦佩,特此提供有关方言资料仅供参考。最后还可提供的一点想法是,凡取"㸃"为名的人,当是常用此语的苏沪一带人。不知当否,请是正。

参考文献

波多野太郎:《中国方志所录方言汇编》(第六编),(日本)横滨市立大学,1968年。

陈刚:《北京方言词典》,商务印书馆1985年版。

《辞源》(修订本),商务印书馆1993年版。

《二十四史》,中华书局标点本。

方松熹:《义乌方言研究》,浙江省新闻出版局1999年版。

冯梦龙:《古今小说》,人民文学出版社1979年版。

冯梦龙:《醒世恒言》,人民文学出版社1979年版。

冯梦龙:《警世通言》,人民文学出版社1980年版。

冯梦龙:《明清时歌时调集·山歌》,上海古籍出版社1987年版。

顾颉刚:《吴歌甲集》,上海文艺出版社1990年版。

《汉语大词典》,汉语大词典出版社1994年版。

何伟棠:《增城方言志》,广东人民出版社1993年版。

胡文英:《吴下方言考》,乾隆四十八年留芝堂刻本(《续修四库全书》第195册),上海古籍出版社2000年版。

桓宽:《盐铁论》,国学丛书本。

郭在贻:《训诂丛稿》,上海古籍出版社1985年版。

李伯元:《官场现形记》,上海亚东图书馆1927年版。

李荣:《现代汉语方言大词典》(综合本),江苏教育出版社2002年版。

凌濛初:《初刻拍案惊奇》,古典文学出版社1957年版。

凌濛初:《二刻拍案惊奇》,古典文学出版社1957年版。

刘敬叔:《异苑》,学津讨源本。

阮元:《揅经室一集》,国学丛书本。

漱六山房:《九尾龟》,宣统三年(1911)图书局重版。

钱乃荣:《上海语言发展史》,上海人民出版社2003年版。

王念孙:《广雅疏证》,学海堂本。

文康:《儿女英雄传》,上海亚东图书馆1929年版。

《现代汉语词典》,商务印书馆2002年版。

徐世荣:《北京口语词典》,语文出版社1999年版。

许宝华、陶寰:《上海方言词典》,江苏教育出版社1997年版。

叶祥苓:《苏州方言词典》,江苏教育出版社1998年版。

应劭:《风俗通》,引自《全后汉文》,中华书局影印本1960年版。

张惠英:《崇明方言词典》,江苏教育出版社1993年版(1998年增订)。

张南庄:《何典》,光绪二十年(1894),上海图书集成印发局。

张南庄:《何典》,人民文学出版社 1981 年版。

赵元任:《现代吴语的研究》,科学出版社 1956 年版。

浙江书局辑:《二十二子》,上海古籍出版社 1986 年影印版。

原载《中国语文》1980 年第 6 期、1981 年第 4 期、1984 年第 5 期

吴语"V-脱"中的"脱"[①]

范　晓

0. 引　　言

0.1　吴语中的"V-脱",口语里使用得很多,在用吴语写作的作品里也常可以见到,例如:

a. 耐末说过仔忘记脱哉。(《海上花列传》第二十五回)

b.(看门公差)逃脱了。(《上海民间故事选·周立春起反》)

c. 让他做些生活,拔脱些零散债。(沪剧《阿必大回娘家》)

d. 搅七搅八,辰光搭脱交关。(独脚戏《拉黄包车》)

e.(百步大王)瘪脱啦。(评话《岳传·龙门败十将》)

f. 喔唷唷,那是缠昏脱了。(评弹《海上英雄》)

上边例句里的"忘记脱""逃脱""拔脱""搭脱""瘪脱""缠昏脱"等,便是"V-脱"。这些句子中的"脱"的共同的分布特点是:"脱"前边是个谓词性的成分(包括动词、形容词、动词性短语等)。我们把谓词性成分记作"V",把谓词性成分和"脱"合成的结构记作"V-脱",本文便是研究这"V-脱"中的"脱"。

[①] 本文所说的"V-脱"中的"脱",在苏州话、上海话等吴语里使用得相当广泛,但并不是吴语区所有地点都使用。

0.2 "V-脱"中的"脱",口语里读作 t'ə?。关于这个"脱",有两种看法:

一种是袁家骅先生等著的《汉语方言概要》的看法。该书认为,"V-脱"中的"脱"是动词的"后加成分",是用来表示动词的"体"的,它"附加在动词后表示完成……例如:逃走脱哉(逃掉啦),忘记脱哉(忘掉啦)"。①这就是说,该书把"-脱"看作为标志动词完成体的后缀或词尾。

另一种是赵元任先生的意见。他认为"V-脱"中的"脱",包含着"两个同音、同形只是用法不同的补语'-脱'":其中一个是作"结果补语",它跟普通话的"-掉"有"对称关系",如吴语的"滑脱哉",普通话是"滑掉了";另一个"意思最多只表示简单的完成,因而很象后缀'-了'(区别于助词'了')。"如吴语的"死脱哉",普通话是"死了"。②赵元任先生虽说有两个"-脱",但他实际上把"-脱"都看作动词的补语的。既然看作补语,"-脱"便不可能是虚词,也不可能是词缀或词尾("很像后缀",并不等于后缀)。可见,他还是把"-脱"作实词处理的。

吴语"V-脱"中的"脱"究竟是一个语素,还是两个语素,还是三个或四个语素? 它是实词,还是虚词,还是表示动词形态变化的"后加成分"(词缀或词尾)? 这些都是值得进一步研究的。

0.3 本文分析"-脱"语素同一性或差别性的基本方法是:根据它在语法结构中的功能和意义(各种"-脱"的语音和字形相同,不必讨论)。换句话说,假如两个或两个以上的"-脱"在语法结构中的功能和意义完全相同,则是同一语素;反之,假如两个或两个以上的"-脱"功能和意义有显著的不同,则是不同的语素。另外,在确定"-脱"语素的性质时,尽可能与普通话里相对应的语素进行比较,由此可发现彼此的异同。根据我们的考察,"-脱"在功能和意义上并不完全相同,存在着三个不同的"-脱",暂名之为脱$_1$、脱$_2$、脱$_3$。

---

① 参看袁家骅等著《汉语方言概要》,第 101 页。
② 参看赵元任《吴语的对比情况》,载《国外语言学》1980 年第 5 期。

1. 脱₁

1.1 脱₁的例证

(1) 吃～饭　卖～菜　解～绳子

(2) 衣裳脱～哉　石头搬～哉　饭吃～哉

(3) 狗死～哉　鸟飞～哉　伊逃～哉

第(1)(2)两组的 V 都是及物动词,所不同的是:第(1)组中动词的受事作宾语,出现在"V-脱"之后;第(2)组中动词的受事作主语,出现在"V-脱"之前。第(3)组的 V 是不及物动词,动词的施事作主语,出现在"V-脱"之前。上述三组的"-脱",都是"脱₁"。

1.2 脱₁的特点

1.2.1 脱₁的功能是与动词结合在一起,作动词的补语,所以"V-脱₁"结构是一种动补式结构。这可与普通话里类似的动补式(动补结构中的动结式,记作"V-R")作一比较,便可证实。

(1) 普通话类似的动补式里,动词与补语之间可插入"得"表示可能,插入"不"表示不可能。脱₁与动词之间也有这种情形,即可插入"得"、"勿"表示可能或不可能,例如:

　　a. 机器退勿脱……关俚啥事?(《官场现形记》第九回)

　　b. (喜儿)哪里强得脱!(评弹《白毛女》)

　　c. 迭个结我解勿脱,侬解得脱哦?

(2) 脱₁跟普通话的"-掉"大体对应,"V-脱"相当于普通话里的动补式"V-掉"。普通话里的"V-掉"一般都能对译成吴语的"V-脱",例如:"削掉皮"可译成"削脱皮","还掉债"可译成"还脱债","滑掉了"可译成"滑脱哉"等。而吴语的脱₁要比普通话的"-掉"使用得更为广泛,与动词的结合面更宽。由于吴语的影响,普通话的"V-掉"结构在逐渐扩大,比如:"死""丢""掉""输"等动词,本来不能带补语"-掉"的,只能说"死了""丢了""掉了""输了";但吴语中有"死脱哉""乿(to?)脱哉""落脱哉""输脱哉",现在普通话里也相应地出现了"死掉了""丢掉了""掉掉了""输掉了"的说法。赵元任先生认为这是"习非成是",并说"死脱"之类的"脱","应当翻译成后缀'-了'而不应当译作补语'-掉'。"[1]我们认为,从语言发展的观点来看,吴语和普通话是相互影响的,普通话里"V-掉"结构的增多,正是吴语影响普通话的例证之一,所以是不必拘泥于普通话原来的格式的。吴语"V-脱₁"可对译成普通话的"V-掉",也从另一侧面证明了脱₁跟"-掉"的功能是一致的,它们都与动词结合在一起作动词的补语。

(3) 普通话动补结构(V-R)中的动词 V 可以重叠,构成"VV-R"式,如"删删掉""说说清楚"等。吴语中脱₁前的动词一般也能重叠,构成"VV-脱"式,例如:

a. 壁角里格垃圾快点扫扫脱。

b. 拿蜡烛媲头钳钳脱。(评弹《孟丽君》)

c. 侬自家拿门闩拔拔脱。(独脚戏《调查户口》)

这里的"扫扫脱""钳钳脱""拔拔脱"就是"VV-脱"式,这也证明脱₁在动词后边是作补语的。

1.2.2 脱₁在动词之后作补语,是表示动作的结果。脱₁表示结果时,它的词汇意义常受前边动词的制约,如"逃脱了"有"逃走了"的意思,"吃脱了"有"吃完了"的意思,"削脱皮"有"削去皮"的意思,"写脱文章"有"写好文章"的意思,概括地说,脱₁有两种意义[2]:

(1) 在及物动词之后,有"去除"的意思,如:

拔脱(牙齿)　揩脱(齷龊)　卖脱(物事)

脱脱(衣裳)　用脱(钞票)　削脱(果皮)

---

[1] 参看赵元任《吴语的对比情况》,载《国外语言学》1980 年第 5 期。
[2] "-掉"也有两种意义,可参看《现代汉语八百词》第 148 页。

(2) 在不及物动词之后,有"离开"的意思,如:

　　飞脱了　走脱了　逃脱了　死脱了

1.3　脱₁的性质

脱₁具有普通话"V-掉"结构中"-掉"的一切语法特征。"-掉"一般认为是动词,所以脱也可看作动词,但脱₁与一般的动词有一定的区别,这表现在:

(1) 一般动词能单说,脱₁不能单说。它只能放在动词后边作动词的结果补语,与动词构成动结式(V-R)。

(2) 一般动词能单独作谓语(如"鸟飞了"),其中及物动词还能带宾语(如"吃饭"、"读书"),而脱₁不能单独作谓语,也不能带宾语。至于有的"脱"能单独作谓语或能带宾语,如:

　　a. (耐)晚歇热末再脱末哉。(《海上花列传》第十八回)

　　b. (一件长衫)脱下来押仔四百个铜钱。(同上,第二十四回)

　　c. 闯出穷祸来耐也脱勿了个哩。(同上,第十回)

这里的"脱"都属一般动词,跟脱₁是不一样的。最明显的在"脱脱衣裳"里,前一个"脱"是一般动词,后一个"脱"是脱₁。

(3) 一般动词意义比较实,脱₁的意义相对地比较虚。脱₁跟"脱衣裳"、"脱勿下"的"脱"比较,它们之间在语源上虽有一定的联系,但由于脱₁不能单独作谓语,不能带宾语,专门用来作动词的补语,所以它的语义虚化了,有点像"碰得着""碰不着""捉得住""捉不住"中的"着""住"的情形。可见脱₁与作为一般动词的"脱"也是不一样的。[①]

从上述情况看出,脱₁与一般动词确是不相同的。如果说不能单独作谓语的形容词称作"非谓形容词",则脱₁不妨可称作"非谓动词"。由于脱₁专用来表示动作的结果的,所以也不妨称之为"结果动词"。

[①] 吴语区有些地方(如嘉定、宝山等地),脱₁跟作为一般动词的"脱"在语音上有区别:前者读 tʻəʔ,后者读 tʻoʔ,如"脱脱鞋子"读成"tʻoʔ tʻəʔ ɦa tsๅ"。

袁家骅先生等认为脱₁是"附加在动词后面表示完成"的"后加成分",即把它看作标示动词形态变化的后缀或词尾。这是可以讨论的。

首先,脱₁不是表示动作的"完成",而是表示动作的"结果"。吴语中表示动作"完成"的最典型的时态助词是"仔",它相当于普通话中的时态助词"了"。凡是普通话用时态助词"了"的地方,吴语一般能用"仔"对译;反之,吴语用"仔"的地方,普通话一般也能用"了"对译。①试比较:

吃仔饭哉:吃了饭了

买仔一本书:买了一本书

而脱₁却不能与时态助词"了"对译。有些句子表面上看是对应的,但实质上却不对应,如:

a. 我吃仔中药再吃西药。

b. 我吃了中药再吃西药。

c. 我吃脱中药再吃西药。

这里a、b两句是等义的,因为"仔"和"了"的功能和意义是一样的,都是附着在动词"吃"后边表示动作的"完成"。但c句与a、b两句比较,则有点不一样,这表现在这个脱₁跟"仔""了"的功能和意义不一样:脱₁在c句中作"吃"的补语,表示动作的结果,使得中药吃"光"了(有"去除"义),而"吃仔""吃了"不一定把中药吃"光"。可见,"仔""了"只表示动作的"完成",而脱₁却表示动作的结果,引起动作的施事或受事发生某种变动("去除""离开"等)。正因为脱₁不是表示完成态的,所以"V-脱₁"若要表示完成态时,常要再加上一个时态助词"仔",例如:

a. 三家头输脱仔十几万咪。(《海上花列传》第六十一回)

b. 教伊淘淘米,撒脱仔饭箩底。(《沪谚外编》)

---

① 吴语"仔"表示动作完成态时比普通话的时态助词"了"范围较广。在对译时,有些"仔"常被译成普通话的时态助词"着",如"拿仔一本书走过来""板起仔面孔",过去一般译成"拿着一本书走过来""板着脸"。其实,译成"拿了一本书走过来""板起了脸",似乎更符合吴语的原意。

c. 等红喜养脱仔小囡再讲吧。(评弹《白毛女》)

"V-脱₁"后边加"仔"跟普通话里动补式(V-R)加"了"(如"说清楚了问题"、"讲完了故事"、"烧掉了房子"等)表示"完成"是一致的。也有的地方(如新派上海话)由于受普通话的影响,现在已用"了"取代"仔"来表示"完成",如"养脱仔小囡"可以说"养脱了小囡"。

其次,脱₁虽有虚化的趋向,但还没有变成虚词或变成标示形态变化的"后加成分",这是有形式上的佐证的:一是"V-脱₁"中间可插入"得"、"勿"表示可能或不可能,而时态助词或词缀、词尾跟动词之间不可能有此种形式;二是"V-脱₁"可构成"VV-脱₁"式,而时态助词或词缀、词尾之前的动词是不能重叠的;三是脱₁跟普通话的"-掉"对应,可以互译,而跟普通话的时态助词"-了"不对应,不能互译。由此看来,还是把脱₁看作为结果动词较为妥当。

2. 脱₂

2.1 脱₂的例证

(1) 酥～ 乱～ 小～ 湿～ 慢～

(2) 断～ 碎～ 败～ 散～ 翻～

(3) 烧酥～ 弄乱～ 缩短～ 落湿～ 走慢～

(4) 拉断～ 跌碎～ 打败～ 推翻～ 跑散～

(5) 多做～ 白讲～

第(1)组 V 是形容词。第(2)组 V 是动词。第(3)(4)组 V 都是动结式短语(V-R),其中第(3)组的"R"是形容词,第(4)组的"R"是动词。第(5)组 V 是状心式短语。上述五组的"脱",都是"脱₂"。

2.2 脱₂的特点

2.2.1 脱₂不能单说,具有明显的附着性。它的功能不是作 V 的结果补语,而是对 V 起添显作用。这种添显作用主要是表示某种动作或情状变化的实

现情况。脱₂跟脱₁相比,有明显的不同,主要有以下几点:

(1)"V-脱₁"结构中可插入"得""勿"表示可能和不可能,而"V-脱₂"结构没有这种语法形式,如不能说"酥得脱""酥勿脱""弄乱得脱""弄乱勿脱"等。

(2)"V-脱₁"结构可构成"VV-脱"式,而"V-脱₂"结构不可能构成"VV-脱"式,如不能说"酥酥脱""弄乱弄乱脱"等。

(3)与普通话相比,脱₁与普通话里的"-掉"对应,所以脱₁可对译作"-掉";而脱₂与"-掉"不对应,因此一般不能译作"-掉",如不能把"酥脱"译作"酥掉",不能把"落湿脱"译作"落湿掉"等。

(4)脱₁有表示"去除""离开"等意义,而脱₂没有这种意义,只是表示V的"实现"的抽象意义。

2.2.2 脱₂由于有表示"实现"的意义,它便在某种程度上跟普通话里表示"完成"态的抽象意义接近,因此有时可用时态助词"-了"对译,试比较:

a. 脚踏车坏脱哪能办?:自行车坏了怎么办?

b. 牛肉烧酥脱才好吃。:牛肉烧酥了才好吃。

c. 扯破脱衣裳要侬赔。:扯破了衣服要你赔。

上述句子里"脱₂"译成"-了"还是比较自然的;虽然"-了"与"脱₂"不完全等价,但这样译后句子的意义基本不变。

2.2.3 脱₂由于有表示"实现"的意义,因此有时候脱₂可用表示完成态的时态助词"-仔"来替换,而句子的基本意义没有变化,试比较:

a. 脚踏车坏脱哪能办?:脚踏车坏仔哪能办?

b. 牛肉烧酥脱才好吃。:牛肉烧酥仔才好吃。

c. 扯破脱衣裳要侬赔。:扯破仔衣裳要侬赔。

吴语里"-仔"跟"脱₂"也是不等价的,但上述句子两种说法都是可以的。

2.3 脱₂的性质

脱₂跟脱₁是不同的。脱₁虽然跟一般动词有区别,已经开始虚化,但它还保留着动词的某些特点,因此脱₁仍可看作动词。而脱₂进一步虚化了,它已失却了动词的一切特点,它既不能单独作谓语,也可能作动词的补语,只能附着在动词上起某种添显作用。脱$_2$一般不能译作"-掉",但有时可译作时态助词"-了"。这样看来,脱$_2$是不能当作动词的,而只能看作虚词,更确切地说,只能看作表示动词的某种"态"的助词。①

那么脱$_2$是什么助词呢？从它有时候可用时态助词"了"对译或可用时态助词"仔"替换来看,似乎也可把脱$_2$看作时态助词,但这有点儿问题,因为脱$_2$跟时态助词也还有不同、不对应的地方,主要表现在:

(1) 很多句子里脱$_2$不能用时态助词"了"对译,也不能用时态助词"仔"替换,例如下边一些句子：

  a. 脚踏车坏脱哉。

  b. 衣裳落湿脱哉。

  c. 碗跌碎脱哉。

这些句子中的"脱"若用"了"对译,或用"仔"替换,说成"脚踏车坏了哉"或"脚踏车坏仔哉",那就不通了。反之,时态助词"了""仔"也不能随便地对译或替换成"脱$_2$"。如:"天色黑了起来",不能说成"天色黑脱起来";"倪听仔耐咾闲话,忘记脱哉"《海上花列传》第五回,不能说成"倪听脱耐咾闲话忘记脱哉"。

(2) "V-脱$_2$"后边还可出现时态助词,例如：

  a. 我讲错脱仔闲话请侬纠正。

  b. 生仔一场病,身体轻脱仔五斤。

  c. 物事臭脱仔就勿好吃。

如果说脱$_2$也是时态助词,而且与时态助词"了""仔"等价,那在脱$_2$后边再出现时态助词"仔"就无法解释了。可见,脱$_2$跟"了""仔"之类的时态助词是有区别的。

---

① 或可称作"后加成分""词尾""词缀"。但根据汉语的特点以及汉语语法教科书的习惯称呼,我们采取"助词"的说法。

(3) 时态助词"了""仔"是表示动作的"完成",而脱₂是表示动作或情状变化的"实现",这似乎有共同性的一面。但脱₂表示"实现",是有强调某种动作或情状变化的结果的作用,这种作用是"了""仔"之类时态助词所不具备的。比如"(五姑娘)三日不满身体瘦脱三五斤"_{长篇叙事吴歌《五姑娘》},这里的"瘦脱",不仅表明"瘦"这种情状的"实现",而且有强调"瘦"这种情状的作用。尤其在 V 后有脱₂而不能用时态助词"了""仔"对译或替换的句子里,这种作用更为明显。例如:

a. 事体弄僵脱哉。(独脚戏《太阳伞拔牙齿》)

b. (那封信)烧酥脱了。(评弹《投递员的荣誉》)

c. 里面的木头早已焙枯脱哉。(评话《飞夺泸定桥》)

这些句子中 V 都是"V-R"式,脱₂如果去掉,句子也通,基本意义也不变。陈望道先生说:"考察助辞决不宜用减法……而当运用加法,以基本结构做底子,将助辞一一加上,看加上了一个助辞,添显了些甚么。"① 上述这些句子里的脱₂表示 V 的实现,重在强调动作的结果,也就是强调"V-R"里的"-R",如 a 句重在强调"僵"的实现,b 句重在强调"酥"的实现,c 句重在强调"枯"的实现。

总之,脱₂有某些时态助词的特点,但又与时态助词不完全相同。从来源来看,脱₂跟脱₁是有联系的,是脱₁意义的引申和进一步虚化的结果,因此,多多少少还保留着脱₁表示动作结果的痕迹。这在形式上也有反映,比如:"V-脱₁"可用"呒没"(没)来否定,如"呒没落脱""呒没吃脱";而"V-脱₂"也可用"呒没"进行否定,如"呒没落湿脱""呒没瘦脱"。而时态助词"了""仔"是没有这种否定形式的。由此看来,如果说脱₂作为助词也是表示动词的一种"态"或"体",那末,把它看成表示结果态(或体)的助词可能更确当一些。这样,脱₂似可称作"结果助词"。②

---

① 陈望道《试论助辞》,载《国文月刊》第 62 期。
② 吴语中表示结果态的"结果助词"还有一些,如:"牢"(也说"牢定",如:捉~、缚~、吃~等等)、"好"(吃~饭、做~事体、写~文章等等)、"煞"(急~、高兴~、忙~等等)之类便是。

/ 207 /

3. 脱₃

3.1 脱₃的例证

（1）坐～一歇再走　白相～一歇再吃饭　瞓～三个钟头去上班

（2）想～十分钟再讲　等～一歇再来　写～一个钟头去休息

（3）打～伊一顿　讲～伊两声　揎～伊几拳

第（1）组的"V-脱"中，V是不及物动词，第（2）（3）组中的"V-脱"中，V是及物动词。第（1）（2）组"V-脱"后直接带数量补语，第（3）组"V-脱"后先带宾语，再带数量补语。上述三组的"脱"，都是"脱₃"。

3.2 脱₃的特点

3.2.1　脱₃前边是动词，后边一定带有数量补语（动量补语或时间量补语），因此，脱₃所处的结构环境一定是"V-脱-补"式。第（3）组虽然在"脱"跟补语之间还有一个宾语，但若把"打脱伊一顿"之类转换一下，变成"拿伊打脱一顿"，则仍为"V-脱-补"式。

3.2.2　脱₃不能单说，它也是附着在V上起添显作用。脱₃的添显作用主要表现在两方面：一是起结构作用，它使动词和数量补语联结起来；[①]二是起强调作用，主要是强调动作的"量"，使补语的补充作用更加明显。比如"坐脱一歇再走"，是注重在"一歇"这一短暂的时间，而不是很长的时间。带有脱₃的句子，脱₃若去掉，句子意义不变，脱₃看上去似乎可有可无；但实际上有脱₃或没有脱₃是有细微差别的，有脱₃的句子便有强调动作"量"的意味，尽管这种强调作用不很强烈，只要留心一下，还是体会得出来的。试比较：

　　a₁ 白相脱一歇再吃饭；　　a₂ 白相一歇再吃饭

[①] 这方面有点像结构助词"得"的作用，如"我说话说得多了"、"这顿饭吃得多了"（上边两句中"得"不用也可以）。不过，"得"联结的是动词和结果补语，脱₃联结的是动词和数量补语。

b₁ 等脱一歇再来；　　b₂ 等一歇再来

c₁ 打脱伊一顿；　　　c₂ 打伊一顿

这里 a₁ 跟 a₂ 同义,b₁ 跟 b₂ 同义,c₁ 跟 c₂ 同义,但 a₁b₁c₁ 三个句子里有了脱₃,便都有强调动作"量"的作用。

3.3 脱₃的性质

3.3.1 脱₃跟脱₁虽也有语源上的联系,但它已完全虚化。它不是作动词的补语,而是附着在动词后边起添显作用,所以它不是动词,而是一个助词。但是它也不同于结果助词脱₂,因为它们的语法意义和语法形式是不一样的,主要表现在：

(1) 脱₂表示某种动作或情状变化的"实现",而脱₃主要是起联结动词及其数量补语的作用。它们虽都有强调作用,但强调的方面不同：脱₂重在强调动作或情状变化的结果;脱₃重在强调动作的数量。

(2) 脱₃既可出现在已经过去了的时间,如"昨日我掼坏脱一只碗";也可出现在将来的时间,如"等侬拿牛肉烧酥脱我再吃"。但脱₂一般不能出现在过去的时间,它常用于述说未来事件的句子里,例如：

a. 现在不能歇,让我做脱几年一道歇吧！评话《雷鸣电闪》

b. 今朝已经廿六,再要停脱格一两日,已经小年夜哉。《九尾龟》第一百六十三回

c. 我等脱一歇就去。

以上句子所述说的事都还没有发生。

(3) 脱₃有时能对译成时态助词"了"或用吴语的时态助词"仔"替换,但脱₃跟"-了""-仔"是不能对译或替换的。如"侬坐脱一歇再走",假使说成"你坐了一会儿再走"或"侬坐仔一歇再走",句子便不通。"我等脱一歇再去看电影",假使说成"我等了一会儿再去看电影"或"我等仔一歇再去看电影",句子是通的,但意义却完全变了："我等脱一歇再去看电影",这句的语言环境是现在还没看电影;而用"-了""-仔"对译和变换后,是指电影已经看过了。这里脱₃指的是动作

还未进行,而"-了""-仔"指的是动作已经完成,显而易见是不同的。

3.3.2　脱₃是一个助词,但它不同于表"态"助词(既不同于表时态的助词"-了""-仔",也不同于表结果态的助词"脱₂")。那末它是什么助词呢?从它的添显功能来看,它具有"结构作用"和"强调作用";而汉语中的结构助词正是起"结构作用"的,同时,一般地也带有某种"强调作用"①;因此,脱₃似可称作"结构助词"。

3.3.3　脱₃前边的 V 有时跟脱₁前边的 V 是同一个动词,所以单从"V-脱"结构来看,有同形异义的情形,例如:

看脱 ⎧ a. 昨日我看脱两本小说。
　　　⎩ b. 侬看脱一歇再来。

走脱 ⎧ a. 伊今朝一清早就走脱了。
　　　⎩ b. 侬走脱十分钟再跑步。

讲脱 ⎧ a. 要讲格全讲脱了,呒啥讲了。
　　　⎩ b. 侬讲脱伊两声勿要紧格。

上边"看脱""走脱""讲脱"的 a、b 两句的"V-脱"都是同形不同义的结构:a 句都是"V-脱₁"结构,b 句都是"V-脱₃"结构。可见,确定"V-脱"中的"脱"是脱₃还是脱₁,往往不能单凭"V-脱"中的 V 来决定,而是要把"V-脱"放在更大的语法结构里决定。这就要看"V-脱"后边是否带上了数量补语:带数量补语的"V-脱"中的"脱"是脱₃,不能带数量补语的"V-脱"中的"脱"是脱₁。

4. 结　　论

综上所述,吴语"V-脱"中的"脱"并不是同一个语素,而是有三个语素,即

---

① 例如定语和中心语之间的结构助词"的"(吴语是"格",口语读 kəʔ)就是既具有"结构作用",同时也带有"强调作用"。朱德熙先生就曾认为这个"的"使"定语的限制作用特别明显,往往有强调的意味。"(参看朱德熙《现代汉语语法研究》第 17 页)

脱$_1$、脱$_2$和脱$_3$。

(1) 脱$_1$是结果动词(或称"非谓动词")。凡"V-脱"中间能插"得""勿"表示可能和不可能,并能构成"VV-脱"式,以及能跟普通话中的"-掉"对译的,可定为脱$_1$,即结果动词。

(2) 脱$_2$是结果助词。凡"V-脱"中间不能插"得""勿"表示可能和不可能,也不能构成"VV-脱"式,并且不能跟普通话中的"-掉"对译,但有时却能译为普通话中的时态助词"了",或可用吴语中的时态助词"仔"替换的,可定为脱$_2$,即结果助词。

(3) 脱$_3$是结构助词。凡"V-脱"中间不能插"得""勿"表示可能和不可能,也不能构成"VV-脱"式,并且不能跟普通话中的"-掉"对译,也不能跟时态助词"了""仔"对译或替换,而且"V-脱"后边总是带有数量补语的。这个"脱"可定为脱$_3$,即结构助词。

原载《吴语论丛》,上海教育出版社 1988 年版

吴语"指示词+量词"的省略式

杨剑桥

赵元任先生在《汉语口语语法》中曾经指出,粤语的"条绳唔够长"(那条绳子不够长)、"啲人重未嚟"(那些人还没来)一类句子的"条绳""啲人"是"指示词+量词"的省略(吕译本,253页),赵先生还说这种语法现象只见于广州话。其实吴语也有这种情况。以上海话为例:

只马跑过来哉。(这匹马跑过来了。)

部片子好看。(这部影片好看。)

支钢笔是啥人个?(这支钢笔是谁的?)

条鱼大来斜气。(这条鱼大得很。)

间房子是阿拉爷叔个。(这间屋子是我叔叔的。)

个人是大学生。(这个人是大学生。)

本书拨我。(这本书给我。)

块田个产量高。(这块田的产量高。)

这里,"只马""支钢笔"等显然不是"一只马""一支钢笔"等的省略,而是"这只马""这支钢笔"等的省略,也就是说,是"指示词+量词"的省略。此外,在上海话中"指示词+两+量词"也能省略指示词,例如:

两个人坏来。(这两个人坏极了。)

两部汽车开来快来。(这两辆汽车开得真快。)

省略指示词以后,"两"字变读为高降调。

在温州话中也有"指示词+量词"的省略情况,例如"个人"(这个人)、"班人"(这班人)、"间屋"(这间屋)、"句话"(这句话)[①],这种省略式全都表示近指意义,跟上海话相同。

由此可见,吴语确实存在"指示词+量词"的省略式,这种省略式跟普通话不同,"这个人"普通话省略为"这人",吴语省略为"个人","这匹马"普通话省略为"这马",吴语省略为"只马"。

有人认为吴语、粤语的量词,在不带数词而前置名词时有指示作用。王力先生在《汉语史稿》的一条脚注中也说:"粤语有些情况可以看作接近冠词,如广州话'只狗死咗'(狗死了)。"[②]其实量词并没有指示作用,这里的指示作用是由被省略的指示词暗示的,同时也是名词的主语位置决定的。赵元任先生指出:"汉语里有一种强烈的倾向,把所指有定的词语放在主语位置上,所指无定的词语放在宾语的位置上。"(吕译本,253页)我们看到,上述粤语、吴语的例子中,量词不带数词而前置名词的情况全都在句首,全都在主语地位,正因为如此,"指示词+量词"才有可能省略指示词。相反,如果"指示词+量词"所修饰的名词处在宾语地位,那么省略指示词的现象就相当少见。冠词的出现环境不应有主语和宾语的区别,因此吴语量词的这种语法现象恐不宜跟冠词相提并论。

原载《中国语文》1988年第4期

---

① 郑张尚芳《温州方言的连读变调》,《中国语文》1964年第2期。
② 王力《汉语史稿》上册,第31页注②。

天台话的几种语法现象

戴昭铭

天台县位于浙东山区,历史悠久,交通闭塞。天台县作为天台山风景区和佛教天台宗的发祥地,早为世人所知,然而作为吴方言区的一个方言点,天台话却很少被方言学家所关注。本文选取比较天台话与北京话差异明显的若干语法现象。

天台话声调为:阴平[˧]33,阳平[˨˦]24,阴上[˧˨˥]325,阳上[˨˩˦]214,阴去[˥]55,阳去[˧˥]35,阴入[ʔ˥]5,阳入[ʔ˨˧]23。还有轻声,本文轻声音节不标调。

1. 指示代词的语音交替形式

天台话的指示代词分指名代词和指形代词两套。

1.1 指名代词 指名代词分近指和远指。其基本形式由韵母及声调的语音交替形式构成:近指用[køʔ](阴入),远指用[ka](阴上)。后面可以加上不同的语缀、量词、数量组合、量名组合,以明确所指目标,适应各种表达的需要。

㊀ 指名代词+语缀,可以构成各种不同的代称,以表示地点、时间等等:

	近　指	远　指
表地点	køʔˑ tE 这儿、这里	kaˑ tE 那儿、那里
表地带等	køʔˑ da 这一带、这一趟	kaˑ da 那一带、那一趟
表时间	køʔˑ tɕiaʔ 这时	kaˑ tɕiaʔ 那时
表种类	køʔˑ tɕyoŋ 这种	kaˑ tɕyoŋ 那种
表性状	køʔˑ ɦiaŋ 这样	kaˑ ɦiaŋ 那样
表虚数	køʔˑ ɕiE 这些	kaˑ ɕiE 那些

这里称近指/远指后面的成分为"语缀"而不是"词"，是因为这些成分尽管都有一定的词汇意义，但一般都不脱离其前面的指代成分，而且在语音上也都有弱化、轻读、失去本调等特征。

（二）指名代词加数量名组合，是现代汉语常见的名词性短语，而指名代词加数量组合、指名代词加量名组合、指名代词加量词组合，可以看作指名代词加数量名组合的省略形式；当量词前不出现数词时，实际上是隐含着数词"一"：

		近　指	远　指
①	指代＋数量名	□拉个人 køʔˑ laʔ kou niŋˑ 这几个人	□三本书 kaˑ sE pəŋˑ ɕyˑ 那三本书
②	指代＋数量	□拉个 køʔˑ laʔ kou 这几个	□拉本 kaˑ laʔ pəŋ 那几本
③	指代＋量名	□个人 køʔˑ kou niŋˑ 这个人	□本书 kaˑ pəŋˑ ɕyˑ 那本书
④	指代＋量	□个 køʔˑ kou 这个	□本 kaˑ pəŋˑ 那本

不同之处在于：上列③④两项，北京话"这""那"分别读为"这一""那一"的合音形式 tṣeiˇ、neiˇ，而天台话中没有"køʔˑ 一"和"kaˑ 一"的合音形式。

1.2 指形代词　指形代词用在形容词前，指称事物性状在大小、高低、长短、轻重、好坏、美丑……等方面的程度。有直指的 kaʔˑ（阴入）和夸指的 kaˑ（阴去）两种形式，相当于北京话的"这么/那么"：

	天台话	北京话
直指	□大/长/重/好/漂亮…	这么大/长/重/好/漂亮…
	kaʔ˥ dou˧/dziaŋ˧/dʑyoŋ˧/xau˧/pʼiau˧ liaŋ˥	
夸指	□大/长/重/好/漂亮…	那么大/长/重/好/漂亮…
	ka˥ dou˧/dziaŋ˧/dʑyoŋ˧/xau˧/pʼiau˧ liaŋ…	

"直指"意为"直接指称性状"。比如当用手势比划事物的长短、粗细时，就说 kaʔ˥ 长[dziaŋ˧]、kaʔ˥大[dou˧]。"夸指"意为"夸张地指称"，不表述事物的实际性状，而传达由于事物性状程度出乎寻常或超出意料所引起的惊叹、嫌恶之类的态度和情感，带有夸张意味。如："□碗饭□满格，我吃勿□□这碗饭那么满哪，我吃不了的 kø˥ uø˧ vɛ˧ ka˥ mø˧ kaʔ, ɦɿ˧ tɕʼyuʔ˥ føʔ gau˧ koʔ。"

值得注意的是：①天台话"直指"和"夸指"的分别，是用语音（声调）交替的手段构成的；②天台话，直指、夸指的形式区分是严格的，直指只能用 kaʔ˥，夸指只能用 ka˥，北京话的直指、夸指并不分别与"这么""那么"对应，"这么"和"那么"都兼有直指和夸指两种功能。

2. 表领属和表修饰的形式区分

北京话中名词性偏正短语的两个成分之间如果有助词的话，一般用"的"[tə]。二三十年代的书面语中，曾试图用不同的结构助词区分名词性偏正短语的领属关系和修饰关系：领属关系用"底"，修饰关系用"的"。但是这一实验未能成功。其中主要原因是北京话中表示这两种关系的助词在语音上完全同一，如果仅在书面上强为分别，则徒滋纷扰。不过，领属关系和修饰关系是不同性质的语义关系，助词语音形式上的同一并不能掩盖性质上的差异。为了方便，我们在此称表领属关系的"的"为"的₁"，称表修饰关系的"的"为"的₂"。

天台话相当于北京话"的₁"和"的₂"的结构助词都读"□"[koʔ]：

2.1 表领属：

我□小人 ɦoɿ˩ ko˧˦ ɕiau˩˦ niŋ˩˦ 我的孩子

老师□书 lau˩˦ sɿ˦ ko˧˦ ɕy˦ 老师的书

中国□香港 tɕyoŋ˦ kuʔ˥ ko˧˦ xiaŋ˦ kɔ̃˦ 中国的香港

2.2 表修饰：

红□被头 ɦoŋ˦ ko˧˦ bi˩˦ dɤu˦ 红的被子

天亮□车票 tʰiɛ˦ liaŋ˦ ko˧˦ tsʰoʔ pʰiau˩ 明天的车票

我拉个做□生活 ɦoɿ˩ laʔ kou tsouɿ ko˧˦ saŋ˦ ɦuəʔ˦ 我们做的活儿

上述两组 koʔ 的语音同一现象是弱化的结果。如果转换成强调式，两组的 koʔ 不同，表领属的用 kouɿ，表修饰的用 kaʔ：

表领属：koʔ＞kouɿ

我□小人我的小孩＞小人是我个 ɕiauɪs niŋ˩˦ zɿ˩˦ ɦoɿ˩ kouɿ 小孩是我的

老师□书老师的书＞书是老师个 ɕy˦ zɿ˩ lau˩˦ sɿ˦ kouɿ 书是老师的

中国□香港中国的香港＞香港是中国个 xiaŋ˦ kɔ̃˦ zɿ˩˦ tɕyoŋ˦ kuʔ˥ kouɿ 香港是中国的

表修饰：koʔ＞kaʔ

红□被头红的被子＞被头是红□ bi˩˦ dɤu˦ zɿ˩˦ ɦoŋ˦ kaʔ 被子是红的

天亮□车票明天的车票＞车票是天亮□ tsʰoʔ pʰiau˦ zɿ˩˦ tʰiɛ˦ liaŋ˦ kaʔ 车票是明天的

我拉个做□生活我们做的活＞生活是我拉个做□ saŋ˦ ɦuəʔ˦ zɿ˩˦ ɦoɿ˩ laʔ kou tsouɿ kaʔ 活儿是我们做的

表领属的 kouɿ 与量词"个"同音，具有同源关系。量词"个"兼用为表领属关系的结构助词，在吴语中较普遍。但表修饰的 kaʔ 不能换读成 kouɿ，可见 kaʔ 与 kouɿ 似乎并不平行。为了区分二者，可以把 kouɿ 写为"个"，kaʔ 写为"格"。钱乃荣（1992）认为二者实际上是同一个词，似乎尚可商榷。

3. 动 词 情 态

3.1 进行态 用□阿[lei˨ aʔ]＋V 构成。如：

佢□阿吃饭 gei˨ lei˨ aʔ tɕʼyuʔ vE˧他在吃饭

佢□阿睏觉 gei˨ lei˨ aʔ kʼuəŋ˧ kau˨他在睡觉

句中的□[lei˨]相当于北京话的"在"。"阿"[aʔ]是一个语助成分，读轻声，似乎没有实际意义，估计可能是 ka˨ tE那儿的一个弱化形式。比照上海话：

伊辣海睏 ɦi˨ lɐʔ tsʼa˧ kʼuəŋ˧他在睡觉

伊睏辣海 ɦi˨ kʼuəŋ˧ lɐʔ tsʼa˧他睡在那儿

"辣海"在动词前表示进行态，在动词后表示存在，尽管有时不能对应使用（钱乃荣 1992）。正因为"辣海"相当于"在那儿"，才有可能置于动词后表示存在。天台话的[lei˨ aʔ]相当于上海话的"辣海"，不过在天台话动词的存在态中，通常只用[ləʔ ka˨ tE]，而不用[lei˨ aʔ]：

进行态：佢□阿睏觉 gei˨ lei˨ aʔ kʼuəŋ˧ kau˨他在睡觉

存在态：佢睏□□□ gei˨ kʼuəŋ˧ ləʔ ka˨ tE 他睡在那儿

后一句中的[ləʔ]是[lei˨]的弱化形式，通常写成"勒"。

3.2 完成态 表示动作的完成，有两种构成方式。表示的语法意义略有不同，一种可称为"一般完成态"，表示在另一动作开始之前某一动作已经完成。其形式是 V_1＋阿[aʔ]＋V_2：

吃阿走呃 tɕʼyuʔ aʔ tsɤ˨ æʔ吃了走吧

吃阿睏，睏阿吃 tɕʼyuʔ aʔ kʼuəŋ˧, kʼuəŋ˧ aʔ tɕʼyuʔ吃了睡，睡了吃

如果 V_1 有宾语，宾语置于"阿"之后：吃阿饭拔走 tɕʼyuʔ aʔ vE˧ bæʔ tsɤ˨吃了饭就走

另一种可称为"完成变化态"，强调表示在说话之前某一动作已经完成，并且实现了一种状态的变化。其形式是 V＋阿＋佬。"佬"读为[lau˨]，其弱化形

式为[ləʔ],通常也写作"勒":佢吃阿佬,我还嚹吃 gei˧ tɕ'yʔ˦ aʔ lau˦, ŋoʔ˥ ɦua˦ vəŋ˦ tɕ'yʔ˥他吃完了,我还没吃

天暗阿勒,好归家勒 t'iE˦ ɛ˦ aʔ ləʔ, xau˦ ky˦ ko˦ ləʔ天黑了,好回家了

"天暗阿勒",既有"阿"又有"勒",表示"天暗"(天黑)已经完成,实现了由"亮"到"暗"的变化。"好归家勒","归家"后无"阿"有"勒",表示"归家"行为尚未完成,但将实现一种状态变化。如果"归家"行为已完成,就须在其后加"阿"。"放假阿佬,学生都归家阿佬 fɔ˧ ko˦ aʔ lau, ɦʔ˥ saŋ˦ tuʔ ky˦ ko˦ aʔ lau放假了,学生都回家了"天台话的两个语法成分"阿"和"佬",相当于北京话的"了₁"和"了₂":

北　京	天　台
这本书我看了₁三天	□本书我相阿三日 kø?˧ pəŋ ɕy˦ ŋo˥ ɕiaŋ˧ aʔ sɛ˦ niʔ˥
这本书我看了₁三天了₂	□本书我相阿三日佬 kø?˧ pəŋ ɕy˦ ŋo˥ ɕiaŋ˧ aʔ sɛ˦ niʔ˥ lau

3.3 短暂态和尝试态 北京话持续性自主动词重叠,表示动作短暂,有时兼表一种尝试性(马庆株1992)。尝试性动作一般比较短暂,但短暂性动作不一定都有尝试性。动词重叠是否带有尝试性,要根据语境来推断。如"出去走走,看看",如果指散步、浏览,就不带尝试意味;如果说"穿上走走,看鞋紧不紧",就带有尝试性意味。因此,动词重叠形式实际上是短暂态,而非尝试态。这些情况,天台话与北京话是相同的。

真正的动词尝试态,北京话用动词重叠式加"看"构成。天台话与北京话动词"看"对应的是动词"相"[ɕiaŋ˧]。天台话"看"[k'ɛ˦]只有阴平一读,表示"照看、放牧",如"看牛、看羊、看鸡"。北京话去声"看"天台话由阴去的"相"承担。于是天台话的尝试态也就是在动词重叠式后加上这个"相"构成,相当于北京话的"VV看":

问问相 məŋ˧ məŋ ɕiaŋ˥问问看

讲讲相 kɔ˨ kɔ̃ ɕiaŋ˥说说看

吃吃相 tɕʰyuʔ˩ tɕʰyuʔ ɕiaŋ˥吃吃看

读读相 duʔ˨ duʔ ɕiaŋ˥读读看

讨论讨论相 tʰau˨ ləŋ˧ tʰau ləŋ ɕiaŋ˥讨论讨论看

活动活动相 ɦuʔ˨ doŋ˧ ɦuʔ doŋ ɕiaŋ˥活动活动看

4. 语　　序

4.1　句法中谓词和修饰语的次序　北京话"修饰语+中心语"这一结构，在天台话中也是一种普遍常见的结构。如：蛮好[mE˧ xau˨]很好、勿□[føʔ˩ xiɪʔ˩]不坏、好好个讲[xau˨ xau˨ kou˧ kɔ̃˨]好好说、慢慢个走[mE˧ mE˧ kou˧ tsʏu˨]慢慢走。天台话也有"中心语+修饰语"的结构，但仅限于以下两种固定的语义：

①V+数量+凑。这里的"量"可以是名量或动量。量词前的数词"一"通常省略。"凑"[tsʰʏu˥]相当于北京话的"再"，吴语有的方言是"添"，表示动作的延续或频次的增添。如：

吃碗凑 tɕʰyuʔ˩ uø˨ tsʰʏu˥再吃一碗　　买三斤凑 ma˨ sE˧ kiŋ˥ tsʰʏu˥再买三斤

等拉日凑 təŋ˨ laʔ niɪʔ˩ tsʰʏu˥再等几天　　坐记凑 zo˨ ki˥ tsʰʏu˥再坐一会儿

去埭凑 kei˥ da˧ tsʰʏu˥再去一趟　　问声凑 məŋ˧ ɕiŋ˥ tsʰʏu˥再问一声

②V+起，表示某动作在另一动作之前进行。"起"相当于北京话的"先"。如：

尔走起，我拨来 ɦŋ˧ tsʏu˨, ɦo˨ bæʔ lei˧你先走，我就来

让佢睏起，我等记睏 niaŋ˧ gei˧ kʰuəŋ˨ kʰi˨, ɦo˨ təŋ˨ ki˥ kʰuəŋ˥让他先睡，我等会儿睡

4.2　偏正式复合词中修饰性语素的位置　天台话偏正式复合词的修饰性语素和中心语素的位置，基本上同北京话一致。不一致的只有：

① 少数带性别标记的畜禽名词。不少南方方言中都有较普遍的性别标记语素后置现象，天台话中也有，但似乎较其他南方方言要少些。常见的有"鸡娘[ki˧ ɲiaŋ]、猪娘[tsɿ˧ ɲiaŋ]、牛娘[ŋɤɯ˧˩ ɲiaŋ]、狗娘[kɤɯ˧˩ ɲiaŋ˩]"等少数几种母禽、母畜名称。同"鸡娘"同义的是"草鸡[ts'au˧˩ ki˧]"，同"鸡娘"/"草鸡"相对的不是"鸡公"而是"雄鸡[ɦyoŋ˧˩ ki˧]"，同"猪娘"相对是的"臊猪[sau˧ tsɿ˧]公猪"。

② 非性别标记的修饰性语素后置。这类复合词更为少见，仅有以下几例：

A 分类性：人客 niŋ˧˩ ka?˩客人

B 形容性：米碎 mi˧˩ sei˧碎米　菜干 ts'ei˧ kE˧

C 比喻性：豹狗 pau˧˩ kɤɯ˧˩豹子　蚕蚁 zø˩ ni˩蚁蚕、幼蚕

上述几例中，"人客"一词并非南方方言独有，东北话也有。"米碎"一词固然为天台话所独有，但北方话中的"饼干"，东北话的"苞米破(子)一种饲料，把玉米连皮在石磨中压破而成、苞米楂(子)一种成品粮食，把玉米粒去皮压成碎块状，再筛去粉末及胚珠(俗称脐子)而成"等词中的"干""破""楂"也是后置的修饰性成分。另外，北方话中"熊猫、星球、脸蛋、脑袋、脑瓜、石钟乳"等词，与上述天台话中"豹狗""蚕蚁"等词在结构类型和构词理据上也是一致的（戴昭铭，1982）。还有"羊羔、牛犊、马驹、猪仔儿"等词，其后置的修饰成分表示"幼小"义，它们也都出自北方话。

自从本世纪七十年代以后日本学者桥本万太郎从语法构造方面研究亚洲语言的地理类型以来，语序的地域性问题引起了更多的关注。余蔼芹认为"一般地说，普通话和北方方言的修饰语在中心词之前，但在南方方言里普遍存在'中心语＋修饰语'的语序，具体表现在两种逆序现象上：一是句法层面上的'动词＋副词'结构……二是构词层面上的'中心语素＋修饰语素'的复合词结构"（陈满华 1996）。但据笔者的观察，南方方言中的逆序修饰现象似乎并未达到如余蔼芹所言的"普遍存在"的程度。

5. 疑 问 句

5.1 特指问句 天台话的特指问句中疑问代词或短语的构成和读音比较特殊。如：

	北京话	天台话
问人	谁、哪位、什么人	□人[zɛ niŋ˧]、哪个[no˧ kou˧]
问物	什么	啥物[za˧ ɦm˧]
问地点	哪里、哪儿	哪去[no˧ kʻei˧]
问数目	多少	多少[tou˧ ɕiau˧]
问数量	多重/大/粗/高	□重/大/粗/长[zau˧ dʑyoŋ˧/dou˧/tsʻɿ˧/dʑiaŋ˧]
问时间	什么时间、啥时候	□□[zau˧ tɕiaŋ˧]
问原因	为什么	为啥物[ɦyɿ˧ za˧ ɦm˧]

5.2 是非问句 北京话反复问"V不V"，天台话一般省略后一V，故本文统称为"是非问"，其基本格式是V＋阿＋疑问副词。"阿"是个在V和疑问副词之间起关联作用的语助词。疑问副词有两个：一个是表示直接否定的"勿"[føʔ˧]，相当于北京话的"不"；另一个是"朆"，表示"未曾"义，相当于北京话的"没(有)"或文言的"未""未曾""未尝"。据此可把天台话的是非问句分成A、B两类：

A类：V＋阿＋勿[føʔ˧]式，例如：

① 尔晓勒阿勿 ɦŋ˧ xiau˧ lɤʔ˧ aʔ føʔ˧ 你知道吗？

② 尔去阿勿 ɦŋ˧ kʻei˧ aʔ føʔ˧ 你去吗？

③ 佢拉个新书有阿勿？——冇。gei˧ la˧ kou ɕiŋ˧ ɕy˧ ɦiyu˧ aʔ føʔ˧？——mɤu˧ 他们有新书吗？——没有

句③的"勿"也可以用疑问语气词"哦"，这个"哦"实际上是"勿"的弱化形式。在询问身份、需要和可能的是非问句中，这个"勿"已彻底弱化，一般只用

天台话的几种语法现象

"哦"[væʔ]而不用"勿",但在作否定式回答时,则仍用"勿"类词语回答:

④ 尔钞票要阿哦 ɦŋ˨ tsʼau˦ pʼiau˦ pʼiau˧ iau˧ aʔ væʔ?

——𩠂/勿要 voŋ˧/føʔ iau˧/□□xiau˧ kʼei˧你要钱吗? ——不用/不要/不需要

⑤ 盅酒吃勒□阿哦? ——吃勿□tɕyoŋ tɕiɤi˦ tɕʼyʔ˧ ləʔ gau˦ aʔ væʔ?

——tɕʼyʔ˧ føʔ gau˦这杯酒喝得了吗? ——喝不了

"勿"类词语还有"𠲎"[fei˧](不会,不肯)"𩠂"[voŋ˧](不用、不必)等。⑤和⑥的"哦"也可以用"勿"。可见天台话是非问句的语气词"哦"来源于否定副词"勿"。这与北方话是非问句语气词"吗"来源于否定副词"无"具有平行发展的性质。不同之点仅仅在于:北方话演变得快,现代口语中只说"能喝了一杯酒吗?"而不再说"能饮一杯无"了。

从⑤的答句可以看出,否定副词"勿"在此是非问句中是对可能补语"□"[gau˦]的否定,不是对谓语动词"吃"的否定。天台话的□[gau˦]词义为"了结、脱离",多作补语,相当于北京话"吃掉、去掉"的"掉"。这里再举二例同类句式:

⑥ 尔走勒快阿哦(勿)? ɦŋ˨ tsɤu˧ ləʔ kʼua˧ aʔ væʔ?(føʔ)你走得快吗

⑦ 佢担勒动阿哦(勿)? gei˦ tɛ˧ ləʔ doŋ˧ aʔ væʔ?(føʔ)他挑得动吗

B类:V+阿+䎬[vəŋ˦]式,例如:

① 客走阿䎬 kʼaʔ tsɤu˧ aʔ vəŋ客人走了吗?

② 佢女客讨阿䎬 gei˦ ny˦ kʼaʔ tʼau˧ aʔ vəŋ他媳妇娶了吗?

③ 搭乃姆讲过阿䎬 tæʔ na˦ ʔm˨ kɔ˧ ku aʔ vəŋ跟你妈说过了吗?

④ 尔天台山去过阿䎬? 石梁望过阿䎬 ɦŋ˨ tʼiɛ˧ tʼei˧ sɛ˧ kʼei˧ ku aʔ vəŋ? ziʔ˦ lia˦ mɔ˧ ku aʔ vəŋ? 你去过天台山吗? 见过石梁吗?

⑤ 乃太公还□阿䎬 na˦ tʼa˧ kŋ˧ ɦua lei˦ aʔ vəŋ你太爷爷还在吗?

⑥ 佢□阿睏䎬 gei˦ lei˦ aʔ kʼuəŋ˧ vəŋ他在睡觉吗?

①②中的"䎬"是对动词完成变化态的否定;③④中的"䎬"是对动词经历态的否定;⑤中的"䎬"是对动词存在态的否定;⑥中的"䎬"是对动词进行态的否定。如前所述,天台话动词完成变化态的形式是"V+阿+佬[lau]",因此,如果

/ 223 /

要把①②中“完成变化”的语意强调出来，就得说成：

⑦ 客走阿佬阿𫟏？k'aʔ˥ ts'ɤu˧˥ aʔ lau aʔ vəŋ 客人走了吗

⑧ 佢女客讨阿佬阿𫟏？gei˧ ny˧˥˩ k'aʔ˥ t'au˧˥ aʔ lau aʔ vəŋ 他娶了媳妇了吗

①②是⑦⑧的省略式。

需要说明句末的否定副词“勿”“𫟏”以及语气词“哦”前的关联语助词“阿”的来源问题。我们知道，中古汉语有一种反复问句由肯定加否定形式构成，而其否定部分的谓词通常省略不说，同时在肯定部分和否定部分之间又有一个“也”字相连。如：

和尚还在也无？（《祖堂集》卷四：《丹霞和尚》）

将饭与阇梨吃底人还有眼也无？（同上）

马有角，你还见也无。（同上书：《药山和尚》）

我们认为，天台话是非问句中的关联词“阿”与上列三句中的“也”是同源的。这不仅从它在同类句式中的相同位置可以得到印证，而且从语音上也可以得到印证。天台话的副词“也”有三个读音。在书面语“你去，我也去”句中的“也”，读 ɦia˧˥或 ɦiɛ˧˥，这是文读音；口语中“ɦŋ˧˥ kei˥, ɦɔ˧˥ ɦaʔ˧ kei˥”，其中的 ɦaʔ˧，实际上正是“也”的又一音读。这个 ɦaʔ˥正与天台话是非问句中的那个关联词“阿”同音，只是稍带浊喉擦音，语法意义不同。本文是非问句的“阿”没有写作“也”，是为了模拟口语读音并避免与“也”的文读音或北京音混淆。

5.3 选择问句 天台话选择问句的基本式是“（是）A，还是 B”。其中 A、B 可同为 NP 或同为 VP，但需分别指称两种情况，这和北京话一致。天台话还有一种由基本式演变而来的省略式“是 A 阿 B”。例如：

基本式	省略式
① 佢是北京人还是上海人？gei˧ zɿ pøʔ˥˧ kiŋ˧ niŋ˧˩ ɦua zɿ zɔ̃˧˥˧ xei˧˥˧ niŋ˧˥˩？	佢北京人阿上海人？gei˧ pøʔ˥˧ kiŋ˧ niŋ˥˩ aʔ zɔ̃˧˥˧ xei˧˥˧ niŋ˧˥˩？

② □是隻鸡还是隻鸭？kø˧˥ zʅ˧ tsaʔ˥ ki˦ ɦua˧ zʅ˧ tsaʔ˥ æʔ˥?　　□是鸡阿鸭？kø˧˥ zʅ˧ ki˦ aʔ˥ æʔ˥?

③ □些有三斤还是四斤？kø˧˥ ɕiE˦ ɦiyu˦˥ sE˦ kiŋ˦˥ ɦua˧ zʅ˧ sʅ˧ kiŋ˦˥?　　□些有三斤阿四斤？kø˧˥ ɕiE˦ ɦiyu˦˥ sE˦ kiŋ˦˥ aʔ˥ sʅ˧ kiŋ˦˥?

④ 尔吃饭还是吃麵？ɦŋ˧ tɕ'yuʔ˥˧ vE˦ ɦua˧ zʅ˧ tɕ'yuʔ˥˧ miE˦˧?　　尔吃饭阿吃麵？ɦŋ˧ tɕ'yuʔ˥˧ vE˦ aʔ˥ tɕ'yuʔ˥˧ miE˦˧?

⑤ 是乃爸好还是乃姆好？zʅ˧ na˦˥ pa˩ xau˩ ɦua˧ zʅ˧ na˦˥ ʔm˩ xau˩?　　（是）乃爸好阿乃姆好？na˦˥ pa˩ xau˩ aʔ˥ na˦˥ ʔm˩ xau˩?

北京话的选择问也有省略式，一般是把"是"和"还是"删除，使两个供选择的NP或VP直接搭拢，而不用"阿"相连。但如果NP过于简短，如②，北京话就得说成"这是只鸡呀鸭呀？"天台话"鸡阿鸭"的"阿"是连接词，而北京话"鸡呀鸭呀"的"呀"则是语气词。

6. 人称代词的复数形式"拉个"及相关语言现象

6.1 天台话的人称代词系统如下表：

	第一人称	第二人称	第三人称
单数	我 ɦo˧	尔 ɦŋ˧	佢 gei˦
复数	我拉个 ɦo˧ laʔ kou	尔拉个 ɦŋ˧ laʔ kou	佢拉个 gei˦ laʔ kou

复数人称代词由单数人称代词加上"拉个"构成。"拉个"读音为[laʔ kou]，应当是由"两个"[liaŋ˦ kou˧]弱化失去本调后，"两"的[-ŋ]尾变[-ʔ]尾并失去韵头[i-]而成。相当于北京话的"们"，但在使用范围上，"拉个"和"们"有以下不同：

㈠ "拉个"可加在人名后，表示"××等人"，北京话通常不说"××们"，而说"××他们"：

小刚拉个□哪去 ɕiau˦˥ kɔ̃˦ laʔ kou lei˦ no˧ k'ei˧ 小刚他们在哪儿？

我相着小刚拉个啦 ŋoɹ ɕiaŋ˧ dzia˧ ɕiau˧˩ kõɹ laʔ kou la 我看见小刚他们了！

小刚拉个□东西□□ɕiau˧ kõɹ laʔ kou koʔ toŋ˧ ɕi˧ lei˧ tɛv 小刚他们的东西在这儿。

北京话人名后加"们"，是一种借代的修辞手法，指某种类型的一些人，如"汪精卫们"、"中国的堂·吉诃德们"等。

㈡ 北京话"们"可以加在表人的普通名词后面，指称全体，如"工人们、农民们、同学们、老师们、女士们、先生们、孩子们……"天台话的"拉个"没有这一用法。

由于"拉个"的"拉"来源于"两"，可以表示复数，于是天台话"拉"（两）是一个可以表示虚指多数的词，相当于北京话的"几"。"拉"可以加各种量词：

A. □拉隻牛 kø˧ laʔ tsaʔ ŋɤu˧ 这儿头牛｜□拉梗鱼 ka˧ laʔ kuaŋ˧ ɦŋ˧ 那几条鱼｜种拉丘田 tɕyoŋ˧ laʔ kʰiɤu˧ diɛɹ 种几块田｜买拉本书 ma˧ laʔ pəŋ˧ ɕy˧ 买几本书。

B. 拉＋准量词：过拉日再讲 kuɹ laʔ niɹ tseiɹ kõɹ 过几天再说｜大拉岁呒告 douɹ laʔ ɕy˧ ɦm˧ kauɹ 大几岁不要紧。

C. 拉＋动量词：望拉埭亲眷 mõɹ laʔ da tɕʰiŋɹ kyøɹ 看几趟亲戚｜□拉记篾扫 xuæʔɹ laʔ ki miæʔ˧ sau˧ 甩几下竹鞭。

6.2 上文指出"拉"有"几"的虚指多数意义，由此可以附带讨论吴语中的"拉"类词缀的由来。这里"拉"类词缀，指吴语各地人称代词复数称说法中以[l]为声母的第二音节，这类音节尽管在各地用不同的汉字标写，实际都属同类。以下据钱乃荣(1992.973—974)举上海等地为例。括号中地点简称为：沪——上海、甬——宁波、温——温州、金——金华、衢——衢州、永——永康、嘉——嘉兴、绍——绍兴、余——余姚、昆——昆山。

第一人称复数：阿拉 ʔaʔɹ lɐʔ(沪)　阿辣 ʔʌʔɹ lɐʔ(甬)　盒辣/阿拉 ɦɐʔ˧ lɐʔ/ ʔɐɹ lʌɹ(余)　吾来 ɦŋɹ leɹ(温)　阿郎 ʔʌɹ lʌŋɹ(金)　我辣 ŋuɹ ɹʌɹ lɐʔ(衢)　我勒人 ŋoɔɹ lɐɹ noŋɹ(永)　我里 ŋueɹ liɹ(昆)

第二人称复数：你来 niɹ leɹ(温)　你辣 ʔɹ ɹiŋɹ lɐʔ(衢)　侬郎 ʔnoŋɹ lʌŋɹ

（金） 嗯勒人 nɨ˦ ləʔ˥ noŋʔ˦（永）

第三人称复数：夷拉 ɦiɨ˩ lA˦˥（沪） 伊拉 ʔi˦ la˥（嘉） 耶落/耶拉 ɦiaɨ˩ loʔ˥/ɦiaɨ˩ lAʔ˥（绍） 㑚辣 gəʔ˦ tsʔ˥（余） 及辣 dziʔ˦ tsʔ˥（甬） 佢来 giˬ leˬ（温） 佢辣 giˬ lAʔ˥（衢） 佢郎 gəʔ˦ lAŋ˦（金） 佢辣人 gəʔ˦ leʔ˥ loŋ˦（永）

可以推断，"拉"类词缀（加点的字）与天台话的"拉个"（两个）同源，它们都是"拉个"或"两个"脱落了"个"后的剩余形式和变体形式。天台话尽管"我拉个、尔拉个、佢拉个"是较正式而常见的形式，但当语急时，"拉个"[laʔ kou]的"个"[kou]也常被吞音、删除，"我拉、尔拉、佢拉"也不难听到。看来天台话的"拉个"正处于向"拉"演变的过程中，尚未最后完成。这是吴语中表复数的"拉"类词缀来源于"拉个（<两个）"的最有力的活证。

此外，吴语北片有些方言则以"㑚"类（"纳、呐、伲"等）的形式出现。"㑚"类词缀音节的共同点是以[n]为声母。其实"㑚"类与"拉"类也是同源的。这些地方出现"㑚"类，原因可能是当地音位系统中[n、l]不分。"两"的声母有[n、l]两读。当"两"的弱化形式成为第一人称代词复数词缀时，其声母专化在[n]上了，于是就有了"㑚"类词缀。

6.3 上海等地"阿拉"的成因 在解释了"拉"的来源后，上海、宁波、余姚等地第一人称复数代词"阿拉"的成因就不难解释了。这里关键在于"阿"的来历。在这些地方，"阿拉"的"阿"都读[ɐʔ]及其近似音。我们认为，这个音其实是第一人称代词单数形式"我"的音变结果。

天台话"我"除[ɦo˨]这一音外，还有[ŋo˨]、[ŋaŋ˨]两音，前者为文读音，后者见于天台、临海交界处。余姚"我"音为[ŋou˨]。"我"为疑母字，当以[ŋ]这一声母音为古。在吴语多数地点中，"我"的声母皆为[ŋ]。天台话弃[ŋ]而取[ɦ]，已经是弱化的结果。不论是舌面后的[ŋ]还是喉部的[ɦ]，作为声母在语急时都是很容易脱落的。只不过天台话作为"我拉个"的弱化脱落形式"我拉"[ɦo˨ laʔ]尚未实现声母ɦ的脱落，而在上海、宁波、余姚等地，"我拉"的"我"的声母[ŋ]已脱落。一旦脱落，"我"的韵母元音不论其本来是[o] [ɔ] [u]还是别的元音，都极易被其后的"拉"的韵母同化为相近的[ɐ]或[a]。另一方面,由于吴语有入声韵尾[-ʔ],一般非入声的弱化音节也常在末尾加一紧喉动作使其音质清晰化。天台话"我拉""尔拉""佢拉"的"拉"其实也是个由"两"[liaŋ˦]的舒声变来的入声音节[laʔ]。"阿拉"的"阿"也是由舒声的"我"这样变为入声"阿"的。下面以余姚音为例,推想从"我拉"到"阿拉"的变化过程:

我拉 ŋo˦ la˦>我拉 ɦo˦ la˦>我拉 ɦoʔ˦ laʔ˦>盍辣 ɦaʔ˦ laʔ˦/阿拉 ʔaʔ˦ lA˦

"阿拉"形成之初,应是表第一人称代词复数的。由于复数用于单数自称有谦逊意味,因此宁波、上海,"阿拉"又兼表单数了。

7. 双宾结构

北京话的双宾结构,通常是 V+O_间+O_直 式。天台话有两种双宾格式:

A 式　V+O_间+O_直:拨佢(一)本书 pøʔ˦ gei˦(iı˧) pəŋ˦ ɕy˦ 给他一本书

B 式　V+O_直+O_间:拨本书佢 pøʔ˦ pəŋ˦ ɕy˦ gei˦ 给他一本书

A 式与北京话次序相同,B 式的 O_直 和 O_间 次序与北京话相反。那么,决定选择 A 式或 B 式的条件是什么呢?我们发现,主要是宾语的长度。当两种宾语都比较简短时,无论取 A 式或 B 式,O_间 和 O_直 与 V 的距离都不大,听者容易领会说话人的意思,因而"给他一本书"天台话就有两种句式并用。不过,在上面天台话的例句中,A 式的 O_直 前可以有"一",B 式的 O_直 前一般不出现"一"。这表明 B 式有使 O_直 更为简短的需要。这种需要构成一种选择条件:如果 O_间 简短而 O_直 冗长,则取 A 式。下面这个句子只能用 A 式:

乃娘拨阿小人一百块压岁钿 na˦ niaŋ˦ pøʔ˦ sa˧ ɕiau˦ niŋ˦ iı˧ paʔ˦ kʻuei˦ æʔ˦ ɕy˦ diE˦ 你奶奶给了小孩儿一百元压岁钱

这一选择条件之所以成立,是因为 O_间 作为承载"给予对象"的语义单位,是表现动作目标的,如果远离动词,V 和 O_间 的语义联系就削弱了,使得"动作目标"的信息过于滞后出现,结构上也有一种不紧凑感。为了弥补这些缺憾,当需要用 B 式的次序时，天台话就在 O_间 前再重复一次 V，于是有 C 式，V＋O_直 ＋V＋O_间：

乃娘拨阿一百块压岁钿拨小人 naᴀ niaŋᴀ pøʔ aʔɪ paʔ kʻuei ɕy dieᴧ pø tɕiauᴀ niŋᴀ 你奶奶给了一百块压岁钱给小孩儿

即便当 O_直 较简短时，现在也经常使用 C 式：

我拨本书拨尔 ɦoᴀ pø pəŋ ɕy pø ɦŋ 我给你一本书

天台话双宾结构 A 式使用频率较高，其次是 C 式。B 式用得较少，且多限于 O_间 和 O_直 都较简短的日常语句中。

余蔼芹认为至今"南方方言基本上用 B 式"（陈满华 1996），这一断言不符合当前天台话的实际状况，也不符合钱乃荣（1992，P1048—1049）对当代吴语实地调查后所作的描述。笔者统计了钱氏在当年赵元任调查过的 33 个地点记录的表示"我给你一本书"的当代说法，结果是：仅用 A 式的六处，A、B 二式兼用的二十处，A、C 二式兼用的二处，A、B、C 三式兼用的三处。其余两处为黄岩、余姚。黄岩除用 A 式外，还用"我书拨本你"的说法，余姚则仅用"我书侬一本"一式。没有一个地方纯用 B 式。在二式或三式兼用的地方，A 式一般都已成为首选格式。A 式双宾语句在当代吴语中的主导地位，是北方话影响的结果。

8. 其他语法特点

8.1 量词的定指作用和处置式 同吴语其他方言点一样，天台话中量词加于名词前有定指作用，而不加量词的名词往往表示不定指：

不　定　　　　　　　　　　　有　定

客来佬 kʻaʔ leiᴧ lau 有客人来了　　　个客走阿佬 koʔ kʻaʔ tsɤᴧ aʔ lau 那客人走了

脚踏车有勒用 kiaʔᴀ dæʔ tsʻoᴧ ɦiyuᴧ ləʔ ɦyoŋ 有自行车骑　　　隻脚踏车倒阿佬 tsaʔ kiaʔᴀ dæʔ tsʻoᴧ tauᴧ aʔ lau 这自行车坏了

量词前加虚指数词"拉",也有定指作用:

拉个客走阿嗒 laʔ˦ kou kʼaʔ˧ tsɤu˧ aʔ vəŋ 那几个客人走了吗?

但实指数量不能表示有定,不能说*三个客走阿侉 sE˧ kou kʼaʔ˧ tsɤu˧ aʔ lau,而要说"□三个客走阿侉 ka˧ sE˧ kou kʼaʔ˧ tsɤu˧ aʔ lau 那三位客人走了"。

天台话"搭"[tæʔ˧],相当于北京话"把",由于被处置的对象都是有定的,天台话就把相应的量词(或虚指的"拉"[laʔ]加量词)置于受事宾语前表示处置。如:

搭张桌揩记欤 tæʔ˧ tɕiaŋ˦ tɕyʔ˧ kʼa˦ ki ʔE 把桌子擦一下呀

我搭拉件衣裳洗阿拔走 ɦo˦ tæʔ˧ laʔ ɡiE˦ i˦ zõ˦ ɕi˧ aʔ˦ bæ˦ tsɤu˧ 我把这几件衣服洗了就走

8.2 比较结构 天台话的比较结构用"A+是+B+Adj"的格式表示。其中 A 和 B 表示两个比较对象,可以同为 NP 或 VP,Adj 表示比较项目,通常用性质形容词。北京话的比较结构是"A+比+B+Adj"。二者形式上近似,但意思并不同:北京话的 Adj 是描述 A 的,天台话的 Adj 是描述 B 的:

北　　京	天　　台
小王比小李高(=小王高)	小王是小李长(=小李高) ɕiau˧ ɦuõ˦ zɿ ɕiau˧ li˧ dziaŋ˦
躺着比坐着舒服(=躺着舒服)	倒阿是坐阿好过(=坐着舒服) tai˧ aʔ zɿ zo˦ aʔ xau˧ kuo

动词谓语句用补语表示比较结果,北京话"他比我跑得快",天台话就是"我逃勒是佢快"[ɦo˦ dau˦ ləʔ zɿ gei˦ kʼua˧]。二者补语的语义指向也不一致。

参考文献

吕叔湘(1955):《汉语语法论文集》,科学出版社 1955 年版。

袁家骅(1983):《汉语方言概要》,文字改革出版社 1983 年第 2 版。

赵元任(1928):《现代吴语的研究》,科学出版社 1956 年版。

钱乃荣(1992):《当代吴语的研究》,上海教育出版社 1992 年版。

陈满华(1996):《〈汉语方言语法比较研究〉评介》,《国外语言学》1996 年第 1 期。

马庆株(1992):《汉语动词和动词性结构》,北京语言学院出版社 1992 年版。

戴昭铭(1988):《天台话和北京话的语音对应关系》,《吴语论丛》,上海教育出版社 1988 年版。

戴昭铭(1982):《一种特殊结构的名词》,《复旦学报》1982 年第 6 期。

原载《方言》1999 年第 4 期

吴语人称代词的范式、层次及其合音现象

陈忠敏

1. 吴语代词的复杂性

吴方言的代词系统十分复杂,就复杂的程度而言北部吴语又比南部吴语的复杂。以苏州话的为例(据谢自立1988。由于所引材料的来源不一,下列音标右上角单数码1、2、3、4、5、6、7、8,分别代表阴平、阳平、阴上、阳上、阴去、阳去、阴入、阳入八个调类,数码0为轻声。双数码、三数码则表示调值;"－"前表示单字调调值,"－"后表示变调调值。音标标注遵从原引文,没有标明出处均来自笔者调查,下同。):见表1.1

表 1.1

	单 数	复 数
第一人称	ŋəu⁶/nəu⁶	n̩i⁶
第二人称	nE⁶	n̩⁶ toʔ⁷
第三人称	li¹/li¹ nE⁻³¹/n̩¹ nE⁻³¹	li¹ toʔ⁷/n̩¹ toʔ⁷

表1.1所列的苏州话代词复杂度表现为:1.数量的不一致,如第一人称单数有两种,第二人称单数只有一种,而第三人称单数则多达三种;2.人称代词的范式相当混乱。即不能用单数形式类推出对应的复数形式。

属苏州地区的吴江境内各乡镇方言点人称代词也十分复杂,差异程度大(据汪平2010、刘丹青1999。汪平2010书无同里、平望黎里记音材料,此三点据刘丹青1999,汉字、音标一律都按汪、刘原文标注,刘1999原文声调无)。见表1.2。

吴语人称代词的范式、层次及其合音现象

表 1.2

	第一人称 单数	第一人称 复数	第二人称 单数	第二人称 复数	第三人称 单数	第三人称 复数
松陵	吾奴 ŋ nəu³³³ 吾 ŋ³³	吾堆 ŋ tE²²⁴	哪 nɔ⁵⁵	吾哪 ŋ nɔ³³³	伊 i²⁴ 伊奴 i nəu²⁴	伊拉 i lɔ²²⁴
同里	吾 ŋ³¹ 吾奴 ŋ²² nəu²¹² 奴 nəu²¹²（乡下）	吾堆 ŋ²² tE⁴⁴ 吾它 ŋ²² tʰɔ⁴⁴	哪 nɔ⁴⁴	嗯那 ŋ²² nɔ²¹² 嗯那堆 ŋ²² nɔ³³ tE⁴⁴	夷 ji²³ 夷奴 ji²³ nəu⁴⁴	夷拉 ji²³ lɔ⁴⁴ 夷拉堆 ji²³ lɔ⁴⁴ tE⁵¹
平望	吾 ŋ 吾奴 ŋ nəu	伲 ni 伲㜮 ni tE	哪 na	嗯哪 ŋ na	伊 i 伊奴 i nəu	伊拉 i lɔ/
黎里	吾 ŋ 吾奴 ŋ nəu	吾堆 ŋ tE 吾它 ŋ tʰɔ	哪 cu	嗯哪 ŋ cu	伊 ji 伊奴 ji nəu	伊拉 i la 伊拉堆 i la tE
芦墟	吾 ŋ³¹³ 吾奴 ŋ nəu²²⁴	吾堆 ŋ tE³³⁵ 吾卡 ŋ kʰ ɔ³³⁵	哪 nɔ⁵⁵	哪堆 nɔ tE³⁵⁵	伊 i⁵⁵ 伊奴 i nəu⁵⁵⁰	伊拉 i lɔ⁵⁵⁰
盛泽	吾里 u li²²⁴		尔纳 ŋ nəʔ³³⁵	尔哪 ŋ naʔ³³⁵	伊 i⁵⁵³	伊拉 i lɔ⁵⁵³
震泽	吾 ŋ⁴²	吾伢 ŋ ŋa²⁵¹	㖫 nɔ⁴²	吾哪 ŋ na²⁵¹	伊 i²⁴	伊呀 i ia²³⁵¹
桃源	活奴 uəʔ nəu²⁵⁵	活拉 uəʔ la²⁵⁵	奴 nəu⁴²	㖫㖫 na na³³⁴	伊 i⁵²	叶拉 iəʔ la²⁵⁵
七都	吾 ŋ⁴¹	伢 ŋa⁴¹	纽 ny⁴¹	哪 na⁴¹	伊 i²⁴	伊呀 i ia²⁵⁵

/ 233 /

吴江是苏州地区下属的一个县级市,在一个县级市内各点人称代词在表面上看差异是非常大的,如果不经过仔细的梳理,各点之间无法找到对应的形式。

上海松江话的人称代词系统也极为复杂(据笔者1988年调查)。见表1.3。

表 1.3

	单　　数	复　　数
第一人称	吾奴 ŋ⁴ nu(o)⁴/nu⁴	吾㑚 ŋ⁴ na⁴
第二人称	直奴 zeʔ⁸ nu⁴	㑚 na⁴/直㑚 zəʔ⁴ na⁴
第三人称	伊 ɦi⁴/直伊 zeʔ⁸ ɦi⁴/是其 zʅ⁴ dzi⁴	伊拉 ɦi⁴ la⁴

同一方言点不同时期代词系统也呈非常的差异。上海开端口初的三身代词系统据Joseph Edkins(艾约瑟)1853、1869,John Macgowan(麦高温)1862年三书记载,当时上海话的人称代词系统是比较复杂的,表1.4是三书代词系统的总结:

表 1.4

	单　　数	复　　数
第一人称	我/自我	我你(伲)/伲/自伲
第二人称	侬/自侬	那/侬拉/自㑚
第三人称	伊/其/自伊/是其	伊拉/自伊拉

三身代词的单复数都有不止一种的说法,其中"自"和"是"有时混写,即使同一个人也有混记的情况,比如Edkins在1869年的著作中有"自伊""是其"的记录,不过,更多的情况是写作"自"。与现在上海市区话代词系统"我/阿拉"、"侬/㑚"、"伊/伊拉"相比较,160多年前的很多形式现在已经放弃,换句话说,代词系统发生了很大的变化。

构词范式(paradigm)是指一组相关的词由于性、数、格、指称的不同所引起的屈折或派生变化。表1.5是普通话的三身人称代词的范式是:

表 1.5

	单　　数	复　　数
第一人称	我	我　们
第二人称	你	你　们
第三人称	他	他　们

普通话三身人称代词的范式非常明确,单数加相同的复数语素"们"就变为对应的人称代词的复数。这是同一范式的派生构词法。吴语苏州话、吴江各点、松江话以及160前的上海话代词复杂的情形无法用一个范式来解释,即人称代词的复数形式无法用"单数＋复数语缀"这样简单的范式来类推。造成吴语代词系统复杂的原因有多种,其一是代词范式的简化,即原来的两套范式,一套是强调式,一套是一般式,意义区别泯灭,形式就合并,而各地合并的阶段不一,即使是同一地点,三身代词也可能处在不同的合并阶段,所以显得代词系统复杂;其二,外来权威方言的代词系统渗透,引起外来系统和本土系统的竞争,使得外来和本土代词范式的迭架和套用,进一步加深吴语代词系统的复杂度;其三,代词属封闭类词,封闭类词的特殊音变(音变滞后、拒外性强、容易弱化、合音等)使得代词的语音面貌无法从一般的音变规律得出,也使代词的表面现象复杂。本文从上述三个角度来分析吴语代词的各种范式、层次以及音变,从历史的角度来重构它们的原来面貌及其以后的各种演变。

2. 人称代词的基式和强调式

本土的吴语人称代词有两套,一套是基式,即一般的人称代词,另一套是强调式。表2.1是上海南汇话的人称代词单数基式和强调式。

吴声越韵

表 2.1

	第一人称	第二人称	第三人称
基　式	ɦu⁶	noŋ⁶	ɦi⁶
强调式	zəʔ⁸ ɦu⁶	zəʔ⁸ noŋ⁶	zəʔ⁸ ɦi⁶

吴语临绍片绍兴话也有类似的基式和强调式。见表 2.2：

表 2.2

	第一人称	第二人称	第三人称
基　式	ŋoʔ⁴	noʔ⁸	ɦi⁴
强调式	zeʔ⁸ ŋoʔ⁴	zeʔ⁸ noʔ⁸	zeʔ⁸ ɦi⁴

从南汇、绍兴等地放言看，强调式是一个词缀加基式，这个词缀的读音在北部吴语里常见的有 zəʔ⁸/zeʔ⁸/zɿ⁰，读如入声或轻声，如果是入声，由于声母是 z，声调必定是阳入，最容易确定调类；如读舒声，在很多方言里这个词缀常读轻声，语音弱化，再加上阳上阳去归并，颇难确定具体调类。入声调的在一些方言著作中一般写作"实"，舒声的则一般写作"自"或"是"。本文作者曾指出这个词缀的本字应该是"是"，而不是"自"（陈忠敏 1996）。现再补充其他证据来证明。

"自"是去声至韵从母字，"是"是上声纸韵禅母字。从禅母在北部吴语有很多地方是都读浊擦音 z 的，加上阳上阳去不分，所以会形成"自""是"同音，如上海市区话、苏州市区话等。但是也有些北部吴语两者声母是分的，前者读塞擦音，后者读擦音。试比较表 2.3：

表 2.3

	湖州	松江	临安	余杭	绍兴	宁波
是	zɿ⁴	zɿ⁴	zɿ⁶	zɿ⁶	zeʔ⁸	zɿ⁶
自	zɿ⁶	zɿ⁶	dzɿ⁶	dzɿ⁶	zi⁶	zi⁶
代词前缀	zɿ⁰	zɿ⁰/zeʔ⁸	zəʔ⁸	zəʔ⁸	zeʔ⁸	—

/ 236 /

湖州、松江从母、禅母今读音不分,都读舌尖前浊擦音。临安、余杭、绍兴、宁波从母、禅母还是分的,所以"是""自"声母不同。宁波话"自"城里读 zi⁶,但在四周的乡镇有读 dzi⁶ 和 ji⁶ 的,dz>z>j 是一种常见的声母弱化现象。所以我们可以推测早先的宁波、绍兴等地"自"是读浊塞擦音 dz 或 dz。

"是""自"古调类不同,前者是上声字,后者是去声字,在 Edkins 1853 的著作中"是""自"声母韵母同,但是声调不同。第 192 条(第二版 102—103 页)人称代词(Personal pronouns)的描写里,作为人称代词词缀的,都是记作"是",上声调:

When the pronoun consists of one word only, the vacant place is often filled up by 是'zz,是我'zz 'ngú 'I',是伊是其'zz í, 'zz gí, 'he',是那众人'zz ná 'tsóng'niun, 'all you men'.

在他的标音系统里符号" ' "放在字母的左上角表示上声调,符号" ' "放在字母的右上角表示去声,在 Edkins 年代,上海话还是八个声调,"是"是上声字。同书 103 页,有"自"的注音,如"自家"zz'ká, 'oneself',显然"自"是去声字。作为代词词缀是用上声调的"是"不用去声的"自"。1908 年在上海土山湾慈母堂出版的无名氏著《土话指南》(初版 1889)人称代词词缀则都是用"自":

自我:那能伊什介能糟蹋阁下个,自我伊就勿敢碰个。(12 页)

自侬:个装生活,包拨自侬,生拉比别人,便宜点。(27 页)

自伊:自伊写之一封回信。(42 页)

用"自"替代"是"可能说明当时上海话阳上阳去已不分。Bourgois 所记录的上世纪四十年代上海市区话不管单复数,人称代词都可以带词缀"自":自我、自侬、自伊(自其)、自伲、自倻、自伊拉。那是阳上阳去相混以后所产生的结果。

北部吴语人称代词可带词缀"是"的地区呈片状分布,主要见于上海地区、湖州地区、临绍地区。

在南部吴语的婺州片里也发现有"是"+人称代词基式的形式,不过已经跟代词的基式合音为一个音节,如义乌继成、乔亭一带第一人称代词多说"dzioŋ⁴"

是"是侬",义乌其他各地第一人称的 dʑiɑ⁴、tsiɛ⁵、tsiɑ⁵、dʑiɛ⁴、diɛ⁴ 都是"是我"的合音(施俊 2011)。《颜氏家训·音辞篇》说南人多"以是为舓",禅母读塞擦音的特点在南部吴语时有保留。义乌方言"是"读 dzi⁴,"是"+"侬"dzi+noŋ=dzioŋ,由于义乌方言 dz 不跟 ioŋ 韵母相拼合(方松熹 2002),所以 dzioŋ 就发生腭化音变,为 dʑioŋ(施俊 2011)。

温州地区强调式是代词基式前加"丐"(温州话"丐"老派读 kʰa⁵,新派读 ha⁵),形成"丐我、丐你、丐渠"(复数形式也可)的范式(郑张尚芳 2008:236)。

北部吴语原先的强调式其强调意义已经泯灭,一般人不觉得加词头"是"具有强调意义,来源于"是+代词"的形式被重新解释为一般代词。比如表 1.3 松江话第二人称单数代词 zeʔ⁸ nu⁴ 是来源于"是+(尔侬)"这样的形式,但是这里的 zeʔ⁸ 已经转变为与第一人称单数的另外一个形式 nu⁴ 的区别标志,少了 zeʔ⁸,第一人称就会跟第二人称混淆,加这个 zeʔ⁸ 则把两个人称代词区别开来了,所以在这里的 zeʔ⁸ 显然不具有强调意义,而是重新解释为一般的第二人称单数代词。词头"是"跟词干合音那就失去强调式的形式标志,强调意义完全泯灭。如奉贤第二人称单数是 zu²³,是原先的 zəʔ⁻² nu⁻³⁴ 的合音(钱乃荣 1999)。上海嘉定西部第二人称单数有 zɛ⁶ 或 ɦɛ⁶ 的说法,其实是"是"+"尔"合音的两个不同阶段(详见第 4 节)。

3. 吴语人称代词的语源

最早记录"侬"是第一人称单数代词的是《玉篇》,《玉篇·人部》曰:侬,吴人称我是也。《集韵》平声二冬,侬:我也,吴语,奴冬切。(集韵平声二冬)。"汝"作为东南方言第二人称的记载更早,《世说新语·排调》记载:晋武帝问孙皓:"问南人好做尔汝歌,颇能为不?"皓正饮酒,因举觞劝帝而言曰:"昔与汝为邻,今与汝为臣;上汝一杯酒,令汝寿万春"。帝悔之。当时南方方言第二人称是"汝",这一点在当时的北人(晋武帝)看来颇具南方地域特色,换句话说当时北方方言第二人称不用"汝",否则晋武帝口中不会说出"南人好尔汝歌",孙皓也不会在所作的歌辞里连用四个"汝"字。"渠(佢)"作第三人称代称单数初见于《三国志·吴志》卷十八:"女婿昨来,必是渠所窃"。唐刘知幾《史通》卷十七:"渠伊底个,江左彼此之辞"。《集韵》平声鱼韵:佢,吴人呼彼称,通作渠,求于切。我们将早期吴语三身人称代词单数总结如表3.1:

表 3.1

第一人称	第二人称	第三人称
侬(农)	汝	佢(渠)

"侬"作为第一人称代词在吴语文献里曾十分普及,明洪武《苏州府志》:自称我为侬;明万历《崇明县志》、正德《华亭县志》等都记录当时的苏州、崇明、松江等地方言第一人称一种形式是"侬"(跟"我"和"我侬"形式共存)。现在的吴语里"侬"作为第一人称单数代词颇为少见,1928年赵元任记载的苏州话第一人称单数有三种说法:ngow[ŋəu]饿音/now[nəu]怒音,少/ngh[ŋ]五白音,更少,(见表3.2),上世纪八十年代苏州话第一人称单数还有两种 ŋəu⁶/nəu⁶(谢自立1988,见表1.1)。目前苏州城里的第一人称单数只有一种:ŋəu⁶(石汝杰1999)。表3.2比较邻近的吴江同里话,苏州话第一人称代词单数。

表 3.2

第一人称单数	第一式	第二式	第三式
苏州(赵元任1928)	ngow[ŋəu]饿音	now[nəu]怒音,少	ngh[ŋ]五白音,更少
苏州(谢自立1988)	ŋəu⁶	nəu⁶	
苏州(石汝杰1999)	ŋəu⁶		
吴江同里(刘丹青1999)	ŋ³¹⁻²² nəu²¹²	nəu²¹²(同里乡下)	ŋ³¹

赵氏第三式原文注明"更少",所以到了谢自立1988年文这个更少的形式就消失了,赵元任注明"少"的第二式尽管在谢自立1988年文内还有,但是到石汝杰1999年文内已无。我们把苏州的70年的代词变化跟邻近的吴江同里方言比

较,可以帮助我们确定苏州话第一人称代词的语源,苏州第二、第三式跟同里的 nəu 和 ŋ 对应,第一式显然也是跟同里的 ŋ nəu 对应。根据同里的第一人称代词系统,ŋ nəu/nəu/ŋ 三个最为合理的语源是"我侬"/"侬"/"我",所以苏州话第一人称代词第一式 ŋəu⁶ 应该是"我侬"的合音:ŋ+nəu＞ŋəu;第二式 nəu 是"侬";第三式是"我"。音变的解释可见本文第 4 节的讨论。

浙江义乌继成、乔亭一带第一人称多说 dʑioŋ⁴,据施俊的研究是"是侬"的合音(施俊 2011)。不过"侬"在吴语区里更多的是作为人称代词的后缀面貌出现。如"我侬、尔侬、渠侬"。元高德基撰《平江记事》说:

> 嘉定州去平江一百六十里,乡音与吴域尤异,其并海去处,号三侬之地,盖以乡人自称吾侬我侬,称他人曰渠侬、你侬,问人曰谁侬。夜晚之间闭门之后,有人叩门,主人问曰:"谁侬?"答曰:"我侬。"主人不知何人,开门视之,认其人矣,乃曰:"却是你侬。"好事者遂名其处为三侬之地。

三侬之地绝不仅于嘉定,曾遍及吴地。比如宁波话至今还有"我侬、尔(你)侬、渠侬、谁侬"的说法,不过"侬"作为代词的后缀语音弱化,鼻韵尾脱落为 nəu⁶。"我侬"的产生是权威官话代词与本地吴语代词互相竞争同义迭架的产物(陈忠敏 1999)。权威官话的"我"和吴语本地的"侬"竞争产生同义迭架"我侬",随着官话势力的增强,"我侬"中的"侬"词义虚化成为代词词缀,"尔(你)侬、渠侬"的产生则是受第一人称"我侬"的模拟感染。

今吴语第二人称代词的来源是"汝"还是"尔(你)"在学界颇多争议。争议的焦点在于苏州话第二人称代词的语源到底是什么。苏州话第二人称代词单数读"伲"nE⁶,韵母读音跟鱼韵白读音"居(拥有)kE¹、锯(锯子)kE¹、虚(虚肿)hE¹、许(许诺)hE³"的韵母同,所以有人认为苏州话第二人称代词"伲"的本字是同为鱼韵的"汝"(梅祖麟 1995、2011、郑伟 2008)。把苏州话第二人称代词单数本字定为"汝"还有一个引人入胜之处是可以跟魏晋南朝时期江东方言的第二人称"汝"搭上关系,即苏州话第二人称代词直接继承了古江东方言的"汝"字。其实苏州话第二人称代词单数的 nE⁶ 并非来源于"汝",而是"尔侬"的合音(也可写作"尔侬"。"尔""你"属古今字,作为第二人称代词的"尔"读音滞后,跟原来日母的主流读音脱离,所以再造"你"字专作第二人称代词。《广韵》你,乃里切。下文用"尔"来标写吴语的"你")。我在1999年一文曾对此有较为详细的证明(陈忠敏1999)。现在根据最近发现的语料再进一步说明苏州话第二人称是"尔侬"合音而非是"汝"字。

据汪平2010年《吴江市方言志》记载吴江各地第二人称单数代词读音差异大,见表1.2。但是各地鱼韵字"居(拥有)kE¹、锯(锯子)kE¹、虚(虚肿)hE¹、许(许诺)hE³"韵母几乎都是E,显然第二人称代词跟鱼韵字的E韵母对不上号;苏州近郊也有相同的情景,第二人称代词单数读音各异,但是"居(拥有)、锯(锯子)、虚(虚肿)、许(许诺)"这几个鱼韵字的韵母则非常一致,要么读E,要么读ei。如近郊光福(凌锋提供)第二人称代词单数是nei⁴,而"居(拥有)kE¹、锯(锯子)kE¹、虚(虚肿)hE¹、许(许诺)hE³"的韵母读音是E,ei≠E。表3.3是苏州近郊各点第二人称单数以及鱼韵见系字"锯(锯子)"的读音对照表(林齐倩2014及提供的数据):

表3.3

第二人称单数	"锯"读音	方言点
nei⁴	kei¹	唯亭、胜浦、斜塘、娄葑、甪直、车坊木渎、枫桥、太平、油泾、东山
nʌɪ⁴	kei¹	镇湖
nɐ⁴	kei¹	陆墓、黄桥
nəʔ⁷	kei¹	蠡口、北桥
nei⁴	kE¹	郭巷、越溪、太湖、光福、藏书、香山、东渚
ni⁴	kE¹	通安、浒关、望亭、东桥、渭塘
nø⁴	kE¹	横泾、浦庄
nøɤ⁴	kE¹	渡村

吴声越韵

从表3.3可以看出：第一，一部分地点第二人称单数与"锯"同韵母，但是更多的地点则不同，其中第二人称单数读音差异性大。人称代词属基本词，在一片不大的区，它们的来源应该高度一致。很难想象第二人称代词在苏州城里是"汝"，而不远的近郊方言则是另外的来源。第二，近代，特别是明以来记录苏州话的文献十分丰富，从方言文献来看苏州话用单个"侬"作为第二人称单数代词的出现较晚，最早的用例见于弹词《三笑》（现存的本子是1801年的）（石汝杰2014），在《三笑》里"侬"写作"伱"。而在明代中晚期都是写作"尔（你）"或者"尔（你）侬"，而当时"尔（你）"的读音是自成音节的ņ（详见下文论述）。所以苏州话第二人称单数自成音节的ņ在前，现在的 nE⁶ 则在后。ņ 和 nE 也不是音变关系。

《世说新语·排调》所记录孙皓的尔汝歌虽可以说明当时的江东方言第二人称代词用"汝"，但是晚明相去晋朝已有一千多年的时间，此时的江南吴语已有很大的变化。明清两代苏州是江南吴语的权威方言，这一时期大量的吴语文献也是以苏州话为主的。明冯梦龙编撰的《山歌》是当时苏州话的重要文献，其中第二人称单数代词既用"你（尔）"也用"你侬（尔侬）"，第一人称也有对应的"我/我侬"。

　　帽子大人，你侬弗要出言吐气，我侬唱介一只曲子你听听。（《山歌》9卷）

　　我十六岁贪花养子你个娘，娘十七岁上贪花养子尔。（《山歌》4卷）

第一句就有"你侬""我侬"，其中"你"和"你侬"还可以互用。第二句里"你"和"尔"互用，也说明是用汉字记录活语言，并非文言。第三人称在《山歌》只有"渠"，不见"渠侬"，不过明代用苏州话写的一些戏剧里可以发现"渠侬"。如《六十种曲·锦笺记》十三有：

　　渠侬虽侥幸，我也弗让俉。

"你"的读音在同时期的沈宠绥（？—1645?）《度曲须知》一书"收音总诀"里有十分仔细的描述（明崇祯十二年（1639）原刻本）：

/ 242 /

收鼻何音？吴字土音。（吴俗呼吴字，不作胡音，另有土音，与鼻音相似。）

闭口何音？无字土音。（吴俗呼无字，不作巫音，另有土音，与闭口音相似。）

抵舌何音？你字土音。（吴俗有我侬、你侬之称，其你字不作泥音，另有土音，与抵舌音相似。）

以上土音凡四，缘无本字，又无叶切，故借用之。然惟吴俗能喻其音，概之他方，有漠不相通者，姑亦在吴言吴云尔。

至今"收鼻音""吴"字"土音"在江南一带仍读自成音节的 ŋ̍，"闭口音""无"读自成音节的 m̩，而"抵舌音"的"你"很显然也是自成音节的 n̩，也就是晚明苏州一带第二人称代词"你侬"就是：n̩＋侬。"你"读 n̩ 跟赵元任在 1928 年《现代吴语研究》里苏州话第二人称单数的另一个读音正好一致。赵氏 1928 年的著作中苏州话第二人称单数有两个：néh（倷）和 nh（唔），罗马字末尾加上 h 的，都读去声。因为苏州那时阳调的上去声已经相混。这一时期（晚明）江南很多吴语都是三侬（我侬、尔侬、渠侬）和单音节的"我、尔、渠"互用、同存，都可以表示三身代词的单数。

苏州人钱德苍在清乾隆年间（1763—1774）编录的《缀白裘》则出现了新的变化。第二人称代词单数在书中不同的折子戏写成"唔奈""唔乃""唔呐"或"唔叨"。如：

【唔奈】其时我还小来，唔奈还抱把手里来，吃子上顿没子下顿。（《缀白裘》2 集 2 卷）

【唔叨】唔叨是房主，我是房客，开啥正门？（《白雪遗音》4 卷）

【唔乃】一向唔乃年纪小，勿曾告诉歇唔。今日让我明明白白说拉唔晓得。（《报恩缘》3 出）

【唔呐】唔呐个粉团，鹎歌点唔呦也要吞唔到肚里向去勒。（《梅花缘》18 出）

吴声越韵

"吪奈"、"吪乃"、"吪叨"、"吪呐"这些不同的汉字写法说明是用汉字记录活语言的语音；第三例"吪乃"和"吪"可以互用，第四例"吪呐"也可以跟"吪"互用，它们都表示第二人称单数，很显然是跟冯梦龙时代的"你侬"和"你"对应的。"吪奈""吪乃""吪叨"和"吪呐"第一个音节都用"吪"，显然是对应于晚明时期苏州话的"你"，读音也是自成音节的 ņ，那么第二音节（写作"奈"、"叨"、"乃"或"呐"）就对应于冯梦龙时代的"侬"了。用"奈""叨""乃"或"呐"等汉字记录显然不会带鼻韵尾，最有可能的读音是 nei 或是 nE。换句话说到了清乾隆年间苏州话"你侬"的"侬"已经韵尾脱落，由阳声韵变为阴声韵。"吪奈""吪乃""吪叨""吪呐"的读音就是：ņ nei(nE)。我们可以确实推断当时苏州话第二人称单数有两个，它们的读音是：

　　ņ（写作"吪"）

　　ņ nei(nE)（写作"吪奈"、"吪乃"、"吪叨"或"吪呐"）

请注意梅花缘 18 出（最后一句）："吪呐个粉团，罨歇点唔哎也要吞吪到肚里向去勒"。其中的"吪呐"和"吪"都是表示第二人称单数，不过另一个人称代词"唔哎"根据整句的语义是表示第一人称代词单数。第一人称"唔"跟第二年人称"吪"写法不同，显然代表不同的读音，根据表 3.2 苏州话、吴江话的比较，可知"唔"是自成音节的舌根鼻音 ŋ，而"唔哎"也就对应于明末的"我侬"，写"哎"也说明了"侬"的鼻音韵尾已经脱落，noŋ＞nəu，所以"唔哎"的读音应该就是 ŋ̍ nəu，跟今天吴江同里第一人称单数 ŋ̍ nəu 极为一致。换句话说在清乾隆年间，苏州话的第一人称"我侬"的"侬"和第二人称"尔侬"的"侬"都已经鼻音韵尾脱落了。

单独的"倷"作为第二人称单数出现得相对晚一些，最早写作"伱"见于弹词《三笑》（现存的本子是 1801 年，石汝杰 2014），现在通常写作"倷"也有写作"耐""乃"等的。

【伱】见伱洗浴，因此我知伱身浪有两个泉眼来朵……因此晓得伱朵才是"清水生活"吓。（《三笑》19 回）来朵，(有)着。才，副词，都。

/ 244 /

从"吰奈"演变为"倷(伲)"显然是 ṇ 和 nei(nE)合音的结果,自成音节的 ṇ 跟后接音节的声母相同,快读极易合音,所以就有:

　　ṇ＋nei(nE)＞nei(nE)

第二人称代词的这种合音现象在江南吴语里十分常见。清乾隆年间的两部《上海县志》记载当时上海县城话第二人称代词单数记为"汝"和"尔侬"。乾隆五十三年《娄县志》(娄县是当时上海县的邻县,今属上海松江区)对"尔侬"读音也有明确的说明:

　　由鼻音出则"尔侬"二字,合谓"汝"也;由喉音出则"我侬"二字,合谓"我"也。

"尔"和"我"之差是"鼻音"和"喉音"区别,显然这里的"鼻音"就是指自成音节的舌尖鼻音,喉音则是自成音节的舌根鼻音。由此可以推测当时上海话"尔侬"的读音是 ṇ noŋ,以后再合并为 noŋ。所以今天上海话第二人称代词 noŋ⁶ 也是"尔侬"的合音(陈忠敏 1999)。

明万历年间的《常熟私志》(抄本)记载当时的常熟话第二人称单数也是"你侬",今天的常熟话第二人称单数读音是 nẽʊ⁴,也是"你侬"的合音。

宁波话第二人称代词有三种形式:ṇ⁶、ṇ⁶ nəu⁶、nəu⁶,正好代表"尔"以及"尔侬"合音前、"尔侬"合音后的三种情形。

苏州、常熟、上海、宁波四地第二人称代词合音现象同处一撤:

	尔	＋	侬		合音
苏州话	ṇ		nE	＞	nE
常熟话	ṇ		nẽʊ	＞	nẽʊ
上海话	ṇ		noŋ	＞	noŋ
宁波话	ṇ		nəu	＞	nəu

1928 年赵元任在《现代吴语研究》里记录的苏州话代词单数尚有两种,见表 3.4。

吴声越韵

表3.4

	单　　数	复　　数
第一人称	ngow[ŋəu]饿音， now[nəu]怒音,少 ngh[ŋ̍]五白音,更少	gnih[n̍i]伲去,音
第二人称	néh[nɛ]俫 nh[n̍]唔止格,少	nh doq[n̍ toʔ]唔笃 néh doq[nɛ toʔ]俫笃,甚少
第三人称	l'i[li]俚阴平 l'i·né[li nɛ]俚俫轻	l'i doq[li toʔ]俚笃

"唔"来源于"尔"，"俫"来源于"尔＋侬"。现代的苏州话来源于"尔"的读音已经消失，只剩下"俫"一种形式了。复数"néh doq[nɛ toʔ]俫笃_甚少_"是单数néh重新解释（reanalysis）为新的单数形式后再加复数后缀的结果，以后这一形式也消失，只剩下"nh doq[n̍ toʔ]唔笃"一种。表3.5排比苏州、昆山、宝山、上海市区等方言第二人称单复数对照。

表3.5

	第二人称单数	第二人称复数
苏　　州	nɛ⁶	n̍⁶ toʔ⁷
昆　　山	nəŋ⁶	n̍⁶ təʔ⁷／n̍⁶ nəʔ⁸
宝　　山	noŋ⁶	n̍⁶ taʔ⁷／n̍⁶ naʔ⁸
上海市区	noŋ⁶	na⁶

如前所述，苏州话的单数形式 nɛ⁶ 是 n̍ 和 nɛ 的合音，昆山、宝山、上海市区也是"尔"与"侬"的合音，只不过苏州、昆山两地"侬"的韵母读音读如登韵（分析见第4节），苏州比昆山先行一步，鼻韵尾脱落。宝山、上海来自于 oŋ。它们的复数形式都是单数的"尔"加复数后缀，复数后缀的声母最有可能是清塞音 t，以后发生顺同化音 t 变为同部位的鼻音声母，昆山、宝山的两种声母交替反映了这种音变，最后发生合音，如上海市区话：n＋na＞na。

4. 人称代词的语音演变

人称代词属于高频封闭性词类,高频封闭性词音变有三种特殊的现象,第一,对外来方言的侵蚀具有较强的抗拒力,当外来权威读音覆盖本地读音的时候,高频封闭类词的语音往往会中流砥柱,抗拒替代外来侵蚀,这样就会跟主流读音形成语音层次的差异。第二,是滞后音变,由于是高频出现所以会抗拒一般的音变而滞留在早期的读音阶段,比如北京话三身代词"我、你、他"读音都属滞后音变;第三,常常发生弱化音变,封闭类词,尤其是人称代词,在语言中数量极少,数量少信息量就弱,会引起声音的弱化;吴语有复杂的连读变调现象,人称代词如果在后字位置一般会轻读,或用专用式变调格式,轻声会引起语音脱落、促化等现象。

代词读音所反映的不同音变层次。吴语在早期的一个音变层次是鼻音在高元音前引起音节化,许多方言里人称代词"我、尔"读自成音节的鼻音,应该是高元音为条件的音节化音变:

"我"ŋu＞ŋ̍

"尔"ni＞n̩

鼻音在高元音前音节化不限于这两个人称代词,一些常用的姓氏和名词往往也有类似的现象。如地名"吴江"中的"吴"当地及周边地区的读音是ŋ̍(＜ŋu),"鱼"的白读很多地方是说ŋ̍,上海话"一亩地"的"亩"读m̩(＜mu),宁波话"阿母(母亲的面称)"上海话"母妈"中的"母"也都读m̩(＜mu)。吴语里鼻音在高元音前音节化很早就有记载。元朝苏州人高德基《平江记事》有如下记载:

> 太伯有国,自号勾吴。说者云:勾,语辞,吴音也;吴者,虞也。太伯于此以虞志也。越灭吴,子孙以国为氏,今吴中吴氏甚多。而语音呼鱼为吴,辛以横山下古吴城为鱼城。方言以讹传讹,有如是者。

"吴""鱼"同音只有读成自成音节的ŋ̍才有可能。高德基的记载要比晚明沈宠绥(?—1645?)《度曲须知》里相类似的记录早近 300 年,说明早在 700 年前苏州一带的吴语鼻音在高元音前已发生音节化。同一方言里相同的语音条件有的发生音节化,有的没有,如:

上海话:母(～妈)m̩(＜mu),母(～亲)mu

苏州话:尔(～笃,你们)n̩(＜ni),泥 n̠i(＜ni)

上海话:鱼 ŋ̍(＜ŋi),疑 n̠i(＜ŋi)

根据新语法学派规则音变说,我们只能认为鼻音在高元音前音节化的是早期音变层次,后来外来的权威读音覆盖本地原有的读音,而那些高频的口语词读音则比较顽固,抗拒外来影响,其读音仍保留早期层次的面貌。苏州话"尔侬"、"倷侬"的"侬"读成登韵也是如此。

冬(东)韵读入登韵是吴语的一个早期读音层(潘悟云、陈忠敏 1995),来自晚近权威官话的冬(东)韵则读圆唇的 oŋ,两个层次互相竞争,在不同的方言里合音"尔侬"读音就不一样,比如上海、宁波的是读圆唇或从圆唇变来的 oŋ,苏州、常熟、昆山等地则保留早期的读如登韵的韵母。同一语素读音有音类归属差异正是反映语音层次竞争、替代的特点。苏州周围吴语冬(东)韵读入登韵是常见的,如常熟话、昆山话第二人称代词"尔侬"的合音韵母是冬韵(东)读如登韵。苏州近郊冬(东)韵读如登韵分布很广,详细的情形可见叶祥苓 1988《苏州方言志》第 24 页"苏州方言地图"第 7 图。我们推测苏州话早期也是冬(东)韵读入登韵,以后北方权威官话冬(东)韵读 oŋ 的取代了早期的读音,而苏州的第二人称代词"尔侬"中的"侬"韵母抗拒替代,仍读如登韵。"侬"作为代词的后缀,又经历了轻声(失去固有声调),弱化,鼻音韵尾脱落等音变。由此推测在晚明到清乾隆年间,苏州话第二人称代词"尔侬"发生 n̩ nEŋ＞n̩ nE 音变(据《缀白裘》汉字记音),从清乾隆年间到十九世纪又发生了 n̩ nE＞nE 合音音变(据《三笑》汉字记音)。与此同时第二人称的另一个形式"尔"n̩ 始终保留,到赵元任 1928 年还记录"nh[n]唔 止格,少",赵氏已在当时指出"尔"n̩ 作为第二人称单数代词比较少见,以至于到了现在的苏州话里"尔"n̩ 已经消失,不过在对应的第二人称复数里还保留着：ŋ̍⁶ toʔ⁷（你们）。当然"侬"韵母鼻音韵尾消失变为阴声韵也有可能是 nɛi(ei)之类，以后苏州话复合元音韵母单元音化，再有 ɛi(ei)＞ɛ(e)演变。

苏州话"我侬""尔侬""㑚侬"中的"侬"读音分属两个层次。"我侬"的"侬"读音是圆唇的 oŋ，以后弱化，鼻音脱落：noŋ＞nəu。"尔侬""㑚侬"的"侬"读如登韵。以后都发生弱化，韵尾脱落：oŋ＞əu，nɛŋ＞nɛ。我们设想原先的"侬"都是冬（东）韵读如登韵，这是苏州及附近的本土读音。后来北方权威官话的圆唇读音 oŋ 侵蚀苏州，第一人称最为常用，"我侬"中"侬"的读音被北方权威官话读音覆盖，而第二、三人称"尔侬""㑚侬"中的"侬"则还保留本土读音，尚未被替代。

人称代词的读音往往会滞后。音变链里的主流音变滚滚向前，而那些高频口语词往往会脱离主流音变的步伐，滞留在前一阶段。如人称代词的读音在一个音变链里往往是滞后的。海门话"瞿"读 dʑi²（＜gi），但是作为第三人称代词的"佢"则说 gi²（＜gi），抗拒腭化音变，滞留在腭化音变前一阶段。云和话不分尖团音，精组和见晓组字声母在高元音 i、y 前也都腭化，分别同音，读 tʃ tʃʰ dʒ ʒ。如精＝经 tʃiŋ¹、趋＝区 tʃʰy¹、雪＝血 ʃyɛʔ⁷。但是第三人称的"佢"读 gi⁴，仍没有腭化，滞留在主流音变的前一阶段。

代词读音所反映的音变层次差异与滞后音变两者有时颇难区分，笔者觉得可以根据两者的性质列出几项标准把两者分开。第一，滞后音变是一条音变链中的前后两个阶段，所以连接前后两个阶段的读音应该较为相近，或者可以看出音变的轨迹，也即前后两个阶段的读音符合自然音变关系。如果是反映不同音变层次的，两个读音的差异有时会很大，没有前后变化关系，只是一种替代关系。比如海门话第三人称代词单数"佢"读 gi²，但是相同语音条件的其他字"渠瞿"等读 dʑi²。gi²＞dʑi² 是最自然不过的腭化音变，所以海门话第三人称单数代词读音是一条音变链中的滞后音变。第二，如果属滞后读音，音变链前后两阶段的音类分合是一致的；如果是反映语音层次差异，两种读音的音类分合可以不同，受外来权威话影响的音类分合是与输出语言的音类分合一致，而本地的读音则根据本地音类的分合,与外来权威语言(方言)的音类分合不见得一致,这样就会形成音类分合的差异,我们可以据此来区分两种不同性质的差异。比如昆山、常熟"尔侬"的"侬"韵母读如登韵 əŋ 或 nɛ̃⁰,后来权威方言来的圆唇读音 oŋ 则不跟登韵同,两者音类分合不同,在昆山和常熟也不存在 əŋ/nɛ̃⁰>oŋ 音变,所以昆山、常熟读如登韵的"侬"(əŋ 或 nɛ̃⁰)跟 oŋ 是语音层次差异,不是一条音变链中的前后两个阶段。

代词如果处在两字组连读的后字位置,往往读轻声或用专用式变调,很多专用式变调后字读音也是轻声,轻声位置的音节语音就会弱化。如果代词本身是双音节的,代词的后缀就会弱化。合音也是一种弱化的表现。弱化也就脱离了一般音变的轨道。如吴方言里作为第三人称代词的"佢"读音出现了弱化,发生以下音变:gi>dʑi>ɦi,比如上海话"渠(管道)dzy⁶"和作为第三人称单数代词的"佢 ɦi⁶"读音不同,上海话"佢"读 ɦi⁶,声母读音是反映 dz>ɦ 弱化音变,韵母读音跟"渠"的 y 相比,是反映语音层次差异。苏州话第三人称单数有三种形成:li¹/lɪ¹ nɛ⁰/n̩¹ nɛ⁰,g>l,浊塞音变为边音是一种弱化音变。第三人称单数代词 n̩¹ nɛ⁰ 和它的复数形式 n̩¹ toʔ⁷ 都是上世纪初以后的产物(谢自立 1988)。根据上文论述,苏州话第二人称"尔侬"的"侬"读如登韵,由于处在代词后缀位置,所以弱化而韵尾脱落:nɛŋ>nɛ。写于上世纪 30 年代的《鄞县通志》记载当时的宁波话单数人称代词有两套,我/我侬、你/你侬、佢/佢侬。并且说:

　　'我'读如'牙'俗音上声;'你'读如'吴'俗音上声;'佢'读如'其';'侬'音'农'。

可是今天的宁波话,作为人称代词词缀的"侬"读 nəu⁶,显然有韵尾脱落的音变 noŋ>nəu。浙江武义话作为人称代词后缀的"侬"也有 noŋ¹³/no¹³ 两种变异,后者就是前者的弱化引起的鼻音韵尾脱落现象(傅国通 2010)。作为人称代词后缀的"侬"在苏州话、宁波话、武义话里有相同的弱化音变:

　　苏州话:nɛŋ>nɛ

　　宁波话:noŋ>nəu

武义话:noŋ>no

只不过苏州话的来源于读如登韵的"侬",宁波、武义的来源于圆唇的 oŋ。昆山、常熟、苏州三地第二人称代词后缀的读音都来源于读如登韵的"侬",排比三地的读音,可以看出鼻音韵尾脱落的弱化音变:

nəŋ(昆山)>nɛ̃(常熟)>nE(苏州)

轻声的一个重要标志就是音节的音长短,所以更进一步的弱化就是促声化。如吴江盛泽话第二人称代词:ŋ̍ nəʔ³³⁵,后缀就是"侬"的促化。金华第三人称"㑚"读 gəʔ⁸,邻近的汤溪读 guɯ²,显然是弱化音变:guɯ>gəʔ。代词强调式前缀"是"在很多吴语方言记录中写作入声字"实""直",也都是促声化音变。

合音也是弱化的一种表现形式。苏州话第一、第二人称的合音:

我侬:ŋ̍+noŋ>ŋ̍+nəu>ŋəu

尔侬:n̩+nEŋ>n̩+nE>nE

我里(我们):ŋ̍+li>ŋi>ȵi

表 4.1 是诸暨王家井(钱乃荣 1999)三身代词单复数读音形式:

表 4.1

	单　　数	复　　数
第一人称	ŋɯ²³³	ŋA²³³
第二人称	ȵi²³³	ȵiA²³³
第三人称	dzi²³³	dziA²³³

表 4.1 复数形式其实都是单数形式加 1A 以后的合音:ŋɯ+1A>ŋA,ȵi+1A>ȵiA,dzi+1A>dziA。

自成音节的鼻音加以鼻音为声母的后缀最容易合音:

ŋ̍+nəu>ŋəu(苏州话第一人称单数)

n̩+nE>nE(苏州话第二人称单数)

n̩+noŋ>noŋ(上海话第二人称单数)

其次是自成音节的鼻音加以近音为声母的后缀,如:

ŋ̍+li>ŋi>n̴i(苏州话第一人称复数)

dʑi+lʌ>dʑiʌ(诸暨王家井话第三人称复数)

如果代词后缀的声母是一个强辅音,尤其是清塞音或塞擦音,合音一般比较困难。比如苏州话第二人称代词复数 ŋ̍⁶ taʔ⁷,第三人称代词复数 li¹ taʔ⁷。

吴语人称代词有三套范式,"我(侬)、尔、㑆"和"我侬、尔侬、㑆侬"这两套都是一般式,"是"(温州是"丐")加一般式则是对应的强调式。随着原来三套范式意义功能的消失、范式精简,代词特殊音变,以及音变以后范式的重新分析所引起的重组,使得各地吴语的人称代词呈现出复杂的语音面貌。不过只要我们理清代词范式的源头,这些复杂现象还是能梳理清晰的。强调式语义弱化,伴随而来的就是语音的弱化和合音。上海金山话第一人称 zu¹³,是"是"zɿ+"我"ŋu 的合音。义乌话第一人称 dʑioŋ⁴ 是"是"dʑi+"侬"noŋ 的合音。

上海嘉定北部一些点第二人称代词非常复杂(陈夏青 2011),见表 4.2。

表 4.2

嘉定北部	第二人称单数	第二人称复数
第一式	zɛ̃⁶(偏东,多见于徐行)	zɛ̃⁶ taʔ⁷
第二式	ɦɛ̃⁶(最普遍)	ɦɛ̃⁶ taʔ⁷
第三式	ɦɛ̃⁶ noŋ⁶(偏西,多见于娄塘)	
第四式	ŋ̍⁶	ŋ̍⁶ taʔ⁷、ŋ̍⁶ naʔ⁸、naʔ⁸

第一式、第二式、第三式中的 zɛ̃⁶ 或 ɦɛ̃⁶ 都是"是尔"的合音和弱化的结果(陈夏青 2011),"是 zɿ"先促声化为 zəʔ,加"尔 ŋ̍":

zəʔ+ŋ̍>zəŋ>zɛ̃>ɦɛ̃

zɛ̃ 声母在弱化就是 ɦɛ̃⁶。ɦɛ̃⁶ noŋ⁶ 则是"(是尔)+侬"。第一、第二、第三式的复数则是单数形式重新分析以后加上复数后缀 taʔ⁷。第四式单数形式是"尔",它的三种复数形式则是"尔"加复数后缀 taʔ⁷,或是"尔"加复数后缀 taʔ⁷ 的各种音

吴语人称代词的范式、层次及其合音现象

变形式。比如ṇ⁶ naʔ⁸是一种顺同化音变:ṇ+taʔ>ṇ+naʔ,而naʔ⁸则是顺同化以后的合音:ṇ+naʔ>naʔ。上海话第二人称代词单复数也是合音的结果:单数ṇ+noŋ>noŋ;复数ṇ+ta>ṇ+la>ṇ+na>na。

根据上述分析,我们把苏州话的代词系统(据谢自立1988)做一个总结。表4.3是苏州话代词的读音和它们的词源。

表4.3

苏州话	单　　数	复　　数
第一人称	我侬 ŋəu⁶/侬 nəu⁶	我里(近指处所语素)ni⁶
第二人称	尔侬 nE⁶	尔□(远指处所语素)ṇ⁶ toʔ⁷
第三人称	渠 li¹/渠侬 li¹ nE³¹/渠侬 ṇ¹ nE³¹	渠□(远指处所语素)li¹ toʔ⁷ /渠□(远指处所语素)ṇ toʔ⁷

表4.3跟赵元任1928年的记录(见表3.3)相比,第一人称少一个自成音节的ŋ,我1999年文已经指出赵元任1928年记录苏州话第一人称单数三种形式的词源分别是"我侬"的合音(ngow[ŋəu])、"侬"(now[nəu])、"我"(ngh[ŋ]),本文又根据新的证据做了补充说明。袁毓林对此提出异议,认为"只要'侬'仍可单独表示第一人称,那么就很难设想'我侬'中的'侬'已经虚化。因为一个成词语素在复合词中居然可以是一个意义彻底虚化的词缀,这种情形在理论上是很难想象的,在语言实际中恐怕也是很难找到同类例证的";"感染源'我侬'中'侬'的虚化缺少时间上的跨度和定位:先于'我侬'、并且后来一直跟'我侬'并行和交替使用的'侬'的存在,使得'我侬'中的'侬'的虚化的假设难以成立。"(袁毓林2003)。"侬"从第一人称代词虚化为代词词缀是典型的语法化显现,语法化过程中词的语义漂白(semantic bleaching)是个渐进的过程,在这个过程中旧语义与新语义完全可以同时并存,这是语法化的常态。北京话里"儿""子"都有实词意义,与此同时它们也可以出现在"儿化词"和"子尾词"里,意义彻底虚化只有语法意义的虚词。英语里常举的例子是 will 和 be going to。它们既是

/ 253 /

动词,同时语法化获取新的语法意义"future",两者并行不悖,同时存在于现代英语里。关键的一点是语法化过程渐进式的演变,跟新语法学派所说的规则音变是不同的,新形式与旧形式并不势不两立,有你没我,可以并存。如 Campbell (2004:297)所说:

> The emphasis on semantic loss or weakening is perhaps unwarranted, however, since in the process of grammaticalization forms also take on new meanings, such as 'future' in the case of *will* and *gonna*, and it is not necessarily the case that any lexical meaning is lost, since often the source of the grammaticalization remains in the language with its former meaning alongside the new grammaticalized form, as *be going to* as the original meaning of directional verb has in English alongside the new 'future' meaning acquired in the grammaticalization.

我认为苏州话第一人称是本土的"侬",以后权威官话的"我"进入,两者并行就会产生同义迭架"我侬",随着权威官话势力的增强,"我侬"中的"侬"语法化,变为代词词缀。按照语法化的进程"侬""我侬""我"三种形式可以在某一时期同时存在,不需要时间差,所以也不存在时间差的问题。

第一人称代词单数"侬""我侬""我"的留存程度在各方言里可以不一致,有的保存三种类型,有的则保留两种,更多的只保留一种。留存的多寡和种类的不一致性是北部吴语代词系统表面混乱的一个重要原因。表 4.4 是某些北部吴语第一人称代词单数种类及读音对比表:

表 4.4

第一人称单数	侬	我	我 侬
苏州(赵元任 1928)	now[nəu]怒音,少	ngh[ŋ̍]五白音,更少	ngow[ŋəu]饿音
苏州(谢自立 1988)	nəu⁶少		ŋəu⁶
苏州(石汝杰 1999)			ŋəu⁶

续表

第一人称单数	俫	我	我 俫
吴江同里（刘丹青 1999）	nəu²¹²	ŋ̍³¹	ŋ̍³¹⁻²² nəu²¹²
吴江松陵（汪平 2010）		ŋ̍³³	ŋ̍ nəu³³³
松江（陈忠敏 1987 调查）	nu⁴		ŋ̍⁴ nu(o)⁴
海盐（陈忠敏 2006 调查）		ɦu⁶	ɦoʔ⁸ nu⁶
宁波（陈忠敏 1990 调查）		ŋo⁶	ŋoʔ⁸ nəu⁶
上海市区		ŋu⁶	

赵元任 1928 年所记苏州话，三种形式也是齐全的，只不过读"我"那种形式较少；80 年代的苏州话保留来源于"我俫""俫"两种，以后来源于"俫"的那种形式也消失了，只保留来源于"我俫"的合音型式；吴江同里三种形式"我""我俫""俫"齐全；吴江松陵话保留"我"和"我俫"而丢失"俫"；松江话保留"俫"和"我俫"，丢失"我"；海盐和宁波话保留"我""我俫"，丢失了"俫"；上海市区话只保留"我"一种形式。

今苏州话第一人称单数只有一种，读音是 ŋəu⁶，声韵调都合中古哿韵疑母的"我"，但是根据上述分析我们认为它是"我俫"的合音。理由是：第一，比较赵元任 1928 年的三种形式，可知自成音节的 ngh[ŋ̍]才是"我"，苏州邻近方言第一人称"我"的读音多有自成音节的 ŋ̍，可见这一带第一人称的"我"的读音是属于早期的音变层次，读音并不随晚期的主流音变走。第二，苏州第一人称 ŋəu6 是跟邻近方言，如吴江同里、松陵等的"我俫"对应，ŋ̍ nəu>ŋəu 也是非常自然的合音音变，前一阶段尚未合音的形式在邻近的吴江同里、松陵等地还能看见。苏州话早期的第一人称 ŋ̍ nəu 读音正好跟《梅花缘》第一人称的汉字记音"唔哝"对应。

苏州话第三人称的 li¹ 其本字最有可能是"渠（佢）"，而不太可能是脂韵影母的"伊"。第一，明末以苏州话写的方言文献、小说、诗歌都是用"渠（佢）"。"俚（里）"的汉字记录直至清中期才出现。说明"渠（佢）"在前，"俚（里）"在后。

第二,第三人称单数读 li¹ 的,在整个吴语区只发生在苏州城及周边郊区狭小的区域内,不见于其他地方,很难想象这样基本的词在通话度较高的北部吴语区里会有两个不同的来源。苏州话第三人称单数 n̩¹ nE³¹ 是言语社团中一部分人发生了 li¹ nE³¹ 的逆同化音变:

$$li^1\ nE^{31} > n̩^1\ nE^{31}$$

所以 n̩¹ nE³¹ 较 li¹ nE³¹ 晚,《海上花列传》中只有"俚"和"俚乃",可见 n̩¹ nE³¹ 出现的时间不会早于二十世纪。第三人称自成音节的 n̩¹ 跟第二人称单数原先自成音节的 n̩ 不同,前者声调属阴调,后者则属阳调。复数形式 n̩¹ toʔ⁷ 则根据另一复数形式 li¹ nE³¹ 和复数形式 li¹ toʔ⁷ 比例式类化(four-part analogy)所至:

单数	复数
li¹ nE³¹ :	li¹ toʔ⁷
n̩¹ nE³¹ :	n̩¹ toʔ⁷

苏州话人称代词的复数的后缀分为两类,第一人称复数后缀是 li,第二、第三人称代词复数则是 toʔ⁷。第一人称代词复数后缀 li 来自于表近指的处所语素,第二、第三人称复数后缀则来自于离说话人较远的远指处所语素(钱乃荣 1999、刘丹青 1999、2003、盛益民 2013),处所语素在人称代词后会附带各自的处所类集义,再重新解释为对应的人称代词复数类别词。

第一人称代词复数早期文献写作"里""俚""哩"等。如:

"我里两人侪是个样劈竹性,蓦地里奔来就有子泥。"(《山歌》6 卷)

"客人去者。秦兄,阿要拿故星家生教哩虱收拾子,唔哩去困罢。"(《梅花缘》18 出)

今天的读音 ȵi 是合音以后腭化音变的结果:n̩+li>ŋi>ȵi。第二、第三人称复数后缀 toʔ⁷ 中的清塞音 t 阻止了跟前一音节合并,所以第二、第三人称复数代词仍为双音节。

5

吴语人称代词系统的杂乱、不规则是由几种原因造成的。第一,吴语的人称代词有三种基本范式:吴语固有式、北方权威官话影响产生的"三依式",以及原本的强调式。第二,随着权威官话影响的加深,以及强调式强调意义的消失,三种同义异构的范式会互相竞争、迭架套用,而各方言在这一竞争过程中留存的形式是不一致的,从而显得代词系统的参差不齐。第三,代词属于高频封闭性词类,封闭类词的特殊音变(音变滞后、拒外性强、容易弱化、合音等)使得代词的语音面貌无法从一般的音变规律推导出来,代词的语源寻找也因此增加了困难度。尽管如此,我们还是根据下列方法把吴语,特别是北部吴语的代词语源以及演变作了系统的阐述。第一,一个语言(方言)里代词范式在早期必定是呈系统、均衡分布的,所以我们可以根据内部拟测法来消除变异,构拟它们早期的系统、均衡的形式。第二,虽然早期的来源成系统,但是几套代词范式及其形式在以后各地吴语里的留存并不一致,我们正可以运用历史比较法比较这些差异来重建它们的早期形式。第三,运用内部拟测法、历史比较法时要充分考虑到封闭类词的各种形式的特殊音变以及音变层次和读音层次,用层次分析法弥补历史比较法、内部拟测法的不足。第四,各时期的方言文献记录也是十分珍贵的,它可以印证我们的分析结果,也可以提供不同形式时间早晚的线索。

参考文献

陈夏青:《嘉定北片第二人称"佷"》,游汝杰、丁治民、葛爱萍主编:《吴语研究——第六届国际吴方言学术研讨会论文集》,上海教育出版社 2011 年版,第 290—295 页。

陈忠敏:《论北部吴语一种代词头"是"》,《语言研究》1996 年第 2 期。

陈忠敏:《论苏州话人称代词的语源》,《中国语言学论丛》第二辑,北京语言文化大学出版社 1999 年版,第 101—119 页。

陈忠敏、潘悟云:《论吴语的人称代词》,李如龙、张双庆主编:《代词》,暨南大学出版社1999年版,第1—24页。

傅国通:《方言丛稿》,中华书局2010年版,第188—197页。

林齐倩:《苏州郊区(原吴县)的三身人称代词》,《语言研究》2014年第3期,第112—117页。

刘丹青:《吴江方言的代词系统及内部差异》,李如龙、张双庆主编:《代词》,暨南大学出版社1999年版,第102—125页。

刘丹青:《语序类型学与介词理论》,商务印书馆2003年版。

梅祖麟:《方言本字研究的两种方法》,《吴语和闽语的比较研究》,上海教育出版社1995年版,第1—14页。

梅祖麟:《江东方言的"汝"字(＞苏州 nE⁶ "倷")及其相关问题》,《东方语言学》第九辑,上海教育出版社2011年版,第1—12页。

潘悟云、陈忠敏:《说弄》,*Journal of Chinese Linguistics*,Vol.23,No.2,pp.129—147。

钱乃荣:《北部吴语的代词系统》,李如龙、张双庆主编:《代词》,暨南大学出版社1999年版,第68—84页。

盛益民:《从处所后置词到人称代词复数标记——吴语复数标记来源的类型学考察》,《语言学论丛》2013年第2期。

石汝杰:《苏州方言的代词系统》,李如龙、张双庆主编:《代词》,暨南大学出版社1999年版,第85—101页。

石汝杰:《明清时代北部吴语人称代词及其相关问题》,《中国方言学报》,2015年。

汪平:《吴江市方言志》,上海社会科学院出版社2010年版。

谢自立:《苏州方言的代词》,《吴语论丛》,上海教育出版社1988年版,第84—90页。

袁毓林:《苏州话人称代词构拟中的时间差——读陈忠敏"论苏州话人称代词的语源"献疑》,《汉语语法研究的认知视野》,商务印书馆2003年版,第386—414页。

赵元任(1928):《现代吴语的研究》,科学出版社1956年重版。

郑伟:《古吴语的指代词"尔"和常熟话的"唔"——兼论苏州话第二人称代词的来源问题》,《语言学论丛》第三十七辑,商务印书馆2008年版,第105—124页。

郑张尚芳:《温州方言志》,中华书局2008年版。

Campbell, Lyle. *Historical Linguistics: An Introduction.* 2nd edition, Cambridge, MA:

MIT Press, 2004.

Edkins, Joseph. *A Grammar of Colloquial Chinese, as Exhibited in the Shanghai Dialect*. Shanghai Presbyterian Mission Press, 1st edition, 1853, 2nd edition, 1868.

Macgowan, John. *A Collection of Phrases in Shanghai Dialect*. Shanghai: American Presbyterian Mission Press, 1862.

原载《汉语史学报》第十六辑,上海教育出版社 2016 年版

吴闽语比较二则

陶 寰

一

张光宇(1994)认为,闽南话中表示"精液"的[siao²]本字为"㞗"。理由如下:

一、"㞗",《广韵》详容切,在通合三钟韵。吴语金华方言音[ʑiao⁶](曹志耘 1996 金华音[zoŋ²],曹志赟 1985 汤溪岩下方言为[zɑo⁶])。南部吴语语音比较古老,不少地方钟韵字念开尾韵,因此早期吴语"㞗"的读音可能是[ʑiao²]。

二、闽南话的[siao²]与金华话的[ʑiao⁶]十分相似,可能是从金华等地早期吴语的[ʑiao²]演变而成。

这个结论令人怀疑。首先,张文把早期吴语的"㞗"字构拟为[ʑiao²]是不能令人信服的。钟韵字读开尾韵只是婺州片以东、以南一些方言的区域性特征,张文所举方言都在这个范围之内。但吴语的大部分地区仍读鼻尾韵。例如"松[树]"的读音:

---

① 本文材料温州话由游汝杰、盛金标两位先生提供,景宁话系郑张尚芳先生调查,绍兴、嵊县、婺州片、处衢片各点均为本人调查所得,其余材料见傅国通等(1985)。

[表1]

杭州	长兴	昌化	分水	绍兴	嵊县
soŋ¹	zoŋ²	zəŋ²	zoŋ²	soŋ¹	z̃ɔ²
宁波	奉化	象山	临海	黄岩	仙居
soŋ¹	zoŋ²	zoŋ²	ʑyoŋ²	zoŋ²	ʑyoŋ²
兰溪女埠	永康	义乌	浦江	丽水	泰顺
zoŋ²	zoŋ²	zəm²	zən²	ʑiŋ²	ɕiɔ̃²
衢州	衢县杜泽	龙游	常山	开化	江山
sʌŋ¹	zəŋ²	zoŋ²	z̃ɑ²	zəŋ²	z̃ɔ²

表中临海以下十五个点均为南部吴语,钟韵都有鼻音尾。又,绍兴话"厼"叫[dzoŋ²],常山叫[zã²]①,均带鼻音。即便是婺州片内部也不一致,义乌钟韵读[əm],浦江读[on]或[ən]。如果把吴语"厼"的早期形式构拟成[ziao²],无法解释钟韵在这些方言里的演变。更何况吴语读开尾韵并不意味闽语也会有类似的现象。

一般认为,方言之间的语音对应不在于音值的相似而是音类的对应。同一个词在两个相距较远的方言里如果有相似的语音形式,大多是借用的结果。借用需要外部条件,比如说大量的移民、文化的传播等,但我们缺乏这方面的证据。而且,我们也没有足够的理由来解释为什么闽南话要从吴语里借入一个方言的常用词。

利用吴闽语比较为方言考本字服务,这种方法是正确的,但在具体操作时却要十分注意。一般说来,吴语中同闽语同源词较多、语音现象比较接近的方言主要是处衢片方言,其次是瓯江片方言。婺州片方言受南宋北方官话影响较大,保留古吴语的成分比较少,与闽语相同的成分也比较少。前例所示,处衢片常山话的"厼"字读[zã²],与厦门话不合。瓯江片方言则不用"厼"字,详下文。

那么,这个字究竟是什么呢?我们认为[siao²]的本字很可能是"消"字。不

---

① 常山话"厼"读如东₃,避免与"松"同音。

过,它属于"油"的早期层次。"油"中古音在流开三平声尤韵以母。从声母上说,以母在闽语各方言早期层次的读音读[s-]是常例,例如厦门话:盐蝇庸翼液,等(厦门市地方志编纂委员会办公室1996)。韵母方面,厦门话的尤韵主要有三个读音:[au]、[iau]和[iu],前两个是白读。读[au]的如:昼臭飕流刘留九陶,读[iau]的如:九犹稠,等(同上1996:104)。以母读零声母的一般读[iu]韵,"油"声母是[s-],故变化同知系。又,福州话雄鱼的性腺叫[sieu⁶],这个词应当是厦门话[siao²]的同源词,李如龙等(1994:272)写作同音字"绥",也说明韵母属尤韵。

"油"做"精液"解取其黏稠湿滑之意,是一种采用比拟手法的避讳说法。这个说法也见于南部吴语,处衢片的泰顺和景宁与闽语区相邻,都把"精液"叫"油"(音[iu²])或"卵油",可以作为闽语的旁证。

需要说明的是,闽南话"油"读[iu²],如"油炸粿油条、豆油酱油"。为什么两个常用词的读音会相差这么大?我们认为有两方面的原因,一、汉语方言中常有同一个字意义不同,语音也分属不同层次的现象。例如闽南话表示"漂亮"义的"水"音[sui³],表示喝的水则音[tsui³],声母不同。又如吴语江山话的"床"表卧具时说[zɤ²],表"桌子"义时音[ziɔ²]。韵母分属不同的层次。二、这个词本身是个禁忌词,一般都避讳与常用词同音。厦门话"蛋"叫"卵"[lŋ⁴],男性生殖器也叫"卵",音[lan⁴],与此相类。

另据了解,温州一带"精液"称"袋①浆",也是一种避讳的称呼,同样采用比拟的手法。这种方式也许是东南沿海一带方言的一个区域特征。

二

闽语的"短"字白读均为阴声韵,如:(陈章太、李如龙1983:54)

---

① "袋"音[dai²],在蟹合一平声灰韵定母,本字待考。

[表 2]

福州	福清	古田	宁德	周宁	福鼎
tøy³	toi³	toi³	tøy³	tɛi³	toi³
厦门	泉州	永春	漳州	龙岩	大田
te³	tə³	tə³	te³	tie³	tue³
澄海	永安	沙县	建瓯	建阳	松溪
to³	tuɛ³	tuɛ³①	to³	tui³	tuei³

陈章太、李如龙认为，闽语称"短"各方言是一致的："上声的贿韵或纸韵，端或知母。本字未明。"以此推论，"短"的来源可能有二：上声贿韵端母或上声纸韵知母。但我们考察了闽语各点之后，发现这个说法有问题。

从闽北方言看，除松溪的止摄读[uei]，与"短"的韵母相符外，止摄各韵在建瓯变为[i]或[y]，在建阳为[i]、[ɔi]或[y]，与"短"的韵母均不合。如果说闽北各点的来源是一致的，那么松溪也不可能来自纸韵。贿韵的读音与闽北、闽东、闽南各点相符，但跟莆仙、闽中方言不合。例如：永安话的贿韵端组字读[ui]，[ue]韵不可能来自贿韵，其他闽中方言也是如此（陈章太、李如龙 1983：194）。莆田话贿韵白读为[ui]，也与"短"不同（李如龙 1996：208）。

如果闽语各点的来源是一致的，那只有一种可能：上声果韵端母。试比较"坐、螺"字的韵母：

[表 3]

	福州	福清	古田	宁德	周宁
螺	løy²	loi²	loi²	lɔy²	lɔi²
坐	søy⁶	soi⁶	soi⁶	sɔy⁶	sɔi⁶
	福鼎	莆田	厦门	泉州	永春
螺	loi²	lø²	le²	lə²	lə²
坐	soi⁶	le⁶②	tse⁶	tsə⁴	tsə⁶

---

① 沙县材料可疑。陈章太、李如龙（1991：193—194）沙县未见[uɛ]韵，可能系[ue]韵之误。
② 李如龙（1996：207）所记的澳腰莆田话"螺、坐、短"三字韵母都是[ø]。此处坐韵母为[e]，未知何故。

续表

	漳州	龙岩	大田	尤溪	澄海
螺	le²	lo²	lue²	lɤ²	lo²
坐	tse⁶	tse⁴	tse⁴	sɤ⁶	tso⁴
	永安	沙县	建瓯	建阳	松溪
螺	sue²	sue²	so⁵	sui²	suei²
坐	tsue⁴	tsue⁴	tso⁶	tsue⁶	tsua⁶

福州话同一个韵母有松紧之别。"坐"为阳去调,读松韵母[ɔy]:"短"为阴上调,读紧韵母[øy]。故"坐"和"短"韵母相同。从上表中我们可以看出,绝大多数闽语各点"短"的韵母与"螺"的韵母是一样的①,大部分地点"短"与"坐"韵母相同,只有少数地方分属不同的语音层次。闽语许多地方"短"合于贿韵,是因为这些地方戈韵的早期层次和贿韵合流的缘故。

除闽语外,吴语中与闽语相邻的江山、常山、开化等地也有类似现象。从语音上看,不可能来自贿韵,而可能来自戈韵端母。表中"唾、坐"在戈韵,"碓"在灰韵去声。试比较:

[表4]

	常山	开化	江山
短	ti³	tui³	ti³
唾 痰~、唾沫	tʰi⁵	tʰui⁵	tʰi⁵
坐	zi⁴	zui⁴	zi⁴
碓 水~	tue⁵	tue⁵	tui⁵

不过,《广韵》和《集韵》里这个音韵地位的字都与短义无关。我们设想有两种可能:一是这个词《广韵》和《集韵》漏载,这种可能并非不存在,但于研究无补。第二种可能是这个字的本字即"短",只不过经历了一种不同的语音变化。从我们对吴语的了解看,这种设想很可能是对的。在上述三个吴语方言中,中

---

① 闽东方言同一韵母有松紧之别,宁德、周宁"短"跟"螺、坐"韵母的不同可能与此有关。因材料不足,不敢妄下结论。龙岩"螺"字读同歌韵、豪韵,当是晚期层次的读音。

古桓韵字有类似变化的还有"酸、钻"二字：

[表5]

	常山	开化	江山
酸	ɕi^1	sui^1	ɕi^1
钻 扯~，一种木工用具	tɕi^5	tsui^5	tɕi^5

同一个韵有几个字都有相同的语音变化，我们相信不是巧合，而应是特殊语音变化造成的。

根据郑张尚芳和潘悟云的研究，上古"歌月元"可以按其主元音分为三类。中古的戈韵来自上古歌$_3$，魂韵来自元$_3$。上古主元音相同，均为[-o-]，但韵尾不同，歌部收[-1]，元部收[-n]。我们设想，可能在上古的某个时期，吴闽语中的"短"等元部字韵尾或者由[-n]变成了[-1]（或上古后期的[-i]），或者脱落，杂入戈韵，随着戈韵一起发展。后来由于受中古北方话的影响，大多数字接受了新的符合中古魂韵的读音，只有少数口语中极常用的字还保留原先的面貌。

韵尾交替也称对转，上古不乏其例。汉会稽上虞人（今浙江上虞）王充所反映的吴越方言中"琐酸"等歌元两部字通押，《淮南子》中"酸和"相押（丁启阵1991：55），说明吴闽语中"短"并入戈韵（上古歌$_3$部）的确是吴闽语历史上存在的事实。更令人感兴趣的是，阳声韵转入阴声韵的情况基本上都出现在汉代以前，之后便鲜见记载；在地域上也偏于东部沿海地区（周祖谟1993：144）。例如刘熙《释名》等汉代著作中记载齐鲁青徐一带方言有"癣"读为"徙"、"鲜"声近"斯"、"殷"读如"衣"等（转引自周祖谟1993：142—144）。这很可能是东部沿海方言的一个区域性特征。

参考书目：

曹志耘：《金华方言词典》，江苏教育出版社1996年版。

曹志赟：《金华汤溪（岩下）方言词汇》，（山东大学硕士论文）1985年。

丁启阵：《秦汉方言》，东方出版社1991年版。

吴声越韵

陈章太、李如龙:《闽语研究》,语文出版社1991年版。

冯爱珍:《福清方言研究》,社会科学文献出版社1993年版。

傅国通等:《浙江吴语分区》,《杭州大学学报·增刊》1985年。

李如龙等:《福州方言词典》,福建人民出版社1994年版。

李如龙:《方言与音韵论集》,香港中文大学中国文化研究所,吴多泰中国语文研究中心1996年版。

林伦伦:《广东省澄海方言同音字汇》,《方言》1994年第2期。

刘君惠等:《扬雄方言研究》,巴蜀书社1992年版。

厦门市地方志编纂委员会办公室:《厦门方言志》,北京语言学院出版社1996年版。

张光宇:《闽南方言的"尿"字》,《方言》1994年第1期。

周长楫:《闽南话与普通话》,语文出版社1991年版。

周祖谟:《周祖谟学术论著自选集》,北京师范学院出版社1993年版。

原载《语文论丛》,上海教育出版社2000年版

汉语吴方言的"处所成分—指示词"演化圈[*]

——兼从语言类型学看指示词的词汇更新

盛益民

0. 引　　言

吴方言,又叫吴语、江浙话等,是汉语的十大方言之一(中国社科院等,1987),主要分布于浙江、江苏南部、上海、安徽南部等地。

吴方言存在处所词与指示词同形的现象。潘悟云、陶寰(1999:45)指出吴方言的处所词与指示词关系密切,例如"荡""搭""许/亨(许ᵣ)"等词既是处所词,又有指示词的功能。具体例证请见下文的具体介绍。

关于处所词和指示词之间的关系,潘悟云、陶寰(1999:59)认为吴方言存在"处所词虚化做指代词的普遍规律",也就是说他们认为指示词的功能是直接从处所词发展而来的。但是这种观点较为可疑:一方面,跨语言的研究表明,至今

---

[*] 本文为笔者IACL-22"青年学者奖"获奖论文《汉语方言的"处所成分—指示词"演化圈》的一部分。写作过程中得到了刘丹青教授和洪波教授的指导,写作及修改过程中又得到陈玉洁博士、王芳博士、白鸽博士、朱佳蕾博士等的指教。在美国马里兰大学(IACL-22)、中国复旦大学和北京语言大学报告时,又承蒙曹逢甫、陈振宇、陈忠敏、胡建华、黄行、梁银峰、潘悟云、强星娜、孙朝奋、孙宏开、陶寰、张洪明(按音序排列)等先生惠赐宝贵意见。文章还得到 *IJChL* 匿名审稿专家非常详细的修改意见。本文的写作和调查得到中国社科院创新工程项目"汉语方言的语音和语法"和国家社科基金重大课题"功能—类型学取向的汉语语义演变研究"(主持人:吴福祥研究员,项目批准号14ZDB098)的支持。一并致以谢忱。文章若有错讹,概由笔者承担。

尚未报导过这样的演变。根据 Heine & Kuteva(2002)对世界语言语法化路径的总结，并没有"处所词＞指示词"的语法化链条。Heine & Kuteva(2007)讨论指示词的可能来源时，也并没有指出处所词可以发展为指示词。另一方面，Diessel(1999，2003，2014)、Plank(1979)、Woodworth(1991)、张敏(2006)等文甚至认为指示词具有语义原生性，根本不可能从非指示性的词汇成分发展而来。[1]所以，我们并不认同他们的看法。

那么吴方言处所词和指示词的关系是如何构建的呢？这是本文所要着重探讨的问题。我们发现在吴语中，存在一个"处所成分—指示词"演化圈：由"指示语素＋处所成分"构成的处所指示词，脱落(drop)其中的指示语素，使得处所成分具有整个处所指示词的功能，于是发展成了新的处所指示词；之后，该处所指示词又可以语法化为基本指示词，于是形成了循环演化圈。吴语的处所词和指示词也正是在这个演化圈中发生关系的。

本文第一部分介绍指示词的界定及其构成规则，第二部分讨论处所成分在处所指示词中通过脱落指示语素发展成了新的处所指示词，第三部分考察处所指示词到基本指示词的演变。第四部分总结了"处所成分—指示词"演化圈。最后一部分从语言类型学的角度考察了指示词的词汇更新问题。

1. 指示词及其构成方式

1.1 指示词的界定

关于什么是"指示词"(demonstrative)，Diessel(1999)、陈玉洁(2010:5)等都认为，指示词不是依据句法功能划分出来的范畴，它是一个语义和语用功能上的聚合类。

---

[1] 关于指示词是否为原生性范畴，学界有较大争议。Heine & Kuteva(2007:84-5)等持"非原生论"观点的学者认为，指示词并非原生性的范畴，有可能从其他的词汇性成分发展出来。不过这个问题颇为复杂，需要专文讨论。

陈玉洁(2010:5)对指示词定义为:"指示词是一个以指示为基本功能(直指是它的典型指示功能),以距离意义为核心意义的语法范畴,形式上包括以封闭性词类出现的各类独立的代词、副词、形容词等,也包括已经虚化的指示成分、甚至可能是黏着语素。"(陈玉洁,2010:5)我们基本接受陈玉洁的定义,不过我们认为"虚化的指示成分"可以看成是指示词的语法化,未必要算在指示词的基本用法当中。

Lyons(1977:646)根据句法表现,把指示词分为指示代词、指示形容词和指示副词三类。Diessel(1999)基本上沿用了Lyons(1977)的分类框架,不过分析得更加详细。Diessel(1999:58)指出,指示词可以出现在四种句法环境中:(1)处于动词和附置词(adposition)的论元位置,这是"代名词性指示词";(2)限定名词而组成名词短语,这是"形容词性指示词";(3)作为动词的修饰语,这是"副词性指示词";(4)出现于系词句或者无动句中,这是"认定性指示词"(identificational demonstrative)。这些处于不同句法环境的指示词具有不同的句法属性,Diessel(1999)把它们分别叫做"指示代词"(demonstrative pronouns)、"指示限定词"(demonstrative determiners)、"指示副词"(demonstrative adverbs)和"指示认定词"(demonstrative identifiers)。

有一点需要特别的说明:部分研究者认定的"指示词"只指形容词性的指示词(指示限定词)和/或名词性指示词(指示代词),这与本文的界定不同。

1.2 指示词的"双层结构"

Bhat(2004:153-4)指出,包括指示词、疑问词、不定代词在内的代形式(pro-forms)具有一个双层结构(dual structure)。对于指示词而言,这个双层结构在语义上包括两部分:指示(deixis)意义和本体(ontology)意义。本体意义指的是指示词所指对象的类别,指示词的本体意义主要有:个体(包括指人、指事物)、处所、时间、性状、方式、程度、数量等(Diessel,2003;陈玉洁,2010:33;盛益民,2011)所以,根据本体意义的不同,指示词又可以分为处所指示词、个体指示词、时间指示词、性状方式指示词、程度指示词和数量指示词等。

有的语言或方言指示意义和本体意义不由不同的语素表达,我们把这样的指示词称为"简单指示词",如英语的 here、there;有的语言或方言指示意义和本体意义分别由不同的语素表达,如普通话的"这里""那里",我们把这样的指示词称为"复合指示词"。

汉语方言的指示词主要表现为"复合指示词"。①请先看下面三个汉语方言点的指示词系统:

表1 普通话、吴语绍兴话、粤语广州话指示词表

		个体	处所	时间	性状方式	程度
普通话	近指	这—个	这—里	这—时	这—样、这—么	这—么
	远指	那—个	那—里	那—时	那—样、那—么	那—么
绍兴话	近指	葛—个	葛—头	葛—卯	是葛—套②	介
	远指	亨—个	亨—头	亨—卯		
广州话	近指	呢—个	呢—度	呢—耐	咁	咁
	远指	嗰—个	嗰—度	嗰—耐		

其中绍兴话的"介"和广州话的"咁"都是用一个语素来表达指示意义和本体意义,是简单指示词;而其他的指示词指示意义和本体意义分别由不同的语素表达,北京话的"这/那"、绍兴话的"葛/亨"、广州话的"呢/嗰"都是指示语素,而"个""里""头""卯""套"等都是表达本体意义的语素。

根据指示语素的构词能力,则可以将其分为"基本指示语素"和"非基本指示语素"两类。基本指示语素其实指的是一个语言或方言中可与多类词语或多种后缀连用,用于多个本体类别的语素(陈玉洁,私人交流)。一般来说,基本指示语素常常是与本语言/方言的个体指示词相对应;句法属性上,在有的语言中表现为指示代词,在有的语言中是指示形容词(刘丹青编著,2008:399-400;陈

---

① 晋语、闽语等方言的部分简单指示词则来源于复合指示词的合音。
② "是"是吴语表示强调的前缀,相关问题请参潘悟云、陶寰(1999)、盛益民(2014)的讨论。在吴语中,这个表示强调的前缀主要用于人称代词,具体请参游汝杰(1995)、陈忠敏(1996)、陈忠敏、潘悟云(1999)的讨论。

玉洁,2010:6)。像普通话的"这""那"、英语的 this/that、苏州话的"该_这""归_那"(石汝杰,1999)、广州话的"呢_这""啊_那"(张双庆,1999)等都是基本指示语素。而非基本指示语素无构词能力或构词能力有限,例如根据本人调查,浙江长兴吴方言的指示语素"许"只能用于处所近指词"许囊_这里"[hoʔ⁵ nəŋ²³]中,不能构成其他的复合指示词,所以"许"并非基本指示语素。

2. 从处所成分到处所指示词

2.1 处所指示词脱落指示语素

对于处所指示词而言,汉语方言中基本上采用"指示语素+处所本体语素"这种方式构成。能充当处所指示词本体语素的成分主要有两类:一类是方位词(方位后置词),[①]如"里""上""下""边"等,例如普通话的"这里"、天津话的"那哈=_儿"("哈"本字为"下")、浙江萧山话的"舒= 浪= 头_这里"("浪"本字为"上")等;另一类是处所后置词或处所量词,例如"埭""块""搭"等等。下文把方位词和处所词统称为"处所成分"。

Diessel(1999:150)指出,无指示义的词汇性成分作为指示词的组成部分,如果指示语素脱落了,那么这个词汇性成分就具有了指示功能。由于汉语中的处所指示词是由"指示语素+处所本体语素"构成,如果指示语素脱落(drop),那么指示功能就会转移到原本充当本体语素的处所成分上,于是这些处所成分就发展成了新的处所指示词独立用于指示空间处所。其过程可表示如下:

脱落指示语素
指示语素+处所成分→处所成分(新的指示词)

[①] 现对本文所使用到的符号做统一说明:上标 = 表示同音字;下文词前的 * 表示拟构形式,句子之前的 * 表示不合语法。声调用数字表示,双数字表示其具体调值,单数字表示调类(入声调的调值也用单数字)。

下面主要讨论吴语中这种通过脱落指示语素而使得处所成分发展为新的处所指示词的演变途径。

2.2 吴语的具体例证

盛益民(2012a)已经具体讨论了吴语中处所词"许"通过由"指示语素＋许"构成的复合指示词省略指示语素而发展成为处所指示词的案例。下面以本体成分为纲,介绍更多吴语的相关例证。

2.2.1 -里

以方位词"里"作为本体成分,在汉语方言中非常常见。

盛益民(2012b)指出,在绍兴_柯桥_话中,处所近指词在部分老派中是"益⁼①里_这里_"[iɿʔ³/eʔ³ li⁵³],在大部分老派和中派中则是"里"[li⁵³]。基于三点理由,我们认为"里"[li⁵³]来源于部分老派的"益⁼里"[iɿʔ³/eʔ³ li⁵³]脱落其中的指示语素"益⁼":第一,"里"原本为方位词,没有指示功能,只可能来源于复合指示词脱落其中的指示语素;第二,与处所近指词对应的处所远指词为"亨⁼里",可见"益⁼里"是与其对应的形式,是更规则的形式,而"里"单独表示指示词是后起的现象;第三,"里"[li⁵³]的语音形式与"益⁼里_这里_"[iɿʔ³/eʔ³ li⁵³]的后半部分相同,正好是脱落指示语素的形式。所以,在绍兴柯桥话中,处所本体成分"里"发展成了新的处所指示词。下面是绍兴_柯桥_话处所指示词"里"的例子:

(1) **里**是柯桥,亨头_那里_是绍兴。_这里是柯桥,那里是绍兴。_

(2) 渠_他_是伢_我们_**里**人。_他是我们这里人。_

由于"里⁼"与"亨头"是并不对称的形式,因此在绍兴柯桥话的部分新派中,"里"又被与"亨头"对称的"益头"所代替了。

根据我们的调查,绍兴柯桥区柯岩、华舍、湖塘等镇以及诸暨_枫桥_等方言也能说"益里/葛里"和"里",是相同的现象,不再赘述。

---

① 绍兴柯桥话的近指词"益"[iɿʔ⁵/eʔ⁵]本字是"个"。绍兴市区的形式是"个"[kiɿʔ⁵/keʔ⁵],柯桥话的"益"[iɿʔ⁵/eʔ⁵]是"个"[kiɿʔ⁵/keʔ⁵]脱落 k-声母的形式。下文余姚话的"呃"[eʔ⁵]也是相同的情况,也是"个"脱落了 k-声母。

2.2.2 -浪(上)

钱乃荣(1999)、刘丹青(2003:195)指出,在苏南、上海的吴语区,表方位的后置词"上"弱化为了"浪⁼"[lɒ/lɑ̃/lɒŋ]或"让⁼"[ȵia]等,而区别于"上"的正规读音[zɒ/zɒ̃/zɒŋ]。其中不少方言用"浪⁼/让⁼"作为处所指示词的本体成分,如金坛的"志浪"[tsʅ⁵³lɒŋ³²]、宝山霜草墩的"特浪"[dəʔ²lɒ²³]、吴江黎里的"葛浪"[kəʔ³lɑ̃⁵²]等。(钱乃荣,1992:978)

根据胡明扬(1992:49),海盐方言的处所近指词可以说"㧱浪这里"[gəʔ⁸lɔ⁶]、"浪这里"[lɔ⁶]和"浪塔这里"[lɔ⁶tʰaʔ⁷]等。其中,海盐的"浪"本字也是方位后置词"上"。跟绍兴柯桥话的情况一样,其中的"浪(上)"[lɔ⁶]表示处所指示是"㧱浪(上)"[gəʔ²lɔ⁶]脱落指示语素"㧱"的结果。"浪塔"这一形式表明,在"浪"变成处所指示词之后,之后又带上了另外的处所词"塔⁼"。

常州话处所近指词有个形式是"让⁼[ȵiã⁵⁵]海⁼(点)",例如:

(3) 覅走**让海点**这里走,太危险咧。别从这儿走,太危险了。(郑伟,2012)

常州话的方位词"上"与"让⁼"同音,例如"街上"的"上"就音[ȵiã],可见"让⁼"的本字应该就是"上"。郑伟(2012)就认为指示词"让⁼(上)"来源于方位词"让⁼(上)"。我们认为,"让(上)"用于指示处所,也正是处所指示词脱落指示语素而来的。

2.2.3 -横

在吴语中,"横"有相当于"边"义的方位后置词用法。例如在绍兴话中,"上边"和"下边"分别说"上横头"和"下横头"。

在宁波、台州一带,也用方位词"横"作为处所指示词的本体成分,例如宁波话的"荡横里这一带"[dɔ̃ɦuã li](吴新贤,1996:37)、舟山乡下话的"荡横这儿"[dɔ̃²²ɦuã⁴⁴](方松熹,1993:5)、黄岩话的"搭横这儿"[tɐʔ³ɦuã⁵²](钱乃荣,1992)等。而奉化肖王庙处所近指词为"荡□这儿"[dɔ̃²³uã⁴⁴]①,我们认为[uã]本字就是方位

---

① 感谢北京大学硕士许帆婷女士惠告奉化方言的材料。

"横"。"横"中古音韵地位是匣母二等平声字,应该为浊声母,之所以读零声母,主要是因为处于高调域中。朱晓农(2005)等就指出,吴语的ɦ-声母只是音系上的处理而已,并不代表实际发音。因此,当"横"与阴调相配时,也就读成了零声母。

根据笔者调查,浙江余姚阳明话的处所近指词为"□里_{这儿}"[uaŋ⁴⁴li³¹],处所远指词是"呃头_{那儿}"[eʔ⁵dɤ³¹],例如:

(4) □[uaŋ⁴⁴]里是余姚,呃头是慈溪。_{这里是余姚,那里是慈溪。}

在肖萍(2011)的余姚话材料中,处所近指词也是"□[uaŋ⁴⁴]里",而处所远指词是"□[gē²³]头",下面是书中"□[uaŋ⁴⁴]里"的例子:

(5) 侬隉_站得□[uaŋ⁴⁴]里等嘟啊。_{你站在这里等着。}(肖萍,2011:281)

(6) □[uaŋ⁴⁴]里葛人和税_{全部}吃噎⁼这个水。_{这里的人全喝这个水。}(肖萍,2011:281)

我们认为余姚话"□"[uaŋ]的本字也正是"横"。由于"横"在宁波、台州一带都能在处所指示词中充当本体成分,因此,我们认为余姚处所近指词"横里"[uaŋ⁴⁴li³²]的"横"[uaŋ]很有可能来源于处所指示词脱落指示语素,而"横里"[uaŋ⁴⁴li³²]是加上了新的处所成分的形式。

2.2.4 -荡

潘悟云、陶寰(1999)指出"荡"是吴语地区非常重要的处所词。有的吴语用"荡"作为处所指示词的本体成分,例如根据钱乃荣(1999)的材料,江阴的远指处所词为"果⁼荡"[kɤ⁵²dɑŋ³³]、上海的近指处所词为"辩荡"[gəʔ⁸dɑ²³]。

部分吴语中,"指示词+荡"发生了省缩。例如曹志耘等(2000:361)指出,遂昌方言的处所近指词可以说"乙荡①_{这里}"[iɿ⁵dɤŋ¹³/iɿʔ⁵dəŋ⁰],也可以说"荡"[dəŋ¹³]。例如:

(7) 是_在赫荡,弗是_在(乙)荡。_{在那里,不在这里。}(曹志耘等,2000:440)

---

① 原文写作"盪⁼",本文一律改为"荡"。

很明显,"荡"[dɒŋ²³]是"乙荡"[iɪʔ⁵dɒŋ¹³]脱落指示词"乙"的形式。

"荡"发展为新的处所指示词之后,在部分方言中又加上了其他标示处所本体意义的成分。例如奉贤话的"荡摊"[dɒ²²tʰɛ³⁴]、宁波的"荡头"[dɔ²⁴dæɤ⁴⁴](以上据钱乃荣,1999)、宜兴的"荡家"[dɑŋ ko]、松江的"荡堆"[dɒ tɛ]、黄岩的"荡里"[dɒ lij](以上据潘悟云、陶寰,1999),舟山及其乡下的"荡眼"[dɔ²²ŋɛ⁴⁴]、"荡堆"[dɔ²²tʰɐʔ⁵]、"荡横"[dɔ²²ɦuã⁴⁴]、"荡向"[dɔ²²ɕiã³⁵](方松熹,1993:5),都是各方言相当于"这里"的处所、方向近指词。

2.2.5 -埭

处所词"埭"见于《集韵》入声盍韵德盍切,义为"地之区处"。这个处所词广泛地使用于吴方言中。(潘悟云、陶寰,1999)

按反切折合,"埭"在浙江天台方言中应该音[tæʔ⁵],按照天台话的小称变调规则,正好音[tɛ³¹]。(戴昭铭,2003)作为处所后置词,小称形式的"埭"[tɛ³¹]在天台话中的用法非常活跃,例如:

(8) 东乡<u>埭</u>人讲话有滞各式_{不同个}。_{东乡一带的人说话有点特别。}

(9) 到乃姆<u>埭</u>去。_{到你妈处去。}

"埭"在天台话中也可用于构成处所指示词的本体语素,例如"这里"说"吤⁼埭"[køʔ⁵tɛ³¹],"那里"说"解⁼埭"[ka⁴²⁵tɛ³¹]。天台话的处所近指词"吤埭"可以脱落指示语素"吤"用"埭"[tɛ³¹]指示处所,例如:(戴昭铭,2003)

(10) <u>埭</u>,<u>埭</u>,<u>埭</u>,相_看着也嫦?_{这儿,这儿,这儿,看见了没有?}

(11) 等记_下有军队摸_从<u>埭</u>过。_{等会儿有部队从这儿过。}

"埭"从标明处所本体意义的成分发展为了新的处所指示词。

根据曹志耘等(2000:418),浙江庆元方言的近指处所词主要说"舌⁼搭_{这里}"[tɕiɛ³⁴ʔdɒʔ⁵],但同时也能说"搭"[ʔdɒʔ⁵](本字是"埭"),例如:(曹志耘等,2000:440)

(12) 坐_在狭⁼**搭**,弗是坐_在**搭**。_{在那里,不是在这里。}

比较两个词形,很明显可以看出庆元方言的处所近指词"搭"来源于"舌⁼搭"省略指示语素"舌⁼"。

浙江富阳_{场口}方言的"搭"（本字也是"埭"）也经历了类似的过程。倪妙静(2013)指出,富阳_{场口}方言的处所远指词是"搭"[tæʔ⁵]。根据本人调查,情况确实如此,例如：

（13）葛里是富阳,**搭**是绍兴。_{这里是富阳,那里是绍兴。}

根据盛益民、李旭平(2017),富阳大部分地区是用处所远指词"尔带_{那里}"[n³³ta⁵³],同时这个指示词"尔带"又可省略其中的指示语素"尔"而用"带"[ta⁵³]指示处所。因此,我们怀疑场口方言早期的形式是"*尔搭",而"搭"正是其省略"尔"的形式。

2.2.6 -块

用处所量词"块"作为处所指示词的本体成分,也广泛见于汉语方言当中。

钱曾怡(1988)指出吴语嵊州长乐话的处所近指词"介块"[ka⁴⁴kʰuɛ⁵³]也可以说"块"[kʰuɛ⁵³]。很明显,"块"是"介块"省缩指示语素"介"的形式。嵊县志编纂委员会(1989:550)指出,嵊州崇仁话的处所近指词为"块",处所远指词为"蓬块"。根据我们的实地调查,嵊州崇仁话既可说"块"[kʰue⁵⁵],也可以说"介块"[ka³¹kʰue⁵⁵],例如：

（14）**(介)块**是嵊县,**蓬块**_{那里}是新昌。_{这里是嵊县,那里是新昌。}

很明显,"块"就是"介块"省略指示语素的形式。

浙江苍南蛮话的近指处所词可以说"阿⁼□"[aºkʰɯ⁴⁵]或"□"[kʰɯ⁴⁵]。(陶寰主编 2015:51)陶寰(私人交流)告知,"阿⁼□"[aºkʰɯ⁴⁵]的后字就是"块",而前字可能本字是"许"。所以蛮话中表示近指的处所指示词"块"[kʰɯ⁴⁵]来源于"许块"脱落其中的指示语素"许"。苍南蛮话的亲属有争议,不过现在该现象应该与吴语有密切的关系。

2.2.7 其他本体成分

吴语浙江金华话的处所近指词"格汏⁼"[kəʔ⁴dɑ²⁴]可以省缩为"汏⁼"[dɑ²⁴],"汏⁼"从标明处所本体意义的成分发展为了新的处所指示词,例如：(曹志耘,1998:51)

(15) **汏**凉些，末汏热些。这儿凉，那儿热。

(16) 匠⁼咱们**汏**好些。咱们这儿好一点。

根据笔者调查，安徽泾县云林吴语的处所近指词可以说"伊⁼礓⁼儿"[i⁵⁵ kæ³³ n³]，也可以说"礓⁼儿"[kæ³³ n³]，例如：

(17) (伊⁼)礓⁼儿是泾县，么礓⁼儿是宣城。这儿是泾县，那儿是宣城。

"礓⁼儿"就是"伊⁼礓⁼儿"的脱落指示语素"伊⁼"的形式。

2.2.8 小结

在本节中，我们通过大量吴语的材料证明，吴语中存在一项处所成分发展为处所指示词的演变。这种演变主要是以下面的方式进行的：处所成分原本作为标明处所本体意义的成分与指示语素共同构成处所指示词，当指示语素脱落之后，表达本体意义的处所成分就承担了整个处所指示词的作用，于是发展成了新的处所指示词。

本节讨论到的材料可以总结列表如下：

表2　吴语处所指示词省略指示语素的情况

方言区	方言点	原　式	省缩式	后加处所	指示距离
太湖片	常州话	—	—	让⁼(上)海⁼点	近指
	海盐话	弇⁼浪⁼[gəʔ⁸ lɔ⁶]	浪⁼(上)[lɔ⁶]	浪⁼塔⁼[lɔ⁶ tʰaʔ⁷]	近指
	富阳场口话	—	搭	搭面	远指
	绍兴柯桥话	益⁼里[iiʔ³ li⁵³]	里[li⁵³]	—	近指
	嵊州话	介块[ka⁴⁴ kʰuɛ⁵³]	块[kʰuɛ⁵³]	—	近指
	余姚话	—	—	横里[uaŋ⁴⁴ li³¹]	近指
台州片	天台话	吓⁼埭[køʔ⁵ tɛ³¹]	埭[tɛ³¹]	—	近指
婺州片	金华话	格⁼汏⁼[kə²⁴ da²⁴]	汏⁼[da²⁴]	—	近指
处衢片	遂昌话	乙⁼荡[iiʔ⁵ doŋ]	荡[doŋ¹³]	—	近指
	庆元话	舌⁼搭[tɕie²⁴ ʔdaʔ⁵]	搭[ʔdaʔ⁵]	—	近指
宣州片	泾县话	伊⁼礓⁼儿[i⁵⁵ kæ³³ n³]	礓⁼儿[kæ³³ n³]	—	近指

诸暨方言的材料更能证明这种演变方式的存在。根据孟守介(1994)用指示语素加处所后缀"头"的形式构成处所指示词,近指是"葛=头",远指是"某=头"。在诸暨方言中,处所近指词"葛=头"可以脱落指示语素"葛="而用"头"来指示处所,例如:

(18) **头**来咚做何哉?_{在这里干什么?}(孟守介,1994)

于是在诸暨话中出现了很有意思的类型特点:用处所词缀"头"指示处所。

由此可见,处所指示词省略指示语素这种演变在吴语中具有极大的作用力。

2.3 演变的特点及条件

2.3.1 演变的特点

从表 2 中我们可以看出,吴语处所指示词脱落指示语素具有以下特点:主要是表示近指的处所指示词发生了省缩,远指发生省缩的例证较少(较确切的例子是富阳_{场口}话的"搭_{那儿}")。

沈家煊(1999:167-8)、陆丙甫(2001)等都认为汉语中表近指的"这"是无标记的,而表远指的"那"是有标记的,这是汉语与英语在指示词上的一项重要的类型差别。在使用频率上,徐丹(1988)也指出"这"是位于第 10 位的常用词,而"那"位于第 182 位,相差很大。我们认为这种使用频率上的巨大差异就与汉语中性指示多用近指有关。

陈玉洁(2011)区分了两种类型的直指环境:"中性指示"和"距离指示"。中性指示指的是仅实现指示功能,不附加距离区别等语义特征的指示;而距离指示则是附加了距离区别。部分汉语有专门的中性指示词,例如苏州话的"辢",在不需要区分距离远近和表达回指时,主要使用中性指示词"辢"(陈玉洁,2011)。而大部分的汉语方言都没有专门的中性指示词,于是在表达中性指示时就需要在近指词和远指词中做出选择。不同的语言在该问题上会有不同的选择:汉语方言基本上选用近指词来表达中性指示,而英语等语言则选择远指词表达中性指示。①正因为大部分汉语方言选择近指词表达中性指示,因此汉语中近指词才会是更加无标记的形式。

潘悟云、陶寰(1999)也发现,吴语表示上下文照应时,主要使用近指词。请看下面上海话的例句,回指只能用近指词"迭⁼":

  (19) 从前有个富翁……**迭**个富翁买了一样古董……啥人晓得**迭**样古董是假个……**迭**个卖主古董个人老早勿晓得跑到啥地方去了。

所以作者认为:吴语"中性化的形式只落实在近指代词上面,远指代词如非刻意强调,不用来指代上下文中出现的事或物"。回指环境是典型的中性指示语境,可见,相对于远指词,吴语的近指词是更加无标记的形式。

正因为吴语中近指词是更加无标记的形式,使用频率更高,而且近指词多用于不需要区分远近的中性指示语境,所以一旦处所指示词要发生省略指示语素的现象,那么一般也是更倾向于发生在近指词上。而处所远指词的省缩则可能有其他方面的原因,比如富阳话的第二人称也是"尔"[n3],与远指词音近,所以可能是为了区别两者才发生远指语素省略的现象。当然,富阳话的情况还需要进一步深入地调查研究。

2.3.2 演变的条件

上一节主要讲脱落指示语素时在近指、远指上的选择,指示语素真的脱落还需要具备条件。吴语为指示语素的脱落提供了很好的条件,主要有以下几点:

首先,大部分吴语的基本指示词都不能单用,基本上都是附着词(clitics)。刘丹青编著(2008:399-400)、陈玉洁(2010:6)指出,大部分吴语、粤语的基本指示词不能独立充当论元,是指示限定词,而不是指示代词。请看以下材料:

---

① 英语的中性指示主要用 *that*,这也就是 Lyons(1977:647)认为英语中远指是更加无标记的原因。

（20）广州：**呢*（个）**系槟榔。这是槟榔。

（21）绍兴：**益*（个）**是啥西？这是什么？

大部分吴语的指示词是一个类似于附着词的形式，语音上依附于之后的宿主（host）上。而语法化的研究表明，附着词发生脱落是具有跨语言普遍性的演变现象（Hopper & Traugott，1993）。

其次，处所成分都是不弱化的形式。在北方官话中，处所指示词的本体成分基本上都是轻声的形式，例如"这里""这哈儿"等词中的"里""哈儿"都读的是轻声，因此不会发生省略指示语素的现象。而从上文的讨论中我们可以看出，吴语的处所成分基本上并没有弱化。因此，在省略指示语素后，可由处所成分承担整个处所指示词的功能。

同时，吴语中也广泛存在用"量名"结构表示定指的现象（请参石汝杰、刘丹青，1985；潘悟云、陶寰，1999；盛益民，2017 等）。王健（2013，2014）、王健、顾劲松（2006）、陈玉洁（2007）等文认为汉语方言表示定指的"量名"结构来源于"指量名"结构省略指示词。如果情况确实如此，那么吴语处所指示词省略指示语素与"指量名"结构省略指示词就具有相同的演变机制了。[①]

3. 从处所指示词到基本指示词

处所成分发展为处所指示词之后，在部分吴方言中进一步发展出了基本指示词的功能。从处所指示词到基本指示词是具有跨语言共性的演变路径，下面具体讨论。

3.1 吴语处所指示词到基本指示词的演变

在讨论之前，首先要确定几条区分基本指示词和处所指示词的标准：（1）基

[①] 感谢刘丹青教授和胡建华教授向笔者指出这一点。当然，也有学者认为定指的"量名"结构不是从"指量名"脱落指示词而来的，如李旭平（Li，2013）等。这个问题还有待于进一步的研究。

本指示词可指示的本体成分不限于空间范畴,如果可指示时间、性状方式等非空间范畴,那么肯定已经不再是处所指示词了。(2)处所指示词可以单用,而吴语的基本指示词多是限定性的,必须加量词才能充当论元成分。(3)处所指示词可以加定语标记修饰名词,而基本指示词则不能加定语标记。

3.1.1 脱落而来的处所指示词发展为指示词

本节主要讨论脱落指示语素的处所指示词发展为基本指示词的例证。

在2.2.4节中我们已经指出,吴语的处所指示词"荡"是由处所指示词"X荡"省略其中的指示语素而来的。在宁波等部分方言中,"荡"又进一步发展出了基本指示语素的功能。宁波话的基本指示词语素"荡"不能单独使用,不过可以组成复合指示词指示处所、个体和时间,例如:(吴新贤,1996:35-38)

(22) **荡头**呒没姓张人家个。这儿没有姓张的人家。[处所]

(23) **荡只**箱子是我个,**葛只**箱子是其个。这只箱子是我的,那只箱子是他的。[个体]

(24) **荡枪**青菜交关贵。这段时间青菜非常贵。[时间]

在常州话中,"荡"可以指示个体、时间和性状方式等诸多语义,不过比较有意思的是,"荡"在常州话中已经不再具有指示处所的功能了,而且"荡"也不能指示复数个体,也即没有"*荡星这些"的说法。例如①:

(25) *荡/*荡海是常州。[处所]

(26) **荡个**/*荡星是我家亲眷。这个/这些是我家亲戚。[个体]

(27) 他忙上一上半天,一脚忙到**荡歇**才歇。他忙了一上午,一直忙到这会儿才休息。

[时间]

(28) **荡个佬**做不来事。这么做不行。[性状方式]

根据我们调查,舟山话的"荡"也发展成了基本近指代词,它能构成复合指示词指示处所、个体和时间,例如:

---

① 本文部分材料引自郑伟(2012),原文使用"宕"这个字形,本文统一改为"荡";部分例句由华东师范大学郑伟教授提供,特申谢忱。

(29) **荡眼**是舟山,**该眼**是宁波。这里是舟山,那里是宁波。[处所]

(30) **荡**间房子侬□住[daŋ],**该**间房子伲□[daŋ]。这间房子你住,那间我们住。[个体]

(31) **荡眼**都拨你,**该眼**伲留□[te]。这些都给你,那些我们留着。[个体复数]

(32) **荡腔(里)**咋话怎么样?最近怎么样?[时间]

常州湟里话的老派中,由处所指示词省缩而来的"让⁼"(本字为"上")又发展为了基本指示词语素,它可以组成指示处所、个体和性状方式的复合指示词,例如:(郑伟,2012)

(33) 嫑走**让海点**走,太危险咧。别从这儿走,太危险了。[处所]

(34) **让个**东西顶好还是囥藏辣则。这个东西最好还是藏起来。[个体]

(35) **让佬**个做法勿来事。那样的做法不行。[性状方式]

在常熟话中,近指词用"里"[li⁰]。郑伟(2008)认为指示词功能的"里"就来源于处所成分的"里"。我们认为常熟的指示词"里"也是处所指示词经历了指示语素的省略而来的,绍兴柯桥话、诸暨枫桥话可作为这种推测的有力旁证。常熟话的"里"发展出了基本指示词的用法,可以用来指示处所、个体和时间,例如①:

(36) **里浪**是啥地方?这儿是什么地方?[处所]

(37) **里个**面盆渠用过歇哉。这个脸盆是他用过的。[个体]

(38) **里点**物事赶紧拿开。这些东西赶紧拿开。[个体复数]

(39) 怎你阿是**里辰光**过来?你怎么这会儿过来呀?[时间]

3.1.2 平行演变:未发生脱落的处所指示词发展为基本指示词

吴语广泛存在从处所指示词发展为基本指示词的现象。上一节所举是经过省缩而来的处所指示词的演变,下面介绍不经过省缩的处所指示词发展为基本指示语素的现象,这是平行语法化的例证。

---

① 感谢华东师范大学袁丹博士提供常熟话的材料。

根据我们的调查，富阳_{春江}话的"尔带"[n³³ta⁵³]就是经历处所指示词到基本指示词的演变。"尔带"原本是处所远指词，同时"尔"可省略，例如：

(40) 葛里是富阳，**(尔)带**是杭州。_{这里是富阳,那里是杭州。}

"(尔)带"也可以用于指示个体和时间，可见也发展出了基本指示词的功能，例如：

(41) 葛本书我个，**(尔)带**本书尔个。_{这本书是我的,那本书是你的。}[个体]

(42) 葛些是我驮来咯，**(尔)带**些勿是。_{这些是我拿来的,那些不是。}[个体复数]

(43) **(尔)带**个时光渠_他还是小人。_{那个时候他还是小孩子。}[时间]

再如，根据我们调查，余姚_{阳明}话的远指处所词"呃⁼头"[e?⁵dɤ³¹]也经过了类似的演变。先来看"呃⁼头"的处所指示词用法，例如：

(44) 横里是余姚，**呃头**是慈溪。_{这里是余姚,那里是慈溪。}[处所]

"呃头"还可以用作基本指示词用来指个体，例如：

(45) 呃本书是我个，**呃头**本书侬个。_{这本书是我的,那本书是你的。}[个体]

(46) 呃眼我驮_拿来浪咯，**呃头**眼勿是。_{这些是我拿来的,那些不是。}[个体复数]

再如，根据我们的调查，平湖_{独山港}方言的远指处所词"葛⁼头"也发展成了基本指示词。平湖_{独山港}方言在处所指示中用"葛⁼浪_{这里}"[ke?³lɔ⁵⁵]和"葛⁼头_{那里}"[ke?³dəɤ⁵⁵]的对比形式进行区分，例如：

(47) 葛浪是平湖，**葛头**是海宁。_{这里是平湖,那里是海宁。}[处所]

"葛⁼头"同时可以指个体、时间，例如：

(48) 要葛本书，覅**葛头**本。_{要这本书,不要那本。}[个体]

(49) **葛头**点书任_你顶_最喜欢何里本？_{这些书你最喜欢哪一本？}[个体复数]

(50) **葛头**个辰光我勒上海。_{那个时候我在上海。}[时间]

因此，平湖话在基本指示词上形成了"葛⁼"与"葛⁼头"的对立。

3.1.3 演变的机制和动因

这一小节，我们主要尝试回答下面这个问题：在吴语中，处所指示词是如何发展为基本指示词的？

吴语之所以能发生这种演变，与吴语存在"处所指示词＋量词＋名词"这样的领属结构有密切的关系。上文已经指出,在不少吴语方言中存在定指的"量名"结构,而吴语领属结构的一种构成方式就是用"定语＋量名结构"①,因此处所指示词也可以作为定语,表达"这里/那里的这个/那个东西"这样的处所领属。请看下面的例子:

(51) 上海:**个搭**只公园勿好孛相玩儿,**哀面搭**只好。这边的这个公园不好玩,那边的那个公园好。(潘悟云、陶寰,1999)

(52) 绍兴:**益头**间屋是伢爷爷手里传落来咯,**亨头**间屋是伢爹自造咯。这边的这间房子是我爷爷时传下来的,那边那间房子是我爸自己造的。

部分吴语方言处所指示词还能用于"处所指示词＋数＋量＋名"的结构当中,例如:

(53) 上海:**捱面**两间房间这两间房间、**埃面**四本书那四本书(刘丹青、刘海燕 2005)

(54) 崇明:**葛墩/港墩/埃墩**两本书是哈人啊?那边两本书是谁的?(刘丹青、刘海燕 2005)

(55) 宁波:荡件衣裳料作无没**该厢**一件好。这件衣服材料没有那边一件好。(汤珍珠、陈忠敏、吴新贤,1998:19)

处所指示词正是在"处所指示词＋(数)量＋名"这种领属结构演变为基本指示词的。演变的条件如下:在句法上,"基本指示词＋(数)量＋名"与"处所指示词＋(数)量＋名"这两种形式具有相同的表层结构,都是"X＋量＋名",具有重新分析的可能性;而在语义上,"处所指示词＋量＋名"这种领属结构的领有者并非有生名词,是一种不典型的领属结构,也为演变提供了条件。

而"处所指示词＞个体指示词"的演变也符合语义演变的规律。个体的存在都是以空间作为依托的,对个体远近的指示其实蕴含着对空间距离的指

---

① 具体例证可参石汝杰、刘丹青(1985)对苏州话以及盛益民、陶寰、金春华(2013)对绍兴话等的讨论。

示。贝罗贝、李明(2008)指出,大部分语义演变遵循如下规律:如果新义 M2 ⊃ 源义 M1,那么常常会发生 M1>M2 这样的语义演变。由于对个体远近的指示(M2)⊃对空间距离的指示(M1),所以处所指示词可以发展为个体指示词。而正如1.2节所指出的,个体指示词又常常是语言中的基本指示词,因此当处所指示词发展为了个体指示词,表明它也发展成了该方言的基本指示词了。

3.2 从处所指示词到基本指示词具有跨语言共性

3.2.1 跨语言的平行例证

从处所指示词发展为基本指示词是一条具有重要类型学意义的跨语言、跨时代广泛可见的演变。(参 Heine & Kuteva,2002:172 & 294;Heine & Kuteva,2007:84—6)在 Heine & Kuteva(2002)一书中,就有"here(这儿,处所近指词)>demonstrative(基本指示词)"和"there(那儿,处所远指词)>demonstrative(基本指示词)"这两条语法化路径。需要说明的是,Heine & Kuteva(2002)、Heine & Kuteva(2007)并未将"副词性指示词"包括在"指示词"之内,这与本文的界定不同。

先来看处所近指词发展为基本指示词的例证。在 Hausa 语中,处所近指词 nàn 发展为了近指基本词,例如:

(56) Hausa(引自 Heine & Kuteva,2002:172)

  a. yanā̀ nàn.

   他:是 这儿 "他在这儿。"

  b. dāwàr   nàn.

   高粱:伴随格 这 "与这株高粱"

再如 Buang 语中,处所近指词 ken 发展成立了基本指示词,例如:

(57) Buang(引自 Heine & Kuteva,2002:173)

  a. Ke mdo ken

   我 住 这儿 "我住在这儿。"

b. Ke mdo byaŋ ken

　　我　住　房子　这　"我在这个房子里。"

再来看处所远指词发展为基本指示词的例证。Baka 语的处所远指词 kɔ̀ 也发展成了远指基本词，例如：

(58) Baka(引自 Heine & Kuteva，2002:294)

　　a. wósòlò　kɔ̀　kɔ̀.

　　　站:在　仅仅　那儿　"站在那儿。"

　　b. ma　nyì　bo　kɔ̀　ode.

　　　一:单　知道　人　那　否定　"我不知道那个人。"

再如 Hausa 语的 câŋ 从处所远指词发展成了基本指示词，例如：

(59) Hausa(引自 Heine & Kuteva，2002:294)

　　a. Audù　yanà̂　　　câŋ

　　　Audu　三人称:阳性:系动词　那里　"Audu 在那里"

　　b. dabbōbin câŋ

　　　动物们　那　"那些动物们"

这种演变不仅见于其他的语言，也见于汉语及周边语言中。据洪波先生（私人交流）告知，古汉语表示远指的基本指示词"彼"就是从处所指示词发展而来的。"彼"最主要的功能是指示处所，例如：

(60) 息壤在<u>彼</u>。(《战国策·秦策》)

同时，也可以作为基本指示词指示个体、性状方式等，例如：

(61) <u>彼</u>兵者，所以禁暴除害也。(《荀子·议兵》)

(62) 以德若<u>彼</u>，用力如此，盖一统若斯之难也！(《史记·秦楚月表序》)

而中国周边语言发生该演变的情况较为复杂，需要另文讨论。

3.2.2　演变机制的异同

我们发现，吴语和世界其他语言在"处所指示词＞基本指示词"的演变机制上有同有异。

相同之处主要表现在演变过程上：都经历了"处所指示词＞基本指示词"的演变。Heine & Kuteva(2007:84)认为,这个演变并不涉及去语义化(desemanticization),主要发生了去范畴化(decategorialization)。从语义上来说,不管是处所指示词还是指示个体的基本指示词,本质上都是对空间的指示,表达的是空间的意义；而在范畴地位上,不管是副词变为限定词或者代名词变为限定词,都是一种去范畴化的表现。

而其不同之处表现在演变条件上：由于汉语和其他语言处所指示词的句法属性不同,因此演变要求有不同的句法槽。世界上大部分语言的处所指示词都是副词性的(如英语的 here, there),而且这些副词性的成分还可以直接修饰名词,所以处所指示词可以在"处所指示词＋名词"或者"名词＋处所指示词"这样的修饰结构中演变为限定性的基本指示词。Heine & Kuteva(2007:84)就指出,从副词性的处所指示词发展为指示限定词(demonstrative determiner)的主要途径是：处所指示词从修饰名词性短语以指示空间距离(例如 the house here/there)发展为了名词性的限定词(例如 this/that house)。而汉语方言中的处所指示词基本上都可以独立充当论元,因此是指示代词,而非指示副词；另一方面,吴语指示词不能直接修饰名词,中间必须加量词。这势必导致吴语处所指示词演变为基本指示语素要求有不同的句法条件。上文已经指出,吴语是在"X＋(数)量＋名"的句法槽中发生重新分析的。吴语的处所指示词正因为能进入这个句法槽,才具有发生演变的可能。

这也提示我们注意：相同的语义演变,其实可以具有非常不同的演变内涵。

4. 总结："处所成分—指示词"循环演化圈

4.1 "处所成分—指示词"演化圈

上文通过具体的案例,论述了从处所成分发展为指示词的演变。上文对于

吴语处所指示词的演变,可以总结为以下几个阶段:

阶段一:指示语素 D_1＋处所本体成分 L。这是演变的起始阶段。

阶段二:处所指示词 L'。"指示语素 D_1＋处所本体成分 L"通过省略其中的指示语素 D_1,用其中的处所本体成分 L 单独承担整个处所指示词的功能,于是 L 就成了新的处所指示词,记为 L'。省缩之后的处所成分 L' 已经不同于原本的处所成分 L 了,L' 已经发展成带有指示意义的语素了。

阶段三:处所指示词 L' 发展成了基本指示词 D_2。在有的方言中,处所指示词 L' 并未发生演变,或者仍然保持原形,或者 L' 还进一步发生了双音化,在其后又加上了处所本体成分 L。从理论上说,"L'＋L"这种处所指示词的词形与阶段一的"D_1＋L"完全相同,也可以发生省略指示语素的演变,不过我们暂时没有发现相关的例证。而在另一些方言中,处所指示词 L' 则发展成了可以指示个体、时间等其他本体意义的基本指示词,可以把这个新的基本指示词记为 D_2。

阶段四:新产生的基本指示词 D_2 又可以加上其他处所本体成分 L,于是形成了"D_2＋L"这样的处所指示词。于是又回到了阶段一的状态,于是就发展成了循环演变圈。

以上对四个阶段的描述可以用下图来表示:

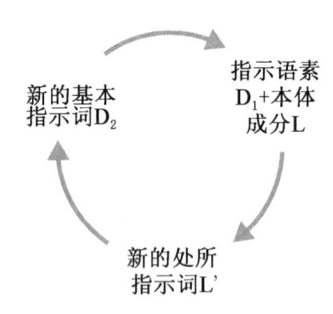

图1 "处所成分—指示词"循环演变圈

由于指示语素 D_1 可以是原生性的,不一定从处所指示词发展而来,因此这个循环圈也是开放性的。下面将图 1 改变如下：

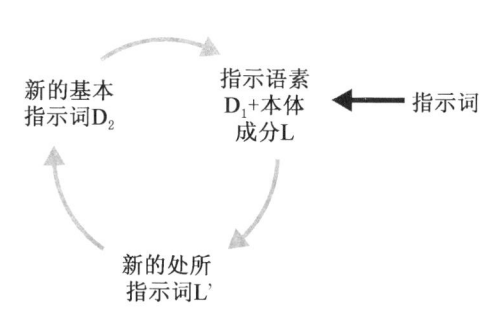

图 2 "处所成分—指示词"循环演变圈更新版

这种演变可能是包括吴语在内的中国境内的语言和方言指示词更新所采用的主要的方式,具有重要的类型学意义。本文主要是以吴语作为对象进行到底讨论,吴语之外其他语言和方言的相关演变,我们将另文介绍、讨论。

4.2 新昌方言:演化圈的一个具体案例

"处所成分—指示词"演化圈代表的是一个历史演变过程,由于缺乏可靠的方言历史材料,只好诉诸于共时状况;但在共时状态中,也较难找到各个阶段共存的情况。很幸运的是,我们调查到的浙江新昌方言在共时状态中就存在演化圈的前三个阶段,为演化圈的构建提供了重要的材料支持。

新昌县位于浙江绍兴市的南部,新昌方言属于吴语太湖片的临绍小片,新昌处于南北吴语的交界地带,方言兼具南、北吴语的特点。新昌_{大市聚}方言的近指词是"葛="[keʔ⁵],远指是"□"[mɛ⁰]和"蒙="[məŋ⁰]①;处所近指词可以说"葛畲="[keʔ⁵ sɛ⁵³]或"畲="[sɛ⁵³],处所远指词只能说"□畲="[mɛ¹³ sɛ³¹]或"蒙畲="[məŋ³³ sɛ³¹]。例如：

(63) **(葛)畲**是新昌,蒙畲/□畲是嵊州。_{这里是新昌,那里是嵊州。}

"畲"在新昌话中有处所后置词的用法,例如"哪畲"就是"哪里"的意思,"[倷_{你们}

---

① 有的发音人认为"蒙"比 mɛ⁰ 更远,而有的发音人认为两者没有远近之分。

屋落[下来]畲"就是"你们家下来处"的意思。很明显"畲"指示处所是"葛畲"省略指示语素"葛"的结果,它从标明处所这个本体语义的语素发展成了处所指示词。

同时,在新昌大市聚话中,处所指示词"畲"又进一步发展出了基本指示词的功能,可以用于指示个体、时间和性状方式,例如:

(64) **畲个**是呀我们爹驮拿来个。这个是我爸拿来的。[个体]

(65) **畲腔**尔你来蒙在做直=介什么?这会儿你在干什么?[时间]

(66) 尔要**畲样**做。你要这样做。[性状方式]

但是由于"畲"是从处所指示词发展而来的,加之仍可单用指示处所,在新昌话中它还排斥与处所本体成分搭配来指示处所,也就是说新昌话中不能说"畲畲"或"畲里"。

从"畲"的案例中我们可以看到,新昌话共时状态下"畲"经历了演化圈的前三个阶段,如下图所示:

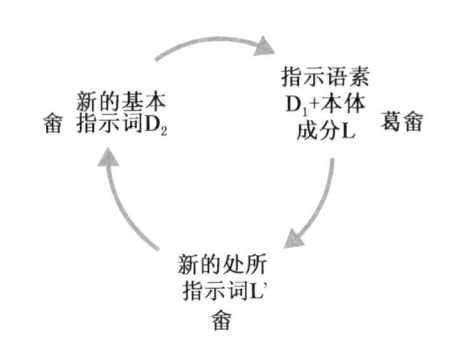

图3 新昌方言"处所成分—指示词"循环演变圈

如果新昌话的"畲"能后加处所成分了,那么就又回到了阶段一,就可以进行新一轮的演变了。

虽然新昌话共时状态下只有演化圈的前三个阶段,但新昌话的情况已经完全为演化圈的存在提供了重要的证据。

5. 余论：从语言类型学看指示词的词汇更新

最后，我们打算从类型学的角度讨论指示词的词汇更新现象。

5.1 词汇更新方式之一：强化成分发展为指示词

"更新"（Hopper & Traugott（2003）称为 renewal，Lehmann（2002）称为 renovation）指用较自主的单位取代较虚化或弱化的单位起同样或类似的语法作用。

在西方文献中报导的指示词词汇更新的方式，主要是强化成分发展为指示词。Traugott（1982：245）、Hopper（1991：31）、Hopper & Traugott（1993：129）、Diessel（2014）等甚至都认为，这是指示词来源于其他词汇性成分的唯一可能性。也就是说，他们都认为这是指示词发生词汇更新的唯一手段。

当指示词弱化之后，常用其他的成分来强化其指示义。如果这个弱化的指示词脱落了，那么强化成分就有可能发展成为新的指示词。例如在通俗拉丁语中，ecce（看哪！）被用来强化已经弱化的指示词 ille，之后指示词脱落，强化成分变成了指示词，其过程可表示如下：Vulgar Latin ecce ille＞Old French cest cel＞French ce（Hopper & Traugott，1993：129）。再如，根据 Brugmann（1904：123），Swiss German 中原本用来强化已经弱化了的指示词 der 的形式 selb "ipse"，在不少德语方言中发展成了指示词（转引自 Diessel 1999）。当强化成分发展成了新的指示词，那么更新就完成了。

Lehmann（2002：21）将这种词汇更新的方式称之为"强化导致的更新"（renovation by reinforcement）。[①]

[①] Jespersen（1917）提出了著名的关于否定词演变的"叶斯泊森演化圈"（Jespersen's Cycle）：当单一的否定词不足以表达否定意义时，常用其他成分来强化；随着语言的演变，强化成分逐渐取代否定词，最终在句子中独立起否定作用。例如，在古法语中，ne 在动词之前单独表达否定意义；之后用 pas（"一步"的意思）来强化 ne 形成了 ne ... pas 的框式结构表达否定；而在当今的口语中，ne 常省略，直接用 pas 表达否定意义。"叶斯泊森演化圈"也是强化导致的更新的一种表现形式。

5.2 词汇更新方式之二：本体成分发展为指示词

在中国境内的语言和方言中，由于指示词主要使用"指示语素＋本体语素"的方式构成，因此指示词出现了新的更新方式，也即：复合指示词脱落指示语素，由本体成分发展成为新的指示词。

上文已经提到了吴语处所指示词词汇更新的情况，下面介绍更多汉语方言和中国境内民族语指示词词汇更新的相关现象。

5.2.1 处所指示词

除了吴语，晋语及陕西的中原官话也发生了处所指示词脱落指示语素的现象。

在不少山西、陕西的晋语和中原官话中，"搭""搭儿"①等由处所近指词的本体成分发展为了新的处所指示词。

先来看晋语的情况。杜克俭、李延(1999)指出，在山西临县方言中，处所近指词可以说"这搭儿"[tʂəʔ⁴ tər⁴⁴]，也可以说"搭儿"[tər⁴⁴]，例如：

(67) 你过**这搭儿/搭儿**来。

两位作者明确提出：临县方言的"搭儿"[tər⁴⁴]是"这搭儿"[tʂəʔ⁴ tər⁴⁴]的省略说法，两者在用法上没有区别。

陕西绥德话、佳县话的近指处所词可以说"这搭儿"[tʂəʔ⁵ tər³]，也可以说"搭儿"[tər³]。(邢向东，2006：49；黑维强，2011)下面是绥德话的例子：(引自黑维强，2011)

(68) 你的镢头在**搭**儿叻。你的锄头在这儿呢。

黑维强(2011)就认为"搭儿"是"这搭儿"省略指示语素"这"的形式。"搭儿"从标明处所本体意义的成分发展成了新的指示词。而据邢向东(2002：565)，陕西神木方言的近指处所词可以说"这搭儿搭儿"[tʂəʔ⁵ nʌɯ³ nʌɯ⁰]，也可以说"搭儿搭儿"[nʌɯ³ nʌɯ⁰]。例如：

---

① 晋语的"搭"与吴语的"埭"是否有同源关系，则需要进一步研究。

(69) **搭**儿**搭**儿放电视机,那**搭**儿放衣柜。

(70) 把书包搁在**搭**儿**搭**儿些儿。

很明显,"搭儿搭儿"也是"这搭儿搭儿"省略指示语素的形式。

再来看关中方言。陕西凤翔话的处所近指词可以说"这搭"[tʂʅ³¹ ta⁵³],但是更常用的形式是"搭"[ta⁵³],例如:(张永哲,2011:50)

(71) 你到**搭**来,我给跟你说个话。

陕西凤县和宝鸡方言中,处所近指词既可以说"这搭"[tʂʅ³¹ ta⁵²],也可以说"搭"[ta⁵²]。(孙立新,2002)很明显,不管是凤翔的"搭"[ta⁵³],还是凤县和宝鸡的"搭"[ta⁵²],都来源于"这搭"脱落指示语素"这"。

在部分方言中,省缩后的新指示词"搭/搭儿"还可以加上别的本体成分,例如佳县的"搭儿起"[tər³ tɕʰi⁰]、吴堡的"搭儿价"[tər³ tɕia⁰]、清涧和延川的"搭儿起"[tər¹ tsʰʅ⁰](以上根据邢向东,2006:49)等等。

此外,侯精一(1999:390)指出,平遥方言的处所近指词可以说"这底下"[tsʌʔ³⁵ tei⁵³ xɑ³⁵],也可以说"底下"[tei⁵³ xɑ³⁵]。很明显,"底下"是"这底下"的省略指示语素"这"的形式。

5.2.2 个体指示词

个体指示词是指示人、事物等的指示词。个体指示词的主要构成方式是指示语素加上个体量词等表达个体本体意义的成分。

对于个体指示词而言,其演变的过程可表示如下:

脱落指示语素
指示语素＋个体本体语素→个体本体语素(新的指示词)

张永培(2011)指出陕西凤翔方言的个体近指词的单数形式主要是"个"[kɛ⁵³]、"这"[tʂɛ⁴⁴]和"这个"[tʂʅ³¹ kɛ⁵³],个体远指词的单数形式主要是"拐"[kuɛ⁵³]、"咘"[uɛ⁴⁴]和"兀拐"[u³¹ kuɛ⁵³]。比较"这个"[tʂʅ³¹ kɛ⁵³]和"个"[kɛ⁵³]、"兀拐"[u³¹ kuɛ⁵³]和"拐"[kuɛ⁵³]的语音就能发现,"个"和"拐"分别由"这个"和"兀拐"

/ 293 /

脱落指示语素而来；而"这""咿"则来自"这个""兀个"的合音。在凤翔方言中，"个"和"拐"从个体本体语素发展出成了个体指示词。

再如扶风方言的个体远指代词可以说"兀个"[u³¹ kɤ⁴²]，也可以说"个"[kɤ⁴²]（毋效智，2005：272）。"个"[kɤ⁴²]来源于"兀个"脱落指示语素"兀"，"个"从指示个体的本体语素发展为了个体指示词。

贝罗贝、李明（2008）认为汉语史中具有指示作用的"个"也来源于"指示语素＋个"脱落其中的指示语素。我们知道，在汉语包括吴语、粤语、湘语、赣语、客家话等的东南方言中，广泛使用指示词"个"（赵日新，1999；汪化云，2008），这些方言的指示词"个"是否都来源个体指示词脱落指示语素，则有待于进一步的研究。

5.2.3 时间指示词

时间指示词是指示时间的指示词。时间指示词主要通过指示语素和表示时间的本体语素构成。

对于时间指示词而言，其演变的过程可表示如下：

$$\text{指示语素＋时间本体语素} \xrightarrow{\text{脱落指示语素}} \text{时间本体语素（新的指示词）}$$

根据我们的调查，宁海方言的时间近指词可以说"葛抢⁼ 这会儿"[keʔ⁵ tɕʰiaŋ⁴⁴]，也可说"抢⁼"[tɕʰiaŋ⁴⁴]。很明显，"抢"是"葛抢"省略指示语素的形式，它从标示时间本体成分的语素发展为了时间近指词。

绍兴皋埠话的时间近指词可以说"葛卯 这会儿"[keʔ³ mɒ⁵⁵]，也可以说"卯"[mɒ⁵⁵]，很明显"卯"是"葛卯"脱落指示语素"葛"的结果。而绍兴柯桥话的点时间近指词为"歇卯"[ɕi³³ mɒ⁵⁵]或"信⁼卯"[ɕin³³ mɒ⁵⁵][1]，绍兴孙端话的点时间近指词

---

[1] 绍兴柯桥话的入声字"歇"在部分词中读舒声，例如"呆歇 待会儿"[ɕi]，这种现象在上海等地也存在。而"信⁼"是"歇"受"卯"鼻音声母影响增生鼻韵尾的形式。

为"卯头"[mɒ⁴⁴ dʏ²²],比较绍兴城区的"葛歇卯""葛卯头"等,就可以知道"歇卯"和"卯头"很有可能来源于"葛歇卯""葛卯头"脱落指示语素"葛"。(也请参盛益民,2012b)

吕叔湘(1980)指出丹阳方言指时间的"让⁼/娘⁼收⁼ ₍这会儿₎"里边的"收⁼"是"时候"的合音,而"让⁼/娘⁼"的来源待考。蔡国璐(1995)指出丹阳方言时间近指词说"格娘⁼收⁼"[kæʔ⁵ ȵie¹¹ se¹¹](295),时间疑问词为"哪娘⁼收⁼"[lo/o³³ ȵie⁵⁵ se³³],可见在丹阳方言中"娘⁼收⁼"用于表达时间这个本体意义。吕先生说的"让/娘收"很有可能来源时间指示词"格娘⁼收⁼"的省缩。

5.2.4 性状方式指示词

性状方式指示词是指示性状、方式的指示词。性状方式指示词主要的构成方式是指示语素加上表示性状方式的本体成分。

对于性状方式指示词而言,其演变过程可表示如下:

　　　　　　　　　脱落指示语素
指示语素+性状方式本体语素→性状方式本体语素(新的指示词)

5.2.4.1 汉语方言的具体例证

邢向东(2014)指出,陕西吴堡方言指示性状方式的近指词既可以说"这底"[tʂəʔ²² tɛe²¹³],也可以说"底"[tɛe²¹³]。文章明确指出,是"这底"省去了指示语素"这",而由"底"承担了整个性状方式指示词的功能。

请看吴语常山方言的指示词系统(曹志耘等,2000:418):

表3　常山方言的指示词系统

	近　指	远　指
个　体	乙⁼个 ieʔ⁵ kʌʔ⁰~ieʔ⁵ kɛ⁰	目⁼个 moʔ³⁴ kʌʔ⁰~moʔ³⁴ kɛ⁰
处　所	乙⁼里 ieʔ⁵ lʌʔ⁰~ieʔ⁵ lʌʔ⁵	目⁼里 moʔ³⁴ lʌʔ⁰~moʔ³⁴ lʌʔ⁵
性状方式	养⁼ ₍这样₎ iã⁵²	目⁼养 ₍那样₎ moʔ² iã⁵²

从表中可以看出,常山方言主要是通过指示语素"乙⁼""目⁼"加上本体成分的

方式构成的,但是在指示性状方式中,"养="与"目=养="则是个不对称的形式。我们怀疑指示性状方式的近指词原本为"*乙=养=",而"养="[ia⁵²]很可能来源于"*乙=养="脱落指示语素"乙="。

再来看资兴~兴宁~土话的指示词系统:(卢小群、李郴生,2005)

表4 资兴土话的指示词系统

	近 指	远 指
个 体	个~这~ kei⁴⁴	挥=~那~ fei⁴⁴
个体复数	个下~这些~ kei⁴⁴ xo²¹⁵	挥=下~那些~ fei⁴⁴ xo²¹⁵
处 所	个啷(子)~这里~ kei⁴⁴ laŋ⁴⁴ (tsei⁴⁴)	挥=啷(子)~这里~ fei⁴⁴ laŋ⁴⁴ (tsei⁴⁴)
时 间	个会子~这会儿~ kei⁴⁴ fei²¹⁵ tsei⁴⁴	挥=会子~那会儿~ fei⁴⁴ fei²¹⁵ tsei⁴⁴
性状方式	样~这样~ liaŋ⁴⁴	挥=样~那样~ fei²¹⁵ liaŋ⁴⁴

其中"样"表示"这样","挥样"表示"那样",例如:

(72) 该下人一下要**样**,一下要**挥样**。~这些人一会儿要这样,一会儿要那样。~

(73) 到的**样**格年纪还去做事。~到了这样的年纪还要去做事。~

从资兴~兴宁~土话的指示词系统来看,都是通过"指示语素＋本体语素"的方式构成的,近指语素是"个",远指语素是"挥="。但是指示性状方式也是呈现"样—挥样"的不对称性,所以指示性状方式的"样"很可能来自于"*个样"这样的形式省略了其中的近指语素"个"。

5.2.4.2 民族语的具体例证

类似的现象也见于中国境内的民族语当中。

据毛宗武、蒙朝吉(1986:34)指出,畲语相当于"这样"的指示性状方式的近指词可以说 ne³aŋ²tu¹,也可以说 aŋ²tu¹。很明显,aŋ²tu¹ 来源于 ne³aŋ²tu¹ 省略其中的指示语素 ne³。

再请看喜德彝语的指示词系统(据陈士林、边仕明、李秀清,1985:125):

汉语吴方言的"处所成分—指示词"演化圈

表5 喜德彝语指示词表

	近 指	远 指
个 体	tsʰʅ⁴⁴ 这	a³³ dzʅ⁴⁴ 那
处 所	tʰi⁵⁵ 这里 tsʰʅ²² tɕo²¹ 这里	a³³ di⁵⁵ 那 a²² tɕo²¹ 那里
时 间	tsʰʅ⁴⁴ lo³³ (ko³³) 这会儿	a³³ dzʅ⁴⁴ lo³³ (ko³³) 那会儿
性状方式	ɕi²¹ 这样	a²¹ dzʅ²¹ ɕi²¹ 那样

我们认为指示性状方式的 ɕi²¹ 是从 tsʰʅ²¹ ɕi²¹ 这样的形式脱落指示语素而来的。证据如下：第一，从喜德方言内部来看，指示词主要是用"基本指示语素＋本体语素"的方式构成的。在指示性状方式的成分中是不对称的。而 ɕi²¹ 是喜德彝语表达性状方式的本体成分，在对应的疑问词中，kʰɯ²¹ ɕi²¹ 就表示"哪样"的意思（陈士林、边仕明、李秀清，1985：124）。因此，表"这样的" ɕi²¹ 很可能是从 *tsʰʅ²¹ ɕi²¹ 这样的形式脱落指示语素而来的。第二，其他的彝语方言都是用"指示语素＋本体语素"的方式构成的，例如：三官寨彝语指示性状方式的指示词有：tsʰʅ²¹ sʅ²¹ "这样"、a⁵⁵ sʅ²¹/na⁵⁵ sʅ²¹ "那样"（na 是汉语借词）（翟会锋，2011：46）。所以，喜德彝语的性状方式近指词 ɕi²¹ 来源于复合指示词脱落指示语素。

5.3 小结

通过以上两小节的讨论，我们发现指示词的构成方式的类型差别，直接导致了指示词的不同更新方式：对于简单指示词而言，主要是强化成分发展为指示词。这是印欧语指示词的主要更新方式。而对于复合指示词而言，则是本体成分发展为指示词。中国境内的语言和方言指示词的更新主要就使用这种方式。

中国境内的语言和方言与印欧语具有非常不同的类型特点。通过加强对中国境内的语言和方言的研究，必能发现更多不同类型的语言演变方式。这也是中国境内的语言和方言的研究所能具有理论创新的重要表现，很值得今后进一步加强这方面的研究。

参考文献

贝罗贝、李明:《语义演变理论与语义演变和句法演变研究》,载沈阳、冯胜利主编《当代语言学理论和汉语研究》,商务印书馆 2008 年版。

曹志耘:《金华方言词典》,江苏教育出版社 1998 年版。

曹志耘、秋谷裕幸等:《吴语处衢方言研究》,好文出版 2000 年版。

陈士林、边仕明、李秀清:《彝语简志》,民族出版社 1985 年版。

陈玉洁:《量名结构与量词的定语标记功能》,《中国语文》2007 年第 6 期。

陈玉洁:《汉语方言指示词的类型学研究》,中国社科出版社 2010 年版。

陈玉洁:《中性指示词与中指指示词》,《方言》2011 年第 2 期,第 172—181 页。

陈忠敏:《论北部吴语一种代词前缀"是"》,《语言研究》1996 年第 6 期。

陈忠敏、潘悟云:《论吴语的人称代词》,载李如龙、张双庆主编(1999),第 1—24 页.

刀洁:《布芒语研究》,民族出版社 2007 年版。

戴昭铭:《浙江天台方言的代词》,《方言》2003 年第 4 期。

杜克俭、李延:《临县方言的指示代词》,《语文研究》1999 年第 2 期,第 58—62 页。

方松熹:《舟山方言研究》,社科文献出版社 1993 年版。

黑维强:《陕西绥德方言的指示代词》,《汉语学报》2011 年第 1 期。

侯精一:《现代晋语的研究》,商务印书馆 1999 年版。

胡明扬:《海盐方言志》,浙江人民出版社 1992 年版。

李如龙、张双庆主编:《代词》,暨南大学出版社 1999 年版。

刘丹青:《吴江方言的代词系统及内部差异》,载李如龙、张双庆主编(1999)。

刘丹青:《语序类型学与介词理论》,商务印书馆 2003 年版。

刘丹青编著:《语法调查研究手册》,上海教育出版社 2008 年版。

刘丹青、刘海燕:《崇明方言的指示词——繁复的系统及其背后的语言共性》,《方言》2005 年第 2 期,第 97—108 页。

卢小群、李郴生:《湖南资兴(兴宁)土话的指示代词》,《株洲工学院学报》2005 年第 3 期。

陆丙甫:《语言临摹性与汉英语法比较》,载《语言研究论集》,中国社科出版社 2001 年版。

毛宗武、蒙朝吉:《畲语简志》,民族出版社 1986 年版。

孟守介:《诸暨方言的代词》,《语言研究》1994 年第 1 期。

倪妙静:《富阳市场口镇方言的代词系统》,《语文学刊》2013 年第 5 期。

潘悟云:《温、处方言和闽语》,收入《吴语和闽语的比较研究》,上海教育出版社 1995 年版。

潘悟云、陶寰(1999):《吴语的指代词》,载李如龙、张双庆主编(1999)。

钱乃荣:《当代吴语研究》,上海教育出版社 1992 年版。

钱乃荣:《北部吴语的代词系统》,载李如龙、张双庆主编(1999)。

钱曾怡:《嵊县长乐话语法三则》,载《吴语论丛》,上海教育出版社 1988 年版。

沈家煊:《不对称与标记论》,江西教育出版社 1999 年版。

盛益民:《绍兴柯桥话指示词研究》,南开大学 2011 年硕士学位论文。

盛益民(2012a):《论指示词"许"及其来源》,《语言科学》2012 年第 3 期。

盛益民(2012b):《绍兴柯桥话指示词的句法、语义功能》,《方言》2012 年第 4 期。

盛益民:《汉语方言定指"量名"结构的共性表现与类型差异》,《当代语言学》2017 年第 2 期。

盛益民:《吴语绍兴柯桥话参考语法》,南开大学 2014 年博士学位论文。

盛益民、李旭平:《富阳方言研究》,复旦大学出版社 2017 年版。

盛益民、陶寰、金春华:《吴语绍兴方言的定语领属》,《语言研究集刊》第 10 辑,上海人民出版社 2013 年版。

嵊县志编纂委员会:《嵊县志》,浙江人民出版社 1989 年版。

石汝杰:《苏州方言的代词系统》,载李如龙、张双庆主编(1999)。

石汝杰、刘丹青:《苏州方言量词的定指用法及其变调》,《语言研究》1985 年第 1 期。

孙立新:《关中方言代词概要》,《方言》2002 年第 3 期。

汤珍珠、陈忠敏、吴新贤:《宁波方言词典》,江苏教育出版社 1998 年版。

陶寰主编:《蛮话词典》,中西书局 2015 年版。

王健:《类型学视野下的汉语方言"量名"结构研究》,《语言科学》2013 年第 4 期。

王健:《苏皖区域方言语法共同特征研究》,商务印书馆 2014 年版。

王健、顾劲松:《涟水(南禄)话量词的特殊用法》,《中国语文》2006 年第 3 期。

汪化云:《汉语方言"个类词"研究》,《历史语言研究所集刊》2008 年 79 本第 3 分,"中研院"史语所。

吴新贤:《宁波方言研究》,复旦大学 1996 年硕士学位论文。

毋效智:《扶风方言》,新疆大学出版社 2005 年版。

肖萍:《余姚方言志》,浙江大学出版社 2011 年版。

邢向东:《陕北晋语语法比较研究》,商务印书馆 2006 年版。

邢向东:《陕北吴堡话的代词》,载李小凡、项梦冰主编《承泽堂方言论丛——王福堂教授八秩寿庆论文集》,语文出版社 2014 年版。

徐丹:《浅谈这/那的不对称性》,《中国语文》1988 年第 2 期。

严艳群:《汉语中的附缀:语言类型学视角》,社科院语言所 2013 年博士学位论文。

游汝杰:《吴语里的人称代词》,载《吴语和闽语的比较研究》,上海教育出版社 1995 年版。又载《游汝杰自选集》,广西师范大学出版社 1998 年版。

张敏:《汉语认知语言学研究的拓展——浅谈与汉语近指、远指词相关的几个问题》,北京师范大学 2006 年讲稿。

张双庆(1999):《香港粤语的代词系统》,载李如龙、张双庆主编(1999)。

张永哲:《凤翔方言代词研究》,陕西师范大学 2011 年硕士论文。

赵日新:《说"个"》,《语言教学与研究》1999 年第 2 期,第 36—52 页。

翟会锋:《三官寨彝语参考语法》,中央民族大学 2011 年博士学位论文。

郑伟:《古吴语的指示词"尔"和常熟话的"唔"——兼论苏州话第二人称代词的来源问题》,《语言学论丛》第 37 辑,商务印书馆 2008 年版。

郑伟:《常州方言的指示词系统》,载郑伟《汉语音韵与方言研究》,三联出版社 2012 年版。

朱晓农:《上海声调实验录》,上海教育出版社 2005 年版。

中国社科院 & 澳大利亚人文科学院:《中国语言地图集》,(香港)朗文出版(远东)有限公司 1987 年版。

Bhat, D.N.S.(2004). *Pronoun*. Oxford: Oxford University Press.

Diessel, H.(1999). *Demonstratives: Form, function and grammaticalization*. Amsterdam: John Benjamins.

Diessel, H.(2003). The relationship between demonstratives and interrogatives. *Studies in Language*, 27(3), 635—655.

Diessel, H.(2014). Demonstratives, frames of reference, and semantic universals of space. *Language and Linguistics Compass*, 8(3), 116—132.

Heine & Kuteva.(2002). *World Lexicon of grammaticalization*. Cambridge University

Press.中译本《语法化的世界词库》,龙海平、谷峰、肖小平译,洪波、谷峰注释,世界图书出版公司 2012 年版.

Heine & Kuteva.(2007). *The genesis of grammar: A reconstruction*. Oxford: Oxford University Press.

Hopper, P.J.(1991). On some principles of grammaticalization. In Traugott & Heine(Eds.), *Approaches to grammaticalization*. Amsterdam: John Benjamins.

Hopper, P.J., & Traugott, E.C.(1993). *Grammaticalization*. Cambridge: Cambridge University Press.

Jespersen, O.(1917) Negation in English and other languages. *Historisk-filologiske Meddeleser*, 1.

Lehmann, C.(2002). *Thoughts on grammaticalization*(Second, revised edition). LINCOM Europa.

Li, Xuping.(2013). *Numeral Classifiers in Chinese: The Syntax-Semantics Interface*. De Gruyter Mouton.

Lyons, J.(1977). *Semantics*(Vol.2). Cambridge: Cambridge University Press.

Plank, F.(1979). Exklusivierung, Reflexivierung, Identifizierung, relationale Auszeichnung: Variationen zu einem semantisch-pragmatischen Thema. In Rosengren(Ed.), Sprache und Pragmatik. *Lunder Symposium* 1978. (Lunder germanistische Forschungen, 48.), (pp.330-54). Lund: CWK Gleerup.

Traugott, E. C.(1982). From propositional to texual meaning: Some sematic-pragmatic aspects of grammaticalization. In Lehmann & Malkiel(Eds.), *Perspectives on historical linguistics*. Amsterdam: John Benjamins.

Woodworth, N.(1991). Sound symbolism in proximal and distal forms. *Linguistics*, 29, 273-299.

原载 *International Journal of Chinese Linguistics*,John Benjamins Publishing Company,2015,收入本书时略有修改

其他吴语方言点语音研究

宁波方言(老派)的单字调和两字组变调

汤珍珠　游汝杰　陈忠敏

1987年5月,我们带领汉语专业的学生到宁波市进行方言调查实习。我们请了宁波市甬剧团的退休老演员,在职的青年演员和退休中小学教师,共九名发言人,记录了中国社会科学院语言研究所编的《方言调查字表》及我们自己设计的《两字组连读变调调查表》等。返校后我们整理了调查所得的材料,比较研究了已经发表的有关宁波方言著作,撰成本文。本文有些调查结果及观点跟以前有些学者的不一致,有些观点涉及吴语声调和变调的性质及声调调查方法论,所以我们认为有必要进行一下讨论。

本文所谓老派音系指六十岁以上的老年人的语音。

一、声　韵　调

(一) 声母　29个

p 布帮逼	pʻ 浦胖劈	b 步旁别	m 暮忙灭	f 飞虎发	v 微文伐
t 多当答	tʻ 拖汤塔	d 驼荡达	n 糯囊纳		l 罗朗辣
ts 知糟作	tsʻ 次草促	dz 瓷曹属		s 四扫索	z 市皂热
tɕ 九精接	tɕʻ 秋轻切	dʑ 就近直	ȵ 纽宁热	ɕ 休兴薛	ʑ 袖寻截
k 高工革	kʻ 靠孔客	g 共哽轧	ŋ 咬硬额	h 好亨吓	ɦ 鞋移湖雨

∅ 压衣乌迂

声母说明

1. f 拼 u 时,有的念成 ɸ,如:富、副。

2. h 的舌位略靠前。

3. ɦ 代表和后头元音同部位的浊擦音,限于阳调类,但拼 u 时,双唇同时有摩擦,实际音值为 β,如:妇、父。

4. m、n、l、n̠、ŋ 发阴调类时带有紧喉作用,发阳调类时带有浊流。

5. 零声母限于阴调类,开始时带喉塞音,入声字更明显。

(二) 韵母　50 个

ɿ 资雌慈	i 衣甘基	u 乌姑祖	y 居女远	ʮ 猪处住
a 派排赖	ia 爹斜写	ua 怪快坏		
ɔ 报草高				
o 麻茶沙	io 标飘跳	uo 花华虾	yo 郊巧孝	
e 汉岸代	ie 也懈验			
ɛ 班山颜		au 关还湾		
ɤ 流柳溜	iɤ 九求纽			
ø 团钻酸				
ɐɪ 杯堆蚕		uɐɪ 归辉违		ʮɐɪ 水
əu 波多过				
œʏ 头楼沟				
aŋ 朋冷庚	iaŋ 张厂腔	uaŋ 横		
ɔŋ 帮窗康		uɔŋ 光矿荒	yɔŋ 降下~	
uŋ 官宽碗				
əŋ 分登村	iŋ 贫证经	uəŋ 昆坤混		ʮəŋ 肫春纯
oŋ 风松穷			yoŋ 绒永甬	
aʔ 没革黑	iaʔ 削甲约	uaʔ 骨阔划		

oʔ 陆俗壳　　　　　　　　　yoʔ 肉吃

　　　　iiʔ 别质极　　　　　yəʔ 确局育　　ɥoəʔ 日实室

əl 而尔儿　　m̩ 姆亩　　　　n̩□ ~芀(芋头)　　ŋ̍ 五鱼

韵母说明

1. əu、əŋ、uəŋ、ɥəŋ 中的 ə 舌位稍低,接近 ɐ。

2. ũ 的鼻化音较弱。

3. io、yo 互补,io 只出现在 p 组、t 组声母后,yo 只出现在 tɕ 组、ɦ、∅ 等声母后。

(三)(声调)　7 个

阴平　53 高香东低听山　　　阳平　22　穷球床桥唐平

阴上　34 口小走短手碗

阴去　44 戴信盼戏笑对　　　阳去　13　五近厚嫩蛋岸

阴入　5　急曲黑出湿缺　　　阳入　12　月局合六食白

声调说明

1. 舒声调里能单用的字的声调稳定,跟中古音调类的对应也很整齐;不能单用的字的声调有较严重的窜调现象,跟中古音调类的对应不整齐。以上的调类、调值(舒声调)根据能单用的字的声调而定。具体讨论见第四节"关于单字调的讨论"。

2. 中古浊声母上声字声调今一部分归阳平,大部分归阳去。

二、两 字 组 变 调

本节讨论宁波老派两字组广用式变调的调式和特点,不讨论因连调引起的声韵母的变化、音强的变化和音长的变化等。

两字组从单字调古调类排列到连调调式的对应关系见表 1。此表左端竖列是前字作为单字组的调类,上端横行是后字作为单字组的调类。数目字是调类代码,1代表阴平,2代表阳平,余类推。从表1可以看出各种两字组组合的连调调式,如"8+3"(前字阳入,后字阴上)这一组合的变调调式是2—35。有的调式有两种变调调式,则分别用 A、B 表示,其中 A 表示多数,B 表示少数。

表1

前字＼后字		1	2	3	4	5	6	7	8
阴平	1	A. 44—53 B. 44—55		A. 44—55　B. 44—53				44—5	
阳平	2	A. 22—53 B. 22—44		A. 22—44　B. 22—53				22—4	
阴上	3	A. 44—31　B. 44—44						44—2	
阳上	4	A. 23—44　B. 23—31						23—4	
阴去	5	44—44						44—4	
阳去	6	A. 22—44 B. 22—53		22—44				22—4	
阴入	7	A. 4—31 B. 4—44		4—44		A. 4—31 B. 4—44		A. 4—2 B. 4—4	
阳入	8	A. 2—44 B. 2—53		2—35		2—44		2—4	

为了讨论吴方言变调的方便,我们提出"系"和"组"这两个概念。同一横行的所有组合构成一个"系",每一个系都以前字古单字调类为名目。如表1的第一行即是阴平系,第二行即是阳平系。每一系又可以从后字出发分出舒声组和促声组。例如阴平系舒声组包括前字阴平,后字阴平、阴上、阴去、阳平、阳上、阳去六个组合。阴平系促声组则包括前字阴平,后字阴入和阳入这两个组合。如果光说"舒声组"是指后字是舒声的全部组合,光说"促声组"是指后字是入声的全部组合。

单字调进入连调之后,调值大多发生变化,也有不变的,为了照顾连调内部系统的一致性,并且考虑到虽然音高未变,但是音强、音长或声韵母可能发生变化,所以也把它们视为变调的形式,在表1中照列。

两字组变调有以下几个特点。

第一,后字不分阴阳,前字阴阳分明。在单字调里平上去入四声各分阴阳(其中阳上并入阳平、阳去)。区别阴阳的主要因素是调层,阴高阳低。例如阴平是53,阳平是22,阴阳分明。单字调进入连调后,作为前字,阴阳仍然分明,但是作为后字,则各系阴阳都混而不分。例如,"4+5"和"4+6"这两个组合中的后字调值不分,都是44。

第二,前字调类决定连调调式的倾向。同系的组合连调调式相同或相似,每一系大都有一种调式通用于各种组合,只是在促声中后字较短弱。见表2。表中列出各系通用的调式。例如在阴上系中44—31这种调式见于舒声组各种组合,只是在促声组里变为44—2,调形还是与舒声组一致的。这种情况说明连调调式与前字的调类关系很大,前字的调类往往能决定两字组读什么样的调式。唯一的例外只是阳入系的"2—35"这种调式只通用于后字是上声的两个组合里。

表 2

组＼系	阴平	阳平	阴上	阳上	阴去	阳去	阴入	阳入
舒 声	44—55	22—44	44—31	23—44	44—44	22—44	4—31	2—44
促 声	44—5	22—4	44—2	23—4	44—4	22—4	4—2	2—4

第三,有些组合有两种并用的调式。两种调式的不同在于后字调值有所变化,前字则非常整齐,一律只有一种调值。见表1。所以尽管同一系有两种,如果只是从前字的变调值来归纳,那么同一系实际上只有一种类型的调式。例如阴平系舒声组有44—53和44—55两种调式,前字都是44,不同之处只是后字的变调值,一是高降53,一是高平55。

第四,与单字调调形比较,两字组中的前字的调形较稳定,变化没有后字大。表3是单字调形跟两字组前、后字变调调形的比较。后字(不包括入声)出于阴阳界限泯灭和同系调式趋于一致这两大原因,调形变得跟单字调大不相同。例如在"1+2"的组合中,A式后字调形是高降,即53,但是单字调调形却是低平22。两字组前字的调值实际上只有五类:22、23、44、4、2,阴上系前字、阴平系前字、阴去系前字变调值相同,阳去系前字的低平调字则与阳平系相同。

表3

	阴平(系)	阳平(系)	阴上(系)	阳上(系)	阴去(系)	阳去(系)	阴入(系)	阳入(系)
单字组	53	22	34	13	44	13	5	12
两字组前字	44	22	44	23	44	22	4	2
两字组后字	A. 53 B. 55	A. 53 B. 44	31	44	44	A. 44 B. 53	A. 44 B. 31	A. 44 B. 35

第五,古阳上字在连调中有独立的连调行为。在单字调中,古浊声母上声字今大部分归阳去,小部分归阳平,没有独立的调值。但在连调中,古阳上字作为前字的连调行为,却与古阳去字,古阳平字不同,仍保持独立的地位。见表1。即阳上系舒声调的调式是"23—44",促声调的调式是"23—4"。

第六,古阳平字和古阳去字有相同的连调行为。在单字调中,古阳平和古阳去分为两类,阳平的调值是22,阳去的调值是13,但是在两字组中,阳平和阳去作为前字调值混同了。阳平系和阳去系的调式完全相同。这两系的舒声组,如果后字是平声,都有"22—53"和"22—44"两种调式;如果后字是上声、去声,都有"22—44"的调式。这两系的促声组都只有"22—4"这一种调式,见表1。

在整理和分析宁波方言材料的时候,我们发现有必要对宁波方言单字调和两字组变调的若干问题进行进一步的讨论。下文我们打算通过与别的吴方言比较,来讨论这些问题。

三、单字调调值的确定

宁波的发音合作人对同一个调类的字,往往读出两种甚至三种不同的调值;而不同调类的字,有时又读作同一调值,甚至同一发音合作人,对同一个字在不同的时候,也会读出不同的声调来。这给整理和确定宁波方言各调类的调值带来了困难。原因之一是宁波口语词汇,特别是名词性词汇,大多是双音节的,如鼻头、耳朵、眼睛、车子等。如果从单字出发,让发音人读,那么同一个字,在不同的复合词里,因变调的关系,平时上口的声调不同,发音人往往会游移不定。其实这个问题在调查别的吴方言时也常常碰到。

为了排除上述困难,可以采取两个措施。一是离开调查字表,另行选择一些当地口语中可以单用的单音节词,按古调类排列成表,请发音人逐字念。二是如果同类字(按清、浊、次清、次浊的不同可以分成十六类),发音人读出两种以上调值,那么通过比较,要确定一种为基本形式(underlying form),其他形式可能是读入别的调类,可能是声调变体,也可能是例外字的特殊读法(需要另找原因,另作解释)。采用这种方法后,记得的各类调值就显得整齐得多了。不过除了阴平和入声之外,各调类仍出现两种或三种调值,这就需要确定基本形式了。例如,阴去有 53 和 44 两读,因为阴平字几无例外,一律读高降调,可以确定为 53,那么阴去中的 53 是读入阴平的,所以阴去的基本形式确定为 44。

在我们所调查过的吴方言(一百来个地点)中,单字调读入别的调类的现象,以宁波方言为最。我们认为根本原因在于宁波方言声调调类正处于归并的过程中。这个过程可以通过下述三方面的事实观察到:一是今天三十岁左右的宁波人已只有六个声调,三个舒声阳调类已完成合并过程。二是老年人的单字调读入别的调类的字数,因人而异。这正好说明有人合并得快,有人合并得慢。三是与上海方言比较。上海市区方言五个单字调的调值十分稳定,这是完成合并的情况;而市区少数老派仍有六个声调,郊县则还保留七个或八个声调。比较各郊县调类可以看出上海地区方言调类归并的过程:阳声方面,阳去先并合阳上,再并合阳平;阴声方面则是阴去并合阴上。调类归并的程序与调形有关,先是低平调22并入低升调13,再是先降后升调213并入低升调13;阴声方面则是高平调44并入中升调35。舒声调里最稳定的是阴平,入声也是很稳定的。见表4。宁波的调类正在沿着与上海相同的轨迹递归。

表4

今调值 古调类 地点	阴平	阳平	阴上	阳上	阴去	阳去	阴入	阳入
松 江	53	31	44	22	35	13	5	12
金 山	53	31	44	并阳去	35	13	5	12
川 沙	53	213	44	并阳平	35	13	5	12
南 汇	53	并阳去	44	并阳去	35	13	5	12
上 海	53	并阳去	并阴去	并阳去	34	13	5	12

四、关于两字组变调的讨论

(一) 关于首字调类决定调式的倾向

我们所谓"首字决定调式"是指同一系的组合,调式相同或相似,也就是说,连调组合中,只要前字作为单字调的调类相同,不管后字的调类是否相同,连调调式就相同或相近。太湖片吴语的两字组大致都有这种倾向。例如苏州话的阴平系,不管后字属什么调类,舒声组的调式都是44—21,入声则是44—21。其他各系也类此(谢自立1982)。再如明州小片奉化"首字决定调式"也颇为明显,见下页表5。定海也大致如此。

宁波两字组"首字调类决定调式"的情况见表6。表中八个系的舒声组和阴入系的促声组，虽然各有两个或三个调式，但是请注意同系前字的调值是相同的，或者调形相同，只是调层有些不同。并且至少有一种调式是适合同一系的各种组合的。表中各系只列出其中适用于舒声组或促声组的一种调式。

(二) 关于后字中性化

我们所谓"后字中性化"(neutralization)是指后字作为单字组有阴声调和阳声调的区别，但是进入两字组后调层和调形趋向混同。太湖片各地两字组大致都如此，如上海、苏州、奉化。宁波两字组后字中性化现象见113页表7。表中 A、B 是指不同的调式。调式的不同并不以后字的阴阳作为分化的条件。奉化两字组后字的中性化也很明显，见表5。

表 5

前字＼后字		1	2	3	4	5	6	7	8
阴平	1	33—53				33—44		33—4	
阳平	2	22—53				22—44		22—4	
阴上	3	A. 33—53 B. 33—44		A. 33—53 B. 44—44		44—44		33—4	
阳上	4	A. 22—53		B. 22—44		22—44		22—4	
阴去	5	44—31						44—2	
阳去	6	A. 33—21 B. 22—44		33—21			33—2	
阴入	7	4—31				A. 4—31 B. 4—33		4—4	
阳入	8	A. 3—21 B. 2—44		A. 2—42 B. 2—44		2—44		2—4	

表 6

组 \ 系	阴平	阳平	阴上	阳上	阴去	阳去	阴入	阳入
舒声	44—55	22—44	44—31	23—44	44—44	22—44	A. 4—31 B. 4—44	2—4
促声	44—5	22—4	44—2	23—4	44—4	22—4	A. 4—2 B. 4—4	2—4

表 7

后字 \ 前字	阴平	阳平	阴上	阳上	阴去	阳去	阴入	阳入
平	A. 53 B. 55	A. 53 B. 44	31	44	44	A. 31 B. 53	A. 31 B. 44	44
上	A. 55 B. 53	A. 44 B. 53				44	44	35
去							A. 31 B. 44	44
入	5	4	2	4	4	4	A. 2 B. 4	4

（三）关于"首字决定连调调形"

美国学者司马侃(Michael Sherard)在研究上海市区方言时，把同一个连调组合看作是一个语音词(phonological word)，每一个语音词都有一个首尾连贯的声调轮廓(tonal envelope)，它的高低升降的趋势跟首字作为单字调的调形是一致的。见司马侃(1980)。贝乐德(W.L.Ballard)把这种现象称为 right spreading，意即首字的调形向右延伸(Ballard 1979)。我们把这种现象称作"首字决定调形"。

就上海市区方言而言，确实存在首字决定两字组或多字组调形的现象，例如单字调阴平是 53，调形是急降；两字组变调阴平系舒声组是 55—31，合起来看，调形也是急降，即跟首字作为单字组的调形相一致。据汪平的调查，苏州、常州也如此。但是这是不是太湖片的普遍现象，还待进一步的调查和研究。至少在浙北不能成为一条普遍规律。例如杭州、绍兴、定海、奉化等都如此。

"首字决定调形"对宁波方言也是缺乏解释力的。

五、两字组连读变调举例

两字组连读变调举例以中古调类为序。先用代码标出调类组合。有的组合有 A、B 等不同变调式的，先列 A 式，其次 B 式。后面标明各式连调的调值，然后列举两字组，只标声韵。

（一）前字阴平

11 [⁵⁵₄₄ ⁵³] 阴天 iŋ tʻi　　飞机 fi tɕi　　东风 toŋ foŋ
　 [⁵³₄₄ ⁵³₅₅] 声音 ɕiŋ iŋ　　新鲜 ɕiŋ ɕi

12 [⁵³₄₄ ²²₅₃] 今年 tɕiŋ ni　　中农 tsoŋ noŋ　　天堂 tʻi dɔ
　 [⁵³₄₄ ²²] 操劳 tsʻɔ lɔ　　安排 ɿ ba

13 [⁵³₄₄ ³⁴₅₅] 辛苦 ɕiŋ kʻu　　科长 kʻu tɕiã　　风水 foŋ sɿ
　 [⁵³₄₄ ³⁴₅₃] 资本 tsɿ pəŋ

14 [⁵³₄₄ ³⁴₅₅] 师范 sɿ vɛ　　安静 ɿ ziŋ　　粳米 kã mi
　 [⁵³₄₄ ³⁴₅₅] 亲眼 tɕʻiŋ ŋɛ　　夫妇 fu vu

15 [⁵³₄₄ ⁴⁴₅₅] 书记 sɿ tɕi　　牵记 tɕʻi tɕi　　相信 ɕiã ɕiŋ
　 [⁵³₄₄ ⁴⁴₅₂] 天性 tʻi ɕiŋ　　仓库 tsʻɔ kʻu

16 [⁵³₄₄ ¹³₃₅] 方便 fɔ bi　　鸡蛋 tɕi dɛ　　豇豆 kɔ dœy
　 [⁵³₄₄ ¹²₅₅] 医院 i ɦy　　兄弟 ɕyoŋ di

17 [⁵³₄₄ ʔ⁵] 资格 tsɿ kaʔ　　钢铁 kɔ tʻiʔ　　清洁 tɕʻiŋ tɕiʔ

18 [⁵²₄₄ ʔ¹²₅] 单独 tɛ doʔ　　亲热 tɕʻiŋ niʔ　　中学 tsoŋ ɦoʔ

（二）前字阳平

21 [²² ⁵³] 梅花 mɛ huo　　莲心 li ɕiŋ　　田鸡 di tɕi

吴声越韵

22 $\begin{bmatrix}2&2\\4&4\end{bmatrix}\begin{bmatrix}5&3\\4\end{bmatrix}$ 农村 noŋ tsʻəŋ　　长衫 dziã sɛ

$\begin{bmatrix}2&2\\4&4\end{bmatrix}\begin{bmatrix}2&2\\5&3\end{bmatrix}$ 农忙 noŋ mɔ̃　　羊毛 ɦiã mɔ　　茶壶 dzo vu

$\begin{bmatrix}2&2\\4&4\end{bmatrix}\begin{bmatrix}2&2\\4&4\end{bmatrix}$ 团圆 dø ɦy

23 $\begin{bmatrix}2&2\\4&4\end{bmatrix}\begin{bmatrix}3&4\\4&4\end{bmatrix}$ 门口 məŋ kʻœʏ　　鞋底 ɦa ti　　红枣 ɦoŋ tsɔ

$\begin{bmatrix}2&2\\4&4\end{bmatrix}\begin{bmatrix}3&4\\5&3\end{bmatrix}$ 锣鼓 ləu ku

24 $\begin{bmatrix}2&2\\4&4\end{bmatrix}\begin{bmatrix}1&3\\4&4\end{bmatrix}$ 牛奶 ŋœʏ na　　杨柳 ɦiã lʏ　　田野 di ɦia

$\begin{bmatrix}2&2\\4&4\end{bmatrix}\begin{bmatrix}1&3\\5&3\end{bmatrix}$ 模范 məu vɛ

25 $\begin{bmatrix}2&2\\4&4\end{bmatrix}\begin{bmatrix}4&4\\4\end{bmatrix}$ 名片 miŋ pʻi　　棉裤 mi kʻu　　元帅 ȵy sɛ

$\begin{bmatrix}2&2\\4&4\end{bmatrix}\begin{bmatrix}4&4\\5&3\end{bmatrix}$ 元帅 ȵy sɛ又读　　迷信 mi ɕiŋ

26 $\begin{bmatrix}2&2\\4&4\end{bmatrix}\begin{bmatrix}1&3\\4&4\end{bmatrix}$ 年画 ȵi ouɦ　　神话 zɯŋ ɦuo　　长寿 dziã zɤʏ

$\begin{bmatrix}2&2\\4&4\end{bmatrix}\begin{bmatrix}1&3\\2&3\end{bmatrix}$ 坟墓 vəŋ məu　　程度 dziŋ du

27 $\begin{bmatrix}2&2\\4&4\end{bmatrix}\begin{bmatrix}ʔ&5\\4\end{bmatrix}$ 颜色 ŋɛ saʔ　　人客 ȵiŋ kʻaʔ　　头发 dœʏ faʔ

28 $\begin{bmatrix}2&2\\4&4\end{bmatrix}\begin{bmatrix}ʔ&12\\4\end{bmatrix}$ 阳历 ɦiã liiʔ　　红木 ɦoŋ moʔ　　明白 miŋ baʔ

(三) 前字阴上

31 $\begin{bmatrix}3&4\\4&4\end{bmatrix}\begin{bmatrix}5&3\\3&1\end{bmatrix}$ 广州 kuã tɕœʏ　　酒缸 tɕœʏ kɔ　　祖宗 tsu tsoŋ

$\begin{bmatrix}3&4\\4&4\end{bmatrix}\begin{bmatrix}5&3\\4&4\end{bmatrix}$ 讲师 kɔ sɿ

32 $\begin{bmatrix}3&4\\4&4\end{bmatrix}\begin{bmatrix}2&2\\3&1\end{bmatrix}$ 果园 kəu ɦy　　保持 pɔ dzɿ　　本能 pəŋ nəŋ

$\begin{bmatrix}3&4\\4&4\end{bmatrix}\begin{bmatrix}2&2\\4&4\end{bmatrix}$ 府绸 fu dzɤʏ　　广场 kuã dziã

33 $\begin{bmatrix}3&4\\4&4\end{bmatrix}\begin{bmatrix}3&4\\3&1\end{bmatrix}$ 稿纸 kɔ tsɿ　　小姐 ɕyo tɕia　　检讨 tɕi tʻɔ

$\begin{bmatrix}3&4\\4&4\end{bmatrix}\begin{bmatrix}3&4\\4&4\end{bmatrix}$ 检举 tɕi tɕy

34 $\begin{bmatrix}3&4\\4&4\end{bmatrix}\begin{bmatrix}1&3\\3&1\end{bmatrix}$ 表演 pio ɦi　　改造 kɛ zɔ　　等待 təŋ dɛ

$\begin{bmatrix}3&4\\4&4\end{bmatrix}\begin{bmatrix}1&3\\4&4\end{bmatrix}$ 好象 hɔ ziã　　腿部 tʻɐ bu

35 $\begin{bmatrix}3&4\\4&4\end{bmatrix}\begin{bmatrix}4&4\\3&1\end{bmatrix}$ 好看 hɔ kʻi　　扁担 pi tɛ　　小菜 ɕio tsʻɛ

$\begin{bmatrix}3&4\\4&4\end{bmatrix}\begin{bmatrix}4&4\\4&4\end{bmatrix}$ 板凳 pɛ dəŋ　　典当 ti tɔ̃

36 $\begin{bmatrix}3&4\\4&4\end{bmatrix}\begin{bmatrix}1&3\\3&1\end{bmatrix}$ 姊妹 tɕi mɐ　　巧妙 tɕʻyo mio　　草帽 tsʻɔ mɔ

/316/

宁波方言(老派)的单字调和两字组变调

	$\begin{bmatrix}3&4\\4&4\end{bmatrix}$ $\begin{bmatrix}1&3\\4&4\end{bmatrix}$	本地 pəŋ di	考虑 kʻɔ li	
37	$\begin{bmatrix}3&4\\4&4\end{bmatrix}$ $\begin{bmatrix}ʔ&5\\&2\end{bmatrix}$	本色 pəŋ saʔ	粉笔 fəŋ piiʔ	宝塔 pɔ tʻaʔ
38	$\begin{bmatrix}3&4\\4&4\end{bmatrix}$ $\begin{bmatrix}ʔ&1&2\\&2\end{bmatrix}$	小麦 ɕyo maʔ	坦白 tʻɛ baʔ	水闸 sɿ zaʔ

(四) 前字阳上

41	$\begin{bmatrix}1&3\\2&3\end{bmatrix}$ $\begin{bmatrix}5&3\\4&4\end{bmatrix}$	雨衣 ɦy i	尾巴 mi po	奶糕 na kɔ
	$\begin{bmatrix}1&3\\2&3\end{bmatrix}$ $\begin{bmatrix}5&3\\3&1\end{bmatrix}$	旱灾 ɦɛ tse	士兵 zɿ piŋ	
42	$\begin{bmatrix}1&3\\2&3\end{bmatrix}$ $\begin{bmatrix}2&2\\4&4\end{bmatrix}$	野蛮 ɦia mɛ	象牙 ziaɣ ŋo	后门 ɦœɣ məŋ
	$\begin{bmatrix}1&3\\2&3\end{bmatrix}$ $\begin{bmatrix}2&2\\3&1\end{bmatrix}$	象棋 zia dzi	老婆 lɔ bəu	
43	$\begin{bmatrix}1&3\\2&3\end{bmatrix}$ $\begin{bmatrix}3&4\\4&4\end{bmatrix}$	米粉 mi fəŋ	户口 ɦu kʻœɣ	市长 zɿ tɕia
	$\begin{bmatrix}1&3\\2&3\end{bmatrix}$ $\begin{bmatrix}3&4\\3&1\end{bmatrix}$	雨伞 ɦy sɛ	稻草 dɔ tsʻɔ	
44	$\begin{bmatrix}1&3\\2&3\end{bmatrix}$ $\begin{bmatrix}1&3\\4&4\end{bmatrix}$	远近 ɦy dziŋ	罪犯 dzɐɪ vɛ	静坐 ziŋ zəu
	$\begin{bmatrix}1&3\\2&3\end{bmatrix}$ $\begin{bmatrix}1&3\\3&1\end{bmatrix}$	罪犯 dzɐɪ vɛ 又读		
45	$\begin{bmatrix}1&3\\2&3\end{bmatrix}$ $\begin{bmatrix}4&4\\&\end{bmatrix}$	雨布 ɦy pu	冷气 lɐ tɕʻi	武器 vu tɕʻi
	$\begin{bmatrix}1&3\\2&3\end{bmatrix}$ $\begin{bmatrix}4&4\\3&1\end{bmatrix}$	眼镜 ŋɛ tɕiŋ	罪过 dzɐɪ kəu	
46	$\begin{bmatrix}1&3\\2&3\end{bmatrix}$ $\begin{bmatrix}1&3\\4&4\end{bmatrix}$	马路 mo lu	冷汗 lɐ ɦɛɪ	后代 ɦœɣ de
	$\begin{bmatrix}1&3\\2&3\end{bmatrix}$ $\begin{bmatrix}1&3\\3&1\end{bmatrix}$	后院 ɦœɣ ɦy		
47	$\begin{bmatrix}1&3\\2&3\end{bmatrix}$ $\begin{bmatrix}ʔ&5\\&4\end{bmatrix}$	眼色 ŋɛ saʔ	满足 mʉ tsoʔ	幸福 ɦiŋ foʔ
48	$\begin{bmatrix}1&3\\2&3\end{bmatrix}$ $\begin{bmatrix}ʔ&1&2\\&4\end{bmatrix}$	冷热 lɐ niiʔ	老实 lɔ zœʔ	静脉 ziŋ maʔ

(五) 前字阴去

51	$\begin{bmatrix}4&4\\&\end{bmatrix}$ $\begin{bmatrix}5&3\\&\end{bmatrix}$	教师 tɕyo sɿ	战争 tɕi tsəŋ	信心 ɕiŋ ɕiŋ
52	$\begin{bmatrix}4&4\\&\end{bmatrix}$ $\begin{bmatrix}2&2\\&\end{bmatrix}$	太阳 tʻa ɦiã	教员 tɕyo ɦy	太平 tʻa biŋ
53	$\begin{bmatrix}4&4\\&\end{bmatrix}$ $\begin{bmatrix}3&4\\4&4\end{bmatrix}$	信纸 ɕiŋ tsɿ	醉蟹 tsɐɪ ha	报纸 pɔ tsɿ
54	$\begin{bmatrix}4&4\\&\end{bmatrix}$ $\begin{bmatrix}1&3\\4&4\end{bmatrix}$	痛痒 tʻoŋ ɦia	创造 tsʻɔ zɔ	快马 kʻua mo
55	$\begin{bmatrix}4&4\\&\end{bmatrix}$ $\begin{bmatrix}4&4\\&\end{bmatrix}$	唱片 tsʻɔ pʻi	告诉 kɔ su	裤当 kʻu tɔ
56	$\begin{bmatrix}4&4\\&\end{bmatrix}$ $\begin{bmatrix}1&3\\4&4\end{bmatrix}$	性命 ɕiŋ miŋ	退路 tʻɐɪ lu	告示 kɔ zɿ

吴声越韵

57 $\begin{bmatrix}4&4\\&\end{bmatrix}$ $\begin{bmatrix}?_4^5\\&\end{bmatrix}$ 建筑 tɕiʔ tsoʔ　　货色 həu saʔ　　计策 tɕiʔ ts'aʔ

58 $\begin{bmatrix}4&4\\&\end{bmatrix}$ $\begin{bmatrix}?_4^{12}\\&\end{bmatrix}$ 快乐 k'ua loʔ　　经历 tɕin liiʔ　　建立 tɕiʔ liiʔ

（六）前字阳去

61 $\begin{bmatrix}1&3\\2&2\end{bmatrix}$ $\begin{bmatrix}5&3\\4&4\end{bmatrix}$ 外甥 ŋa sã　　电灯 di təŋ　　树枝 zɥ tsɿ

　　$\begin{bmatrix}1&3\\2&2\end{bmatrix}$ $\begin{bmatrix}5&3\\&\end{bmatrix}$ 健康 dʑi k'ɔ　　树根 zɥ kən

62 $\begin{bmatrix}1&3\\2&2\end{bmatrix}$ $\begin{bmatrix}2&2\\4&4\end{bmatrix}$ 面条 mi dio　　树苗 zɥ mio　　病人 biŋ niŋ

　　$\begin{bmatrix}1&3\\2&2\end{bmatrix}$ $\begin{bmatrix}2&2\\5&3\end{bmatrix}$ 坏人 ɦua niŋ

63 $\begin{bmatrix}1&3\\2&2\end{bmatrix}$ $\begin{bmatrix}3&4\\&\end{bmatrix}$ 院长 ɦy tɕiã　　大小 dəu ɕyo　　袖口 ziɤ k'œɤ

64 $\begin{bmatrix}1&3\\4&4\end{bmatrix}$ $\begin{bmatrix}1&3\\&\end{bmatrix}$ 内弟 nɐi di　　大雨 dəu ɦy　　号码 ɦɔ mo

65 $\begin{bmatrix}1&3\\2&2\end{bmatrix}$ $\begin{bmatrix}4&4\\&\end{bmatrix}$ 夏至 ɦo tsɿ　　内战 nɐi tɕi　　饭店 vɛ ti

66 $\begin{bmatrix}1&3\\4&4\end{bmatrix}$ $\begin{bmatrix}1&3\\4&4\end{bmatrix}$ 内外 nɐi ŋa　　外地 ŋa di　　豆腐 dœɤ vu

67 $\begin{bmatrix}1&3\\2&2\end{bmatrix}$ $\begin{bmatrix}?_4^5\\&\end{bmatrix}$ 面色 mi saʔ　　大雪 dəu syoʔ　　外国 ŋa koʔ

68 $\begin{bmatrix}1&3\\2&2\end{bmatrix}$ $\begin{bmatrix}?_4^{12}\\&\end{bmatrix}$ 闹热 nɔ niiʔ　　大学 da ɦoʔ　　饭盒 vɛ ɦaʔ

（七）前字阴入

71 $\begin{bmatrix}?_4^5\\&\end{bmatrix}$ $\begin{bmatrix}5&3\\1&\end{bmatrix}$ 北方 poʔ fɔ　　作家 tsoʔ tɕia　　黑心 haʔ ɕin

　　$\begin{bmatrix}?_4^5\\&\end{bmatrix}$ $\begin{bmatrix}5&3\\4&4\end{bmatrix}$ 铁丝 t'iiʔ sɿ　　八仙 paʔ ɕi

72 $\begin{bmatrix}?_4^5\\&\end{bmatrix}$ $\begin{bmatrix}2&2\\3&1\end{bmatrix}$ 铁桥 t'iiʔ dʑio　　发条 faʔ dio　　足球 tsoʔ dʑiɤ

　　$\begin{bmatrix}?_4^5\\&\end{bmatrix}$ $\begin{bmatrix}2&2\\4&4\end{bmatrix}$ 竹头 tsoʔ dœɤ　　发明 faʔ miŋ

73 $\begin{bmatrix}?_4^5\\&\end{bmatrix}$ $\begin{bmatrix}3&4\\&\end{bmatrix}$ 脚底 tɕiaʔ ti　　屋顶 oʔ tiŋ　　色彩 saʔ ts'e

74 $\begin{bmatrix}?_4^5\\&\end{bmatrix}$ $\begin{bmatrix}1&3\\4&4\end{bmatrix}$ 瞎眼 haʔ ŋɛ　　伯父 paʔ vu　　接受 tɕiiʔ ziɤ

75 $\begin{bmatrix}?_4^5\\&\end{bmatrix}$ $\begin{bmatrix}4&4\\&\end{bmatrix}$ 结棍 tɕiiʔ kuən　　索性 soʔ ɕiŋ　　作废 tsoʔ fi

　　$\begin{bmatrix}?_4^5\\&\end{bmatrix}$ $\begin{bmatrix}4&4\\3&1\end{bmatrix}$ 黑店 haʔ ti　　竹器 tsoʔ tɕi　　铁片 t'iiʔ p'i

76 $\begin{bmatrix}?_4^5\\&\end{bmatrix}$ $\begin{bmatrix}1&3\\4&4\end{bmatrix}$ 鸽蛋 kaʔ dɛ　　绰号 tɕiaʔ ɦɔ　　阿大 aʔ dəu

　　$\begin{bmatrix}?_4^5\\&\end{bmatrix}$ $\begin{bmatrix}1&3\\3&1\end{bmatrix}$ 铁路 t'iiʔ lu　　脚步 tɕiaʔ bu　　切面 tɕiiʔ mi

77 $\begin{bmatrix}?_4^5\\&\end{bmatrix}$ $\begin{bmatrix}?_2^5\\&\end{bmatrix}$ 法则 faʔ tsaʔ　　北屋 poʔ oʔ　　发作 faʔ tsoʔ

	$\begin{bmatrix}\overset{5}{?_4}&\overset{5}{?_4}\end{bmatrix}$	出色 tsʻɣœʔ saʔ	铁塔 tʻiɪʔ tʻaʔ	
78	$\begin{bmatrix}\overset{5}{?_4}&\overset{12}{?_4}\end{bmatrix}$	骨肉 kuaʔ ȵyoʔ	恶劣 oʔ liaʔ	锡箔 ɕiɪʔ boʔ
	$\begin{bmatrix}\overset{5}{?_4}&\overset{12}{?_4}\end{bmatrix}$	作孽 tsoʔ ȵiɪʔ		

(八) 前字阳入

81	$\begin{bmatrix}\overset{12}{?_2}&\overset{53}{44}\end{bmatrix}$	月光 ɦyɐʔ kuɑ	辣椒 laʔ tɕyo	别针 biɪʔ tɕiŋ
	$\begin{bmatrix}\overset{12}{?_2}&\overset{56}{}\end{bmatrix}$	热天 ȵiɪʔ tʻi	伏天 voʔ tʻi	
82	$\begin{bmatrix}\overset{12}{?_2}&\overset{22}{44}\end{bmatrix}$	灭亡 miɪʔ vɑ	热情 ȵiɪʔ dziŋ	石头 zaʔ dɤY
	$\begin{bmatrix}\overset{12}{?_2}&\overset{22}{52}\end{bmatrix}$	麦芒 maʔ mɑ		
83	$\begin{bmatrix}\overset{12}{?_2}&\overset{34}{35}\end{bmatrix}$	袜底 maʔ ti	石板 zaʔ pɛ	白果 baʔ kəu
84	$\begin{bmatrix}\overset{12}{?_2}&\overset{12}{35}\end{bmatrix}$	白马 baʔ mo	木棒 moʔ bɔ	物理 vaʔ li
85	$\begin{bmatrix}\overset{12}{?_2}&\overset{44}{}\end{bmatrix}$	木器 moʔ tɕʻi	直径 dziɪʔ tɕiŋ	
86	$\begin{bmatrix}\overset{12}{?_2}&\overset{12}{44}\end{bmatrix}$	力量 liɪʔ liɑ	独自 doʔ zɿ	绿豆 loʔ dɤY
87	$\begin{bmatrix}\overset{12}{?_2}&\overset{5}{?_4}\end{bmatrix}$	蜡烛 laʔ tsoʔ	及格 dziɪʔ kaʔ	直接 dziɪʔ tɕiɪʔ
88	$\begin{bmatrix}\overset{12}{?_2}&\overset{12}{?_2}\end{bmatrix}$	绿叶 loʔ ɦiɪʔ	直达 dziɪʔ daʔ	热烈 ȵiɪʔ liɪʔ

补记:

我们曾多次多人调查记录宁波老派两字组变调。为了整理两字组的规律,我们对调查所得材料经过严格筛选,即排除下列几种字组的材料。

第一,排除含有"窜调"的字的字组。所谓"窜调"是指属某一古调类的字混入别的调类。宁波方言单字的"窜调"现象尤为普遍。例如某些阴上和阴去字读成阴平,如"址"读成[tsɿ⁵³]、"坎"读成[kʻɛ⁵³]等;阴平字读成阴上或阴去,如猪＝褚[tsʅ³⁴]、脂＝指[tsʅ³⁴]等;阳平字读成阳去,如词＝寺[zɿ¹³]、茅＝貌[mɔ¹³]等等。

第二,排除有可能是窄用式的字组,例如称谓词(同志等)、叠音词(舅舅等)、人名(曹操等)、数量词(五倍等)、动补结构(跳高等)、动宾结构(开门等)等等。

第三，排除有可能包含小称变调因素的字组。宁波方言与某些浙南吴语一样。有小称变调，泛泛的调查不易发现。例如"鸡、猪、虾"三字，古调类皆属阴平，但今单字调读阴上。所以"鸡血、猪毛、虾米"之类字组不能作为归纳规律的依据。

本文的两字组调式表即按上述原则整理而成。如不考虑上述因素，那么字组的调式要复杂得多。上述原则对于整理宁波方言以及浙南吴语的变调更显得重要。

宁波方言的两字组变调在老派内部有些差异，本文以郭映霞老师的发音为主要依据，个别 B 类调式的举例，参用别的发言人。

附记：

我们在宁波的方言调查实习工作，得到宁波市教育局董琳琳老师和宁波市文化局殷蓓蓓老师及发音合作人的协助和帮助，谨致谢忱。

参考文献

傅国通等：《浙江吴语的分区》，浙江省语言学会《语言学年刊》1985 年第 3 期。

谢自立：《苏州方言两字组的连读变调》，《方言》1982 年第 4 期。

M. Sherard (1980), A Synchronic Phonology of Modern Colloquial Shanghai, *CAAAL Wonograph Series*, No.5.

W.L. Ballard (1979), On Some Aspects of Wu Tone Sandhi, ms. 1979.

原载《语言研究》1990 年第 1 期

浙江台州方言中的嘎裂声中折调[*]

朱晓农

赵元任先生早年在浙江台州的黄岩发现,当地的上声是一种"中折调",这是一种非常特殊的发音,也许更应该说是"发声"。赵先生是这么描写的:"Hwangyan(黄岩) has a sort of dysyllabic Shaangsheng, that is, syllables of that tone class have a glottal stop in the middle of the vowel or between the vowel and a final nasal, thus giving the impression of two syllables"(赵 1928:xiv)。"上声字单读时(尤其是阳上),当中喉头关一关,作一个[耳朵]音把字切成两个音节似的"(赵 1928:85)。赵先生说的"[耳朵]音"是指的喉塞音符号[ʔ]。后来他又作了更详细的描述:"...the yangshaang tone of Hwangyan(黄岩阳上),where the valley is so low or simply so narrow that the voice is lost into a glottal stop in the middle of the syllable, so that[ɔu] actually becomes [ɔuʔ ɔu]. Phonetically, it sounds like three sounds forming two syllables."(赵 1934:370)中译本:"浙江黄岩话的阳上调降得很低或者下降后立即上升,使得嗓音在音节当中消失成喉塞,因此,[ɔ313:]实际上变成了[ɔ31:ʔɔ3:]。这在语音

---

[*] 本项研究受到澳大利亚研究院(Australian Research Council)研究项目(ARC F59600689)和香港科技大学课题(DAG01/02.HSS04)资助。田野调查得到潘悟云先生协助安排,语音转写和实验分析得到费国华先生的帮助,王福堂先生提供了有关政区变动的信息,定稿前承丁邦新、张振兴先生垂阅,赐教多处。本文曾在"庆祝《中国语文》创刊50周年国际学术研讨会"(南昌,2002年6月28至30日)上报告,得到林茂灿、曹志耘、苏晓青等先生指教。谨此一并致谢。

上像是三个音构成两个音节"(赵 1985:12)。

在语音学上,"中折调"可以指两种情况,一种是音节中间出现喉塞音,即"中喉塞",另一种是"嘎裂声"(creak/creaky voice)。它们的共同点是音节和声调中间都像折了一样,喉头——更应该说声门——都要关一关。不过它们的发音生理截然相反:中喉塞往两端拉紧声带来关住声门,从而塞住声音;嘎裂声是朝中间收紧声带来关住大部分声门,从而塞住声音。两者声学特征完全不同:喉塞音引起升调,嘎裂声导致降调;因而听感也不同:中喉塞的声调听上去中间像是往上翘了一下,而嘎裂声却像是中间往下折断。

为了核实赵元任先生在台州发现的中折调的性质,本文作者于 1996—1997 年间在台州进行了实地调查。语音分析大多是 1998—1999 年间在澳洲国立大学的语音实验室进行的。在撰写本文前,于 2002 年又在杭州补录了一些发音材料,并进行了语音测量。有关测量工作的原则、方法、程序可参看费国华(Rose 1990)、朱晓农(2004,Zhu 1999)。

调查从黄岩开始,因为最初是在那儿发现中折调的。在黄岩,我一共录了六个人(城关三位、宁溪镇蒋岙村、王家店村、富山乡安山村各一位),另有一位是边上的路桥区峰江镇玉露洋村的,年龄最大的 41 岁,最小的 18 岁。他们都已没有当年赵先生所听到的那种中折调了。看来黄岩一带的话几十年来变动很大,连这么有地方特色的音也丢失了(也许有地方特色的土腔土调反倒容易丢掉——出于社会原因,当地人会有意识地改掉土腔土调)。黄岩城关话现有七个声调:阴平[˩]422,阳平[˥]311,上声[˧]512,阴去[˥]55,阳去[˩]214,阴入[˥]55,阳入[˩]12(入声带喉塞尾)。上声字包括古清声母和次浊上声,而古全浊上声归阳平。上声是个降调,带着稍稍上翘的调尾,好象还保留着当年中折凹调的痕迹,只不过不再折断。

不过,中折调在台州西部和北部较偏僻的地方还普遍存在,通过听辨和实验分析,可以确认是嘎裂声。在我的台州调查材料中六处有嘎裂声,其中三处在北部(天台县的何方赵村和建设村,宁海县的山后村①),另三处在西部(仙居县的城关镇、塘弄村和陈庄)。比较起来,北部三处的嘎裂声比西面三处更完整、更明显。北部的嘎裂声都是在音节或声调的中间,调尾升起来,音高听感上"中—极低—半高",形成完整的中折调。相比之下,西部的嘎裂声没那么完整,往往出现在音节的后半部,甚至后三分之一处,从语图上看,嘎裂声一直持续到音节尾,不过听感上还是有"折断"后有点儿回升的感觉。

根据发音人的语感,椒江口北岸陶家村的话接近临海话,南岸椒江区的话接近黄岩和路桥话。陶家村的发音人基本上没有嘎裂声了,只有少数次浊上声字如"女、吕"还伴随嘎裂声。台州东部沿海地区以及椒江以下东南部都没发现嘎裂声。

下面表中列出台州十个方言点上声的调值。上半部六个方言中有嘎裂声,其中前五处在阴上和阳上两个声调中都存在嘎裂声,最后一处(陈庄)只有一个上声。陈庄发音人 WB 的嘎裂声在消失中,在他的阴上字读例中有一半以上已经没有嘎裂声,调值随之变为[ᷢ/ᷣ]323/423,与黄岩话嘎裂声失去后的阴上[ᷴ]512 相似,是个凹调,只是起点稍低。看来嘎裂声消失后的自然演变就是前高后低的凹调,以后可能再变成降调。

台州十个方言点上声的调值表

西/北	何方赵	建设	山后	仙居	塘弄村	陈庄
阴上/上声	42	52	43	31	31	42/[ᷢ]323
阳上	32	31	21	21	21	
东/南	临海	陶家	黄岩	椒江		
阴上/上声	[ᷢ]52	[ᷢ]212/[ᷴ]41	[ᷴ]512	[ᷴ]51		
阳上				[ᷢ]231		

嘎裂声一般标在元音或辅音上,国际音标用下加浪线,如[pa]。但由于它在声调上表现出"中折"调型,所以也需标示在声调上。如[42]表示从 4 度突然

---

① 宁海县行政上属于宁波地区,语言上绝大部分属于北部吴语太湖片,只有西南部靠近三门、天台处有一小片地带(包括山后村)的方言属于台州片。

折裂,基频跌得极低,然后回升到2度。如果用0来表示这个极低的基频,也可以标成[402]。

嘎裂声的发声和时间,有人控制得好点,基频曲线中间断了以后还回上来;有人发得随意些断了以后就不再回上来,不过听感上还有回升的感觉。具体到某个方言或个人身上,常常两种情况都有。北部的何方赵等处控制得好些,但也有随意的,西部仙居各处则是随意的多些。

嘎裂声的发声原理很特别。发声时,声带强烈地往中心收缩。声带不是像发喉塞音那样往两端拉紧,而是往中间收紧。结果,声带压缩得又短又厚,大约只有正常发浊声时的三分之二长短。发声时声带大部分都不振动,只有前部一小段漏缝,气流很小,溢出时振动这一小段的声带。由于声带厚实,所以频率极低,只有四五十、甚至二三十赫兹,而且振动很不规则。由于基频太低,常常无法测到,或者测到也很不规则,忽高忽低,时有时无。表现在基频曲线上就是中间折断了。因为嘎裂声这个发声态的生理和声学特征是在最近二三十年来随着实验语音学的进展才逐渐明了的,所以以前有多种叫法,包括赵元任先生的"中喉塞",其它如 pulsation("突突声",Peterson & Shoup 1966), trillization("颤裂声",Sprigg 1978)。又因为听上去是一种低沉的叽里嘎拉声,像是大油锅里炸油条,所以还有一种流行的别名叫 glottal fry/fry voice(Fry 1979), vocal fry(Wendahl et al. 1963),可译作"油炸声"。此外,最常见的是用 laryngealization(紧喉/喉化)一类较笼统的说法。

要发嘎裂声,可以先发一个降调,等降到最低时,再使劲一低就有了。嘎裂声并不是个很罕见的现象,在日常随意说话中,低调字如北京话的上声字,以及广州话的阳平字(承徐云扬先生见告),有时也能观察到伴有嘎裂声。

文后附录2给出嘎裂声的例子,是仙居县溪港乡塘弄村的女发音人 WXN 读阴上字"岛"[dɔ]。图中上面的是声波图,下面是宽带图,并有基频曲线叠加在上。它的前半部是正常发声,后半部是嘎裂声。从声波图可以看到,大约从元音的一半处,振幅减小,波形突然变得不规则,间隔增大,表示音强和频率都大大下降。宽带图从这地方起变得稀疏，表示基频突降。前半部的基频曲线在200赫兹上下，后半部突降至100赫兹，而且到最后也没恢复正常。基频的前后之间是断裂的。

本项调查研究澄清了一个自赵元任先生以来的语音大疑团——台州方言中折调的性质。这个问题之所以值得重视，在于东南方言中有"中折调"的不仅仅是吴语，江西余干赣语（陈昌仪1992）、闽西赖源闽南话（项梦冰2002）中也有，而且都被认为跟当年的黄岩话一样是"中喉塞"。这些中折调还有些别名，如"不连续成分"（陈昌仪）、"间歇调"（项梦冰）等。尤其值得一提的是粤北土话。粤北韶关话中的"中喉塞"是赵元任先生在1929年调查时就发现了，调查材料没发表。近年来余霭芹先生（2002），张洪明先生（材料未发表）都去调查过。调查过粤北一带土话的黄家教、崔荣昌先生（1983），庄初升、林立芳先生（2000），伍巍先生（2003）都报道了"中喉塞"。所以，对它的语音性质的核实、确认，对进一步的方言调查是有意义的。前些时我对韶关和邻近两个方言点作了调查和实验分析，发现跟台州方言一样，粤北土话中的中折调也是嘎裂声（朱晓农、寸熙2003）。至于余干和赖源的中折调的确切性质，还有待进一步核实。

参考文献

陈昌仪：《余干方言入声调的不连续成分》，《方言》1992年第2期。

黄家教、崔荣昌：《韶关方言新老派的主要差异》，《中国语文》1983年第2期。

伍巍：《广东曲江县龙归土话的小称》，《方言》2003年第1期。

项梦冰：《连城姑田方言的小称变调》，中国东南部方言比较研究第九届国际研讨会论文，杭州，2002年。

余霭芹：《韶关方言的变音初探》，中国东南部方言比较研究第九届国际研讨会论文，杭州，2002年。

赵元任：《现代吴语的研究》，清华学校1928年。

朱晓农：《基频归一化：如何处理声调的随机差异？》，《语言科学》2004年第3卷第2期，第3—

19页。

朱晚农、寸熙:《韶关话的嘎裂声和小称调》,《汉语方言语法研究和探索——首届国际汉语方言语法学术研讨会论文集》,黑龙江人民出版社2003年版,第346—354页。

庄初升、林立芳:《曲江县白沙镇大村土话的小称变调》,《方言》2000年第3期。

Chao, Y.R.(赵元任)(1934), The non-uniqueness of phonemic solutions of phonetic systems,《史语所集刊》四本四分,1934;中译本:音位标音法的多能性,载《赵元任语言学论文选》,叶蜚声译,中国社会科学出版社1985年版。

Fry, D.B.(1979), *The Physics of Speech*, University of Cambridge Press.

Ladefoged, Peter(1975/82), *A course in Phonetics*, 1st and 2nd editions. New York: Harcourt Brace Jovanovich.

Peterson, G.E. and J.E. Shoup(1966), A physiological theory of phonetics, *Journal of Speech and Hearing Research* 9:5-67.

Rose, Phil(费国华)(1990), Acoustic and phonology of complex tone sandhi, *Phonatica* 47:1-35.

Sprigg, R.K.(1978), Phonation types: a reappraisal, *Journal of International Phonetic Association* 8:2-17.

Wendahl, R.W., G.P. Moore & H. Hollien(1963), Comments on vocal fry, *Folia Phoniatrica* 15:251-255.

Zhu, Xiaonong(朱晓农)(1999), *Shanghai Tonetics*, Muenchen: Lincom Europa(原是ANU博士论文,1995)。

附录1 调查点和发音人(发音人的年龄是录音时的1997年的年龄)

方位	调查点	发音人	性别	年龄	嘎裂声
北	天台县义宅乡何方赵村	ZhBJ	女	18	有
北	天台县三合镇建设村	ZhMH	女	23	有
北	宁海县商州镇山后村	WQSh	男	26	有
西	仙居城关镇	LY	女	18	有

续表

方位	调查点	发音人	性别	年龄	嘎裂声
西	仙居县溪港乡塘弄村	WXM	女	20	有
西	仙居县溪港乡陈(仁)庄	WB	男	17	有
东南	临海市区	FJ	女	18	无
东南	台州市前所镇沿海片陶家村	TChH	男	19	无
东南	台州市椒江区	LB	男	20	无
东南	黄岩城区	MWJ	女	41	无

附录 2　嘎裂声例字的声学语图

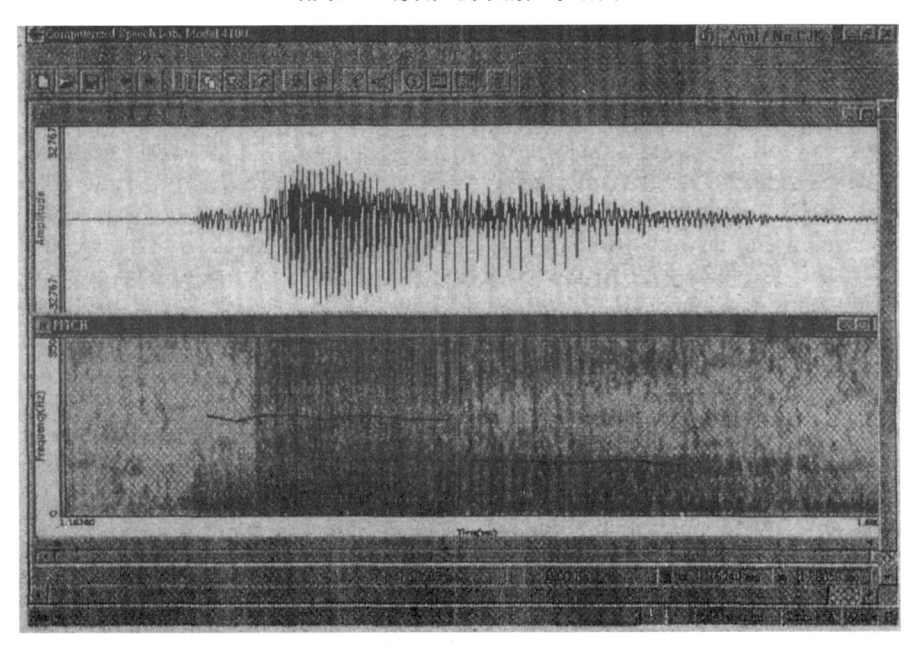

原载《方言》2004 年第 3 期

On Language Change: A Case Study of Morphosyntactic Diffusion

张洪明

This paper proposes a new hypothesis—morphosyntactic diffusion. This process differs from lexical diffusion. According to lexical diffusion, while phonetic change is sudden, its spread through the lexicon is gradual, word-by-word. According to morphosyntactic diffusion, on the other hand, certain types of sound change spread—not through the lexicon—but within morphosyntactic structures. The sound changes are not spread throughout various structures simultaneously, but given identical phonological conditions, change spreads from one structure to another, gradually. This study examines Chinese tone sandhi data from the Wu dialects of Chongming, Xinzhuang, and Nanhui, with a focus on Shanghai.

1. Theoretical background

The present topic is a retrospective on previous hypotheses of language change and, due to their inadequacies, a new hypothesis is proposed. In the late 1960s, the new hypothesis of sound change known as lexical diffusion was proposed (Wang 1969). The hypothesis regards change as taking place suddenly, while gradually diffusing through the lexicon word-by-word. In other words, under the same phonological conditions, the change spreads itself across part of the lexicon first and to the rest later. As a result of this variable rate of change, these two parts of the lexicon, originally sharing the same sound, will obtain different changed sounds for two reasons: (i) the change, reacting to conditions of change, spreads through the lexicon incompletely (creating "exceptions"); (ii) it takes a long time for a sound change to spread throughout a lexicon conforming to conditions of change to result in "sound change without exception."

Before lexical diffusion was proposed, the most widely accepted hypothesis of sound change was the Neogrammarian Regularity Hypothesis, which assumes that each sound of a given language will be changed simultaneously at every occurrence in similar conditions, if it is changed at all. According to lexical diffusion, however, a sound change is phonetically abrupt, but lexically gradual; that is to say that changes of the form X>Y begin in one group or category of words and gradually spread through the lexicon, and a sound change does not affect all morphemes simultaneously. Under the lexical diffusion hypothesis, time is a critical factor in the sound change process, and completing sound changes may intersect the course of a language's history.

Phonetically, many sound changes—like a shift in place of consonantal articulation or the exchange of high and low tone—cannot be completed through a gradual process. Those changes that are phonetically abrupt are then lexically gradual. Otherwise it would appear that sound change is completed overnight, which is certainly untrue. Due to the phonetic abruptness between the unchanged and changed forms, the completion of a sound change must be signified by the appearance of the lexical variant. The diffusion model is usually

(1)

	U	V	C
w1			W1
w2		w2~W2	
w3	w3		

expressed as one of three stages[①]:

As a theory on sound changes, the lexical diffusion hypothesis has been applied to various languages, such as the consonantal shift in old High German(Barrack 1976), the dropping of final/d/in Swedish(Janson 1977), and the vowel change in ancient English(Ogura 1987).

Differing from previous theories, herein is proposed another hypothesis which can be called morphosyntactic diffusion, which deviates from lexical diffusion in holding that some types of sound change are completed not only by spreading across a lexicon but also by diffusion within morphosyntactic structures. Phonologically, sound changes are not always simultaneously completed through morphosyntactic structures. In other words, under the same phonological conditions, the timing of a sound change is different within different morphosyntactic structures, and this change spreads itself gradually from one structure to another and finally to all structures. This process is presented in figure (2)[②] below:

(2)

Stage of change	Dialects	MS	U	V	C
Stage 1	Dialect A	MS1	MS1		
		MS2	MS2		
		MS3	MS3		
Stage 2	Dialect B	MS1			MS1
		MS2	MS2	MS2~MS2	MS2
		MS3	MS3		
Stage 3	Dialect C	MS1			MS1
		MS2			MS2
		MS3			MS3

---

① U=unchanged stage, V=variant, C=changed, w=the unchanged form of a word, W=the changed form of a word.

② MS = morphosyntactic structure before change; MS = after change; MS1(MS2, …) = morphosyntactic structure 1 …; U=unchanged stage, V=variant stage, C=changed stage.

Table (2) depicts the process of morphosyntactic diffusion at the time of sound change. Supposing that there is a language which is undergoing a sound change, and this change asserts itself differently in its different dialects, then: in dialect C the change has been completed; in dialect A it has not started; in dialect B it is just beginning. In dialect B, morphosyntactic structure one (MS1, such as number-measure structures) has already undergone the change, structure three (MS3, like verb-object structures) still remains unchanged, while structure two (MS2, like verb-resultative complements) is undergoing the change. Moreover, in structure two, part of the lexicon has acquired new pronunciation, part has retained its old reading form, and part has acquired both since the last part(e.g., the number-measure) is undergoing the change. Neither dialect C nor dialect A can provide enough data to represent the whole process of diffusion. Only dialect B, which is just entering the process of sound change, presents a clear picture of the diffusion process. Furthermore, the morphosyntactic structure two seen in dialect B demonstrates the process of lexical diffusion while the morphosyntactic diffusion process is revealed by the chart in (2).

2. Morphosyntactic diffusion in Chinese Wu dialects

An examination of the tone sandhi of Wu dialects in Chinese lends great support to the morphosyntactic diffusion hypothesis. Synchronically, tone sandhi(henceforth TS) in Wu dialects can be classified into two types: lexical tone sandhi(henceforth LTS) and post-lexical tone sandhi(henceforth PTS). Diachronically, the relationship between LTS and PTS in fact helps to illustrate the process of sound change. PTS in nature is a new form for the simplified TS, and it is a result of the merger and simplification of TS. Let us take a look at a few Wu dialects such as Chongming, Nanhui, and Xinzhuang. If we take the TS with its first syllable as tone 5 and its second syllable as either tone 1, tone 2, tone 3, or tone 4, for example, we shall see that its LTS still has two readings, but in PTS it has already merged into one reading.

Moreover, its PTS type (e.g., the first syllable falls into a contour while the second syllable loses its own tone) is very similar in nature to the Shanghai dialect, which has the most simplified forms, as seen in (3)[①]:

(3)

Dialects	Tone of 1st syllable		TS type	Tone of 2nd syllable			
				1	2	3	4
New Chongming	5	MH	LTS	H-HM		A: MH-ML B: H-ML	
			PTS	MH-HM			
Fengxian		MH	LTS	MH-HM		A: MH-ML B: H-H	
			PTS	MH-HM			
Nanhui		MH	LTS	MH-HM		A: MH-ML B: H-H	
			PTS	MH-HM			
Xinzhuang		MH	LTS	H-ML		A: H-ML B: M-H	
			PTS	H-HM			

It has previously been noticed that Wu dialects are currently undergoing a sound change of neutralization (Zhang 1988, 1990). As frontrunner in the change, the new Shanghai dialect has already completed the neutralization of its TS system. It is a fact that the more simplified forms, especially like the neutral tones, are often used as PTS forms when LTS and PTS co-exist in a dialect. Following are some readings of LTS and PTS in the old Chongming dialect:

---

① (i) Old Chongming has an eight-tone system which came from the tonal system of Ancient Chinese, and I shall refer to these eight tones simply as 1—8; (ii) H(=high), M(=middle), and L(=low) are adopted here to replace the five-point scale to indicate the tonal value of the dialects discussed in this paper: H=55, HM=53, M=33, MH=35, ML=31, MLM=313, LML=131, LM=13, L=11, and n=neutral tone.

On Language Change: A Case Study of Morphosyntactic Diffusion

(4)

TS type	1st syll.	2nd syll.	1 H	2 LM	7 H?	8 L?	3 HMH	4 LML	5 M	6 MLM
LTS	4	LML	\multicolumn{4}{c	}{MLM-H}	\multicolumn{4}{c	}{LML-n}
LTS	6	MLM					\multicolumn{4}{c	}{MLM-M}
PTS-b (MR)	4	LML	\multicolumn{8}{c	}{LML-n}
PTS-b (MR)	6	MLM	\multicolumn{8}{c	}{LML-n}

There are four types of PTS in old Chongming, of which PTS-b type (reduplicated measure) has chosen the neutral tone form of LTS as its TS form, as seen in table (4). Like the new Shanghai dialect, all the tetrasyllabic TS in old Chongming have their last three syllables neutralized in PTS, while in LTS, things are different, as shown in (5):

(5)

TS type	Citation tone	1st syllable 3 HMH	2nd syllable 2 LM	3rd syllable 2 LM	4th syllable 2 LM
LTS		\multicolumn{4}{c	}{HMH-H-H-n}
PTS		\multicolumn{4}{c	}{HMH-n-n-n}

Generally speaking, it can be seen that when LTS and PTS exist simultaneously within a dialect, the form of PTS is usually a new one, and a sound change from old to new is completed by diffusion across morphosyntactic structures.

3. Typological observation

3.1 Case (1): Jingjiang and Quzhou

Jingjiang is located in a frontier region of the northern Wu dialect area while Quzhou is in a frontier region of the southern Wu. The TS systems of these two dialects are still in undeveloped stages and the TS Phenomenon has not been found yet in many of their tone pairs, as seen in (6):

In Jingjang and Quzhou, TS only occurs within a few tone pairs, as shown in (7):

(6)

Dialects	Base tone	Tone sandhi
Jingjiang	1 (H)+1 (H)	H-H
Jingjiang	1 (H)+2 (LM)	H-LM
Quzhou	3 (MH)+3 (MH)	MH-MH
Quzhou	3 (MH)+5 (MH)	MH-HM

(7)

Dialects	Base tone	Tone sandhi
Jingjiang	5 (HL)+2 (LM)	A: HM-MH B: MH-ML
Jingjiang	3 (MH)+6 (ML)	M-HM
Quzhou	5 (MH)+1 (HMH)	H-ML
Quzhou	6 (ML)+1 (HMH)	MH-HL

In Jingjiang and Quzhou, there is no difference between LTS and PTS, and the only distinction is between TS and non-TS. Thus, the different morphosyntactic structures have the same TS. Examples of this can be seen in tone pairs in which the first syllable is tone 5 and the second is tone 3, such as a modifier head (e.g., *po-zhi* [broken-paper]), a number-measure (e.g., *ban-wan* [half-bowl] 'half of a bowl'), and a verb-resultative complement (e.g., *zuo-hao* [do-good] 'do well'), although of the different morpho- syntactic structures, the TS in Jingjiang is HL+MH→HM-MH, and HM+MH→H-MH in Quzhou.

3.2 Case (2): Chongming(old)

In old Chongming, disyllabic PTS is divided into four small groups according to morphosyntactic structures. The following table shows the disyllabic PTS in old Chongming①:

(8)

PTS type	PTS-a				PTS-b				PTS-c				PTS-d			
Structures	NM, VC, VR				MR				VPr				VD			
2nd syll. \ 1st syll.	1	7	3	5	1	7	3	5	1	7	3	5	1	7	3	5
	2	8	4	6	2	8	4	6	2	8	4	6	2	8	4	6
1 H	T-H		T-n		T-H		T-n		T-H				T-H			
2 LM																
7 H?			T-M				T-M									
8 L?																
5 M	T-M				HMH-M				T-M				HMH-H			
3 HMH																
4 LML					LML-n								LML-H			
6 MLM																

As seen in table (8), number-measure (NM), verb-resultative complement (VC), and reduplicated verb (VR) are all classified into PTS-a type; reduplicated measure (MR) is PTS-b; verb-pronoun (VPr) is PTS-c; and verb-directional complement (VD) is PTS-d. Table (9) in the following depicts the corresponding relation between morphosyntactic structures and TS types of old Chongming:②

Listed below are some examples in which all of the first syllables are tone 5:

---

① T indicates that the base tone form is kept in TS.
② SP stands for the subject-predicate structure, VO for verb-object, CC for coordinate-construction, and MH for modifier-head.

(9)

TS	SP, VO, CC, MH	NM	VC	VR	MR	VPr	VD
LTS	+	−	−	−	−	−	−
PTS-a	−	+	+	+	−	−	−
PTS-b	−	−	−	−	+	−	−
PTS-c	−	−	−	−	−	+	−
PTS-d	−	−	−	−	−	−	+

(10) a. *kan-xi* 'watch play' is a verb-object structure. According to table (9), it is LTS; according to table (7), its TS is: M+M→M-n.

b. *si-dun* 'four meals' is a number-measure structure. According to table (8) and (9), its TS is: M+M→M-H.

c. *ci-ci*[time-time] 'every time' is a reduplicated measure structure and its TS is M+M→HMH-M.

d. *guai-ta* 'blame him' is a verb-pronoun structure and its TS is: M+LM→M-H.

e. *jin-qu* 'go into' is a verb-directional complement and its TS is: M+M→HMH-H.

The examples in (10) indicate that, even in the same phonological conditions, disyllabic TS of old Chongming will have many different forms due to the different morphosyntactic structures. For instance, if the input form (base tone) is tone 5 followed by tone 5, it will produce at least four output forms (tone sandhi).

(11) Input (base tone)　　Output (tone sandhi)

　　　　　　　　　　|M-H/in NM(e.g. 'four meals')
　　　　　　　　　　|HMH-M/in MR(e.g. 'every time')
　　M+M→
　　　　　　　　　　|HMH-H/in VD(e.g. 'go to')
　　　　　　　　　　|M-n/in other conditions(e.g. 'watch play')

3.3 Case(3): Chongming(new), Nanhui and Xinzhuang

As shown in table(2) above, there are three stages in the process of sound change. Old Chongming, new Chongming, Nanhui, and Xinzhuang all are currently transitioning to the second stage, during which their TS systems undergo the change from old to new. At this stage, the original TS system starts to undergo change and new TS forms are created. These new forms first appear only in a few morphosyntactic structures; thus, synchronically, they become the so-called PTS. Because such sound change starts in the form of dissimilation, there are various types of PTS early in the second stage. For instance, old Chongming and some other dialects have four or five PTS types. As the development of sound change progresses, a stage will arise in which various types of PTS are simplified and combined into one. This stage can currently be observed in the new Chongming, Nanhui, and Xinzhuang dialects.

There is a distinction between LTS and PTS in new Chongming, Nanhui, and Xinzhuang, but all these dialects have only one type of PTS. In the case of new Chongming, for example, its phonological system is much simpler than that of old Chongming. Old Chongming has eight citation tones while the new version of the dialect has only seven. This is because in new Chongming tone 5 has merged into tone 3. Moreover, the TS system of old Chongming is also different from that of new Chongming. The following depicts the TS types of new Chongming:

In new Chongming, number-measure, verb-pronoun, and reduplicated verb are PTS; subject-predicate, verb-object, modifier head, and coordinate construction are LTS; verb-resultative complement, verb-directional complement, modifier head, reduplicated noun, and reduplicated measure include aspects of both LTS and PTS. New Chongming is valuable in the study of the phenomenon of new forms replacing the old. Here in the following is a result of the TS in all the morphosyntactic structures of new Chongming:

(12)

TS type	LTS							PTS							
Syntactic Structure	SP, VO, MH, CC							NM, VPr, VR							
	1	2	7	8	3	4	6	5	7	8	1	2	3	4	6	5
7	H?	T-H		T-HM		T-HM			T-H				T-HM		T-MH	
8	L?															
2	LM			M-HM		T-ML		T-M					M-HM		T-ML	
1	HM	T-M				H-ML			T-M				H-HM		H-ML	
3	MH	H-HM		H-H		T-ML			HM-M				HM-MH			
5	MH												T-HM			
4	ML	M-H		M-HM		M-HM			T-M							
6	MLM								MLM				M-MH			

(13)

Tone pairs	TS	VO	MH	CC	VC	VD	VPr	NM
Tone 5 + Tone 2 MH + LM	LTS H-HM	13	10	2	3	4	0	0
	PTS MH-HM	0	0	0	4	3	8	15
	Both readings	0	0	0	2	3	0	0

As for the tone pairs in which the first syllable is tone 5 and the second syllable is tone 2, I have collected altogether sixty-seven samples, of which there are thirteen verb-object structures, all reading LTS like MH + LM→ H-HM(e.g., *jie-liang* 'borrow grain'), and there are ten modifier-head structures and two coordinate constructions, also reading LTS(e.g., *zhang-fang* 'accountant' and *jiu-yuen* 'rescue'). However, there are eight verb-pronoun structures, all reading PTS like: MH + LM → MH-HM(e.g., *ai-ni* 'love you'), and fifteen number-measure structures which all read PTS as well (e.g., *ban-luo* [half-basket] 'half a basket'). There are nine verb-resultative complement structures, of which three read LTS (e.g., *dao-qi* [arrive-all present] 'be all present'), four read PTS (e.g., *ju-ping* [saw-smooth] 'saw it smooth'), and two have both readings (e.g., *qi-ping* [lay-level] 'keep level while laying bricks'). There are 10 examples of verb-directional complement structure, of which four read LTS (e.g., *dao-lai* [arrive-come] 'arrive'), three read PTS (e.g., *song-lai* [deliver-come] 'bring'), and the rest read both (e.g., *ci-lai* [thorn-come] 'stab').

If LTS is taken as the old forms of the unchanged stage and PTS as the new forms of the changed stage, the diffusion process in new Chongming can be represented by the following:

(14)

Syntactic structures	Unchanged stage	Variant stage	Changed stage
SP, VO, MH, CC	+	−	−
VC, VD	+	+	+
NM, VPr	−	−	+

When a morphosyntactic structure is undergoing a sound change, it is occurring through the process of lexical diffusion. Take, for example, a verb-resultative complement in which the first syllable is tone 5 and the last is tone 2: four of the examples have taken the new reading MH-HM (PTS) (e.g., *ju-ping* [saw-smooth] 'saw it smooth'), three still adopt the old form H-HM (LTS) (e.g., *dao-qi* [arrive-all present] 'be all present'), two have acquired both readings of LTS and PTS (e.g., *po-yuan* 'ruined garden'). It is thus obvious that the change from LTS to PTS is not a sudden change within the morphosyntactic structures, as seen in the verb-resultative complement for instance. The fact is that part of the lexicon has completed this change (e.g., *ju-ping*), part has not undergone this change (e.g., *dao-qi*), and part has just begun undergoing the change (e.g., *qi-ping*). Without any interruption, this

PTS will spread through the whole lexicon in the structures similar to verb-resultative complement, thus completing the change from LTS to PTS with the result that these structures will have the same reading with number-measure structure. This is a typical lexical diffusion process.

Phonologically, the completion of a change occurs through the process of morpho-syntactic structure diffusion. Taking new Chongming as an example, number-measure and verb-pronoun have already adopted the new form (PTS, e.g., *ai-ni* 'love you'), while other structures such as subject-predicate, verb-object, modifier head, and coordinate construction still keep the old form (LTS, e.g., *jie-liang* 'borrow grain'), and others yet such as verb-resultative complement and verb-directional complement have acquired both readings (e.g., *po-yuan* 'ruined garden' and *qi-ping* 'keep level while laying bricks'). Obviously, in new Chongming the change from LTS to PTS cannot be completed in the short term. The fact is that, for part of the morphosyntactic structures, this change has already been completed (number-measure and verb-pronoun), for another part this change has not yet taken place (subject-predicate, verb-object, modifier head, and coordinate construction), while the last part of the morphosyntactic structures is just beginning the change (verb-resultative complement and verb-directional complement). And this PTS is expected to spread to all the morphosyntactic structures of new Chongming so as to complete the sound change from LTS to PTS. Consequently, its TS system will be the same in nature with that of the new Shanghai dialect. This is the morphosyntactic diffusion process.

Like new Chongming, Xinzhuang also exhibits contrast between LTS and PTS. Moreover, similar to new Chongming, PTS has merged into one type. In Xinzhuang, number-measure and verb-pronoun read PTS, and subject-predicate, verb-object, modifier head, and coordinate construction read LTS while all the other structures read both LTS and PTS, shown in the chart below:

On Language Change: A Case Study of Morphosyntactic Diffusion

(15)

TS types	LTS								PTS						
Syntactic structures	SP, VO, MH, CC								NM, VPr						
	7	8	1	2	3	4	5	6	1	2	7	8	3	4	5	6
3	H	MH-HM		MH-ML	H-HM			H-H	H-HM				H-H			
5	MH			H-ML									H-HM			
4	LM		MH-ML		LM-HM								M-H			
6	LM	LM-HM		M-H					LM-HM							
1	HM	H-ML	H-HM		H-ML				H-HM				H-ML			
7	H?	H-H			H-H								H-H			
2	ML	M-H		LM-HM			LM-ML	LM-HM			M-H		LM-HM			LM-ML
8	L?	M-LM		M-HM			M-LM	M-HM					M-LM			

The lone TS type of the Huinan dialect is that number-measure and verb-pronoun read PTS; and subject-predicate, verb-object, coordinate construction as well as modifier-head read LTS, while the other morphosyntactic structures have both readings, as seen in the following table:

(16)

TS	SP	VO	CC	MH	VC	VD	RS	NM	VPr
LTS	+	+	+	+	+	+	+	−	−
PTS	−	−	−	−	+	+	+	+	+

If we compare old Chongming with the dialects discussed above, we shall find that almost all of these dialects are in a transition period of sound change while old Chongming is still in a dissimilation period, during which LTS cannot maintain the four PTS types(altogether covering eleven morphosyntactic structures). In other words, if a structure reads LTS, it will not read PTS with regard to subject-predicate and verb-object. Similarly, if a structure reads PTS then it will not read LTS with regard to number-measure and verb-pronoun. Fengxian dialect exhibits the same straits as old Chongming. New Chongming, Nanhui, and Xinzhuang, however, which are all on the way towards simplification, have only one type of PTS. Moreover, it is quite common to have both readings in these dialects, as indicated in the following table:

(17)

Types	Dialects	SP	VO	MH	CC	VC	MR	NR	VD	VR	VPr	NM
LTS	Old Chongming	+	+	+	+	−	−	−	−	−	−	−
	New Chongming	+	+	+	+	+	+	+	+	+	−	−
	Nanhui	+	+	+	+	+	+	+	+	+	−	−
	Xinzhuang	+	+	+	+	+	+	+	+	+	−	−
PTS	Old Chongming	−	−	−	−	a	b	c	d	a	c	b
	New Chongming	−	−	−	−	+	+	+	+	+	+	+
	Nanhui	−	−	−	−	+	+	+	+	+	+	+
	Xinzhuang	−	−	−	−	+	+	+	+	+	+	+

The above table shows how a morphosyntactic structure gradually spreads. The fewer the morphosyntactic structures that have contrasting readings within a dialect, the closer it is in nature to the new Shanghai dialect. Geographically, Chongming is located on the outer limits of the Shanghai suburbs, while Nanhui and Xinzhuang are increasingly closer to the city center respectively.

3.4 New urban Shanghai dialect

There is no contrast between LTS and PTS in the new urban Shanghai dialect. On the contrary, however, the words of different morphosyntactic structures will have the same TS if they are in the same phonological conditions. Take for example a tone pair in which the first syllable is tone 5 and the last is tone 3: a modifier head (e.g., *qi-shui* [gas-water] 'soda'), number-measure (e.g., *ban-wan* [half-bowl] 'half a bowl'), and verb-resultative complement (e.g., *zuo-hao* [do-good] 'do well') have the same TS: MH+MH → M-H.

Differing from Jingjiang and Quzhou, new urban Shanghai is a dialect in which neutralization has been completed, and it belongs to dialect type C at the third stage in table (2).

In the new urban Shanghai dialect, the only distinction lies not between LTS and PTS but between TS and non-TS. And the nature of its TS system is such that, within a TS group, contour is decided by the first syllable, and the following syllable loses its base tone and then shares a same TS form. As a matter of fact, the contour of a TS group is produced from the extension of the contour of the first syllable, and the TS of the whole group is decided by the first syllable. The following table takes only the contour in the new urban Shanghai dialect into consideration:

(18)

Tone of 1st syllable		Type	Disyllable	Trisyllable	Quadrisyllable
1	HM	I	H-ML	H-M-ML	H-M-M-ML
5	MH	II	M-H	M-H-ML	M-H-M-ML
7	H?				
2	LM	III	L-M	M-H-ML	M-H-M-ML
8	L?	IV	L-LM	L-L-LM	A: L-L-L-LM B: L-H-M-ML

Since all the morphosyntactic structures in the new urban Shanghai dialect read the same neutralized TS form, this dialect no doubt has already had its TS system neutralized.

4. Solution and significance

Wu Chinese dialects seem to belong to a group of languages that undergoes a typological change, first from syllable tone to word tone, then to a neutralized system, and finally to an accentual system (Zhang 1988, Zhang & Chen 1995). The completion of this sound change in certain stages is carried out by diffusion across different morphosyntactic structures. That is to say, a sound change first occurs only within a few morphosyntactic structures, then in several others until it finally spreads to the rest, thus completing a sound change, as seen in(19) below:

(19)

Dialects	Stages	Morpho-syntactic structures	Unghanged stage	Variant stage	Changed stage
Jingjiang, Quzhou	stage (1)	MS (1)	+	−	−
		MS (2)	+	−	−
		MS (3)	+	−	−
Chongming, Xinzhuang, Nanhui	stage (2)	MS (1)	−	−	+
		MS (2)	+	+	+
		MS (3)	+	−	−
New urban Shanghai	stage (3)	MS (1)	−	−	+
		MS (2)	−	−	+
		MS (3)	−	−	+

Based on the data and analysis included above, I herein propose the morphosyntactic diffusion hypothesis as a new hypothesis of language change. The most fundamental concept of this hypothesis is that some kinds of sound change are completed not by spreading across lexicon only, but also through diffusion within morphosyntactic structures. Sound changes sometimes are completed through morphosyntactic structures instead of lexicon. In other words, under the same phonological conditions, the timing of a sound change differs within different morphosyntactic structures, and this kind of sound change spreads gradually form one morphosyntactic structure to another, and in the end, to all of the morphosyntactic structures.

As a matter of fact, this study can be applied very closely to other languages, as the diffusion hypothesis by nature is a theory of language evolution, variation, selection, and competition making up its foundation. As inspired by Chen(1994), what is changed might not necessarily be sound or lexicon; the diffusion hypothesis could be looked at in a broader sense. Given the three components of a language(lexicon, phonology, and morphosyntax), as the focus of changes and the domain within which the change is implemented, there are the following logical possibilities, as shown in(20):

(20)

Focus of Change	Domain of Diffusion		
	Lexicon	Phonology	Morphosyntax
Lexicon	a	b	c
Phonology	d	e	f
Morphosyntax	g	h	i

Case(a) is a lexical diffusion of a lexical(word formation) change; case (b) is a phonological diffusion of a lexical change; case(c) is a syntactic diffusion of a lexical change; case(d) is a lexical diffusion of a phonological change; case(e) is a phono-logical diffusion of a phonological change; case(f) is a morphosyntactic diffusion of a phonological change; case(g) is lexical diffusion of a morphosyntactic change; case(h) is a phonological diffusion of a morphosyntactic change; and case(i) is a morpho-syntactic diffusion of a morphosyntactic change. Of all the cases displayed in(20), only (d) is a classical case of the lexical diffusion hypothesis, and(f) is the case of the morphosyntactic diffusion hypothesis discussed above.

The full range of the types of diffusions in(20) is beyond the scope of this paper, but can be illustrated in the following:

a. Lexical diffusion of lexical (word formation) change. Thus **arrive → arrival/ * arrivation** vs. **derive → derivation/ * deriyal**. Lexical gradualness (and therefore idiosyncrasies) is long recognized as a hallmark of morphological rules.

b. Phonological diffusion of lexical change. Hypothetical cases would be: (i)-**al** suffixation spreads from the end-stressed stems(**arrive → arrival**; but **develop → * developal**) to any stem, regardless of stress placement; or(ii) comparative formation extends to polysyllables, e.g., stage 1: **tall-er**, * **curious-er**; stage 2: both accepted.

c. Morphosyntactic diffusion of lexical change. A hypothetical example would be to extend the comparative **-er** to adverbs(aborted in English). Thus, in the hypothetical case in which the morphosyntactic diffusion had taken place, this would in fact be grammatical: **to protest** * **loudlier**(cf. **costlier**).

d. Lexical diffusion of phonological change. This is the classical case of lexical diffusion discussed by Wang(1969).

e. Phonological diffusion of phonological change. This case is the canonical form of rule extension or simplification.

f. Morphosyntactic diffusion of phonological change. This is the case that I have discussed herein in regards to the tone sandhi of Chinese Wu dialects.

g. Lexicon diffusion of morphosyntactic change. English auxiliaries would serve as a prime example. Synchronically speaking, diagnostic tests of English auxiliary-hoods include subject-verb inversion, no do-support negation, tag construction, quantifier float, among others. The standard auxiliaries (*can*, *have*, *should*, and the like) all share these properties. Diachronically speaking, these defining characteristics represent syntactic changes that have converged on some verbs while others have been left untouched. The salient point here is that the historical changes all display the hallmark traits of lexical diffusion: lexical specificity and variation, as illustrated by the following quasi-auxiliaries (*CAN* and *HAVE* are added for comparison):

(21)

Stages	Changed		Variant		Unchanged	
Samples	CAN	HAVE	NEED	OUGHT	DARE	USED TO
Inversion	+	+	+	−	?	−
Tag	+	+	−	?	?	−
Negative	+	+	+	+	+	?
Neg-contraction	+	+	+	?	?	?
Quantify/ float	+	+	−	−	−	−
Aux. + Adverb	+	+	−	−	−	−

h. Phonological diffusion of morphosyntactic change. Cf. Naro-Lemle: subject-verb agreement disappears first within phonetically most-similar pairs (e. g., Brazilian Portuguese, **fala** sg./**falam** pl., present) and last within phonetically most-salient contrast(**falous** sg./**falaram** pl., preterite).

i. Morphosyntactic diffusion of morphosyntactic change. Cf. Naro-Lemle: subject-verb agreement first in verb-subject structures (with extraposed subject), then generalized to other structures.

As demonstrated above, based on the tone sandhi of the Chinese Wu dialects, the solution I reached here can be extended to other languages. The diffusion hypothesis is by nature a theory of language evolution with variation and selection as its foundation.

参考文献

Barrack, Charles M. (1976), Lexical diffusion and the high German consonant shift. *Lingua* 40.2-3:151-175.

Bauer, Robert S. (1979), Alveolarization in Cantonese: a case of lexical difffusion. *Journal of Chinese Linguistics* 7.1:132-141.

Chen, Matthew Y. (1989), *Wenzou Tone Sandhi*. Manuscript. San Diego: University of California.

Chen, Matthew Y. (1991), An overview of tone sandhi phenomena across Chinese dialects. *Languages and Dialects of China*, ed. by William S-Y. Wang, 113-158. Journal of Chinese Linguistics Monograph Series 3. Berkeley: Project on Linguistic Analysis, University of California.

Chen, Matthew Y. (1994), Synchronic analogs of competing sound changes. *In Honor of William S-Y. Wang: Interdisciplinary Studies on Language and Language Change*, ed. by Matthew Y.Chen & Ovid J.L.Tzeng, 47-70. Taipei: Pyramid.

Chen, Matthew Y. (2000), *Tone Sandhi: Patterns across Chinese Dialects*. Cambridge & New York: Cambridge University Press.

Chen, Matthew Y., and William S-Y. Wang. (1975), Sound change: actuation and implementation. *Language* 51.2:255-281.

Chen, Matthew Y., and Hongming Zhang. (1997), Lexical and post-lexical tone sandhi in Chongming. *Studies in Chinese Phonology*, Vol.1, ed. by Jialing Wang & Norval Smith,

13-52. Berlin & New York: Mouton de Gruyter.

Durie, Mark, and Malcolm Ross. (1996), *The Comparative Method Reviewed: Regularity and Irregularity in Language Change*. New York: Oxford University Press.

Fox, Anthony. (1995), *Linguistic Reconstruction: An Introduction to Theory and Method*. Oxford & New York: Oxford University Press.

Hale, Mark. (2007), *Historical Linguistics: Theory and Method*. Malden & Oxford: Blackwell.

Hock, Hans Henrich, and Brian D. Joseph. (1996), *Language History, Language Change, and Language Relationship: An Introduction to Historical and Comparative Linguistics*. Berlin & New York: Mouton de Gruyter.

Janson, Tore. (1977), Reversed lexical diffusion and lexical split: loss of -d in Stockholm. *The Lexicon in Phonological Change*, ed. by William S-Y. Wang, 252-265. The Hague: Mouton.

Jones, Charles. (1993), *Historical Linguistics: Problems and Perspectives*. London & New York: Longman.

Joseph, Brian D., and Richard D. Janda. (2003), *The Handbook of Historical Linguistics*. Malden: Blackwell.

Kiparsky, Paul. (2003), The phonological basis of sound change. *The Handbook of Historical Linguistics*, ed. by Brian D. Joseph & Richard D. Janda, 313-342. Malden: Blackwell.

Koch, Harold. (1996), Reconstruction in morphology. *The Comparative Method Reviewed: Regularity and Irregularity in Language Change*, ed. by Mark Durie & Malcolm Ross, 218-263. New York: Oxford University Press.

Krishnamurti, Bh. (1978), Areal and lexical diffusion of sound change: evidence from Dravidian. *Language* 54.1:1-20.

Labov, William. (1972), The social motivation of a sound change. *Sociolinguistic Patterns*, 1-42. Philadelphia: University of Pennsylvania Press.

Labov, William. (1981), Resolving the Neogrammarian controversy. *Language* 57.2: 267-308.

Labov, William. (1994), *Principles of Linguistic Change*, Vol.1: *Internal Factors*. Malden: Blackwell.

Ogura, Mieko. (1987), *Historical English Phonology: Lexical Perspective*. Tokyo: Kenkyusha.

Ohala, John. (1993), The phonetics of sound change. *Historical Linguistics: Problems and Perspectives*, ed. by Charles Jones, 237-278. London & New York: Longman.

Rankin, Robert L. (2003), The comparative method. *The Handbook of Historical*

Linguistics, ed. by Brian D.Joseph & Richard D.Janda, 183-212. Malden: Blackwell.

Shih, Chihn. (1986), *The Prosodic Domain of Tone Sandhi in Chinese*. San Diego: University of California dissertation.

Ting, Pang-Hsin. (1984), Wuyu shengdiao zhi yanjiu [The study of Wu dialects tone sandhi]. *Bulletin of the Institute of History and Philology Academia Sinica* 55.4: 755-788.

Wang, William S-Y. (1969), Competing changes as a cause of residue. *Language* 45.1:9-25.

Wang, William S-Y. (ed.) (1977), *The Lexicon in Phonological Change*. The Hague: Mouton.

Wang, William S-Y. (1979), Language change: a lexical perspective. *Annual Review of Anthropology* 8:353-371.

Wang, William S-Y. (1982), Variation and selection in language change. *Bulletin of the Institute of History and Philology Academia Sinica* 53.3:495-519.

Wang, William S-Y., and Chinfa Lien. (1993), Bidirectional diffusion in sound change. *Historical Linguistics: Problems and Perspectives*, ed. by Charles Jones, 345-400. London & New York: Longman.

Zhang, Hongming. (1988), *Interaction between Phonology and Syntax: A Perspective of Language Change*. Manuscript. San Diego: University of California.

Zhang, Hongming. (1990), Chongming phrasal phonology. *Proceedings of the 20th Western Conference on Linguistics(WECOL-20)*, 332-342. El Paso: University of Texas.

Zhang, Hongming. (1992), *Topics in Chinese Phrasal Tocology*. San Diego: University of California dissertation.

Zhang, Hongming, and Matthew Y. Chen. (1995), Xingtai jufa kuosan lilun: laizi wuyu de lunzheng [Theory of morph-syntactic diffusion: evidence from Wu dialects]. *Wuyu Yanjiu [Studies of the Wu Dialects]*, ed. by Eric Zee, 69-89. Hong Kong: New Asia College, Hong Kong Chinese University.

Zhang, Huiying. (1979), Chongming fangyan de liandu biandiao [Tone sandhi in Chongming dialect]. *Fangyan [Dialect]* 1979.4:284-302.

原载 *Interfaces in Chinese Phonology*, 2008

吴语ɦ的音系地位

沈钟伟

前　　言

从赵元任先生1928年的《现代吴语的研究》开始，吴语方言记录中用代表喉部浊擦音的音标ɦ来记录中古匣母字、喻母字和失落声母的疑母字的声母，并将ɦ列入声母表内。近年来对于吴语中所谓的"清音浊流"的声学研究已经有相当仔细的讨论。但是由于研究集中在对于塞音声母的分析（曹剑芬1982，石锋1983，Ren 1988，Cao & Meddieson 1992，陈忠敏2010），对于表示所谓"清音浊流"的ɦ，及其单独作为声母的合理性并未作过专门讨论。

为了更好认识吴语中ɦ的音系地位，本文着重讨论两个问题：一、语音上ɦ不是一个擦音，音系中ɦ不能列入声母表。本文通过分析指出吴语中的"清音浊流"这个自相矛盾的术语是现代语音学中对"清浊"的错误分类所造成的。吴语音系的语音特征要求我们对传统的语音学的"清浊"分类作出原则性的修改，不能继续"削足适履"。二、在确认吴语中ɦ的语音性质后，本文进一步指出所谓的"清音浊流"现象在苗语中也存在。通过对吴语和苗语多项共同语音特征的综合分析，本文认为吴语在其早期形成过程中受到过苗语祖语的影响。ɦ所代表的发声方法是通过语言转换进入早期吴语的。本文对ɦ的研究讨论不单是为了更准确地了解吴语的语音特征，也为吴语的历史形成提供了新的设想。

1. ɦ 列入声母表的原由

在吴语音系中 ɦ（喉部浊擦音）作为辅音声母列出。吴语的代表性著作声母表中大都列有 ɦ 这个声母。以下用《当代吴语研究》（钱乃荣 1992）中宜兴和黄岩两个地点为例（只列声母，例字省略）。

宜兴	p	ph	b	m	f	v		
	t	th	d	n			l	
	ts	tsh	dz		s	z		
	tɕ	tɕh	dʑ	ȵ	ɕ	ʑ		
	k	kh	g	ŋ	x	ɦ		ʔ
黄岩	p	ph	b	m	f	v		
	t	th	d	n			l	
	ts	tsh	dz		s	z		
	tɕ	tɕh	dʑ	ȵ	ɕ	ʑ		
	k	kh	g	ŋ	h	ɦ		ʔ

比较其他擦音清浊对立，ɦ 在排列位置上是与 x 或 h 清擦音相对应的浊擦音，和 f/v, s/z, ɕ/ʑ 一样形成清浊对立 h/ɦ。

在具体讨论前需要提及的是，与 ɦ 相应的声母在吴语边缘地区也有清擦音或先清后浊的（钱乃荣 1992），北部有金坛西岗[xɦ]，丹阳[hɦ]，丹阳童家桥[xɦ]，靖江[hɦ]；南部有衢州、永康[ʔɦ]，金华[xɦ]。在北部吴语中这类音节带有清擦音（如溧阳，丹阳，靖江等地，钱乃荣 1992），声学分析也证明了擦音的存在。然而出现擦音明显是受到了官话语音的影响。北部吴语与官话区接壤，由于官话相应音类的音值有[x-]，因此是一种接触造成，向官话音值接近的变化。因此带有清擦音的成分并不是吴语音系中原有的（袁丹 2015）。（南部吴语未见实验语音报告,无法确切了解语音实际情况。)

声学实验显示,ɦ 在音节起始部分并没有噪音出现,和清音 h-的性质完全不同。因此不是一个擦音声母。这些带 ɦ 的音节没有辅音声母,只是一种不同的发声方法。学术界中认为在吴语音系中 ɦ 是声母,其实是一种误解,这种误解的存在是由多方面原因造成的。一,误解吴语声母清浊和发声方法的关系。吴语的浊声母有"清音浊流"一说(赵元任 1928)。因为是和音节的发声态有关,因此"清音"不能理解为是辅音的"清(voiceless)";"浊流"也不能理解为辅音的"浊(voiced)"。二,和中古匣母的拟音联系起来,误认为是中古匣母音值的反映。中古汉语匣母的构拟是喉部浊擦音 ɦ,是和清擦音声母晓母发音部位和发音方法相平行的一个浊音。中古晓母是 h,但是中古匣母在吴语中的音值要具体分析,不能简单套用。在现代吴语中,中古晓母和匣母的对立仍然存在,简单处理方法便是袭用中古声母的构拟,将这两类声母写成 h 和 ɦ。吴语中匣母字"黄"和喻母字"王"不分,匣母字"侯"和喻母字"尤"同声母,也曾被解释成喻三(云母)保留了中古之前的"喻三归匣"的古音(王力 1980:71)。其实这是吴语中匣母字失落声母的结果,是"匣归喻三",而不是"喻三归匣"。三,从赵元任(1928)开始,ɦ 列在声母表中,以后吴语著作袭用。然而这个传统并不合理,需要重新认识。以下先讨论吴语声母中的所谓"清浊"对立究竟是一种什么语音对立。

在吴语音系中,辅音声母用"清浊"对立来描写是一种错误认识。加上语音学中盛行的判断清浊声母的浊音起始时间[Voice Onset Time(VOT)]测量方法的错误运用,更是将吴语中的辅音对立人为地复杂化了。实验语音学的研究在研究吴语塞音时大都存在一个严重失误。在研究分析"清音浊流"时,将注意力只放在喉部特征"浊流"上,却对塞音本身,即口部的成阻却不加研究分析,令人不解。其实吴语塞音的口部特征呈现明显的松紧对立(Shen, Wooters and Wang 1987,沈 1995,2011)。松音持阻时间长,紧音持阻时间短,区别明显。因此吴语的阻音(obstruent)声母的对立是松紧对立。正确地说,松的阻音声母,其实不是"清音浊流",而是"松音浊流"。

吴语音系是以"松紧"为基本对立的音系。"松"和"紧"在整个音节上都有表现,(1)和声调有关,声门振动频率的"高低"及其伴随的发声方法不同,(2)和声母辅音有关,发音方法的"松"和"紧",(3)和韵母中元音等有关,发声方法不同形成的元音音质差别。其表现,在声调上最强,辅音次之,元音最弱。从语音学上来观察,一个音节的语音实际上在多个特征上形成对立。但是作为音系学的语音对立角度来描写,一个对立,或多个对立的对立都可以满足。一般的记录只在声调和声母上区分。以下用上海话的例子来分析。上海话中"板"和"倍"的对立可以有不同的音系处理方法。我们将吴语音系的常见分析方法,称之"浊音"分析法。苗语中其实也有相类似的语音现象(见下文),苗语音系的分析方法不同,暂且称之"清音浊流"分析法。以下分别用这两种分析法来分析上海话中的塞音对立、擦音对立和本文讨论重点 h/ɦ 的对立。

	"浊音"分析法				"清音浊流"分析法		
	声母	韵母	声调		声母	韵母	声调
阴调 板	p	ɛ	334	板	p	ɛ	334
阳调 倍	b	ɛ	113	倍	pɦ	ɛ	113

	"浊音"分析法				"清音浊流"分析法		
	声母	韵母	声调		声母	韵母	声调
阴调 散	s	ɛ	334	散	s	ɛ	334
阳调 财	z	ɛ	113	财	sɦ	ɛ	113

"浊音"分析法是将声母标成清浊不同(p, b),而"清音浊流"分析法是将两者都标作清辅音,"浊"的再加上 ɦ(p, pɦ)。但是对擦音声母描写,吴语和苗语的分析都是用"浊音"分析法,将对立标作清浊不同(s, z),一般都不采用与以上

塞音相平行的"清音浊流"分析法,将对立标作"清音浊流"(s, sɦ)。

在描写"好"和"号"的对立时也可以采用这两个方法来分析一下。

	"浊音"分析法			"清音浊流"分析法		
	声母	韵母	声调	声母	韵母	声调
阴调 好	h	ɔ	334	h	ɔ	334
阳调 号	ɦ	ɔ	113	hɦ	ɔ	113

用"浊音"分析法,"好"的声母标作清的 h,"号"的声母标作浊的 ɦ。如果"号"确实有擦音声母,用"清音浊流"分析法,"好"的声母是清擦音 h,"号"的声母应该"清音浊流"的 hɦ。但是 ɦ 根本不是 hɦ。这样分析也显示了"号"字其实不存在擦音声母 h。以上的两种分析法尽管可以达到区别音系对立的目的,但是音系对立分析不能替代语音实际性质。

吴语"清音浊流"现象虽然引起了广泛研究兴趣,但是研究并没有找到问题的关键所在。由于吴语的音节是松紧对立,体现在声调、辅音声母和元音上。将吴语塞音声母称之"浊音"不正确,称之为"清音浊流"也不正确,因为都错误地把"清浊"作为分析辅音的基础。

2. 吴语的 ɦ 不是辅音声母

在吴语大部分地区中,这一类音节的性质是相类似的,也都用 ɦ 表示声母。ɦ 是否有真正的擦音,可以进一步从连读变调中的阴调字和阳调字在声调上没有区别的情况下,通过和相对应的晓母字的对比,来观察匣母字是否有声母。

2.1 上海话连读变调和 ɦ

在上海方言的连读变调中,以阴平,阴去,阳去,阴入为首字的二字组中,后字音节轻读,声调对立失去(在阳入后,后字音节重读,声调区别保留)。这提供了我们判断匣母字是否带声母的一个非常便利的语境。在二字组"三号、山坳、三好"中,作后前字的"号"是匣母字,"坳"是影母字,"好"晓母字。按照传统记音,分别是[ɦɔ, ∅ɔ, hɔ]。这三个二字组连读变调相同,都是55+31。然而,这三个二字组的实际语音对立是:三号 sɛ.ɔ=山坳 sɛ.ɔ≠三好 sɛ.hɔ。匣母字"号"和影母字"坳"在后字位置上没有任何区别。不但声调相同,声母也相同,或者说都是没有声母。这两组字却和带晓母的"三好"有区别,"三好"的"好"字有擦音声母 h。

号 ɦɔ≠坳 ∅ɔ≠好 hɔ,　　三号 sɛ.ɔ=山坳 sɛ.ɔ≠三好 sɛ.hɔ

所以把"号"字声母描写成浊擦音 ɦ,和同部位的清擦音 h 是清浊对立就不符合语音实际情况。因为,"号"在二字组后字的位置上时,完全没有声母位置上的擦音成分。由于调值相同,和带 ʔ/∅(零声母)的音节完全相同,没有对立。零声母字"坳"没有声母,匣母字"号"也没有声母。

正因为 ɦ 不是声母,在上海方言里将"水壶"[sʅ.ɦu]读快时,可以和"锁"[su]字相同。上海话二字语音词的一个变调规律是:删除第二音节的声调,将第一音节的声调延伸覆盖第二音节。所以快读时(1)第一音节的辅音同部位元音失落 sʅ>s,(2)第二音节实际是零声母 u,所以 sʅ.ɦu>s.u>su。两个音节快读时,由于第二音节没有辅音声母,两个音节间便合成一个音节。二字组第一字的"水"是阴去调,二字组声调不变,仍然是阴去调。"锁"也是阴去调。这样第一个音节"水"的声母,和第二个音节"壶"的韵母合成带有阴去调的[s.u],便和阴去调的"锁"字[su]同音。这个例子也是证明 ɦu 实际是个零声母音节。

这样的中和现象在其他有对立的擦音声母中都不出现,例如:
山峰≠山缝　　sɛ.foŋ≠sɛ.voŋ　　三色≠三十　　sɛ.sɐʔ≠sɛ.zɐʔ

其他有所谓清浊对立的擦音声母,一个紧,一个松。不但有发声类型(phonation type)的不同,也有口部松紧的对立,清音紧,浊音松。这和吴语上海话塞音声母的情况相类似。我们的研究(沈 2011)证明浊塞音声母不但和喉部松紧有关,也和口部松紧有关。简单地说,前者表现在基频高低上,后者表现在阻塞时长上。擦音也有相同的口部松紧对立。所以在声调(基频差别)对立中和后,塞音,塞擦音和擦音在口部的松紧区别依然存在。

2.2 苏州话连读变调和 ɦ

由于方言研究并没有重视这个问题,在方言报告中很难找到最小对立字组,就是连带所谓的 ɦ 声母作为后字的两字组例子也不容易看到。不可多得的例子可以在叶祥苓的苏州方言连读变调文章(叶祥苓 1979:33)找到。叶文说:"阳调类中有一部分字,他的声母是后边元音同部位的喉部浊擦音,不论开、齐、合、撮,我们都用[ɦ]来标音。阳调类字读降变调,同时失落喉部浊擦音,于是就跟阴调类相混。"以下例子中在单字中有对立的字,在作为两字组后字时声调失去对立。原来单字音中的浊擦音 ɦ 也不复存在。

蛙 o≠华 ɦo, 青蛙 ts'in.o=清华 ts'in.(ɦ)o
演 iɪ≠陷 ɦiɪ, 公演 koŋ.iɪ=攻陷 koŋ.(ɦ)iɪ
医 i≠义 ɦi, 中医 tsoŋ.i=忠义 tsoŋ.(ɦ)i
勇 ioŋ≠雄 ɦioŋ, 英勇 in.ioŋ=英雄 in.(ɦ)ioŋ

(在以上例子中,声调符号略去,两个音节间用"."表示。)

这也说明了 ɦ 并不是一个声母。这个现象在吴语中应当普遍存在。以上分析清楚显示 ɦ 并不是一个音节首位上的擦音声母。在音系中带 ɦ 的音节是和带 ʔ-/ɵ- 的音节构成最小对立,而不是和带 h- 的音节构成最小对立。从以上的观察分析来看,在吴语方言中的连读变调中,如果第二音节是非重读音节,ɦ 和 ʔ/ɵ 可能就没有区别。对此钱乃荣也对吴语有过概括性描写,"至于鼻边音和零声母字在连读后字上 ʔ、ɦ 对立的消失更是各地吴语的普遍现象(钱乃荣 1992:12)"。文中举了与叶祥苓(1979)相同的例子,并提到"[ɦ]声母最容易清化,变成[ʔɦ]、[ʔʰ]或[ʔ]"。这也是把 ɦ 当作浊声母所得出的描写。

3. 前人对于 ɦ 的描写

ɦ 列在声母表中作为辅音声母是吴语语音研究的一个传统。然而,如果将前人的叙述,尤其是赵元任的描写加以仔细分析,可以看出ɦ并不是一个辅音性的声母。

3.1 赵元任的描写

赵元任在《现代吴语研究》中对辅音音标作了描写,说:

> 吴语的浊类声组的发音最为特别。在大多数地方这些字都用一个带音的气流就是[弯头h]音。假如是个破裂音,那音的本身并不带音,换言之当它闭而未破的时候,声带并不颤动,等开的时候接着就是一个带音的h,就是[弯头h],因此听起来觉得很"浊"似的。因为这个缘故,刘半农先生主张用[b加弯头h],[d加弯头h]等等标吴语并定等母的音值,或简直就写[p加弯头h],[t加弯头h]等等更好。(赵元任 1928/1956:27)

对于擦音,他说:

> 若是摩擦音呐,乃就起头不带音到后半再带音,或又加一点带音气流,例如表中所列的些[z]音细说起来都是[sz]或是[s加弯头h]。不过遇到匣母喻母跟疑母不念鼻音的时候,就简直全用[弯头h]。(赵元任 1928/1956:27—28)

值得注意的是,赵元任是说

> 匣母喻母跟疑母不念鼻音的时候,就简直全用[弯头h]。(赵元任 1928/1956:27—28)

也就是说z和ɦ的性质并不等同,z是sz,或sɦ;而ɦ就是ɦ,不是hɦ。因此,赵元任的观察是:ɦ是一个和其他口部擦音性质不同的音。当然,赵元任当时并没有说清楚ɦ为什么不能和其他的口部擦音等同而论的原因。

吴语中的口部塞音,塞擦音,擦音都可以有口部松紧的区别。这种口部松紧的区别伴随有喉部松紧的区别,也就是和声调高低有关的发声方法的区别。没有声母的音节也可以有喉部松紧的区别和声调高低的区别。这种区别在吴语描写中一般写成喉塞音和浊喉擦音的对立,ʔ/ɦ。其实都是零声母的音节,一个出现在高调(阴),一个出现在低调(阳)。另一个有关的现象是,在吴语中喉部清擦音常常没有相对立的喉部浊擦音。因此在吴语中喉部清擦音 h 和零声母 ʔ/Ø 不会同时有相对应的浊音。

赵元任在《听写倒英文》一文的《中文摘要》(1930:223)中指出：

> 上海匣母字(其实并不限于中古匣母字)的读音。照平常的写法是先写一个辅音再写一个元音，如[ɦæ]，但是倒过来听还是像[ɦæ]，并不是一个普通元音[æ]加一个中性的[ɦ]。可见这[ɦ]是元音的一种形容性而不是一个元音前的声母。

赵元任又在"音位标音法的多能性"一文(1934)里说：

> "浊音 h"却是另外一种情况，不但元音的音质(或者元音的发音)从气流一开始就出现，这气流还一直延续到元音的结束，形成一个同质的气流元音。这既不是先后的问题，也不是主次的问题。如果我们一定要用一个符号表示一个音，要么对不同的元音用一套不同的浊 ɦ 的符号，要么承认额外的一套气流元音。唯一可行的方法是把"浊音 h"看作一个音位，把元音符号写在它的后面，写成[ɦa][ɦe][ɦo]等等，尽管我们知道这些双字母代表着完全同质的音。

赵元任是将 ɦ 分析为"气流元音"的形容性成分的。因此 ɦ 不是和清擦音声母 h 对立的浊擦音，而是和零声母音节中普通元音对立的"气流元音"。因此，带 ɦ 的音节也是零声母音节。

3.2 其他学者的描写

此后，根据赵元任的观察，李荣也曾指出温岭话"咸淡"倒过来听还是"咸淡"[ɛdɛ](李荣 1986)，这也说明了"咸"字是没有擦音声母的音节。对李荣的这个听音实验，石锋(1995/2009)、陈忠敏(2010)作了更深入的讨论。

石锋(1995/2009)对苏州话的浊音声母做了进一步分析。从这篇文章的发音表中的列字次序来看，他将 ɦ 作为浊声母来定位的。在发音表中有"排败派/逃刀掏/办杯攀/台丹摊/搅高敲/茄家楷/鞋阿哈/特得脱/……"等三字对立组。每一个三字组中三个字的次序按中古声母排列，第一字是全浊，第二字是全清，第三字是次清。是和吴语的塞辅音三分［全浊（浊塞音）、全清（清不送气塞音）、次清（清送气塞音）］是相对应的。文章没有单独讨论"鞋阿哈"三字的关系。但是如果将列字次序来看,文章是将"鞋"作为"阿"相对应的"浊声母"来理解的。"阿"是零声母字没有疑问,那么"鞋"就是"浊的"零声母字,或者说是无声母的字。文章并且同意赵元任(1934)的处理方法,"把浊音 ɦ 归结为声母(石锋1995/2009:216)"。

综上分析,可以说各家其实都认为吴语的 ɦ 不是辅音声母。但是都囿于传统,未及问题实质要害。因此尽管有了正确的观察分析,也无法反映到音系处理上,并且错误地将发声类型列为声母。以上的分析讨论实际说明:吴语音系分析传统中,把和辅音无关的发声方法 ɦ,列入声母表是个音系分析的错误结果。既然这样,在吴语声母表中应当删除不代表辅音声母,而是表示发声方法的 ɦ。

4. 苗语的相似特征

吴语各方言中这个发声方法普遍存在,匣母失去擦音性质不可能是单个吴语地点上的单独的语音变化,而是早期吴语祖语中自古已有的语音现象。如果我们把语言观察范围扩展到非汉语言,就会发现这种擦音缺位不独有偶,在苗语中也同样普遍存在。但是由于苗语声母系统描写方法和汉语方言采用不同的音系描写方法,有些共同的语音现象不能直接得知。而且有些重要音系信息在声母表中不能看到,需要从声母的说明文字中细究。其实,和吴语相似,苗语也存在所谓的"浊流"。苗语语言学者对塞音、塞擦音辅音只作二分。但是都加注说明,不送气的塞音、塞擦音在低调中带有"浊流"。因此,实际上也是和吴语相同的塞音、塞擦音三分,高调中的不送气和送气的紧音和低调中不送气的松音。

苗语中的清音浊流

这个情况可以用以下的苗语例子(李云兵 2000)来解释说明。
红岩苗语(声母分甲类、乙类)

甲类	p	mp	m	w	v	pj	mpj	mj	pl	mpl
	ts	nts	z	t	nt	n	ʔl	l	tɕ	ntɕ
	n	ʑ	k	ŋ	ŋk	kw	q	Nq	qw	Nqw
乙类	ph	mph	m̥	phj	mphj	phl	mphl	f	tsh	ntsh
	s	th	nth	n̥	l̥	tɕh	ntɕh	n̥	ɕ	kh
	ŋkh	khw	qh	Nqh	qhw	h	hw			

在"声母说明"第 3 条中说:"甲类声母出现在 4、6、8 调的音节时有浊送气成分。如 tɯ 22(4)'火'读作[tɦɯ 22(4)],pja23(6)'老鼠'读作[pɦja23(6)],tu22(8)'豆'读作[tɦu22(8)]。(李云兵 2000:2)"从以上讨论过的吴语的两种不同分析法来说,苗语的声母分析是一种"清音浊流"分析法。即将带有浊流的声母分析成清声母,这些清声母在低调中带有浊流。

以上例子中的擦音可以分析如下:

乙类	f	s	ɕ	h
甲类	v	z	ʑ	-

很明显和其他发音部位上的擦音清浊对立不同,喉擦音只有清擦音,没有相应的浊擦音。这样,苗语音系中也有所谓的"清音浊流"和擦音缺位。通过对这两个貌似不同的音系重新分析,吴语的浊音及擦音缺位和苗语的音系特征显示出了明显相似之处。以下列再出两个东部苗语中的擦音(王辅世 1985)。

泸溪小章	ɸ	f	s	ʂ	ɕ	ç	x
	w	v	z	ʐ	ʑ	j	-
花垣吉卫	-	s	ʂ	ɕ	ç	x	
	w	-	z	ʐ	ʑ	j	-

这两个苗语中的一个显著的共同点是舌根/喉部擦音只有清音,没有浊音。这个音系现象就和我们上面分析的吴语情况一致,舌根/喉部浊擦音也是一个

音系上的空位。相类似的擦音系统在苗瑶语言中普遍存在(陈其光 2012)，例如：

云南屏边上坝话	f	ɬ	s	ʂ	ɕ	h
	v	l	-	ẓ	ʑ	-
贵州惠水高坡话	f	ɬ	sh	ʂ	ɕ	h
	v	l	s	ẓ	ʑ	-
湖南靖县菜地话	f	-	s	ɖʐ	ɕ	h
	v	l	-	lj	ʑ	-
贵州黎平滚董话	f	ɬ	s	ɖʐ	ɕ	hj	h
	w	l	z	lj	ʑ	
广西巴马西山话	f	-	s	ɕ	-	x
	v	l	z	ʑ	ð	-

这些擦音系统在舌根或喉部浊擦音位置上也都有一个音系空位。这个擦音系统和吴语的相同。苗语中的声母辅音的清浊对立也就和吴语一样，是松紧对立。

5. ɦ的音系地位

因此在吴语音系描写中将ɦ作为擦音声母列出，从声学分析和音系分析上来说都不正确。所谓带ɦ声母的字其实是阳调的零声母字。以新派上海话为例：

阴调	法 fɐʔ	杀 sɐʔ	削 ɕiɐʔ	吓 hɐʔ	鸭 ɵɐʔ
阳调	罚 vɐʔ	杂 zɐʔ	嚼 ziɐʔ	-	盒 ɵɐʔ

"鸭"和"盒"的对立只是发声类型/声调的不同，而不是声母的区别。而"法"和"罚","杀"和"杂","削"和"嚼"的对立既是发生类型/声调不同，也是声母松紧的不同。"吓"字则没有相对应的松的擦音声母。

　　阴调　　∅和h对立　　　　阳调　　∅没有对立

因此，阳调的零声母音节会产生错配现象，即错误地将 h 和 ɦ 认作音系对立，而不是 ∅ 和 ɦ 的对立。以上海方言的擦音声母为例，吴语的声母可以重新分析如下：

    现行通行分析   音系实际对立

阴调 f s ɕ h ∅   f s ɕ h ∅

阳调 v z ʑ ɦ - > v z ʑ - ∅

吴语的音节用松紧对立分析的话，令人费解的音系问题便不复存在。吴语的松音在音节起首位置和音节间有不同表现。按照清浊说法，松音在起首位置不浊（VOT 不是负值），在音节间是浊音（VOT 是负值）。将吴语 b d g 称之为"清化浊音"，标为 b̥ d̥ g̊，是自相矛盾。作为音系特征，清浊对立，非清即浊。"清化浊音"，是"清"是"浊"？这是把吴语声母错误地分析为"清浊对立"的结果。其实"清化浊音"就是松音。早年赵元任用 bɦ dɦ gɦ 标吴语的"清音浊流"。在《现代吴语研究》中他说：

  在这次所作过的方音里，大多数把这个读成"清音浊流"的音，例如"bh"读如［下圈 b 加弯头 h］，或［p 加弯头 h］，又如"z"母读如德文派的［sz］，或［s 加弯头 h］。但是这些在两个元音当中（intervocalic position）的时候又都念成真的带引的辅音了。

其实从"清浊"分类上说，不清不浊的 b d g 就是国际音标无法正确表示的松音。这是因为通行的国际音标在辅音分类遵循的也是"清浊"原则，因而没有标写松紧辅音的音标。对正确标注语音造成了麻烦。如果将国际音标当作语音分析的原则，那更是本末倒置了。

所有的松音在音节首位不带音，在两个元音当中带音，是松音的常态。但是用"清浊"对立分析的话就麻烦了，要说成音节首位是"清音"，而在"元音"之间是"浊音"。

我们将吴语音节和声母的关系作以下表述。

松音节：声母 b d g, dz dʐ, v z ʑ, m n ŋ l, ∅   声调：低（带浊流）

紧音节:声母 p t k, ph th kh, ts tɕ, tsh tɕh, f s ɕ, m n ŋ l, ø

声调:高(不带浊流)

松音节中的塞音、塞擦音和擦音声母(b d g, dz dʑ, v z ʑ)都是松音,紧音节中塞音、塞擦音和擦音声母(p t k, ph th kh, ts tɕ, tsh tɕh, f s ɕ)都是紧音。鼻音和边音(m n ŋ l)声母在松紧音节中都可以出现,也应该有松紧区别。零声母,既然没有声母,也没有辅音声母的松紧区别。再顺便提一下,现代实验语音学中有"气声(breathy voice 或者 murmured voice)"的发声类型,其实气声只和低调有关(陈忠敏 2010),可以说是属于松音节的一种发声类型。

余　言

现代方言学一个亟须得到重视的问题是方言如何形成的。方言的形成和发展需要从人文历史的实际情况来解释。只从方言本身内部寻找原因,不考虑方言外部的影响的研究方法和中国的人文历史不符合。由于吴语和苗语在这个音系特征上出现如此基本的相似性,我们不得不对吴语和苗语的历史关系加以进一步关注。

古代苗人的分布在汉人进入他们地域之前必然广大得多。吴语和苗语在上述的所谓"清音浊流"语音现象相似性是一种区域特征。这种区域特征的存在要求我们从历史发展的角度作出解释。吴语音系和苗语在音系上有共同特征不仅仅是在发声态上,其他多种音系特征也相当接近,如:韵尾弱化(塞音韵尾的消失,鼻音韵尾的中和,以及复辅音的缺乏)、连读变调,元音开口四度对立(i e ɛ a),成音节鼻音等。由于这些特征都不是普遍常见的特征,从概率上来说,独立产生的几率极小。我们认为在吴语历史形成的初期,曾受到过包括现代苗语祖语在内的非汉语影响(沈钟伟 2007, 2015)。吴语和苗语在音系上出现相似是由原先说苗瑶祖语的土著在转用汉语时造成的。因此语言接触,语言转化是个对临近语言的共有特征的一个更具有说服力的解释。如果将现代吴语音系和中古音系以及现代苗语音系做个大致观察,也可以明显注意到,现代吴语音系要简单得多。这种简化也是语言接触的造成的。

语言是以个人语言(idiolect)而存在的。因此人的语言交际的本质是"横向传递",个人和个人,社团和社团,方言和方言,语言和语言,不断接触,不断变化。在目前的汉语方言研究中,经常把汉语方言的历史形成的解释成为汉语自身的内部分化,而外来的影响只是方言形成之后发生。但是这样的设想和汉语历史发展的过程并不符合,需要纠正。因为在历史上,汉语是随着汉人进入非汉人地区,和其他语言接触中发展变化,形成方言的。对于汉语方言历史,我们赞同如此说法:"没有任何证据可以表明某个语言是在完全孤立于其他语言的情形下发展起来的。"(Thomason 2001:8)希望本文对于ɦ音系地位的讨论也可以为方言形成机制的深入研究提供新的线索。

参考文献

Cao, Jianfen & Ian Meddieson An exploration of phonation types in Wu dialects of Chinese. *Journal of Phonetics* 20, 1992:77-92.

Ren, Nianqi. A fiberoptic and transillumination study of Shanghai stops. *Proceedings of the International Conference on Wu dialects*, Hong Kong, 1988:12-14.

Shen, Zhongwe, Charles Wooters, and William S-Y. Wang. The role of closure duration in the stop sound classification. In Joseph & Zwichy(eds.), *Papers in Honor of Professor Ilse Lehiste, Ohio State University Working Papers in Linguistics 35*, 1987:197-209.

Shen, Zhongwei. The syllabic nasals in the Chinese dialects. *Bulletin of Chinese Linguistics*, Inaugural Issue(Vol 1.1), 2006:81-108.

Thomason, Sarah G. *Language Contact*. Washington, D. C.: Georgetown University Press, 2001.

Wang, William S-Y., James W. Minett. Vertical and horizontal transmission in language evolution. *Transactions of the Philological Society*. 103.2, 2005:121-146.

曹剑芬:《常阴沙话古全浊声母的发音特点——吴语清浊音辨析之一》,《中国语文》1982年第

4期。

陈其光:《苗瑶语文》,中央民族大学出版社2012年版。

陈忠敏:《吴语清音浊流的声学特征及鉴定标志——以上海话为例》,《语言研究》2010年第3期。

李荣:《温岭话"咸淡"倒过来听还是"咸淡"》,《方言》1986年第2期。

李云兵:《苗语方言划分遗留问题研究》,中央民族大学出版社2000年版。

钱乃荣:《当代吴语研究》,上海教育出版社1992年版。

沈钟伟、王士元:《吴语浊塞音研究——统计上的分析和理论上的考虑》,《吴语研究》,香港中文大学出版社1995年版,第219—238页。

沈钟伟:《语言转换和方言底层》,载丁邦新编:《历史层次与方言研究》,上海教育出版社2007年版,第106—134页。

沈钟伟:《吴语浊塞音的跨语言研究》,《中国语言学集刊》5.1,2011年,第165—185页。

沈钟伟:《横向传递和方言形成》,《中国语言学报》专刊第26辑,2015年。

石锋:《苏州话浊塞音的声学特征》,《语言研究》1983年第1期。

石锋:《苏州话浊音声母的再分析》,《实验语音学探索》,北京大学出版社1995/2009年版。

袁丹:《吴语常熟、常州、海门方言中匣母字的语音变异》,《语言学论丛》第52辑,2015年。

王辅世:《苗语简志》,民族出版社1985年版。

王力:《汉语史稿》,中华书局1980年版。

叶祥苓:《苏州方言的连读变调》,《方言》1979年第1期。

赵元任:《现代吴语的研究》,科学出版社1928/1956年版。

赵元任:《听写倒英文》,《历史语言研究所集刊》第二本第二分,1928/1956年。

赵元任:《音位标音法的多能性》,《赵元任语言学论文集》,商务印书馆2002年版。

原载《吴语研究》第八辑,上海教育出版社2016年版

宣州片吴语古全浊声母的演变

蒋冰冰

笔者于1998、1999年到皖南12个市、区、县的20个宣州片土著吴语点进行了田野调查。这20个吴语点是：宣州市裘公乡，宁国市庄村乡和南极乡，贵池市灌口乡和茅坦乡，黄山区甘棠镇、永丰乡和广阳乡，当涂县湖阳乡和年陡乡，芜湖县湾址镇，南陵县奚滩乡，泾县茂林镇和厚岸乡，石台县七都镇和横渡乡，青阳县陵阳镇和童埠镇，铜陵县太平乡，繁昌县城关镇。此次调查的重点是古全浊声母的演变。本文是这次调查的一个研究报告。

一、古全浊声母的演变

宣州片吴语古全浊塞音并定群澄四个声母，今方言的读法见下页表一。

表一中茅坦、永丰并定母的实际音值分别是[b-、d-]、[bˑ-、dˑ-]；湖阳并母的实际音值同永丰（湖阳"大"字老派语音中还读d-）；年陡并母仄声字不完全读不送气清塞音，如"病"字读[hv-]；繁昌定母的实际音值是[ɾ-]，厚岸"稻"字和陵阳"大"字还读为[ɾ-]。

由表一可见，古全浊塞音声母今读呈现出不同程度的清化，如并母就有[b bˇ bˑ ɦß ɦv ɦʋ hv hʋ h hß p pˑ]等十二种读音；而且他们在各方言点的分合也不尽相同。

宣州片吴语古全浊声母的演变

古並定母甘棠、庄村和南极为[b-][d-],灌口逢古平声字仍读浊塞音[b-][d-]、逢古仄声字读不送气清塞音[p-][t-]。茅坦、永丰和湖阳三地的古並定母已出现清化现象,永丰和湖阳读送气清音。童埠和繁昌读双唇浊擦音,厚岸、陵阳和横渡则已完全变成送气清塞音[pʻ-][tʻ-]了。其余各地古定母今读唇齿浊擦音[ɦv]或通音[ɦʋ]。年陡古平声读[ɦv-]。七都在果合一戈韵、遇合一模韵、效开一豪韵、效开三宵韵、曾开一登韵和通合一东韵前读[ɦ-]。

裘公古定母今为舌尖前浊颤音[r]。高本汉所著《中国音韵学研究》(商务印书馆重排本,1995)曾记录到:"一个舌尖跟齿龈打滚的r,我们在法国南部,德国,俄国普遍都听得见,在中国却是没有的。现在用ɾ代表日本译音里一个跟这个音很相近的音,这个音也是浊,口,舌尖齿龈音,例如'梨'ɾi。这是颤动一次的r。"宣州片吴语还有[r̥-]。

茂林古並母字"菩"读自成音节的[v],厚岸"盆盘"读[ɦv-];茂林古定母在今合口、开口韵前分别为[ɦv-]如"徒杜",[ɦ-]如"桃台宕";"头"白读[l-],"甜"白读为[r-]。陵阳"杜"为[r-]。湖阳个别古定母字如"大",老派读[do],"徒台杜"字[ɦr-][d-]两可。

表1

	並						定				群				澄			
	爬	袍	平	朋	倍	背	头	同	大	稻	骑	件	群	穷	茶	潮	赵	重
裘公	ɦv						r				ɦʑ				ɦʑ			
庄村	b						d				ɦʑ		ɦʑ		ɦʑ	ɦʑ		ɦʑ
南极	b						d				ɦʑ	ɦʑ	ɦʑ	ɦʑ	ɦʑ	ɦʑ	ɦʑ	ɦʑ
灌口	b			p			d		t		ɦʑ			ɦʑ	s			ɦʑ
茅坦	b						d				ɦʑ				ɦʑ			
甘棠	b						d				ʑ		g		z		z	z
永丰	bʻ						d l		dʻ		ɦʑ	ɦʑ	kʻ	ɦʑ	ɦʑ	ɦʑ		ɦʑ

续表

	並					定				群				澄			
	爬	袍	平	朋	倍背	头	同	大稻	骑	件	群	穷	茶	潮	赵	重
广阳	hv	h	hv			ɾ			hʐ		hʐ		hʐ		hʐ	
湖阳			bʻ			ɦɾ d		ɦɾ		ɦʐ			ɦʐ			
年陡		hv			p		hɾ		hʐ			hʐ		tʂ	ʂ	
湾址		hv				ɾ			hj		ʂ		hʐ		tʂ	ʂ
奚滩		ɦv				ɦɾ			ɦʐ		ɦ		ɦʐ			
茂林		hv				l tʻ		h	h		hv	h	h			
厚岸		pʻ				tʻ l		tʻ	tɕʻ		kʻ	tɕʻ	tsʻ		tɕʻ	tsʻ
七都	hv	h	hv	h	hv		hɾ		h				h		hz	
横渡		pʻ					tʻ		tɕʻ				tsʻ		tɕʻ	tsʻ
陵阳		pʻ					tʻ		tɕʻ				tsʻ		tɕʻ	ts
童埠		ɦβ				ɦɾ			ɦ				ɦʐ		ɦ	ts	ɦʐ
太平		ɦv				ɦɾ			ɦʐ				ɦʐ			
繁昌		hβ				ɾ			hʐ				hʐ			

古澄母湾址和年陡逢古平声字读[hʐ-]、逢古仄声字读[ʂ-](其中"赵"字读[tʂ-],估计是官话音,因为此姓不是当地土著姓氏)。厚岸、陵阳和横渡在齐齿呼前读[tɕʻ-]、开口呼前读[tsʻ-],甘棠、庄村、南极、永丰和广阳等地开口呼前读[hʐ-]、齐齿呼前读[hʐ-],茅坦、湖阳、裘公、太平和奚滩读[ɦʐ-],繁昌读[hʐ-],茂林读[h-](如"晨成常善"),七都多读[h-]。

古群母的演变也较复杂。甘棠读[g-],但在效开三宵韵前读[z-]。七都读[h-]。厚岸、横渡和陵阳等地读[tɕʻ-](但陵阳话"拳求钳"三字读[hʐ-])。灌口、茅坦、童埠、湖阳、裘公、太平、广阳、年陡和繁昌读[ɦʐ-]或[hʐ-],其他地方今洪音前读[ɣ-][ɦ-]或[h-]等(如"狂共"两字湖阳读[ɣ-]、"共"广阳读[h-]),今细音前读音如表一。永丰"拳权群"和厚岸"乾拳权群"字都读[kʻ-]。

/368/

并、定、群、澄各母还有少数字有特殊的或例外的读法，分布范围有大有小。如并母字"叛"年陡、湾沚、裘公、奚滩、茂林、庄村、南极、甘棠、永丰、广阳、七都、横渡、陵阳、灌口、太平和繁昌读[pʻ-]；"笨"广阳读[pʻ-]，湖阳、湾沚、裘公、奚滩、茂林、庄村、七都、横渡、陵阳、灌口、太平和繁昌读[p-]。定母字"队"读[t-]（湖阳除外）；"盾"湖阳、奚滩、永丰、广阳、七都、横渡、童埠、灌口和茅坦都读[t-]。透母字"贷"与"代"同音（年陡、七都、灌口、茅坦、奚滩和湾沚除外）。少数群母字读音特殊："技"读[tɕ-]（太平、甘棠、厚岸和繁昌除外）；"葵"广阳读[hv-]，茂林和横渡读[kʻ-]；"跪"读[kʻ-]（太平、甘棠、厚岸和永丰除外）；"柜"横渡读[kʻ-]，陵阳、七都、年陡、裘公和广阳读[k-]；"狂"读[kʻ-]（茂林、湖阳、甘棠、永丰和厚岸除外）；"共"横渡读[kʻ-]，陵阳、奚滩、年陡和庄村读[k-]；"菌"厚岸读[k-]，其他地方一律读[tɕ-]（甘棠除外）。

二、古全浊塞擦音声母的演变

宣州片吴语古全浊塞擦音从崇船三个声母今方言的读法见表2。

表2

	从				崇				船			
	才坐	墙	齐	匠	锄	事	床	馋	蛇	船	剩	顺
裘公	ɦz		ɦz		ɦz				ɦz			ɕ
庄村	hz̥	hz̥	hz̥	hz̥	hz̥		hz̥		hz̥		hz̥	
南极	hz̥	hz̥	hz̥	hz̥	hz̥						hz̥	
灌口	ɦz					s	ɦz		ɦz			ɕ
茅坦	ɦz		ɦz		ɦz				ɦz		ɦz	
甘棠	z	z	z	ø	z				z		z	z
永丰	hz̥		hz̥	ø	hz̥				hz̥			

吴声越韵

续表

	从				崇				船			
	才坐	墙	齐	匠	锄	事	床	馋	蛇	船	剩	顺
广阳	ɦz	ɦz			ɦz	ɦz			ɦz		ɦz	
湖阳	ɦz	ɦ	ɦz	∅	ɦz		ɦz		ɦz			
年陡	ɦz	ɦz		∅	ɦzʲ	s	ɦzʲ	ɦz	ɦz		ʂ	
湾址	ɦz	ɦj		∅	ɦz	z	ɦzʲ	ɦz	ɦz		ʂ	
奚滩	ɦz	ɦ	ɦz	∅	ɦz		ɦz		ɦz			
茂林	h				h		ɦz	h	h			
厚岸	ɦz	h		∅	ɦz	s	ɦz		ɦz			
七都	ɦz	h			h	ɦz			ɦz	h	ɦz	
横渡	ts'		tɕ'		ɕ	s	ts'	s	ɕ	tɕ'		ɕ
陵阳	ts' s	ɕ		∅	ɦz	s			s			
童埠	ɦz	ɦ			ɦz		ɦ	ɦz	ɦ			
太平	ɦz	ɦz			ɦz		ɦz		ɦz	ɦz		
繁昌	ɦz		ɦz	ɦzʲ	ɦz		ɦzʲ					

  吴语宣州片的绝大多数地方,古全浊塞擦音今读有擦音化倾向。古从母在洪音前读[ɦz-]或[ɦz-],七都读[ɦz-]或[h-];奚滩和茂林齐齿呼前读[ɦ-]或[h-]([-i]韵前读[ɦz-]或[ɦz-]),洪音前读[ɦz-](奚滩)、[h-](茂林);繁昌话念[ɦz-]。

  古崇母甘棠、茅坦、童埠、裘公和太平读[ɦz-]或[ɦz-]。庄村、南极、永丰、奚滩、广阳五地,在洪音前读[ɦz-]或[ɦz-],在细音前读[ɦzʲ-]或[ɦzʲ-]。陵阳读[ɦz-]。横渡读[s-][ts'-][ɕ-]。七都撮口呼前读[h-],如"锄",开口呼前读[ɦz-]。茂林"事"读[ɦz-],其他读[h-]。灌口分别是[ɦz-](其中仄声字读[s-])、[ɦz-],湖阳分别是[ɦz-][ɦz-]("事"字读[ɦz-])。

  不少地方古船母在开口呼、撮口呼前有别,灌口和茅坦分别读[ɦz-][ɦz-]。茂林读[h-],湖阳读[ɦz-],年陡读[ɦzʲ-]。湾址和年陡平、仄声字分别读为[ɦzʲ-]

[ʂ-]；七都读[ɦz-]，但齐齿呼前读[ɦ-]。永丰、湖阳、奚滩、茂林、繁昌、厚岸和陵阳读[ɦz]或[ɦz]。横渡读[ɕ]。童埠、奚滩、七都和茂林等地读[ɦ-]、[h-]。

以下诸字读音比较特殊，从母字"蹲"各地都读[t-]（横渡读[tsʻ-]除外）。澄母字"郑"南极读[tɕ-]，七都、童埠、灌口、茅坦、太平、奚滩、茂林、广阳和甘棠读[ts-]；"赚"陵阳读[tsʻ-]，童埠、茅坦、太平和奚滩读[ts-]。

三、古全浊擦音声母的演变

宣州片吴语古全浊擦音奉邪禅匣四个声母的今方言读法见表3。

表3

	奉		邪		禅				匣			
	矾坟	饭	徐袖	祠随	寿	社	常	上	鞋	闲	县	红	汗
裘公	ɦv		ɦz	ɦz	ɦz				ɣ		ɦz	ɣ	
庄村	hv		hz	hz	hz	hz	hz	hz	ɣ		hz	ɣ	
南极	b		ɦz	ɦz	ɦz	ɦz	ɦz	ɦz	ɣ		ɦz	ɣ	
灌口	b		ɦz	ɦz	s	ɦz	s		ɣ		ɕ	ɣ	x
茅坦	b		ɦz	ɦz	ɦz				ɣ		ɦz	ɣ	
甘棠	v		z	z	z				h		z	h	
永丰	v		tɕʻ ɦz	tsʻ s	ɦz				ɣ		ɦz	ɣ	
广阳	hv	v	ɦz	hz	hz				h		hz	h	
湖阳	b		ɦz	ɦz	ɦz				ɣ		ɦz	ɣ	
年陡	hv	v	ɕ	hz	ʂ	hz	ʂ		ɣ		ɕ	ɣ	x
湾址	hv		∅ hj	z	ʂ	hz	ʂ		h		hj	h	
奚滩	ɦv		tɕʻ ɦz	ɦz	ɦz				ɦ				
茂林	v		h	hz h	h				h∅	∅	m	h	
厚岸	ʋ	hʋ	h	tsʻ hz	h		hz		h			h	

续表

	奉		邪		禅			匣				
	矾坟	饭	徐袖	祠随	寿	社	常上	鞋	闲	县	红	汗
七都	hʋ	∅	h	hz̞	h	hz̞		h				
横渡	f		tɕʻ ɕ	tsʻ s	ɕ	tɕʻ	s	x	ɕ		x	
陵阳	hʋ		hz̞ ɕ	tsʻ s	ɕ	s	tsʻ s	x	ɕ		x	
童埠	ɦʙ	∅	ɦ	ɦz̞ ɦ	ɦ	ɦz̞		ɦ				
太平	ɦv	ɦz̞	ɦz̞		ɦz̞			ɣ	ɦz̞		ɣ	
繁昌	hʙ	hz̞		ʂ	hz̞	ʂ		h	hz̞		h	x

说明：茅坦[b-]的实际音值是[b̥-]，湖阳[b-]的实际音值是[bʻ-]，甘棠和厚岸"上"在口语中还有[l-]一读。

从表三可知，宣州片吴语古全浊擦音伴有强弱不同的气流[ɦ-]或[h-]。

绝大多数地方的古邪母字在今洪细音前读音不同，洪音前多读[hz̞-]，细音前多读[hz̞-]。七都分别读[hz̞-][h-]。繁昌不分洪细都读[hz̞-]。永丰、陵阳和横渡不分洪细，多读[hz̞-]。

古禅母茅坦、湖阳、裘公、太平和奚滩读[ɦz̞-]。甘棠、庄村、南极、永丰、厚岸、广阳、陵阳、横渡、茂林今洪细前有别，洪音前多读[h-]，细音前多读[ɕ-]。灌口、年陡和繁昌古平声读塞擦音，仄声读塞音。绝大多数地方古匣母字今洪细音前有区别，洪音前多为[h-][ɣ-][x-]，细音前多读[hz̞-][ɕ-]。七都和茂林不分洪细都读[h-]。灌口、年陡和繁昌逢古平声字读[ɣ-]或[h-]，逢古仄声字读[x-]。

宣州片吴语古全浊擦音声母多伴有或强或弱的气流，古邪禅两母某些字丢失了全浊擦音，只有那股气流音[h-]或[ɦ-]了，如茂林"寻象邪"读[h-]。古匣母今读舌根浊擦音[ɣ-]，有的地方实际音值为[ɦɣ-]，如童埠、奚滩；有的地方为[hɣ-]，如庄村、广阳（按音位归为[ɣ-]）。古匣母字今合口呼前，茂林、厚岸和广阳等地读[ʋ-]，七都、奚滩、陵阳、庄村、南极、甘棠、永丰和湖阳等地读零声母。

古奉母南极和灌口都完整地保存着[b-]的读法,茅坦和湖阳双唇浊塞音都有了不同程度的清化。另据颜逸明调查发现,江苏高淳方言无[v-]声母,古奉母、微母字今多读[b-]。

奉母字"冯"横渡、陵阳读[x-],湖阳和茂林读[hv-],厚岸、甘棠读[h-],永丰和南极读[ɣ-]。邪母字"松树"的"松"茂林读[h-],横渡读[tsʻ-],湖阳、年陡、湾沚、裘公、厚岸、七都、陵阳、太平和繁昌读[s-]。匣母"械"甘棠读[g-],奚滩、年陡和湾沚读[tɕ-],其他地方读[k-];"舰"年陡、庄村和灌口读[tɕ-],七都读[tɕʻ-],其他地方读[kʻ-];"横"在湖阳读[bʻ-],奚滩、南极和庄村读零声母,厚岸和横渡读[ʋ-],茂林和甘棠读[v-],七都和广阳读[hv-];"坏"厚岸和横渡读[ʋ-],茂林、广阳和永丰读[v-],奚滩、南极、庄村、甘棠、童埠、七都和陵阳读零声母。

四、古全浊入声字声母的演变

宣州片吴语古全浊入声字的今读法见下页表四。可以分三种情况:

1. 保持入声调,但不分阴阳入,共有11个点:庄村、永丰、裘公、湾沚、繁昌、陵阳、年陡、奚滩、横渡、茂林和灌口。古全浊塞音今清化程度普遍大于舒声类。古并定两母庄村、陵阳和横渡读送气清塞音,灌口读不送气清塞音。永丰古并母今读送气清塞音,定母今多读送气且清化的浊塞音(但"笛敌"读[tʻ-])。年陡古并母今读不送气清塞音,定母今多读[hr-](但"碟突特"读[tʻ]、"笛敌"读[t-])。茂林读[h-](但"碟笛敌"读[ts-])。

古浊塞擦音今读大多擦音化了(灌口、陵阳和横渡读清塞擦音)。

2. 古入声分阴阳入。共有四个点:广阳、童埠、厚岸和湖阳。厚岸古并定母今读送气清塞音。古群母字今多读[tɕ-],但厚岸一般读[tɕʻ-]。古全浊塞擦音入声字今读擦音,例外如:广阳读[ts-];厚岸"杂昨族侄泽宅逐轴"读[tsʻ-];童埠"镯铡择蛰"读[ts],"族泽"读[tsʻ-]。

3. 古阳入调字今读舒声调。共有五个点:南极、茅坦、七都、甘棠和太平。

南极古清入、次浊入今仍读入声,但古全浊入已归上声,例如薄＝罢[b-],笛＝弟[d-],闸＝柴[hz],贼＝罪[hz-],合＝蟹[ɣ-],局＝善[hʑ-]。

茅坦古清入、次浊入今都为入声,但古全浊入今已舒声化了,跟古上声、全浊去声同调。太平古入声舒化后自成一个调类。

甘棠古清入归浊去,古浊入归阴上。古並定群母今都读送气清塞音。古澄母读为清塞擦音,如"蛰宅"读[tsʻ-],"侄泽"读[tsʻ-]。

综上所述,宣州片吴语古全浊声母的特点在于:古全浊塞音的浊塞音成分呈现出不同程度的清化,古全浊塞擦音大多已擦音化,和全浊擦音一样伴有强弱不同的气流[ɦ-]或[h-]。

宣州片吴语的语音特点,在六十年代就引起了一些学者的注意。《安徽方言概况》(1962)指出:繁昌、铜陵市、泾县、石埭(现名石台)、太平(曾名黄山市,现名黄山区,不同于本文的铜陵县太平乡)和旌德(该六市县都按当时的行政区划)形成了铜太方言区,其主要特点与吴语一样,即保持了古浊塞音声母的音类,"除旌德外,各地都有浊塞音声母,一般读先清后浊音"。当时把这"先清后浊音"记为"清辅音＋浊辅音",如:

表4

	并	定	群	澄	从	崇	船	奉	邪	禅	匣
	白	笛毒	杰剧	直	杂绝	炸镯	舌	佛	习俗	石	活学
裘公	ɦv	r	tɕ	ɦz	ɦz tɕ	ɦz		ɦv	ɦʑ ɦz	ɦz	∅ ɣ
庄村	pʻ	tʻ	tɕ	ts	ts tɕ	hz	hʑ	∅	hʑ hz	hz	∅ hz
南极	b	d	tɕ	hʑ	ts ts	ts		b	hʑ hz	hz	∅ ɣ
灌口	p	t	tɕ	tsʻ	ts tɕʻ	ts	s	f	ɕ s	s	x ɕ
茅坦	b	d	tɕ	ɦʑ	ɦz ɦʑ	ɦz		b	ɦʑ ɦz	ɦz	ɣ ɦz
甘棠	pʻ	tʻ	kʻ tɕ	tɕʻ	z ʑ	z	ʑ	v	ʑ	v h
永丰	pʻ	tʻ d	tɕ	ts	ts hʑ	ts hz		hʑ	hʑ hz	hz	v ɣ

宣州片吴语古全浊声母的演变

续表

	并	定	群	澄	从	崇	船	奉	邪	禅	匣
	白	笛毒	杰剧	直	杂绝	炸镯	舌	佛	习俗	石	活学
广阳	hv	ɾ	hʑ tɕ	hʑ	hz hz	ts hz	hʑ	hv	hʑ hz	hz	v hz
湖阳	b	t ɦɾ	ɦʑ tɕ	ɦʑ	ɦʑ ɦʑ		ɦʑ	ɦv	ɦʑ ɦʑ	ɦʑ	ɣ
年陡	p	t hɾ	tɕ	ʂ	hz tɕ		ʂ	hv	ʂ hz	ʂ	x ɕ
湾址	hv	ɾ	tɕ	ʂ	hz ɕ		ʂ	hv	hj hz	ʂ	x
奚滩	ɦv	ɦɾ	ɦ tɕ	ɦʑ	ɦʑ ɦ		ɦʑ	ɦv	ɦʑ	∅ ɦʑ
茂林	hv	t' h	h tɕ	h	ts h	h		hv		h	v h
厚岸	p'	t'	tɕ k	tɕ	ts' h		hz		hv	h hz	υ h
七都	hv	hɾ		hz tɕ	ts hz	h		h hz		∅
横渡	p'	t'	tɕ	tɕ	x tɕ'	ts	ɕ	f	ɕ s	ɕ	υ x
陵阳	p'	t'	tɕ	tɕ	ts' tɕ'	ts' ts'	ɕ	ɦv	ɕ s	ɕ	x
童埠	ɦß	t ɦɾ	ɦʑ tɕ	ɦ	ɦʑ ɦʑ	ɦʑ ts	ɦß	ɦ ɦʑ		∅ ɦ
太平	ɦv	ɦɾ	ɦʑ tɕ	ɦʑ	ɦʑ ɦʑ		ɦʑ	ɦv	ɦʑ		ɣ
繁昌	hß	ɾ	hz tɕ	hẓ	hz		hẓ	hß	hz	hẓ	h hz

说明：茅坦[b-、d-]实际音值是[b̥、d̥-]，永丰话[d-]的实际音值是[d̥-]，繁昌话[ɾ-]的实际音值是[ɾ̥-]，湖阳话[b-]的实际音值是[b̥-]。

	步 婆 皮	肥	度途	字词	舅旗	茶蛇	绳	池	鞋	下 孩	穷
繁昌	pɦˊ pɦˊ pɦˊ		tɦˊ	sz	ɕz			ʂz		ɦ
铜陵市	fv fv	fv	tɦˊ	sz	ɕz					ɦ
泾县	fv fv	v	tɦˊ	sz						ɦ
石埭	fv h	hf	htˊ		hɕ	hʂ				ɦ
太平	hf b		d	z						ɦ
芜湖县	xf	xf	xtˊ	xs	xɕ	xʂ	xʂ			g

张盛裕《太平（仙源）方言的声韵调》（1983）一文把仙源话古匣母在今洪音前的读音记为[ɣ-]。孟庆惠《黄山市志》（1992）方言篇也如此，还指出了广阳话古全浊声母今变为气流较强的清擦音，比如古并奉母今读[fh-]、古崇母今读

/375/

[sh-]、古定母今读[ɕɦ-]、古从邪澄船禅母今读[sɦ- ɕɦ-]、古匣母今读[xɦ- ɕɦ-]。《芜湖县志》(1993)方言部分认为方村话古全浊声母今老派读"先清后浊的送气擦音",而新派读"送气清擦音",声母表中擦音被分为"清音"、"浊音"和"送气、先清后浊"三项。如：

	白	大	坐	阵	件	鞋
老派	fɦ-	lɦ-	sɦ-	ʂɦ-	ɕɦ-	xɦ-
新派	fh-	lh-	sh-	ʂh-	ɕh-	xh-

《繁昌县志》方言篇中擦音三分,把"以带喉浊擦音为特征的先清后浊的声母"记为"清擦音＋ɦ-",把"送气清擦音声母"记为"清擦音＋h-";而对于清化了的定母则记为"清化浊声母[l]＋[ɦ-]或[h-]。"《安徽省志·方言志》进一步将以上语音现象概括为"先清擦后送浊气流",如[fɦ-],和"先清擦并送清气流"的辅音,如[fh-]。

我们认为宣州片吴语古全浊声母虽有清化倾向,但仍是浊音,只是发浊音时气流强弱不同,因此宣州片吴语中那些清化的浊音应记为"强弱气流＋浊辅音",当浊音清化程度弱即浊流强时用[ɦ]表示,当浊流清化程度强即浊流弱时用[h]表示。

徐通锵(1996)指出吴、湘两大方言语音系统中"一浊对二清"的不平衡结构成为浊音系列的音位发生变异的温床。"改变的办法和途径,从理论上说,有两种可能:一是通过变异去掉浊音音位,使音系中只留下'不送气:送气'的结构关联;二是去掉清音中的某一个系列(或送气,或不送气),构成'清:浊'结构关联。"徐氏认为汉语的多数方言采取了第一种办法,而湖北通城一带的方言则采取了第二种办法,塞音、塞擦音的送气声母的系列与原浊音的声母系列合流,都读浊音。"两种途径,一个目标,都是使不平衡的结构转化为平衡结构。"不过,目前宣州片吴语中那类特殊的浊音所在的语音系统没采取第一种办法,也没采取第二种办法,而是仍保持着"帮滂并、端透定"三分的格局,即一浊对二清,所不同的只是这"一浊"正处于半清化的阶段。

参考文献

合肥师范学院方言调查工作组编:《安徽方言概况》,内部发行,1962年版。

孟庆惠:《皖南铜太方言与吴语的关系》,《吴语论丛》,上海教育出版社1988年版。

《安徽省志·方言志》,方志出版社1997年版。

徐通锵:《历史语言学》,商务印书馆1996年版。

许宝华:《论入声》,《音韵学研究》,中华书局1980年版。

颜逸明:《高淳方言调查报告》,《语文论丛》1983年第2期。

张盛裕:《太平(仙源)方言同音字汇》,《方言》1991年第3期。

张盛裕:《太平(仙源)方言的声韵调》,《方言》1983年第2期。

郑张尚芳:《皖南方言的分区(稿)》,《方言》1986年第1期。

中国社会科学院、澳大利亚人文科学院:《中国语言地图集》,(香港)朗文出版社(远东)有限公司1987、1990年版。

原载《方言》2000年第3期

降峰双元音是一个动态目标而升峰双元音是两个目标:宁波方言双元音的声学与发音运动学特性

胡　方

1. 引　论

元音分为单元音和复合元音,而复合元音又以双元音为最常见。这在语言学上仿佛是个显而易见的常识,但事实上,关于双元音(复合元音)的定义与性质问题,文献中是存在争议的。即使是对英语这一文献众多、研究最为透彻的语言,对于其双元音的性质问题,语音学家们也是各有说法(Pike 1947;Lehiste & Peterson 1961;Holbrook & Fairbanks 1962)。大致上说,有两种观点:一种观点认为双元音是一个单独的元音,只是它的核心在语音上是复杂的(Malmberg 1963;Abercrombie 1967;Catford 1977);而另一种观点则认为双元音就是两个元音或者一个元音和另一个半元音组合起来的序列(Sweet 1877;Jones 1922)。也就是说,前者将双元音视为一个发音事件,只有一个变化的、动态的目标;而后者则将双元音看成是两个发音事件,从一个静态的目标过渡到另一个静态的目标。

现代汉语及诸方言的音节结构相对比较简单,一个音节可以由声母、介音、韵腹(一般是主元音)、韵尾(一般是元音性成分、鼻音或有限的不爆破塞

降峰双元音是一个动态目标而升峰双元音是两个目标：宁波方言双元音的声学与发音运动学特性

音）等构成。至于这些成分的性质，比如：介音、元音性成分韵尾究竟在音系学或者语音学上是元音性的、还是辅音性的，或者这些成分之间的结构关系，比如这些成分是一起构成音节的，还是介音是先跟声母组合或与由韵腹、韵尾组成的韵母组合之后再与其他成分构成音节，不是本文讨论的兴趣所在。本文讨论双元音，而且，对双元音采取务实的分析方法。也就是说，先将各种音系学或者语音学分析放在一边，本文工作定义（working hypothesis）中的双元音既包括韵腹和元音性韵尾组成的双元音，也包括介音和韵腹组成的双元音。在文献中，韵腹和元音性韵尾组成的叫降峰双元音（falling diphthong），韵腹和介音组成的叫升峰双元音（rising diphthong）；这两个术语是完全从声学上定义的，客观上比较容易测量，与更常见的术语"前响双元音"与"后响双元音"所指类似，但角度不同，虽然后者在中文文献中使用更加广泛，但本文并不讨论感知问题，也不想暗示"降峰双元音一定前响，升峰双元音一定后响"。

　　降峰双元音与升峰双元音在语音或音系上的表现往往是不同的，无论在历时还是共时层面，在语言中常常能发现，降峰双元音可以和相应的单元音形成交替（alternation），最常见的如/ai/与/ɛ/、/au/与/ɔ/。比如我们如果留意听北京人说英语，"arrive"往往发音为[əˈvɛv]，这就是典型的/ai/与/ɛ/交替现象；至于/au/与/ɔ/的交替，在吴语、晋语中都是很常见的。因此，赵元任（1928：65—66）早就指出：吴语中只有降峰双元音才是"真复合元音"，升峰双元音不是。只是语言是不断变化着的，元音的变化更是丰富。本文要讨论的宁波方言属于北部吴语，历史上是只有单元音、升峰双元音，而没有降峰双元音的，但事实上，现在的宁波方言是有降峰双元音的：/ai/、/au/、/œy/。历时地讲，/ai/主要来自蟹摄合口一等、合口三、四等（*/ɛ/）以及文读层的部分止摄字；/au/主要来自果摄一等（*/u/）；/œy/主要来自流摄开口一等、山摄合口一等（*/ø/），以及少量山摄合口三等。也就是说，现在宁波方言中的降峰双元音，历时上都来自于相应的单元音的裂化音变。

本文的目的并不想纠缠于这些双元音的共时音系或者历史音韵问题,而是重点观察这两类双元音的语音学特性。这里主要有两个问题:第一,双元音的两个组成成分各自有没有目标(target)? 第二,双元音具有什么样的动态特性? 目标的问题是相对静态的,我们可以比较双元音成分与相应的单元音在声学频谱上的关系,在发音器官上的位置;我们也可以分析双元音成分在产生上的离散性与可变度(variability)问题。如果双元音成分的发音、声学与相应的单元音接近,而且离散性不大,那么,我们有理由相信,这个双元音成分是拥有一个目标的,发音人在说话时是在实现这个目标,虽然要厘清这个目标是声学的、发音的、还是二者共同的需要进一步的证据,不在本文讨论范围之内。反之,如果双元音成分的发音、声学与相应的单元音差别很大,而且可变度也很大的话,那么,我们就倾向于相信这个双元音成分没有一个明确的发音或者声学上的目标。

无论双元音有没有发音或声学目标、有几个目标,也就是说,无论双元音是两个音段构成的序列还是一个动态的单一音段,双元音的动态特性都是非常重要的一项研究内容。双元音的动态特性也可以从声学、发音的不同角度进行探讨。从声学的角度看,共振峰(尤其是第二共振峰)变化速度(F2 rate of change)是个比较好的参数,因为它表述了双元音音色变化的速度。以往的声学研究与感知研究均表明:双元音往往拥有各自不同的第二共振峰变化速度(Gay 1968、1970)。不过,同时需要指出的是,共振峰变化模式反映的是所有发音器官综合的结果,这是其一;其二,它反映的是共振峰变化的平均速度;因此,它无法反映双元音产生过程中的其他更细致的动态特性。共振峰变化速度的这个特点,也决定了其在描述语言中的双元音时候的一些局限性。以往的研究发现,共振峰变化速度在描写双元音比较少、特别是只有降峰双元音的语言,比如英语(Gay 1968)、Mathili 语(Jha 1985)时比较有效,但在描写双元音比较复杂的语言,比如西班牙语(Manrique 1979)、汉语及汉语方言(Ren 1986; Ren & Chan 1988)时就会遇到问题,因为无法用共振峰变化速度来区分不同的双元音。发音运动学(articulatory kinematics)能揭示双元音产生中更多的动态细节，挖掘声学现象背后的原因以及提供更多事实。双元音发音研究的文献并不多见。Kent & Moll(1972)曾运用 X 光摄影材料检视美国英语单元音、双元音的舌体发音，并发现双元音产生中舌运动的速度是有限制的。然而，由于技术局限，Kent & Moll 的研究只提供了发音运动中的平均速度数据，缺乏其他运动学数据。

与单元音研究文献的浩如烟海相比，双元音的语音学研究相对比较薄弱，声学、感知方面的研究不多，发音生理方面的研究则更少见。然而在多数汉语方言中，双元音是音节、音段库藏(inventory)中非常丰富的内容，而且，汉语方言不仅降峰双元音丰富，升峰双元音更是普遍，即使是如北部吴语此类以"单元音多、双元音少"著名的方言中，升峰双元音也是普遍存在的。因此，对双元音进行细致的发音生理、声学语音分析，能够帮助我们理解双元音的语音学、音系学特性。通过对宁波方言双元音的语音细节的分析，本文提出了降峰、升峰双元音的系统区别，一方面我们希望可以从其他方言或语言的研究中得到印证或者补充，另一方面，我们并不假设其他方言或语言中的降峰、升峰双元音一定也是如宁波方言的情况，相反，我们更期待其他不同类型的区别，以丰富我们对双元音语音、音系特质的理解。另外，根据语音研究结果，本文也对所谓真、假性双元音及相关的历史音韵问题略作讨论。

2. 研 究 方 法

本文的研究对象是宁波方言的双元音，宁波方言有三个降峰双元音/ai au œy/，七个升峰双元音/ia ie io ua uɑ(ʔ) uɛ yo/，其中有三个/ie uɑ(ʔ) yo/是只出现在入声音节的短双元音。为了控制其他因素对双元音的可能影响，我们选择零声母单音节词作为测试例字，例字的声调均为高平调。限于篇幅，本文重点讨论其中的 5 个双元音：2 个降峰双元音/ai au/，其对应的 2 个升峰双元音/ia ua/，及

1个相应的短双元音/ua(ʔ)/；另，关于宁波方言音系的概貌，参见 Hu(2005b)第一章。

声学录音材料来自 20 位青年发音人，10 男 10 女，录音时年介 18 至 24 岁，均是土生土长的宁波本地人，无可见的言语或听力障碍史。大部分录音来自于 2001 年田野调查，使用的是索尼 PCM-R700 数字录音机、舒尔 SM-58 话筒。发音数据用电磁发音仪(EMA)采集，共有 6 位宁波本地发音人，4 男 2 女，录音时年龄在 20 岁左右，其中，2 位男性发音人用 Carstens AG100 系统，其他 4 位发音人用 AG200 系统采集。除了头部校准用的参考点之外，传感器粘贴在 6 个目标发音点：舌背、舌体、舌尖、下颚（实际为下齿龈位）、下唇、上唇。测试词随机排列，放在一个载体句中：[ŋo io doʔ ＿ paʔ nau tʰiŋ] "我要读＿拨你听"，录音重复五遍。

声音样本的采样率为 10 千赫兹，我们在双元音成分的稳定段中部进行频谱分析，提取前 4 个共振峰频率（本文重点分析前 2 个共振峰，即第 1 和第 2 共振峰）。如果双元音成分没有稳定段，那么，对于高元音成分，我们提取第 1 共振峰最低处，对于低元音成分，我们提取第 1 共振峰最高处，因为此时它们各自到达声学上的实际目标位置。除了频谱信息，我们也测量双元音成分的稳定段、过渡段时长。

EMA 发音材料的有效采样率为 200 赫兹，数据经过低通滤波处理并旋转至其 x 轴与每位发音人的咬合面相平行。我们使用舌体作为硬腭元音成分[i y e ɛ]的主发音点，使用舌背作为低或后元音成分[a œ o u a(ʔ) o(ʔ)]的主发音点，这里包括[œ]是因为其无论声学还是发音都更接近于后元音成分。在双元音成分的发音过程中，当主发音点的切向速度(tangential velocity)最小的时候，我们定义其达到目标位置，即提取此时所有发音器官（即所采样发音点）的位置信息。除此之外，我们测量双元音发音的动态信息：平均速度(average velocity)、峰值速度(peak velocity)、峰值速度时点(the time to peak velocity)。平均速度指主发音点在两个双元音成分之间单位时间内的位移（毫米/秒）；峰值速度是在测量到的主发音点在两个双元音成分之间运动过程中的最大切向速度;峰值速度时点即指该切向速度峰值出现距离双元音声学开始的时间。

3. 双元音的时间结构

表1显示了10位女性发音人和10位男性发音人的宁波方言双元音的时间结构均值及标准差(括号内),单位:毫秒。

表1　宁波双元音时间结构均值与标准差(括号内);单位:毫秒

双元音	10位女性发音人				10位男性发音人			
	首成分	过渡段	尾成分	总时长	首成分	过渡段	尾成分	总时长
[ai]	80(23)	77(20)	58(18)	215(53)	64(16)	85(36)	62(20)	210(52)
[au]	82(24)	77(20)	56(18)	215(55)	66(17)	76(24)	59(21)	200(49)
[œy]	80(21)	80(24)	65(19)	224(57)	64(15)	78(26)	59(14)	202(43)
[ia]	0	116(24)	116(31)	232(52)	0	132(24)	114(38)	245(55)
[ie]	0	71(16)	64(17)	135(28)	0	76(17)	62(19)	137(32)
[io]	0	127(29)	122(42)	249(66)	0	127(32)	120(46)	247(69)
[ua]	0	110(21)	126(31)	236(49)	0	112(27)	135(44)	248(66)
[ua(ʔ)]	0	76(21)	68(17)	144(35)	0	77(18)	64(17)	141(30)
[uɛ]	0	119(23)	133(43)	252(60)	0	113(27)	127(45)	240(61)
[yo]	0	75(18)	73(19)	148(31)	0	83(22)	70(22)	152(39)

从表中我们可以看到,降峰双元音的首尾成分都有稳定段。整体上说,降峰双元音的首成分时长大于尾成分,这说明音节核心的时长较长。不过,对于男性发音人来说,过渡段的时长是最长的,但对于女性发音人来说,过渡段与首成分时长接近。升峰双元音只有尾成分有稳定段,首成分并没有稳定段,说明

在发音过程中,首成分的共振频率是一直变化着的。虽然升峰双元音的过渡段与尾成分的时长分布各有不同,不过,有一点是共同的,即二者均拥有较长的时长,这说明:(1)作为音节核心的尾成分拥有较长的时长;(2)相对于降峰双元音来说,共振频率过渡是较缓慢而充分的。另一个值得注意的有趣的现象是短双元音[ie ua(?) yo]的过渡段一致地比尾成分长。这说明过渡段比核心音段更能抵抗音节压缩,也就是说,当音节变短的时候,首当其冲的是音节的核心音段,相反,过渡段反而更为稳定。长短[ua]的比较特别能说明问题。无论男女发音人,在长双元音[ua]中,核心音段[a]都比过渡段长,占到整个双元音时长的将近55%,但在短双元音[ua?]中,过渡段均比核心音段[a]长,核心音段只占到整个双元音时长的45%左右。

4. 双元音的频谱特性

4.1 静态特性

理论上说,双元音可以看作是从一个首目标成分(onset target)向尾目标成分(offset target)运动的过程。但是,一方面,在实际的双元音产生过程中,达标不足(target undershoot)现象往往会发生,因此,双元音成分在一定程度上会偏离目标,具有可变性。另一方面,关于"目标"的性质问题,本身还是有相当的争议的。首先,这个"目标"究竟是运动神经控制(speech motor control)层面的,发音(articulation)层面的,声学(acoustics)层面的,抑或是感知心理(spychology)层面的?又或者说,"目标"仅仅是音系(phonology)上的一种抽象存在?其次,双元音的目标成分是否与语言中相应的单元音有关系?如前所述,本文对上述问题呈开放态度,作为一种可行的方案,我们不妨先描述双元音首尾成分声学与发音上的情况,并将它们与相应的单元音做比较,然后再来讨论"目标"问题。

图1显示了宁波方言降峰双元音的声学元音图。声学元音图的纵轴是第一共振峰(F1),代表元音高低,横轴是第二共振峰(F2),代表元音前后,坐标系

降峰双元音是一个动态目标而升峰双元音是两个目标:宁波方言双元音的声学与发音运动学特性

的原点位于右上角。坐标轴标示的刻度是赫兹,但刻度之间的距离不是线性的,而是根据 Bark 做了调整,而且,纵轴是横轴的两倍,以强调第一共振峰的重要性。因此,根据感知特性做了调整之后的声学元音图就与大家熟悉的国际音标元音图具有很强的可比性。图中的箭头表示双元音共振频率滑动的方向,当然,这只是一个简化了的示意,双元音频率的实际运动情况要复杂得多。

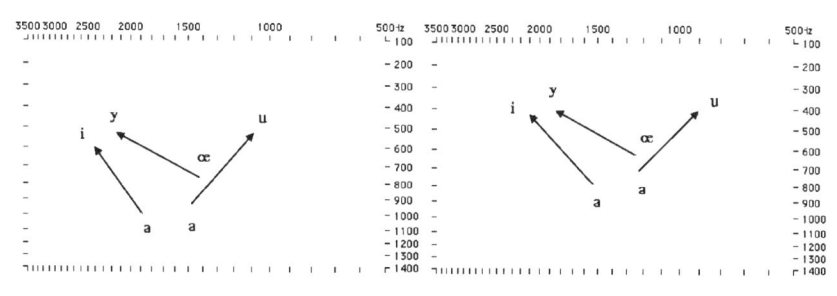

**图 1　宁波方言降峰双元音[ai au œy]声学元音图;
左:女性发音人均值,右:男性发音人均值。**

在图 2 中,我们将宁波方言降峰双元音[ai au œy]的首尾成分与相应的单元音进行了比较;双元音成分用小号的国际音标表示,相应的单元音用大号的国际音标表示。其中,左图显示的是 10 位女性发音人的数据,右图显示的是 10 位男性发音人的数据;上图显示的是均值,下图显示的是所有数据点(5 遍重复、10 人,每个双元音成分或对应的元音各自共计 50 个采样数据点)在二维空间分布中 2 个标准差的置信椭圆。我们重点看[ai au]与对应的单元音[a i u]在声学元音空间中的关系,为了与[ai]中的[a]相区别,我们用小号的[a⁻ᵘ]标示双元音[au]中的首成分[a]。

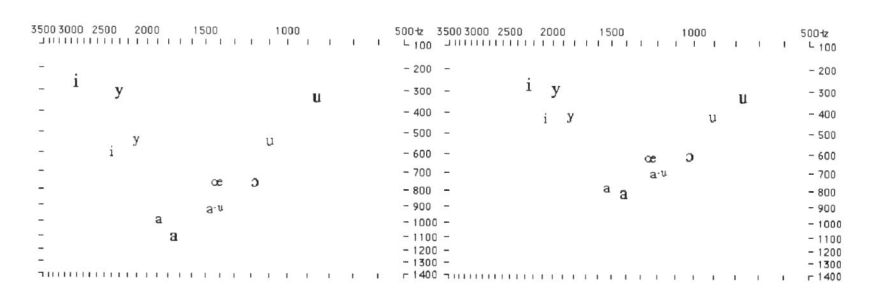

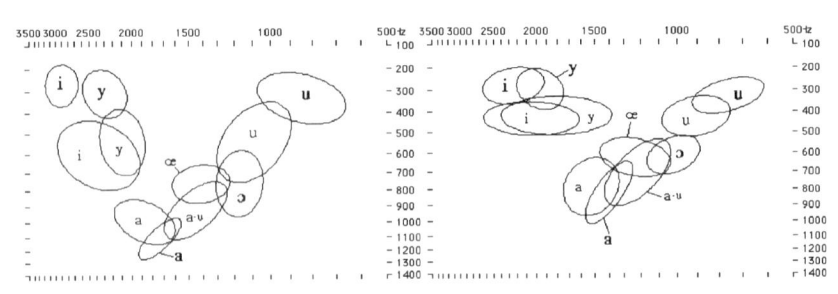

图 2　宁波方言降峰双元音成分(小 IPA 符号)与相应的单元音(大 IPA 符号)比较图；左:女性发音人均值,右:男性发音人均值,上:均值,下:置信椭圆。

虽然由于受到尾成分的影响,双元音[ai au]的首成分均略偏高并分别各自往前、后偏移,但是与相应的单元音相比较,他们大体上还是共同处于低元音的位置。换句话说,我们可以认为在双元音[ai au]的产生中观察到了逆协同发音现象,但同时也观察到,双元音[ai au]的首成分是从接近低元音[a]的位置开始的。然而,双元音[ai au]的尾成分则距离它们各自的"目标"[i u]相当遥远,从声学元音图中我们可以看到,双元音[ai au]的尾成分只达到[e o]的位置,在女性发音人中甚至更低。而且,从元音椭圆图中可以看到,作为双元音尾成分的[i u]分布离散性比相应的单元音椭圆明显增加;这种数据可变性的急剧增加表明了在宁波方言降峰双元音[ai au]的产生中,尾成分不是一个明确的声学"目标",而是双元音动态过程的结果。也就是说,声学材料表明,在宁波方言降峰双元音的产生中,首成分是相对较为准确地控制的,其所观察到的数据与对应的单元音位置更接近,可变性相对较小,但尾成分并没有确切的声学目标,它是由双元音各自的动态特性决定的(详见下文)。

宁波方言的七个升峰双元音[ia ie io yo ua ua(ʔ) uɛ]在由首二个共振峰(F1/F2)所定义的声学空间中的分布见图 3 所示。其中,[ia io ua uɛ]是正常长度的双元音,[ie yo ua(ʔ)]是只出现在入声音节的短元音。为了区分长短[ua],短双元音在图中标示为[uaʔ]。

图 4 显示了升峰双元音首尾成分与相应的"目标"单元音之间的关系。为了标示区分,[ua]的尾成分标为[a-u],[yo]的尾成分标为[oʔ];不同双元音之

降峰双元音是一个动态目标而升峰双元音是两个目标:宁波方言双元音的声学与发音运动学特性

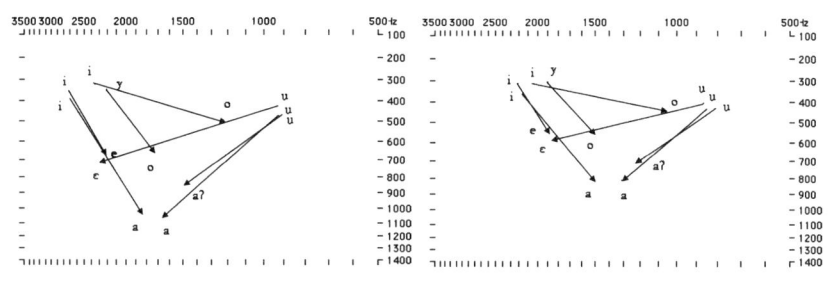

图 3 宁波方言升峰双元音[ia ie io yo ua ua(ʔ) uɛ]声学元音图;
左:女性发音人均值,右:男性发音人均值。

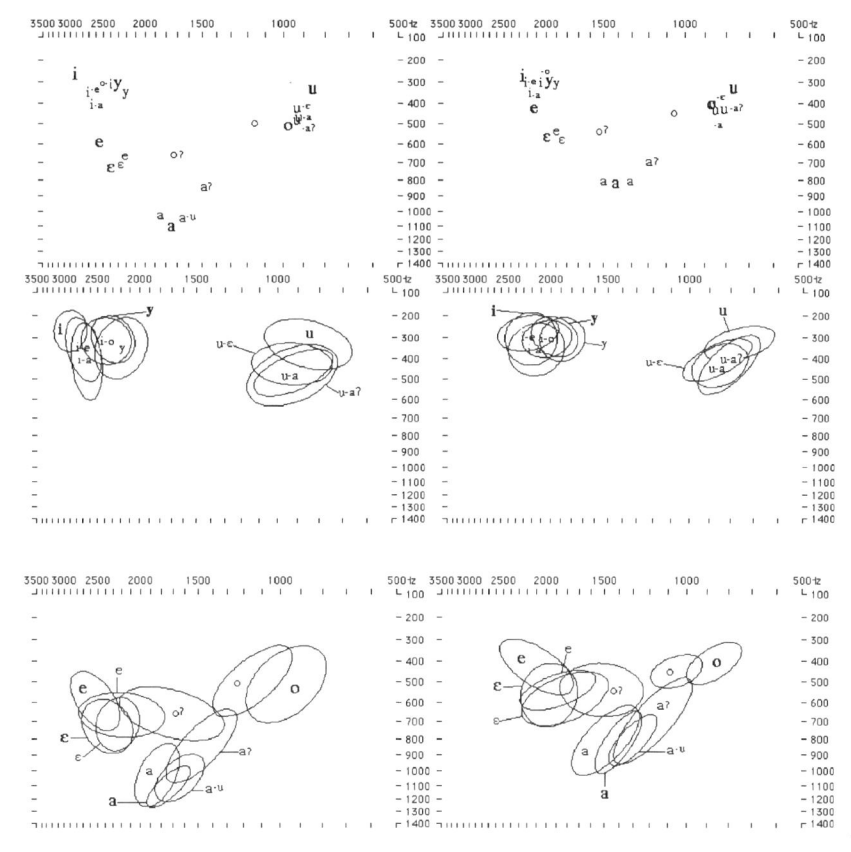

图 4 宁波方言升峰双元音成分(小 IPA 符号)与相应的单元音(大 IPA 符号)比较图;
左:女性发音人均值,右:男性发音人均值;上:均值,中:首成分置信椭圆,下:尾成分置信椭圆。

间的首成分[i]、[u]则采用后注尾成分的方式,例如[i-e]代表[ie]的首成分;双元音成分用小号国际音标,相应的单元音用大号国际音标。

从图中可以看到,[ie ia]中的首成分[i]与单元音[i]的位置非常接近,只是略低;[io]中的[i]更接近单元音[y],应该是受到尾成分圆唇的影响。[yo]中的[y]与单元音[y]也是非常接近。相比较而言,[uɛ ua uaʔ]中的[u]偏离略大,从均值看,它们有时似乎更接近单元音[o],这在男性发音人中尤其明显;不过,从双元音成分的置信椭圆图中可以看到,首成分[u]与单元音[u]有较大的重叠。也就是说,虽然升峰双元音的首成分会受到尾成分的影响,甚至引起一定程度的逆同化(比如[io]中的[i]),但是,首成分的声学位置与目标单元音还是比较接近的;这倾向于说明升峰双元音首成分的发音是受到较好的声学目标的控制的。

升峰双元音的尾成分情况略为复杂,但整体上说,正常长度的双元音尾成分也是接近各自的"目标"的。其中,[uɛ]中的尾成分[ɛ]非常接近目标单元音[ɛ];[ia]中的尾成分[a]比目标单元音略前,[ua]中的尾成分[a]略后,明显是受到首成分顺协同发音(progressive coarticulation)的作用;而虽有一定程度的达标不足,[io]中的尾成分[o]也还是比较接近目标单元音[o]的。相比较而言,只出现在入声音节中的短双元音[ie yo uaʔ],它们的尾成分则很少能够到达各自的"目标"单元音的位置:[uaʔ]中的尾成分[aʔ]明显偏高;[ie]中的尾成分[e]与[yo]中的尾成分[o]均明显中央化(centralized)。

总之,声学材料倾向于支持宁波方言的正常长度升峰双元音首、尾成分均拥有它们各自的目标频率区域,当然,它们也受到逆、顺协同发音的影响。但对于短升峰双元音来说,只有首成分拥有明确的目标,尾成分的达标不足现象明显,不过,这可能是由于时长太短的原因导致的中央化,而并不是说它们就没有"目标"位置。

综上所述,声学频谱材料表明,宁波方言的降峰双元音只有首成分拥有目标频率区域,尾成分没有明确的声学目标,是双元音动态特性的结果;而宁波方言的升峰双元音则首尾成分均拥有目标频率区域,但短升峰双元音由于时长短,尾成分达标不足,并产生中央化的倾向。

降峰双元音是一个动态目标而升峰双元音是两个目标:宁波方言双元音的声学与发音运动学特性

4.2 动态特性

双元音不仅由首尾成分构成,而且还有连接首尾成分的过渡段(transition),本节根据双元音成分的频谱与时长材料进一步探讨它们的动态特性。如前所述,在声学上,我们一般用共振频率变化的幅度或者速度来定义双元音过渡段的动态性,尤其是第二共振峰(F2)的变化幅度或速度。以往的研究也表明,F2变化速度是双元音的一个重要声学特性(如Gay,1968;Manrique,1979;Jha,1985)。宁波方言双元音的F2变化幅度与变化速度见表2:正值代表双元音的F2过渡是从一个相对较后的位置到一个相对较前的位置;负值则反之。

表 2 宁波方言双元音的F2变化幅度(赫兹)与变化速度(赫兹/毫秒)均值

双元音		[ai]	[au]	[œy]	[ia]	[ie]	[io]	[ua]	[ua(?)]	[uɛ]	[yo]
女	ΔF_2	510	−366	685	−808	−481	−1 233	721	548	1 320	−483
	速度	6.62	−4.75	8.56	−6.97	−6.77	−9.71	6.55	7.21	11.09	−6.44
男	ΔF_2	539	−313	592	−664	−326	−990	454	378	968	−362
	速度	6.34	−4.12	7.59	−5.03	−4.29	−7.80	4.05	4.91	8.57	−4.36

从表中我们可以看到,宁波方言的三个降峰双元音相互之间可以用F2变化幅度或变化速度区分,因为它们各自拥有不同的频率变化幅度与速度:[œy]的F2变化幅度、速度最大,[ai]次之,[au]最小。也就是说,从声学频谱上看,三者的动态特性是不同的。

同样地,如果只考虑正常长度的升峰双元音,我们也可以看到,不同的升峰双元音可以用F2变化幅度或变化速度区分,它们的顺序是[uɛ]>[io]>[ia]>[ua],男女发音人相当一致。不过,宁波方言的三个短升峰双元音,它们之间的F2变化幅度或速度则相当接近,比较难以相互区分,而且,三个短升峰双元音的F2变化幅度或速度在男女发音人中的排序也不相同。这说明,在时长急剧缩短的情况下,双元音的频谱动态特性趋同。

如果我们将所有的双元音放在一起考虑,那么,情况是相当复杂的。首先,同样的双元音在男女发音人中的排序不同。其次,很多双元音F2变化速度相近,比如,在女性发音人中,6个双元音[yo ua ai ie ia ua(ʔ)]的F2变化速度依次在6.44至7.21赫兹/毫秒之间;在男性发音人中,6个双元音[ua au ie yo ua(ʔ) ia]的F2变化速度依次在4.05至5.03赫兹/毫秒之间。第三,F2变化幅度与F2变化速度并不一定一致,比如,在女性发音人中,[ua]变化幅度为721赫兹,速度为6.55赫兹/毫秒;[œy]变化幅度为685赫兹,速度为8.56赫兹/毫秒。因此,我们的材料支持将降峰、升峰双元音分开来处理,因为它们的性质是不同的。这里特别需要强调的是,当降峰、升峰双元音放在一起的时候,[ai]、[ia]之间,[au]、[ua]之间的区分尤其困难,说明它们之间的动态特性区别不大。

5. 双元音的发音运动学特性

5.1 静态特性

如果在声学上,双元音可以被看作是从一个频率区域向另一频率区域的滑动过程;那么,在发音上,双元音就可以被理解为是发音器官从一个发音位置向另一发音位置的运动过程。本节探讨双元音的发音特点,首先是双元音首尾成分的发音位置,同样地,我们也将它们与相应的"目标"单元音的发音位置做比较。由于篇幅限制,只讨论降峰双元音[ai au]与相对应的升峰双元音[ia ua]。

图5和图6分别显示了6位发音人的降峰双元音[ai au]和升峰双元音[ia ua]的首尾成分的发音位置均值(大号国际音标,3个舌发音点用实线连接)及与相应的单元音发音位置均值(小号国际音标,3个舌发音点用虚线连接)的比较;图中,发音人面朝左。

先看降峰双元音的发音。虽然不同发音人之间存在着一些变异的情况,但大体上看,降峰双元音[ai au]的首成分的发音位置与相应的目标单元音[a]还是比较一致的。首先是由三个舌发音点所示意的舌位位置(lingual configuration),虽然在不同的发音人中可以发现个体差异及不同程度的协同发音情况,但双元音首成分的舌发音位置与相应的目标单元音[a]是比较一致的。其次,

降峰双元音是一个动态目标而升峰双元音是两个目标:宁波方言双元音的声学与发音运动学特性

下颚位置与舌发音的配合也比较一致,大部分发音人的双元音[ai au]首成分[a]的下颚位置与相应的目标单元音[a]接近,只有女性发音人一的双元音[ai au]首成分[a]的下颚位置明显高于相应的目标单元音[a]。

与首成分不同,降峰双元音[ai au]的尾成分[i]、[u]则明显达标不足。虽然个体发音人之间存在差异,但大体上看,降峰双元音[ai au]的尾成分[i]、[u],无论舌发音位置还是下颚位置,均明显没有到达目标单元音[i]、[u]的位置。

男性发音人一　　　男性发音人二　　　男性发音人三

男性发音人四　　　女性发音人一　　　女性发音人二

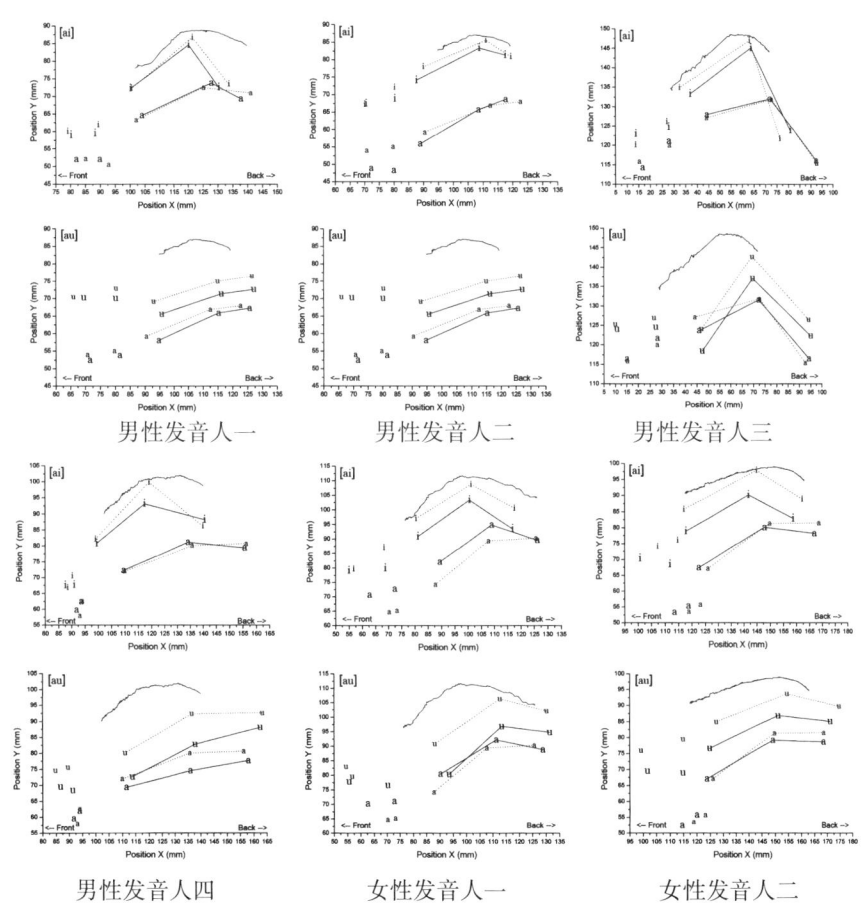

图5　宁波方言降峰双元音[ai au]首尾成分发音位置均值(单位:毫米);
每张图中从左至右:下唇、下颚、舌尖、舌体、舌背;
双元音成分:大号IPA,舌发音点用实线连接;单元音:小号IPA,舌发音点用虚线连接。

也就是说，在宁波方言降峰双元音[ai au]的发音中，首成分的发音位置与相应的单元音接近，而尾成分的发音位置则明显达标不足。这说明发音的材料支持上文的声学材料，即在宁波方言降峰双元音的产生中，首成分是有目标的，而且，这个目标既是声学的也是发音的，而尾成分则没有明确的声学或发音目标，更像是双元音受到声学动态特性、发音运动特性制约的结果。

宁波升峰双元音[ia ua]的情况比较复杂。无论舌发音还是下颚位置，升峰双元音[ia]的首成分[i]与对应的目标单元音[i]的发音还是比较一致的；这说明与先前的声学材料一致，[ia]的发音拥有明确目标。但是，除了少数发音人（如男性发音人三）之外，在大部分发音人中，升峰双元音[ia]的尾成分[a]的发音位置与对应的目标单元音[a]的差别却相对比较大。不过，这可能并不能说明升峰双元音[ia]的尾成分[a]在发音上没有目标，虽然从本文所采样的舌发音点上它确实如此，但由于[a]的构音位置（constriction location）在下咽部（Wood，1979），舌头上的三个采样点可能不能全面反应[a]的发音。而且，由于前文声学研究已经表明，升峰双元音[ia]的尾成分[a]拥有和对应的目标单元音一致的频谱特性，因此，这里的情况更像是说明，虽然拥有较大的可变性，但一个较低的舌发音位置就能达到[a]的目标位置。也就是说，[a]的这种发音特性所反映的是元音产生中的量子特性（quantal theory，参见：Stevens，1972，1989；Perkell & Nelson，1982，1985；Perkell & Cohen，1989）。

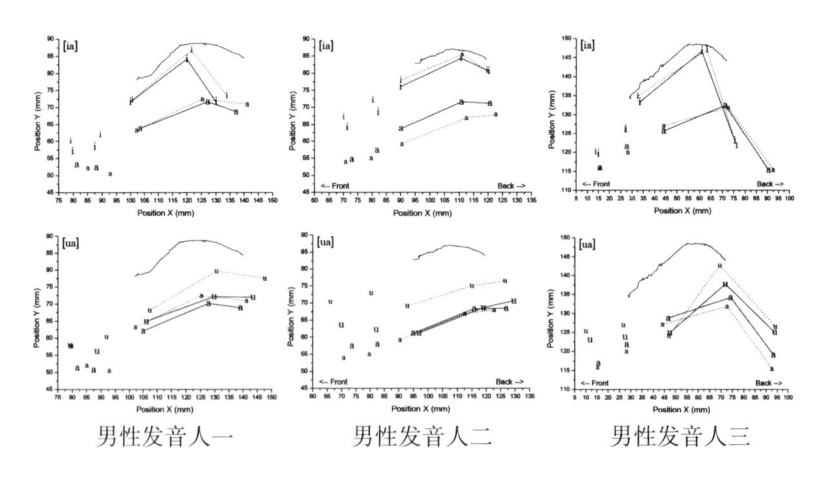

| 男性发音人一 | 男性发音人二 | 男性发音人三 |

降峰双元音是一个动态目标而升峰双元音是两个目标:宁波方言双元音的声学与发音运动学特性

男性发音人四　　　　　女性发音人一　　　　　女性发音人二

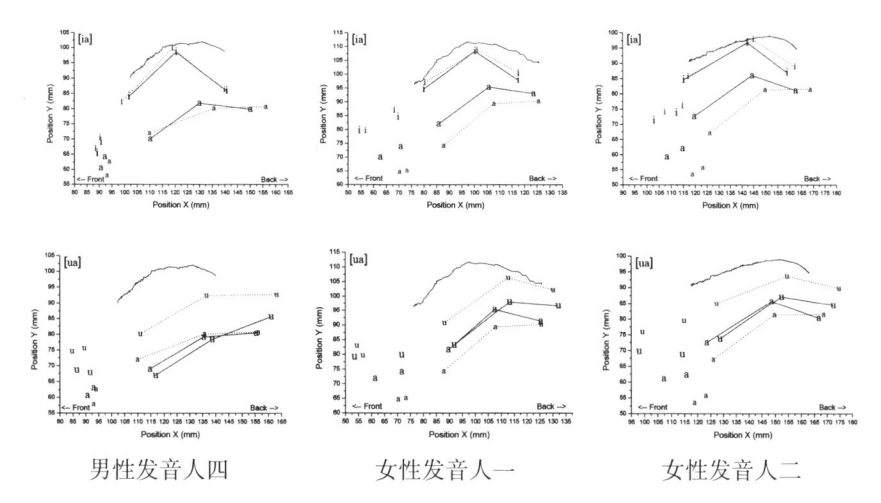

图6　宁波方言升峰双元音[ia ua]首尾成分发音位置均值(单位:毫米);
每张图中从左至右:下唇、下颚、舌尖、舌体、舌背;
双元音成分:大号 IPA,舌发音点用实线连接;单元音:小号 IPA,舌发音点用虚线连接。

升峰双元音[ua]的尾成分[a]可以用上述同样的道理来解释。同时,我们可以看到[ua]的首成分[u]与相对应的目标单元音[u]相比明显舌发音位置、下颚位置均偏低,这说明发音上的逆协同作用还是很明显的。相比较而言,[ua]的首成分[u]在声学上比目标单元音[u]偏低,但频率区域重叠。这说明发音上的协同虽然会反应在声学上,但却不是简单的线性关系,还是会受到元音构音位置的影响。

因此,从宁波方言的升峰双元音[ia ua]发音材料中,我们不仅可以看到双元音首尾成分的发音目标问题、首尾成分之间的协同发音问题,而且还能窥视隐藏其中的发音与声学之间的非线性的关系,当然,对这一问题的深入研究,需要更进一步的、更为细化的语音产生实验分析。

不过,这并不妨碍我们为宁波方言双元音的发音做一个初步的总结。双元音的发音从首成分的发音构造开始,通过发音器官的运动过程,到达尾成分的发音构造。双元音首成分的发音位置控制得比尾成分好,虽然会受到尾成分的逆协同发音影响,但大体上说,其与相对应的目标单元音还是比较接近的。相比较而言，尾成分的发音可变性很大，与相对应的目标单元音位置差别也较大，这说明双元音的尾成分在发音上可能并没有明确的目标，而只是发音器官运动的一种结果，一方面受发音运动学的动态特性控制，另一方面也受到发音器官本身的内部惰性（the inherent sluggishness of articulators）所限制（Saltzman & Kelso，1983；Kelso et al.，1986）。

联系上文所述的声学频谱材料，大致可以推论，在宁波方言双元音的产生中，(1)降峰双元音的首成分拥有发音的和声学的目标，尾成分没有明确的发音的或声学的目标；(2)升峰双元音的首成分拥有发音的和声学的目标，尾成分没有明确的发音的目标但拥有声学的目标，而这种不一致可能是受到元音构音位置的量子特点的作用所影响。

5.2 动态特性

在声学研究中，我们用共振峰变化速度来描述双元音的动态特性，元音的共振峰模式是所有发音器官共同作用的结果，本节则运用发音器官运动学来讨论双元音的动态特性。舌是元音、双元音产生中最主要的调音器官，因此，在实践中，我们用所采样的主要舌发音点作为计算舌运动数据的基础。具体地说，我们用舌体点来描述硬腭双元音成分，用舌背点来描述其他双元音成分；如果一个双元音的首尾成分涉及二者，那么，就计算舌体、舌背这两个舌采样点的数据。

如前文所述，我们计算了六位发音人的舌发音点的平均速度、峰值速度、峰值速度时点。表3a-f显示了六位发音人的舌发音点平均速度均值。在表中，时长表示从双元音首目标位置到尾目标位置的长度；舌背、舌体位移表示舌发音点在二维平面中移动的直线距离；舌背、舌体速度表示舌发音点在二维平面中移动的平均速度。表中显示了各项数据的均值与标准差（SD）；其中，时长的单位是毫秒，位移的单位是毫米，平均速度的单位是毫米/秒。如前所述，对于双元音[au ua ua(?)]来说，TD是主发音点，对于短双元音[ie]来说，TM是主发音点，但表中也显示了相应的另一舌发音点的数据，以资参考。其中，女性发音人一缺少短双元音[yo]的数据。

降峰双元音是一个动态目标而升峰双元音是两个目标:宁波方言双元音的声学与发音运动学特性

表 3a 宁波方言双元音舌背、舌体的位移与平均速度(男性发音人一)

双元音	时长 均值	时长 SD	舌背位移 均值	舌背位移 SD	舌体位移 均值	舌体位移 SD	舌背速度 均值	舌背速度 SD	舌体速度 均值	舌体速度 SD
[ai]	300	46	8.11	0.69	14.16	1.03	27.8	6.8	48.2	8.4
[au]	384	12	9.69	1.06	6.99	1.84	25.3	3.2	18.1	4.5
[œy]	416	21	12.65	1.05	16.25	1.36	30.5	3.5	39.2	4.1
[ia]	322	15	7.94	1.08	15.42	1.14	24.6	3.2	47.9	2.9
[ie]	166	27	4.21	1.50	6.34	1.62	24.9	5.3	38.5	7.6
[io]	365	38	11.81	4.92	12.15	1.44	33.4	15.0	33.5	4.3
[yo]	151	20	11.23	0.36	16.06	0.97	75.4	10.8	107.2	9.8
[ua]	271	17	5.88	0.93	3.39	0.52	21.7	3.8	12.6	2.3
[ua(ʔ)]	114	23	3.77	0.70	1.98	1.18	33.3	5.1	17.5	8.8
[uɛ]	293	35	12.79	3.13	6.52	1.69	44.0	10.6	22.5	6.2

表 3b 宁波方言双元音舌背、舌体的位移与平均速度(男性发音人二)

双元音	时长 均值	时长 SD	舌背位移 均值	舌背位移 SD	舌体位移 均值	舌体位移 SD	舌背速度 均值	舌背速度 SD	舌体速度 均值	舌体速度 SD
[ai]	368	44	14.48	1.20	20.22	1.86	39.9	6.9	55.6	8.8
[au]	379	33	6.41	1.00	6.43	1.27	16.9	2.3	17.0	3.4
[œy]	371	63	7.20	0.77	10.12	1.53	20.0	5.1	28.1	7.7
[ia]	280	46	10.62	0.94	14.60	1.99	39.1	9.6	54.1	15.7
[ie]	142	21	5.90	0.95	6.39	0.97	41.8	4.2	45.2	3.7
[io]	358	44	9.73	1.44	14.82	1.61	27.7	6.2	42.1	8.1
[yo]	139	17	12.08	1.02	14.31	0.84	87.7	12.9	103.8	12.4
[ua]	348	71	3.84	0.73	3.34	0.74	11.5	3.6	10.1	3.5
[ua(ʔ)]	136	19	4.32	0.63	4.03	0.75	31.9	3.7	30.2	7.6
[uɛ]	314	59	5.41	1.96	4.99	1.64	18.0	7.8	16.5	6.7

表3c　宁波方言双元音舌背、舌体的位移与平均速度(男性发音人三)

双元音	时长 均值	SD	舌背位移 均值	SD	舌体位移 均值	SD	舌背速度 均值	SD	舌体速度 均值	SD
[ai]	158	23	13.91	0.87	15.43	1.07	89.6	14.5	99.4	16.3
[au]	146	29	5.86	0.73	6.09	0.47	40.6	2.9	42.7	7.0
[œy]	188	19	13.34	1.01	13.59	1.11	71.7	10.0	72.8	9.2
[ia]	169	14	16.75	0.84	17.63	0.32	99.7	10.4	104.9	9.2
[ie]	116	17	9.24	0.98	8.87	0.63	80.1	5.7	77.2	7.5
[io]	144	23	14.27	1.12	9.72	1.02	100.7	13.8	68.4	8.9
[yo]	134	15	12.49	1.79	11.00	1.26	94.4	17.7	83.2	14.7
[ua]	161	31	5.97	1.56	4.33	1.05	37.6	9.5	28.1	10.2
[ua(ʔ)]	68	11	2.80	0.88	1.29	0.30	40.9	10.1	19.3	4.4
[uɛ]	133	43	7.59	1.78	5.69	1.46	60.2	16.5	45.9	17.2

表3d　宁波方言双元音舌背、舌体的位移与平均速度(男性发音人四)

双元音	时长 均值	SD	舌背位移 均值	SD	舌体位移 均值	SD	舌背速度 均值	SD	舌体速度 均值	SD
[ai]	154	8	17.46	1.57	20.61	1.32	113.2	5.0	133.8	2.5
[au]	177	23	11.30	0.40	8.43	1.34	64.7	8.2	48.8	12.2
[œy]	133	10	12.52	2.24	17.66	2.60	93.7	11.9	132.4	12.1
[ia]	155	12	11.05	0.41	19.24	0.27	71.6	6.1	124.6	8.7
[ie]	92	17	5.47	0.75	8.29	1.06	60.1	7.1	90.9	7.8
[io]	180	24	16.75	1.18	18.61	1.14	93.7	5.7	104.8	14.4
[yo]	131	21	11.83	1.76	18.09	2.97	91.7	15.6	139.0	18.7
[ua]	151	17	7.76	0.92	3.60	0.55	51.6	5.6	23.9	3.5
[ua(ʔ)]	116	12	6.73	1.06	3.22	0.98	58.1	7.0	27.3	6.1
[uɛ]	131	11	18.37	0.42	14.94	0.64	140.9	10.3	114.5	7.2

降峰双元音是一个动态目标而升峰双元音是两个目标:宁波方言双元音的声学与发音运动学特性

表3e　宁波方言双元音舌背、舌体的位移与平均速度(女性发音人一)

双元音	时长 均值	SD	舌背位移 均值	SD	舌体位移 均值	SD	舌背速度 均值	SD	舌体速度 均值	SD
[ai]	145	19	10.09	0.22	12.05	0.43	70.7	10.3	84.1	9.8
[au]	122	21	6.50	1.00	5.16	1.33	53.6	5.1	41.9	5.5
[œy]	138	6	10.40	0.91	10.99	0.86	75.3	5.4	79.8	8.1
[ia]	163	31	8.07	0.55	14.06	1.51	50.7	8.6	88.1	15.7
[ie]	115	15	5.02	0.88	7.66	0.57	44.2	9.3	67.2	6.6
[io]	152	14	9.69	1.13	10.51	0.88	63.9	6.3	69.6	7.9
[ua]	176	15	8.50	0.60	6.39	0.85	48.4	3.4	36.3	4.0
[ua(ʔ)]	124	16	8.34	0.88	6.08	0.66	67.5	4.8	49.7	8.5
[uɛ]	147	28	12.42	0.52	10.07	0.98	86.4	12.5	69.6	8.4

表3f　宁波方言双元音舌背、舌体的位移与平均速度(女性发音人二)

双元音	时长 均值	SD	舌背位移 均值	SD	舌体位移 均值	SD	舌背速度 均值	SD	舌体速度 均值	SD
[ai]	177	15	9.47	0.52	11.73	1.02	53.7	4.6	66.3	4.1
[au]	184	28	7.00	1.30	8.02	0.67	38.4	6.0	44.4	6.4
[œy]	183	22	8.35	0.87	9.98	0.77	46.0	5.8	55.1	6.9
[ia]	157	15	6.97	0.38	10.94	0.72	44.7	4.5	70.0	5.4
[ie]	137	13	6.21	0.55	7.07	0.44	45.5	4.0	51.9	4.9
[io]	213	23	7.46	0.67	6.03	0.35	35.1	1.6	28.5	2.1
[yo]	122	25	6.15	2.10	7.01	2.85	50.0	8.4	56.5	11.3
[ua]	179	19	7.07	0.73	3.98	0.38	39.5	1.4	22.4	2.9
[ua(ʔ)]	114	18	6.83	1.08	4.23	0.89	60.6	10.3	37.4	7.5
[uɛ]	131	17	12.80	0.90	9.96	0.77	98.7	11.9	76.7	7.8

首先看降峰双元音。双元音[ai]的发音涉及从一个低的舌位向硬腭"前举"的过程(参见上文发音位置图;另关于宁波方言舌发音机制,可参见:Hu,2006;胡方,2008),因此,无论舌背还是舌体,移动距离都是比较大的。在[ai]的发音中,舌体的位移介乎11至20毫米之间,舌背的位移介乎8至17毫米之间;同时,舌体平均速度也较大。双元音[au]的发音也是从一个低舌位开始,但以向软腭"收缩后举"动作结束,因此,[au]的发音主要涉及舌背。从表中我们可以看到,在[au]的发音中,舌背的位移不大,介乎6至11毫米,其所涉及的舌移动平均速度也比[ai]的发音小得多。双元音[œy]的发音则是从一个较后、较低的舌位向硬腭"前举";其中,舌体的位移介乎10至17毫米,舌背的位移介乎7至13毫米。整体上说,在[œy]的发音中,舌发音的位移与速度介乎[ai]与[au]之间;只有一个例外,在男性发音人一中,[œy]的舌背、舌体位移比[ai]大。

其次看正常长度的升峰双元音。升峰双元音[ia ua]可以看作是降峰双元音[ai au]的反过程。从表中可以看到,升峰双元音[ia]与对应的降峰双元音[ai]的舌运动区别不大,尤其是从舌体数据看。类似地,从舌背的数据看,升峰双元音[ua]与其对应的降峰双元音[au]舌运动也比较接近。

另二个正常长度升峰双元音[io]和[uɛ]的舌移动方向不同:[io]从"前举"舌位向"后举"舌位移动;[uɛ]则反之。除了女性发音人二之外,[io]的舌位移都较大:舌背介乎10至17毫米,舌体介乎10至19毫米。相应地,[io]的舌移动平均速度也较大,不过,由于个体之间差异较大,很难归纳出一致的规律。从表中也能看到,[uɛ]的舌运动数据,发音人之间的差异也非常大。因此,我们很难用舌运动数据来定义宁波方言正常长度升峰双元音之间的区别。

最后看短升峰双元音。[ua(ʔ)]与[ua]是宁波方言长短双元音的一对最小对立(minimal pair);[yo]与[io]也能视为长短双元音的准最小对立,因为前文已经显示,[io]的首成分更接近元音[y]。因此,比较[ua(ʔ)]与[ua]之间、[yo]与[io]之间的异同能帮助我们理解短双元音的发音机制。从表中可以看到,短双元音[ua(ʔ)]的舌背位移比正常长度的[ua]偏小或类似;由于短双元音的时长急

降峰双元音是一个动态目标而升峰双元音是两个目标：宁波方言双元音的声学与发音运动学特性

剧缩减，因此，短双元音的舌背平均速度也便无一另外地显著增加。与[ua(ʔ)]和[ua]这组不同的是，短双元音[yo]的位移不一定比相应的正常长度双元音[io]小。在男性发音人一、三、四和女性发音人二中，短双元音[yo]的舌背位移比[io]小，但舌体位移却比[io]偏大或相当。在男性发音人二中，短双元音[yo]的舌背位移比[io]大，舌体位移则与之类似。同时，我们可以看到，在所有发音人中，短双元音[yo]的舌体平均速度都比相应的正常长度双元音[io]要大得多；在男性发音人一、二、女性发音人二中，短双元音[yo]的舌背平均速度也比[io]大，而在男性发音人三、四中，短双元音[yo]的舌背平均速度也比[io]略小。以上对比说明，在短双元音的发音中，时长急剧缩短，但发音动作的位移并不缩减，因此，相关的发音器官只能增加速度。宁波方言的另一个短双元音[ie]的发音在不同的发音人之间大约涉及6至9毫米左右的舌体位移，这个舌移动距离大约与正常长度的双元音[au]相当；但短双元音[ie]的舌体平均速度高达40至90毫米/秒，也进一步印证上述归纳。

因此，大体上可以说，短双元音的发音特点是在音节时长缩短的情况下，舌发音点移动速度显著增加，但舌发音点的位移确实相当稳定。

六位发音人的宁波方言双元音舌发音点的峰值速度与峰值速度时点的均值与标准差数据见表4a—f所示。表中的峰值速度是双元音产生中测量到的最大切向速度，单位是毫米/秒；峰值速度时点则表示这个峰值速度何时出现，在标示时点数值（毫秒）的同时，也标示该时点在整个双元音音段中的百分比。

在宁波方言的双元音产生中，舌发音点的峰值速度的模式与平均速度类似，比如：三个降峰双元音大致上拥有各自不同的舌移动峰值速度，但如果升峰双元音一起考虑的话情况会变得相当复杂，发音人之间变异性很大，尤其不好区分[ai ia]、[au ua]这种相对应的降峰、升峰双元音；而在短双元音的发音中，则能比较普遍地观察到舌移动峰值速度的显著增加。由于篇幅关系，这里不展开讨论。

表 4a 宁波方言双元音舌背、舌体的峰值速度与峰值速度时点(男性发音人一)

双元音		舌背峰值	舌背峰值时点		舌体峰值	舌体峰值时点	
		毫米/秒	毫秒	%	毫米/秒	毫秒	%
[ai]	均值	102	208	48%	120	230	53%
	SD	25	14	5%	15	43	8%
[au]	均值	65	362	73%			
	SD	15	76	14%			
[Œy]	均值	132	323	56%	97	321	55%
	SD	31	26	5%	14	37	5%
[ia]	均值	97	134	27%	132	132	26%
	SD	17	22	3%	12	37	6%
[ie]	均值				102	138	60%
	SD				30	27	9%
[io]	均值	112	178	35%	94	186	37%
	SD	10	36	6%	10	40	7%
[yo]	均值	142	116	52%	214	107	48%
	SD	27	20	8%	24	21	9%
[ua]	均值	44	125	26%			
	SD	4	61	13%			
[ua(ʔ)]	均值	46	105	48%			
	SD	3	37	18%			
[uɛ]	均值	94	124	24%	55	172	33%
	SD	42	8	2%	19	43	8%

降峰双元音是一个动态目标而升峰双元音是两个目标:宁波方言双元音的声学与发音运动学特性

表 4b　宁波方言双元音舌背、舌体的峰值速度与峰值速度时点(男性发音人二)

双元音		舌背峰值	舌背峰值时点		舌体峰值	舌体峰值时点	
		毫米/秒	毫秒	％	毫米/秒	毫秒	％
[ai]	均值	100	278	56％	126	272	55％
	SD	19	42	6％	31	41	6％
[au]	均值	63	274	55％			
	SD	11	73	13％			
[œy]	均值	63	118	25％	75	120	26％
	SD	5	24	5％	12	27	7％
[ia]	均值	109	130	23％	133	126	22％
	SD	10	17	3％	24	15	2％
[ie]	均值				87	98	47％
	SD				17	21	7％
[io]	均值	111	146	27％	147	150	28％
	SD	18	16	4％	17	8	2％
[yo]	均值	169	113	56％	171	113	56％
	SD	26	24	3％	28	23	3％
[ua]	均值	48	113	20％			
	SD	8	30	6％			
[ua(ʔ)]	均值	64	78	37％			
	SD	13	27	12％			
[uɛ]	均值	58	66	12％	59	83	16％
	SD	15	15	3％	17	43	8％

表4c 宁波方言双元音舌背、舌体的峰值速度与峰值速度时点(男性发音人三)

双元音		舌背峰值 毫米/秒	舌背峰值时点 毫秒	%	舌体峰值 毫米/秒	舌体峰值时点 毫秒	%
[ai]	均值	208	136	63%	215	143	66%
	SD	18	20	8%	19	10	3%
[au]	均值	151	115	55%			
	SD	17	40	20%			
[Œy]	均值	166	138	57%	157	146	60%
	SD	13	31	12%	9	16	6%
[ia]	均值	202	73	27%	216	77	28%
	SD	17	8	4%	13	6	2%
[ie]	均值				139	81	48%
	SD				14	12	6%
[io]	均值	177	84	36%	135	107	46%
	SD	7	18	8%	15	10	4%
[yo]	均值	195	79	49%	168	81	51%
	SD	21	24	10%	25	14	6%
[ua]	均值	115	67	24%			
	SD	11	32	12%			
[ua(ʔ)]	均值	147	99	63%			
	SD	37	41	22%			
[uɛ]	均值	161	51	22%	122	54	23%
	SD	40	15	6%	27	12	4%

降峰双元音是一个动态目标而升峰双元音是两个目标:宁波方言双元音的声学与发音运动学特性

表4d 宁波方言双元音舌背、舌体的峰值速度与峰值速度时点(男性发音人四)

双元音		舌背峰值 毫米/秒	舌背峰值时点 毫秒	%	舌体峰值 毫米/秒	舌体峰值时点 毫秒	%
[ai]	均值	217	95	40%	255	99	41%
	SD	28	9	3%	40	11	3%
[au]	均值	103	104	42%			
	SD	6	37	11%			
[Œy]	均值	153	74	36%	216	75	36%
	SD	25	17	7%	31	12	4%
[ai]	均值	184	100	37%	278	97	36%
	SD	40	8	2%	25	10	3%
[ie]	均值				164	97	64%
	SD				18	23	15%
[io]	均值	188	111	39%	217	129	46%
	SD	9	22	6%	10	22	6%
[yo]	均值	152	89	52%	235	91	53%
	SD	21	12	9%	45	14	10%
[ua]	均值	95	62	24%			
	SD	14	25	8%			
[ua(ʔ)]	均值	102	80	44%			
	SD	14	17	10%			
[uɛ]	均值	262	79	30%	234	81	31%
	SD	14	32	11%	20	33	11%

表4e 宁波方言双元音舌背、舌体的峰值速度与峰值速度时点（女性发音人一）

双元音		舌背峰值 毫米/秒	舌背峰值时点 毫秒	%	舌体峰值 毫米/秒	舌体峰值时点 毫秒	%
[ai]	均值	132	102	49%	148	107	51%
	SD	6	16	5%	9	16	5%
[au]	均值	88	64	35%			
	SD	10	24	13%			
[Œy]	均值	132	102	50%	129	101	49%
	SD	8	23	9%	10	24	10%
[ia]	均值	151	81	35%	186	64	28%
	SD	6	9	4%	20	9	3%
[ie]	均值				128	79	56%
	SD				12	2	5%
[io]	均值	111	91	39%	120	99	43%
	SD	18	20	9%	10	19	8%
[ua]	均值	100	62	26%			
	SD	7	10	3%			
[ua(ʔ)]	均值	119	62	40%			
	SD	11	14	9%			
[uɛ]	均值	148	80	30%	131	78	29%
	SD	7	11	3%	11	12	3%

降峰双元音是一个动态目标而升峰双元音是两个目标:宁波方言双元音的声学与发音运动学特性

表 4f 宁波方言双元音舌背、舌体的峰值速度与峰值速度时点（女性发音人二）

双元音		舌背峰值 毫米/秒	舌背峰值时点 毫秒	%	舌体峰值 毫米/秒	舌体峰值时点 毫秒	%
[ai]	均值	99	140	58%	111	139	57%
	SD	8	11	3%	11	11	3%
[au]	均值	69	113	43%			
	SD	13	25	10%			
[Œy]	均值	84	102	39%	96	106	40%
	SD	19	18	6%	18	21	7%
[ia]	均值	115	116	33%	146	100	28%
	SD	5	13	3%	7	15	4%
[ie]	均值				105	67	40%
	SD				8	15	6%
[io]	均值	89	157	51%	73	163	53%
	SD	14	33	6%	8	37	7%
[yo]	均值	109	103	53%	111	96	50%
	SD	15	24	8%	19	23	8%
[ua]	均值	83	84	25%			
	SD	6	15	3%			
[ua(ʔ)]	均值	101	94	42%			
	SD	7	24	8%			
[uɛ]	均值	196	87	30%	162	87	30%
	SD	23	14	3%	19	14	3%

从上述的讨论中可以看到,如果说降峰双元音、升峰双元音内部各自大体上拥有不同的舌运动平均速度或峰值速度的话,那么,我们也很难以此区分降峰、升峰双元音之间,尤其是像[ai ia]、[au ua]这种相对应的降峰、升峰双元音之间的舌运动速度策略。这里,我们发现,峰值速度时点是一个能够区分宁波方言降峰、升峰双元音的、很好的舌运动参数。从表中可以看到,所有发音人的数据都显示,降峰双元音[ai au]的峰值速度时点比相应的升峰双元音[ia ua]都要大得多。也就是说,降峰双元音的舌运动峰值速度出现得晚,升峰双元音的舌运动峰值速度则出现得早。

除了个别例外之外,大部分升峰双元音的舌运动峰值速度出现在双元音音段的前半段,而大部分降峰双元音的舌运动峰值速度出现在双元音音段的中段。这个结果与前文所述的声学材料是相印证的。发音上的舌运动峰值速度出现在声学上的共振峰过渡段。前文指出:宁波方言降峰双元音的首尾成分都有稳定段,首成分时长大约占整个双元音音段的三分之一左右,过渡段时长大约占双元音音段的40%;而升峰双元音则只有尾成分有稳定段,首成分并没有稳定段,也就是说,升峰双元音一开始便是共振峰过渡段,而这个过渡段一般占到整个双元音音段的一般左右。

另一个有意思的发现是,宁波方言短双元音的舌运动峰值速度时点百分比值比相应的正常长度升峰双元音显著增加。大体上说,如果以峰值速度时点百分比值来看,宁波方言的三个短升峰双元音[ie yo ua(ʔ)]更接近降峰双元音的类型。但这并不意味着我们应该将短升峰双元音和降峰双元音归为一类。短双元音的峰值速度时点百分比值显著增加是因为他们的整个音段时长很短,只有正常长度升峰双元音的一半左右甚至更短。而且,从表中我们可以看到,短双元音的峰值速度时点绝对值并不一定小于相应的正常长度升峰双元音:对比[ua ua(ʔ)],在男性发音人一、二中,短双元音[ua(ʔ)]的峰值速度时点略小于正常长度的[ua];但在其他四位发音人中,短双元音[ua(ʔ)]的峰值速度时点与正常长度的[ua]类似,有时甚至略大。这说明在短双元音的发音中,峰值速度时

降峰双元音是一个动态目标而升峰双元音是两个目标:宁波方言双元音的声学与发音运动学特性

点是个相当稳定的参数。综前文所述,在宁波短双元音的产生中,时长急剧缩短,舌发音平均速度与峰值速度均显著增加,尾成分频谱明显达标不足,但其舌运动峰值速度时点相对稳定。

6. 结论与讨论

　　本文检视了宁波方言降峰双元音与升峰双元音的语音学特点,发现二者在声学与发音上存在着一些系统的不同。首先,宁波方言降峰、升峰双元音成分的内部时间结构不同;降峰双元音首尾成分都有稳定段,而升峰双元音的首成分没有稳定段,其频谱一直是变化的,只有尾成分有稳定段。其次,从声学频谱特征上看,宁波方言降峰、升峰双元音的首成分均从它们各自的目标单元音的频率区域开始,但只有正常长度的升峰双元音的尾成分到达目标单元音的频率区域,短升峰双元音的尾成分出现明显的达标不足现象,而降峰双元音则没有明确的尾目标,其尾成分的频率区域更像是由其双元音自身的动态特性所决定的。第三,双元音的动态频率特性显示,宁波方言的降峰、升峰双元音内部各自拥有自身不同的共振峰变化模式,但降峰、升峰双元音之间很难区分。第四,从发音上看,宁波方言的降峰双元音、升峰双元音的首成分都会受到尾成分逆协同发音的一定影响,但大体上说,双元音首成分的发音位置控制得还是比较好,与其相对应的目标单元音的发音位置比较接近;双元音尾成分的发音可变性较大,这说明双元音的尾成分在发音上可能并没有明确的目标,而是发音器官运动控制的结果,至于升峰双元音的尾成分拥有声学目标,可能是受到元音构音位置的解剖特性与量子特点的作用所影响。第五,双元音的舌运动学特性显示,大体上说,宁波方言的降峰、升峰双元音内部各自拥有不同的舌运动策略,但是与声学动态特性类似,很难以此区分降峰双元音与升峰双元音,因为相对应的降峰、升峰双元音往往拥有类似的舌运动策略。最后,宁波方言降峰、升峰双元音在发音的时间结构上显示了区别,二者拥有不同的舌运动峰值速度时点;在宁波方言升峰双元音的发音中,舌运动峰值速度出现得早,而在降峰双元音的发音中,舌运动峰值速度出现得晚。

通过对宁波方言降峰、升峰双元音的描述,我们看到,双元音在共振峰模式、共振峰变化模式、首尾成分发音位置、发音器官运动策略等方面均可以有自己的特点,而且,无论声学上还是发音上,双元音的时间结构特性也是相当重要。当然,根据一个方言的研究,很难去确定这里所揭示的这些双元音的特性、降峰、升峰双元音之间的区别的性质,只有当不同的语言、方言中的研究积累到相当程度的时候,才能比较深入地理解,双元音发音、声学上的特性,哪些是带有普遍性的(universal),哪些是语言个别的(language specific)?比如说,双元音的首尾成分目标。双元音较少的语言因为往往只有降峰双元音,因此,研究往往发现双元音的首成分目标比较固定,而尾成分则可变性较大,比如英语(Gay 1968、1970)、Maithili语(Jha 1985)。关于升峰双元音的研究则发现,尾成分的目标对于双元音区分也是很重要的(Bladon 1985)。而本文的研究则揭示此类区别可能是降峰、升峰双元音之间的系统区别。

语言之间双元音的不同可以体现在方方面面。在很多语言中,比如英语(Lehiste & Peterson 1961)、西班牙语(Manrique 1979)、普通话(Ren 1986)、香港广东话(Zee 1999)等,双元音成分之间的过渡段都是很长的;但据报导,在另一些语言中,比如开罗阿拉伯语(Norlin 1984)、豪萨语(Lindau-Webb 1985)等,双元音的过渡段就很短。在本文所讨论的宁波话中,无论是首尾成分都有稳定段的降峰双元音,还是只有尾成分有稳定段的升峰双元音,双元音的过渡段都比较长,而且,在升峰双元音中,由于首成分没有稳定段,双元音直接由过渡段开始。但这里需要强调的是,降峰、升峰双元音的成分有无稳定段之类的区别,并不一定具有区分降峰、升峰双元音的功能。比如,Ren(1986)就指出在普通话中,降峰双元音[ei ou]的首成分并没有稳定段,升峰双元音[ie]的首成分有稳定段但尾成分没有,而[ou uo]之类的双元音则首尾成分都没有稳定段,整个双元音由过渡段构成。Lehiste & Peterson(1961)将双元音定义为"一个由双目标

降峰双元音是一个动态目标而升峰双元音是两个目标:宁波方言双元音的声学与发音运动学特性

组成的音节核心",并认为英语中[ei ou]之类的并不是真性双元音,理由便是它们各自都只有一个稳定段。Manrique(1979)则认为,双元音目标成分没有稳定段并不妨碍元音序列成为双元音。同时,感知研究也表明,没有稳定段的过渡段滑音本身足以识别双元音(diphthong identification)(Gay 1970;Bond 1978,1982)。本文所讨论的宁波方言的双元音材料也表明,虽然升峰双元音首成分没有稳定段,其共振峰模式一直处于变化之中的过渡状态,但由于其频率区域、发音位置等与目标单元音接近,因此,宁波方言升峰双元音的首成分无论是在声学层面还是在发音层面都是拥有一个明确的目标的。也就是说,沿用Lehiste & Peterson(1961)的方式,我们可以将宁波方言升峰双元音这类的双元音定义为"一个由双目标组成的音节核心";而宁波方言降峰双元音这类的双元音则是"一个由动态目标组成的音节核心"。

双元音的所谓"真假"可以从语音学的角度去观察,但更重要的是从音系学的角度去考量。赵元任(1928)指出吴语中的升峰双元音是假的,那是因为升峰双元音本身并不构成语言中的一个音位对立,相反,在音系分析中,我们必须先把升峰双元音中的首成分,即介音,切出来。也就是说,比如本文所讨论的宁波方言中有升峰双元音[ia ua],但这并不是说宁波方言的元音音位对立中有上述这两个双元音/ia ua/与其他元音音位比如/i u a/等形成音位对立;相反,我们认为宁波方言升峰双元音[ia ua]中的[a]与单元音中的[a]是同一个音位/a/。而吴语中的降峰双元音则不同,无论是如南部吴语中效摄读降峰双元音[au]类韵母的情况,还是如本文所讨论的宁波方言中那种原来单元音裂化而成的降峰双元音[au]等之类的,这里的降峰双元音构成与该方言中其他元音、双元音音位的对立。以宁波方言为例,降峰双元音[ai au]中的[a]与单元音中的[a]并不是一个音位,相反,降峰双元音[ai au]与单元音[a]构成三个音位对立/a ai au/。

还有一种双元音的真假性问题主要出自对藏语的研究,比如谭克让、孔江平(1991)就认为拉萨话中的复元音在声学上前后两个成分的强度基本相同,因此属于"真性"复元音。这是与本文所讨论的内容完全不同的一种关于真假性双元音的视角。藏语的双元音主要来自于历时上的合音,即两个音节合并成一个音节之后,原来各自的单元音便成了双元音(参见:江荻、孔江平 1990)。这类合音产生的双元音,无论是降峰的,还是升峰的,在声学上、听感上,两个组成成分的强度都是相当的,因而被认为是"真性的";相比较而言,汉语及方言中的复元音,组成成分总是有强弱之分的,因此,在研究藏语的学者的观念中,汉语方言中的复元音,都是"假性的"。不过,这里面的情况究竟如何,是值得进一步研究的。

参考文献

胡方:《论元音产生中的舌运动机制——以宁波方言为例》,《中国语音学报》第一辑,商务印书馆 2008 年版。

江荻、孔江平:《藏语合音现象的词汇扩散分析》,《民族语文》1990 年第 2 期。

谭克让、孔江平:《藏语拉萨话元音、韵母的长短及其与声调的关系》,《民族语文》1991 年第 2 期。

Abercrombie, D., *Elements of general phonetics*. Edinburgh: Edinburgh University Press, 1967.

Bladon, A. Diphthongs, A case study of dynamic auditory processing. *Speech Communication*, 4, 1985:145-54.

Bond, Z.S., The effects of varying glide durations on diphthong identification. *Language and Speech*, 21, 1978:253-63.

Bond, Z. S., Experiments with synthetic diphthongs. *Journal of Phonetics*, 10, 1982: 259-64.

Catford, I., *Fundamental problems in phonetics*. Edinburgh: Edinburgh University Press, 1977.

Chao, Y.-R.(赵元任), *Studies in the Modern Wu Dialects*. Peking: Tsinghua University Research Institute Monogragh, 1928:4.

Gay, T., Effects of speaking rate on diphthong formant movements. *Journal of the Acoustical Society of America*, 44, 1968:1570-3.

Gay, T., A perceptual study of American English diphthongs. *Language and Speech*, 13,

降峰双元音是一个动态目标而升峰双元音是两个目标：宁波方言双元音的声学与发音运动学特性

1970：65-88.

Holbrook, A. and Fairbanks, G., Diphthong formants and their movements. *Journal of Speech and Hearing Research*, 5, 1962：38-58.

Hu, F. (胡方), An acoustic analysis of diphthongs in Ningbo Chinese. In *Proceedings of Eurospeech* 2003, pp.801-804. Geneva, Switzerland.

Hu, F. (胡方), Tongue kinematics in diphthong production in Ningbo Chinese. In *Proceedings of Interspeech-Eurospeech 2005*, pp.1029-33, Lisbon, Portugal.

Hu, F. (胡方), *A Phonetic Study of the Vowels in Ningbo Chinese*. Ph. D.Dissertation, City University of Hong Kong. Available online at http://dspace.cityu.edu.hk/handle/2031/4345., 2005.

Hu, F. (胡方), On the lingual articulation in vowel production: Case study from Ningbo Chinese. In *Proceedings of the 7th International Seminar on Speech Production (ISSP 2006)*, pp.303-10, Ubatuba, Brazil.

Jha, S. K. (1985) Acoustic analysis of the Maithili diphthongs. *Journal of Phonetics*, 13, 1985：107-15.

Jones, D., *Outline of English phonetics (2nd Edition)*. New York: E. P. Dutton, 1922.

Kelso, J.A.S., Saltzman, E. L. and Tuller, B. The dynamical perspective on speech production: data and theory. *Journal of Phonetics*, 14, 1986：29-59.

Kent, R.D. & Moll, K.L., Tongue body articulation during vowel and diphthong gestures. *Folia Phoniatrica*, 24, 1972：278-300.

Lehiste, I. & Peterson, G.E., Transitions, glides, and diphthongs. *Journal of the Acoustical Society of America*, 33, 1961：268-77.

Lindau-Webb, M., Hausa vowels and diphthongs. *UCLA Working Papers in Phonetics*, 60, 1985：40-54.

Malmberg, B., *Structural linguistics and human communication*. Berlin: Springer-Verlag, 1963.

Manrique, A., Acoustic analysis of the Spanish diphthongs. *Phonetica*, 36, 1979：194-206.

Norlin, K., Acoustic analysis of vowels and diphthongs in Gairo Arabic. *Working Papers*,

27, 1984:185-208, Department of Linguistics, Lund University.

Perkell, J.S. and Cohen, M.H., An indirect test of the quantal nature of speech in the production of the vowels /i/, /a/ and /u/. *Journal of Phonetics*, 17, 1989:123-33.

Perkell, J.S. and Nelson, W. L., Articulatory targets and speech motor control: A study of vowel production. In S. Grillner, A. Persson, B. Lindblom and J. Lubker (Eds.), *Speech Motor Control*. New York: Pergamon, 1982.

Perkell, J.S. and Nelson, W.L., Variability in production of the vowels /i/ and /a/. *Journal of the Acoustical Society of America*, 77, 1985:1889-95.

Pike, K.L., On the phonemic status of English diphthongs. *Language*, 23, 1947:151-9.

Ren, H.-M., *On the acoustic structure of diphthongal syllables*. PhD dissertation, UCLA. Published in *UCLA Working Papers in Phonetics*, 1986:65.

Ren, H.-M. & Chan, M. Acoustic analysis of the diphthongs in Shanghai, Cantonese and Mandarin. Paper presented at *The International Conference on Wu Dialects*, The Chinese University of Hong Kong, December, 1988:12-4.

Saltzman, E.L. and Kelso, J.A.S., Skilled actions: a task dynamic approach. *Haskins Laboratories Status Report on Speech Research*, SR-76, 1983:3-50.

Stevens, K.N., The quantal nature of speech: evidence from articulatory-acoustic data. In P.B.Denes & E.E.David Jr. (Eds.), *Human Communication, a Unified View*, 1988:51-66. New York: McGraw Hill.

Stevens, K.N., On the quantal nature of speech. *Journal of Phonetics*, 17, 1989:3-46.

Sweet, H., *A handbook of phonetics including a popular exposition of the principles of spelling reform*. Oxford: Clarendon Press, 1877.

Zee, E., An acoustical analysis of the diphthongs in Cantonese. *Proceedings of the 14th International Congress of Phonetic Sciences (ICPhS 99)*, 2, 1999: 1101-5. San Francisco.

原载《语言研究集刊》第十辑，上海辞书出版社2013年版。收入本书时补足了当时因篇幅而删节的表3与表4，并修正了文中相应的叙述。

论清浊塞音的发音协调机制
——以上海话为例

马 良　陈忠敏　魏建国

一、研 究 背 景

20世纪80年代美国Haskins实验室的研究人员提出发音协调理论（Fowler 1980；Kelso 1986；Saltzman 1986，1989）。这个理论有两个重要概念：一个是"发音姿态"（gesture），指为了实现一个特定的语音目标就要激活和组合一套发音器官的运动；另一个是"协调—结构"（Coordinative-structure），是指为了实现一个发音姿态，被激活的各个发音器官之间必须协调工作。因此，对于每一个音段，发音器官（舌，下颚，嘴唇等）最终运动的轨迹将受这种协调机制的制约。

世界上每种语言几乎都有塞音，塞音最主要的对立是清/浊、送气/不送气和松/紧。关于塞音的清浊对立，Stevens（2000）通过对比发音器官运动学数据、空气动力学数据和声学数据观察到清浊塞音发音时舌、会厌与声带等发音器官都有不同的运动。因此，塞音的清浊对立不仅仅是喉部声门声带活动的差异，声门上的各发音器官运动也不相同，可以说声门活动与声门上各发音器官相互配合协调才能产生语音学上的清浊对立差异。

本文以上海话为例观察清浊塞音发音的协调机制。吴语中浊塞音的性质存在争议,主要是由于浊音在语音词(phonological word)起首位置的时候声带不振动,而在语音词中间位置的时候声带是振动的。赵元任在 20 世纪二三十年代就发现了这一现象,他用"清音浊流"来描述词首位置的浊音(赵元任 1928),指塞音本身是清音,它后面带有一个浊流。后来的学者多从塞音的声学特性和发声态机制方面探讨"清音浊流"的性质(石锋 1988;Cao 1992;陈忠敏 2010)。本文沿用这种分类方法,针对上海话清塞音、浊塞音以及"清音浊流"发音时口腔内发音器官动作,调查发这些音时声门上各发音器官的协调机制。

二、实 验 方 法

我们利用超声观测上海话双唇、舌尖和舌根三组塞音,比较同一发音部位清浊塞音的口腔内发音器官,主要是舌的运动。为了方便讨论,本文对上海话浊塞音使用两套音标,即在语音词词中位置,且 VOT<0 的塞音用[b、d、g]表示,在语音词词首,且 VOT≥0 的"清音浊流"用[pɦ、tɦ、kɦ]表示。由于吴语的送气清塞音与其他几种塞音存在明显的区分,送气清塞音的分类也没有太多的争议,所以本文对送气清塞音仅做简单分析。本文主要针对浊塞音与不送气清塞音的区别进行讨论。

超声实验在天津大学计算机学院语音实验室完成,发音人为男性,年龄 50 岁。语料采用上海话双音节语音词,目标音段分别设置在双音节语音词首位置与词中位置。实验采集每秒 90 帧的超声舌头运动图像,同步采集语音信号。我们观察的超声舌形是塞音除阻时刻的舌形,目标音段的测量点选择塞音除阻时刻的声学爆破位置。在获得目标音段的超声图像之后,我们使用 Matlab 软件对超声图像的舌形边界进行标注和提取,再对提取后的不同塞音舌形进行比较。

三、实 验 结 果

1. 处于语音词词中位置的浊音与不送气清塞音,后接元音都是[-a]

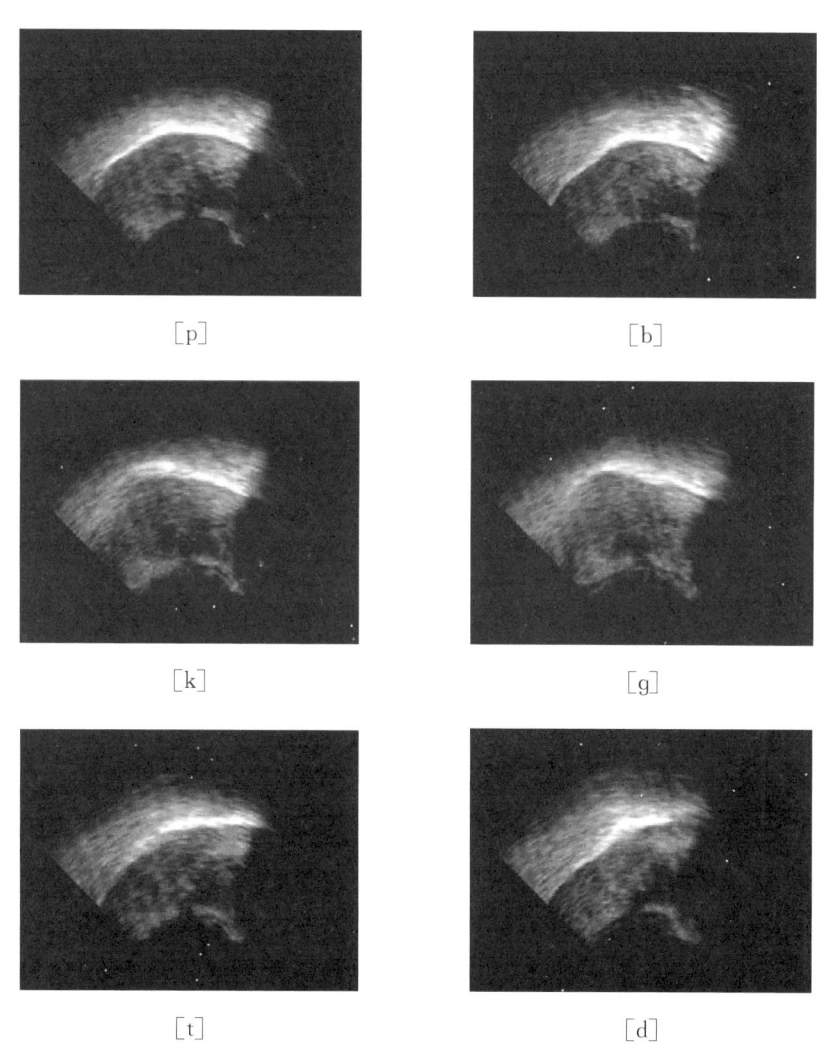

[p]   [b]

[k]   [g]

[t]   [d]

图1 三组不送气清音(左)与浊音(右)在语音词词中位置时的超声图像
第一排双唇音,第二排舌根音,第三排舌尖音。嘴唇位于每幅图像右侧。

(a) [p]/[b]　　　　　(b) [k]/[g]　　　　　(c) [t]/[d]

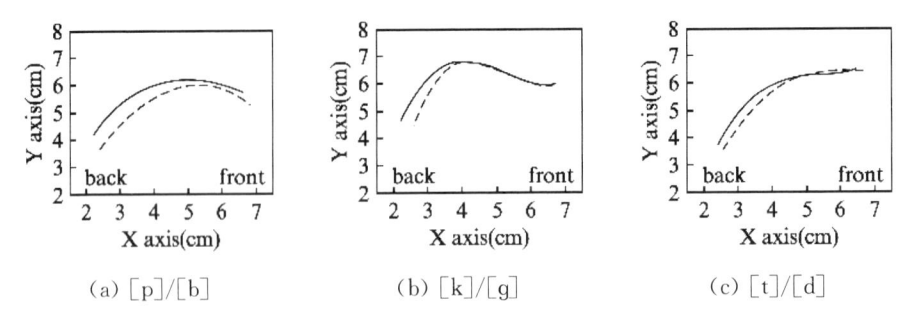

图2　不送气清音(实线)与浊音(虚线)在语音词词中位置时的舌形对比
(a.双唇音,b.舌根音,c.舌尖音。)

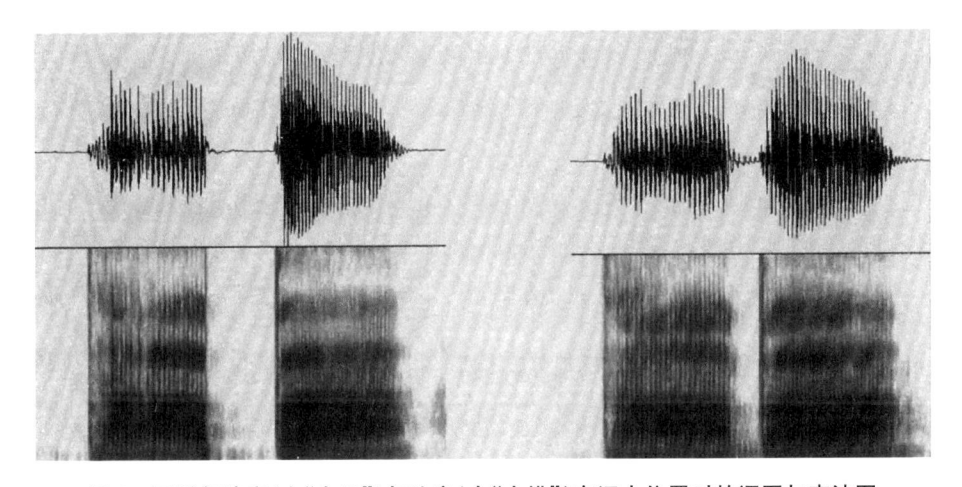

图3　不送气清音(左"大巴")与浊音(右"大排")在词中位置时的语图与声波图

图1显示处于语音词词中位置的三组不送气清音和浊音在除阻时刻的超声观测图像,图2为经过提取后的三组塞音的舌形轮廓,在每组塞音中,实线代表不送气清音舌形,虚线代表浊音舌形。图3显示在词中位置时不送气清音(左)的VOT大于零,而浊音(右)的VOT小于零。由图1和图2我们可以看出,对于第一组双唇塞音,从整体的舌形来看,浊音比不送气清音的舌形更低更靠前,尤其是浊音的舌后部有明显的向前向下运动。第二组舌根塞音,浊音与不送气清音相比舌体前部几乎没有改变,但是浊音的舌后部位置更加靠前。第

三组舌尖塞音,两者舌体前部没有差别,浊音舌后部比不送气清音向前,但是向前运动的幅度没有第一组和第二组显著。从这三组清浊塞音对比的总体来看,在词中位置时浊音舌后部都比对应的不送气清音更加靠前。

Stevens(2000)曾经在英语浊塞音发音过程中观察到咽壁和舌根的向前运动。Stevens指出,对于浊塞音,这个向前的运动,主要有两个方面原因,一个是由口腔内不断增大的压力而产生的被动移动,另一个是舌体肌肉主动收缩而产生的向前移动,其中主要收缩的是颏舌肌的下部。对于清塞音,Stevens指出清塞音的咽壁也有轻微的向前移动,但是这完全是由于口腔内不断增大的压力而被动产生的。我们认为浊音这种主动收缩颏舌肌下部的发音方法是一种发音协调的体现。由于发清塞音的时候,声门在持阻时段内打开,声门上气压很快增大以至于与声门下气压持平。因此,收紧点后方的舌体会被动地受到气流挤压而产生略微的前向运动。而发浊塞音时,声带在持阻时段内振动,肺部气流通过声带一次次振动进入口腔,声门上气压缓慢上升,逐渐接近声门下气压。然而,维持声带振动需要一定的声门上下气压差,否则声带就会停止振动。所以,发音人在浊塞音持阻过程中主动收缩颏舌肌,让舌体进一步向前运动,主动增大声门上空间,确保声门上有一个较小的压力,以维持发浊塞音所需的声门上下气压差,从而能保持声带振动。这种主动的发音方法展示了喉部声带振动与口腔内发音器官协调的机制,它是一种主动的发音协调策略的体现。

2. 处于语音词起首位置的"清音浊流"与不送气清塞音,后接元音都是[-a]

图4显示三组不送气清音和"清音浊流"在词首位置时的超声观测图像,图5为经过提取后的三组塞音的舌形轮廓,其中,实线代表不送气清塞音舌形,虚线代表"清音浊流"舌形。在三组塞音的对比中,处于词起首位置的不送气清塞音与"清音浊流"舌形差别不明显。其原因主要是由于发"清音浊流"时声带没有振动,如图6显示,在词首位置时不送气清塞音和清音浊流的VOT都是大于零的。因此,"清音浊流"在发音时口腔内没有像浊音那样的

吴声越韵

主动配合声带振动的协调动作。从这一点我们可以看出来,声带振动与相应的舌协调机制是被整体规划的,尽管"清音浊流"被感知为有浊音感,但是因为声带没有振动,所以发音人没有使用像浊塞音那样的声门与声门上发音器官的配合协调策略。

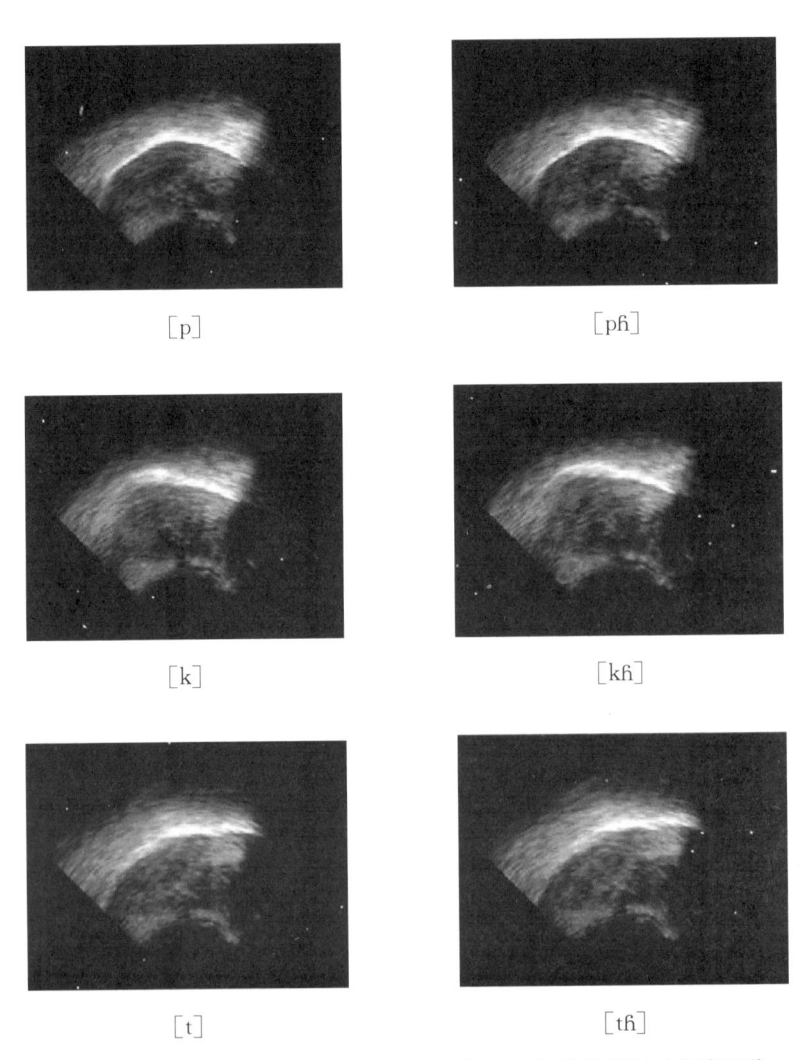

[p]　　　　　　　　　　　[pɦ]

[k]　　　　　　　　　　　[kɦ]

[t]　　　　　　　　　　　[tɦ]

图4　不送气清音(左)与清音浊流(右)在语音词词首位置时的超声图像
第一排双唇音,第二排舌根音,第三排舌尖音。嘴唇位于每幅图像右侧。

(a) [p]/[pɦ]　　　　　(b) [k]/[kɦ]　　　　　(c) [t]/[tɦ]

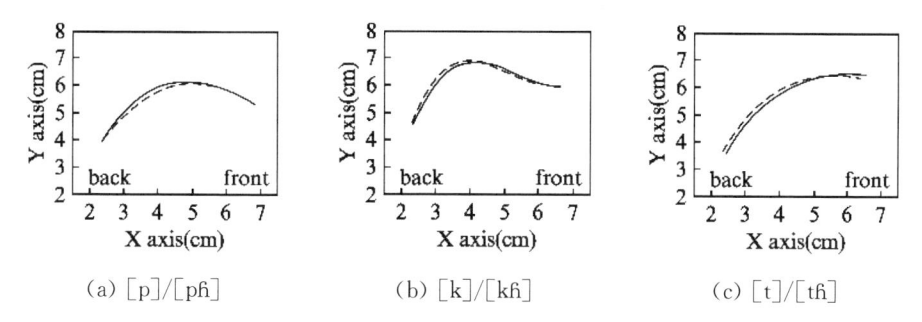

图 5 不送气清音(实线)与"清音浊流"(虚线)在语音词词首位置时的舌形对比
(a.双唇音,b.舌根音,c.舌尖音。)

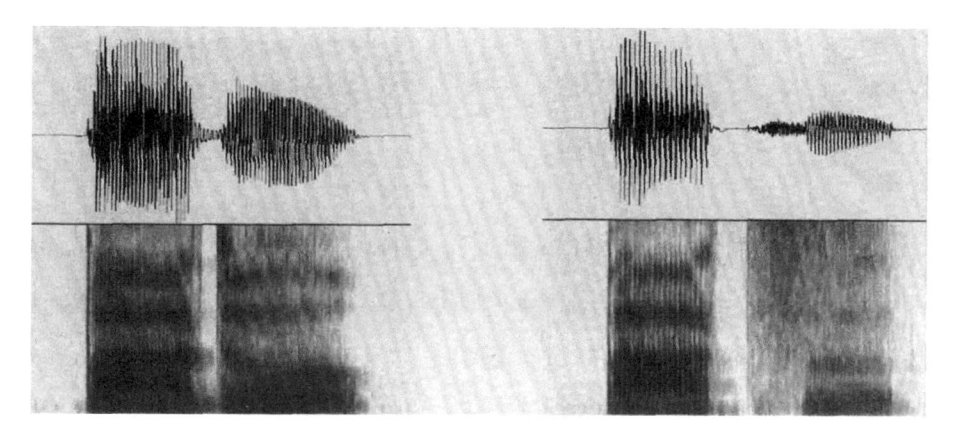

图 6 不送气清音(左"摆渡")与"清音浊流"(右"牌子")在语音词词首位置时语图与声波图

3. 送气清塞音与不送气清塞音

无论在词中位置还是词首位置,送气清塞音在除阻时刻的舌形与不送气清塞音都没有明显区别,三组塞音的情况相同。

四、讨　论

我们观察上海话浊塞音与清塞音的口腔内发音器官运动。实验结果表明,在词中位置时,上海话浊塞音舌后部比清塞音舌后部位置更靠前,浊塞音这种增大后腔体积的发音方法有利于保持相对较大的声门上下气压比例差,维持声带振动,有利于浊塞音的发音。在三组不同发音部位的塞音中,双唇浊塞音舌位降低更加明显,因为发双唇音的时候舌位相对比较自由,发音人有更多的余地展现发浊塞音时的舌协调机制。舌尖浊塞音和舌根浊音也表现出一定程度的舌后部向前运动,但是发舌尖音和舌根音,舌头要参与,要与硬腭或软腭形成阻塞,这样,舌本身活动的自由度就受限制,所以幅度没有双唇塞音明显。尽管如此,发音人在确保发音正确的前提下,还是尽可能地展现了浊塞音的协调机制。这种区别反映了"协调—结构"对不同的音段具有不同程度的协调能力。当一个发音器官不占据发音主导地位的时候,它更容易与其他发音器官发生协调。如双唇浊塞音,发音主要部位是双唇,所以舌体更容易与喉部发生协调。

在语音词起首位置时,"清音浊流"与不送气清塞音相比舌形没有明显差别。因为两者在持阻阶段声带都不振动,不需要有声门上下气压差,所以舌也无需与声带起协调机制的作用。说明发"清音浊流"时发音人没有使用浊音的发音协调策略。最后,不论在词首还是词中位置,送气清塞音与不送气清塞音的舌形在除阻时刻没有明显区别。

参考文献

陈忠敏:《吴语清音浊流的声学特征及鉴定标志——以上海话为例》,《语言研究》第 30 期,2010 年,第 20—34 页。

石锋(1988):《苏州话浊音声母的再分析》,《吴语研究》。收入《语音学探微》,北京大学出版社 1990 年版。

赵元任(1928):《现代吴语的研究》,清华学校研究院丛书第 4 种,1928;科学出版社 1956 年版。

Cao, Jianfen & Meddieson, I. An Exploration of Phonation Types in Wu Dialects of Chinese. *Journal of Phonetics* 20, 1992:77-92.

Fowler, C. A. Coarticulation and Theories of Extrinsic Timing. *Journal of phonetics*, 8,

1980:113-133.

Kelso, J.A.S., Saltzman, E.L. & Tuller, B. The Dynamical Theory on Speech Production: Data and Theory. *Journal of Phonetics*, 14, 1986:29-60.

Saltzman, E. L. Task Dynamic Coordination of the Speech Articulators: A Preliminary Model. *Experimental Brain Research*, Series. 15, 1986:129-144.

Saltzman, E.L. & Munhall, K.G. A Dynamical Approach to Gestural Patterning in Speech Production. *Ecological Psychology*, 1, 1989:333-382.

Stevens, K.N. *Acoustic Phonetics*. Cambridge: The MIT Press, 2000.

原载《语言研究集刊》第十四辑,上海辞书出版社 2015 年版

吴语文献

现代上海市区方言的多种来源与方言岛理论[*]

石汝杰

从19世纪中叶(1843年)上海开埠以来,其经济、政治、文化的影响从长江三角洲扩展到全国,与之相应的是,上海方言的地位也越来越重要,而且变化速度快,情况复杂。

本文以历史文献[主要是艾约瑟(J. Edkins)的记录]为出发点,与现代上海话的音系(依据《上海市区方言志》)作比较,并与附近方言(包括上海郊区和苏南、浙北的方言)相对照,以此看其语音系统的变化,并考察在这一过程中产生的、反映在现代上海语音系统中的异质成分的来源。同时,从这一现象出发,探讨方言岛的理论。

一、19世纪中叶的上海话音系

上海原属松江府,当时其方言语音的基本特征跟周围方言很接近。我们能看到的早期上海话比较完整的记录是艾约瑟(J. Edkins)的《上海口语语法》(1853)和他同时编写的《上海方言词汇集》(1869),其音系归纳如下:

---

[*] 本稿的雏形是1992年4月在第三届现代语言学学术讨论会(上海)上发表的1000多字的提纲,经过多次扩展补充,2011年11月12日在大东文化大学大学院中国言语文化学专攻主办的研讨会上以"现代上海方言的多种来源和方言岛理论"为题作了报告。这一次经过大幅度的修改补充重新发表。

吴声越韵

以下各表中，短横左边是原文的标记，右边的国际音标是我参考现代上海（尤其是郊区）方言语音构拟的。

(一) 声母

p-ɓ 本补	p′-pʰ 破批	b-b 盆白	m-m 面陌	f-ɸ 分福	v-β 文佛
t-ɗ 当懂	t′-tʰ 托帖	d-d 第头	n-n 脑难		l-l 劳郎
ts-ts 总作	t′s-tsʰ 清出	dz-dz 常浊		s-s 箱速	z-z 常实
k-tɕ 经坚	k′-tɕʰ 起牵	gh-dʑ 件极	gn-ɲ 人年	h-ɕ 虚险	
k-k 功家	k′-kʰ 靠看	g-g 茄共	ng-ŋ 我外	h-h 好呼	
0-ʔ 安因		y-ɦ 学有	w-ɦ 为话		ɦ-ɦ 害盒

(二) 韵母

z-ɿ 之是字		û-ʯ 朱住如	
		ûe/ûi-ɥe/ue 追随岁	
	i-i 比起李	ú-u 布多歌	ü-y 绪归女
á-A 买柴街	iá-iA 爹假爷	wa-uA 快歪坏	
ó-o 马茶纱		wó-uo 瓜华化	
é-e 杯来改	ié-ie 且邪也	wé-ue 规块灰	
au-ɔ 包到好	iau-iɔ 飘小要		
eu-ɤ 某走厚	ieu-iɤ 酒牛有		
	iú-iu 靴		
an-æ 板谈喊	ian-iæ 念甘焰	wan-uæ 关筷弯	
én-ē 半南蚕	ién-iē 边尖烟	wén-uē 官欢换	
ön-ø 团乱看	iön-iø 圈原远		
ûn-œ 钻算赶			
ang-ã 朋张硬	iang-iã 良墙羊	uang-uã 横	
ong-ɑ̃ 帮当江	iong-iɑ̃ 旺	wong-uɑ̃ 光黄汪	

续表

un-ʌn 本尊根	iun-iʌn 金人印	wun-uʌn 滚昏稳	iün-yn 群训云
ung-ʌŋ 等能恨	iung-iŋ 今轻英 ing-iŋ 兵井新	wung-uʌŋ 魂	
óng-oŋ 风松公	ióng-ioŋ 穷容浓		
úng-uŋ 龙松中	iúng-iuŋ 兄容用		
áh-Aʔ 伯石客	iáh-iAʔ 掠脚约	wáh-uAʔ 划	
ák-Ak 百石格	iák-iAk 略脚约		
ah-æʔ 八答匣	iah-iæʔ 略甲捏	wah-uæʔ 括挖	
éh-eʔ 实十刷	éh-ieʔ 歇日	uéh-ueʔ 活窟	
eh-əʔ 佛脱鸽		weh-uəʔ 国阔活	
	ih-iiʔ 笔铁雪		
uh-ʌʔ 白得黑	iuh-iʌʔ 力吃逆		
uk-ʌk 百赤刻	iuk-iʌk 力即逆		
oh-ɔʔ 服落阁		woh-uɔʔ 或	
ok-ɔk 薄木学		wok-uɔk 桲	
óh-oʔ 北竹国	ióh-ioʔ 逐局肉	wóh-woʔ 或	
ók-ok 薄服角	iók-iok 玉褥狱		
öh-øʔ 掇说喝	iöh-iøʔ 橘月缺		
rh-əl 而儿耳	m 无	ng-ŋ 鱼五恒	

(三) 声调

(1) 调值：原文用发圈方式表示声调。艾氏说明调值时用字母描写声调的形状：u(upper)高、l(lower)低、r(rising)升、f(falling)降、q(quick)快、s(slow)慢、e(even)平、c(circumflex)曲折、sh(short)短。(11页)今据这一描写，并参考他在本书别处的说明，构拟当时上海声调如下：

	调 类	调值说明	构拟调值	例 字	根据节(§)
1	阴平	u, q, f 快降调	53	瓜钟风多轻	14
2	阳平	l, e 低长调,末尾上升	112	篷龙门唐文	34
3	阴上	u, e 没有曲折的高平调	44	水好火讨许	19
4	阳上	l, s, r 低延长调,结束时上升	223	有五里弟罪	39
5	阴去	u, q, r 高调,尾部向上急升	35	变四寸姓店	24
6	阳去	l, q, r 低急升调	13	病话大顺卖	45
7	阴入	u, sh 高短调,尾部上升	45	角刻法湿哭	28
8	阳入	l, sh 低短升调	23	贼挟掘陌学	51

(2) 连读变调:可利用的材料少,而且与本文的中心论题关系不大,从略。

二、艾约瑟所记上海音系的分析

艾氏的《语法》是使用科学方法记录开埠初期上海方言的著作,所以得到学界的重视是很自然的。此书所记录的,应当是19世纪上中叶上海市区(以今南市区为中心)的方言。本节具体讨论当时上海方言的实际音值(构拟的音值见上一节)。

(一) 声母

(1) 浊塞音、塞擦音的音值

当时上海话的浊塞音、塞擦音有两种:

[1] 真浊音:即现代所谓的缩气音,书中只列出一个[ʼd](现代一般使用音标[ɗ]或[ʔd])。艾氏称之为读高调的浊声母,他举了以下几个例子:

  dén 耽, dé 对, deh 答, deu 斗, dön 端, dön 短, dön 断(56)[①]

[①] 本文在引用艾约瑟书中的文字或例子后所加的括号中的数字表示原作里的节号,不是页码。如果是页码,则注明"××页"。

从艾氏的记录来看,当时上海市区音系中,缩气音声母已经基本衰落,[ɗ]让位于普通的不送气舌尖前音 t[t],两者互为变体。他在一般情况下,也只用后者标记。

这类声母的音韵地位和清声母(主要是中古帮、端两母)相同,它所在的音节读高调,即阴调;其发音是真浊音,赵元任《中国方言当中爆发音的种类》(1935)中列为第 9 类,记为[ʼb],并说这是个浊音,同时声门有点紧缩作用。这一分析是中肯的。本文采用通行的形式[ɓ]和[ɗ]。

[2] 普通的浊辅音:赵元任(1935)列为第 6 类,即所谓"清音浊流"的浊辅音,属中古全浊声母。这类辅音在音节开头的地方,发音像清辅音,但其后的韵母带有很强的浊气流;在音节中间(即两个元音之间的位置 intervocalic position),则是真的浊辅音。浊声母的这种发音形式是北部吴语共同的。艾氏注意到这类音的特殊性,他用两种方式分别表示这类声母在不同的位置上的发音,即音节开首处标为斜体,在音节中间则用普通的正体。这种标记方法很精细,但是很容易导致排印错误,在本书中就有不少。

艾氏在 100 多年前就觉察到并正确地描写了这类浊辅音声母的发音情况,是很了不起的。但对于说吴语的人来说,这两类音只能算作同一音位的不同变体。所以,我们还是按照惯例,把它们归纳为一类。这类声母基本的音韵特点是:它们所在的音节读低调,即阳调。属于这类的声母有:b、d、g、dz、z,性质类似的还有浊擦音 v、ɦ。

(2) dz 和 z

在今北部吴语地区,这两个声母的关系是一笔糊涂账(赵元任 1928:14),许多地方 dz 已经消失,只剩下了 z。在艾氏的时代,上海话还有这两类。但是他说,两者是可互换的,而且 dz 常用于读书音,z 常用于口语。(56)从书中的实例来看,值得注意的,一是用 z 声母的字多,dz 声母的字少;二是读 dz 声母的,如"辞池除住助聚茶查瞧暂站"等,大多是从澄床等古塞擦音声母字;两读的字(如"罪随绪朝造"),情况就复杂些,其中还有邪等古擦音声母字。另外还有个 dj,

说是 z 的变体,但书中只在举例时列了个"序"djü 以外,没有实际的用例,发音当和在 i、ü 前的 g 相同,即[dʑ](1)。

(3) 舌根音和舌面音的关系

关于这一问题,艾氏在第 1 节中(2 页)说:[1]g 在 i 和 ü 前,如"其"gi,发音像 ji;[2]h 和 h' 是个强喉头送气音,在 i 和 ü 前,发音接近 sh;[3]k' 在 i 和 ü 前,外国人常会误听作 c'h(即送气的[tɕʰ]),但如果发音认真时,能区别开来。"去"k'i,听起来像送气的 chi。该页的脚注说:如果问,"去"的正确读音是 k'i 还是 c'hi,本地人会说是 k'i。但拼作 c'hi,似乎更接近外国人的听感。事实是,这个音处于从 k'i 向 c'hi 过渡的状态。

由此看来,当时上海话已经有舌面的[tɕ、tɕʰ、ɕ、dʑ]了。因为这些音在外国人听起来像舌叶音,毕竟又有不同,所以他使用了"接近、像"之类的说法。但是,这里以"去"为例来说明,这应该看作例外。因为许多现代方言里,"去"的读音都是特别的,甚至有超出本方言音系的读法,如[kʰi、kʰe]之类,所以,即使真的读成[kʰi],也不是特别奇怪的。因此,用"去"作证据来说明舌根音向舌面音演变的过程还没有完成,是不合适的。

(4) "零声母"音节浊流[ɦ]的标记法

艾氏把它当作声母处理,主要有两种表示方法:一是用斜体 h 表示,艾氏的说明是,指一种微弱的送气,经常失落(2 页);一是开首的元音字母印成斜体。在以[i、u、y]开头的音节里,则用斜体的 y、w 表示。因此,有时同样读音的字会有不同的标记法,如[ɦu]这个音节,"和(151)何(85)胡(262)壶(105)"等标为 $ú$,而"吴"(383)则是 $wú$。这种矛盾的现象暴露出其标记法有缺陷。

(二) 韵母

(1) 长短元音

作者把元音分为长短两类。长音是在元音字母上面加上重音符号来表示,代表的主要是普通的单元音,如 á é í ó ú 等(但 ü 并不用 ǘ 表示),并说明"长元音都采用意大利式读音"(14 页)。另外,还有用两个字母表示的单元音。根据

艾氏的描写并参考现代上海地区的方音,可确定该书中舒声单元音韵母有:

　　í[i]衣意　　ú[u]河吴　　ü[y]雨女

　　á[ᴀ]挨矮　　ó[o]华瓦　　é[e]哀海　　au[ɔ]丫咬　　eu[ɤ]后口

短元音用作介音以及鼻化韵母和鼻辅音韵尾韵母的主元音,如:

　　an 反、ing 宾冰、iun 斤音、iung 因应、un 恩门

有时,长短用来区分不同的元音,如 ong(方狼钢)和 óng(风龙公)分别相当于[ɑ̃]和[oŋ]。当然,在北部吴语实际的语音中,并不存在可以区别意义的长短元音的对立。

（2）舌尖韵母 z 和 û

舌尖韵母有不圆唇的 z(时自)和圆唇的 û(朱如)两个,和今市区音系比较,多一个 û。另外还有 ûe/ûi(这两种拼写法表示的当是相同的音)和 ûn 两个韵母,按照艾氏的描写,这个 û 当是舌尖元音[ʮ],但在后两个韵母里不能说是舌尖的。从读这两个韵母的字(如"追虽随罪钻算酸干")来看,声母主要是舌尖前声母[ts]等,以至使后面的元音带上舌尖音的色彩。虽然他和当时的其他外国人一样,对舌尖元音的认识比较模糊,如说"z 是介于 i 和 e 之间的元音"(1 页),"û 的发音介于 ó ú 之间"(3 页),有时还有印刷错误,如把"坐"拼作 zû(400),但他注意到这类音的特点,并把它们独立地列出来,是高明的做法。

（3）o 和 au

古假摄二等影晓匣母部分字读如 au 韵母,是上海地区方言的一个特点。这在艾氏的书里也得到了反映,如 au 韵母下,有:

hau　②好(381,多好 a number of 16)许(几许 how many 65、195,多许 126、201)③化(场化 203)好(场好 197)(按,多好/多许:许多,多少;几许:多少?)

　　au　①豪(豪燥 sharp 170)ℎau 毫(160,267)②au 下(15,29,68,白读 ℎau 76)ℎau 夏(88)

　　au　①丫(68,365,410)嘎(语气词 359)③拗(拗强/unyielding 169)③奥

/431/

(178)其中,"化下夏丫"都属于这种情况,但当时这些字已经有两读了,如"下"有又读为 ó 韵母的(76),"化"在"场化_(地方)"中读 hau(又写作"场好"),又读 hwó(26)或 hó(263)。

(4) 鼻音韵母

以下分鼻化元音韵母和鼻辅音韵尾韵母两类讨论。

[1] 鼻化现象,艾氏用加在韵母末尾的斜体 n 表示。书中指以下几类:

  an[æ̃] 板铅颜 ian[iæ̃] 念咸焰 wan[uæ̃] 关掼弯

  én[ẽ] 搬南暗 íen[iẽ] 边尖年 wén[uẽ] 官欢碗

  ön[ø̃] 端乱安 iön[iø̃] 眷权冤

  ûn[œ̃] 钻算干

值得注意的有以下几点:①这些韵母的鼻化音当时已经很弱了。艾氏说:在 an、en、ûn 中,n 是轻微的鼻音,后面跟着别的音节时听得最清楚。(1)今上海话里这些韵母都已经变成纯口音的了,鼻化成分已完全失落,只有在浦东的老人中还有微弱的痕迹(许、汤 1997:74)。②an 组韵母现代的发音是[E],但当时的音值如何呢? 这个韵母一方面要和 én 有所区别;另一方面,其主元音还应当接近[E],这个音当拟为常见的[æ]。③én 和 ön、ûn 的对立是今上海东部郊区方言的基本音韵特点。在艾氏的时代,离上海市区 25—30 英里的地方(黄渡、朱家阁[角]以西)én 韵变为 ön(54 页)。现代上海话正是向这一方向发展的,它们已经合并成[ø]类韵母,具体情况是:

  ø (←én, ön) 搬南暗端乱安

  uø (←wén, ûn) 官欢碗钻算干

  yø (←iön) 眷权冤

④ 韵母 ien 在现代上海读为[i],不光失落了鼻音成分,连主元音也没有了。艾氏用长音表示该韵母的介音,说明这个元音已经变长,不太像介音了,同时也证明这个韵母已经处于 ian→ien→íen→íe→í 这一变化过程的中间阶段。

[2]汉语语音史上,-n 和-ng 两类韵尾是对立的(当然,更早期还有第三个:-m)。但在艾氏时代的上海话里,这种对立已经处于融合的过程中。具体表现是:①艾氏说,在北方,人们仔细分别"神绳、林灵、金京"等,但在南方这两类发音混同;他说,上海话保留官话的 ng 尾,但韵尾 n 也可读为 ng,如"神"两读为 zun 或 zung(55 页)。②书中 un 和 ung,iun 和 iung 两类字的界限基本清楚。大致地说,-n 尾的字属古深臻摄,-ng 尾字属古曾梗摄。但已经有相混的征兆,如"门"mun, mung 两可;iung 韵母下有"人认"。ing 韵母则显示了这两类相混继而合并的典型情况,如 bing 音节里有"贫平瓶"等,ling 音节里有"林零领吝令"等。这样的区别还残留在今老派川沙方言中,川沙话在[in]韵母外,还有一个[iʌŋ],所包含的主要是古曾梗摄字,如"京庆兴行应",但也有深臻摄字"任认韧"等,它们的声母都是舌面音(古见系细音字)。应该说,吴语-n 和-ng 两类韵尾不区别意义这一音韵特征,是到现代才形成的。③单收-ng 韵尾的韵母还有:ong 江房当,iong 旺,wong 光王;óng 风松空,ióng 穷容。后两个韵母还有异体úng(龙松)和 iúng(兄用),但出现较少,可能艾氏认为它们的主元音是[o]和[u]两可的。

(5)入声韵母

当时,入声韵母相当丰富,以下分几个方面讨论。

[1]韵尾,主要是-h 和-k 两类。艾氏说,阴入音节中,在 á、ó、o、u 后有-k 尾,在其他元音后则听不到这个-k(28);以-k 收尾的短调(按即入声)字的主元音是 u、ú、ó,ih 韵母也可读作 ik,但中间常插入一个短 u,如"力"读 lik 或 liuk(79)。他还说,其他一些方言里有-k -t -p 结尾的入声韵母,但在上海话里只有-k 了。这个韵尾在阴调音节的声母前(尤其是 s t)是-k;在低调音节的声母前(尤其是 z d)前是-g。(53)实际上,他很少用到-g 尾,全书只发现少数几处。这两个韵尾中,-h 当是喉塞音;-k 当是不破裂的舌根塞音。后者在现代已经完全脱落了。书中的实际使用情况也说明,当时这两类韵尾已开始混淆合并,证据是:①书中有好多成对的入声韵母(如 áh 和 ák, uh 和 uk, oh 和 ok, óh 和

ók),它们之间不同的只是-h 和-k 两类韵尾,而且两读的字很多。所以,可以认为这些成对的韵母是互为变体的,并不能真正区别意义。②还有一些韵母只有-h 韵尾,如 ah,eh,ih,oh,这些韵母虽然以古咸山、深臻等摄为主,但也夹杂了一些曾梗等摄字。可以断言,到这时,中古-p -t -k 三类入声韵尾鼎立的局面早已崩溃,只是在发音上还保留了其中的一类:-k。据此可推测:在古汉语的 3 个塞音韵尾的演变过程中,最晚消失的当是-k。

[2] 主要元音的音值。从上述例子来看,当时上海入声韵母有 ah, áh, ák, uh, uk, oh, ok, óh, ók, eh, ih, öh 12 类。主元音有 8 个,今参考郊县(如川沙、南汇、奉贤等)音系,确定其音值为:

a[æ]、á[ʌ]、o[ɔ]、ó[o]、e[e]、i[i]、u[ʌ]、ö[ø]

今上海市区入声韵母已经大规模合并,只剩下[ʌ、o、ə]三大类,所以单靠今市区音是无法判断这些元音的音值的。

三、老上海话的特点

根据上述艾约瑟记录的上海话语音体系,参考现代上海话郊区和市区方言,并与稍远的周围方言(如江苏和浙江的吴语)比较,重新归纳 19 世纪到 20 世纪前半老上海话的基本语音特征为(其中有的项目未必与艾约瑟的记录完全一致):

(1) 中古帮母(包边)、端母(低灯),读为缩气的真浊辅音 [ɓ]、[ɗ]。

(2) 中古非敷母(飞翻)、奉母(凡房),读为双唇擦音[ɸ]、[β]。

(3) 中古蟹摄开口一等(台菜)和蟹摄合口一等(杯雷)为同一类,而与咸山摄开口一二等(谈挳、坛山)韵母不同,分别为[e]和[ɛ]。

(4) 中古蟹止摄合口三等精照组字(岁追)跟山摄精知照组(展钻酸)韵母同,都读为[ø]。

(5) 部分咸山摄字(搬南闪),韵母读成[e],与第(3)项的"杯雷"等韵母同。

(6) 果假摄开口一二等见系部分字(可下丫哑),韵母读为[ɔ],与效摄开口一等(考豪奥)的韵母同。

(7) 入声分类细,如:[æʔ≠aʔ](拔≠白)、[oʔ≠ɔʔ≠œʔ](毒≠铎≠夺),类别比邻近各方言都多。

(8) 阴平(如"多杯金")读为降调[53]。

(9) 疑问句以"哦""没(末)""拉没(拉末)"等结尾,今上海郊区松江、川沙话里还保留着。如《土话指南》(1908)的例子:

府上住拉城里,是否? ——是住拉城里个。(否,即"哦")

(府上住在城里,是吗? ——是住在城里的。)

自家带来个皮货,现在卖完味? ——勿曾完全卖脱哩。(味,用于问过去的事情)

(你自己带来的皮货,现在卖完了吗? ——没有完全卖完呢。)

老弟动身个日子,定当拉味? ——三五日后来,就要动身者。(拉,用于表示完成后的状态)

(老弟动身的日子,定(好)了吗? ——三五日以后,就要动身了。)

(10) 人称代词可以加上词头(前缀)"自(是)",现在上海郊区嘉定等地还保留着,有的是舒声的"自",有的读成入声"实"。如艾约瑟的书里,人称代词为:

| 我—是我 | 侬 | 其/伊—是其/是伊 |
| 你—我你(现在常作"我伲") | 那—侬那/是那 | 伊—是伊/是其 |

(按,第三人称复数形式与单数完全相同,疑有问题,但是艾氏的两本书里都是如此记载。)

赵元任(1928:96)记录松江的人称代词,复数为"杂侬、杂那、自其",其中词头,前两个是入声,后一个是舒声。钱乃荣(2003:164-166)说人称代词的词头有"自、实"两种。陈忠敏(1996)讨论的也是这一词头。

以上各项特征,大多是19世纪的老上海话与现代上海各郊县(尤其是浦东各地)的方言共有的。这也说明,过去上海市区方言本是与周围的方言融为一体的。

四、现代上海音系形成过程中的外来因素

与100多年前的上海话相比,再跟邻近的吴语方言比较,现代上海话的音系变化很大,但还是有其特色。应该说,这些变化,有的是自身演变的结果,更多的是其他方言影响的结果。这几个方面汇集起来,形成了目前的面貌。这种变化当然很复杂,但我们认为,其中外地方言(尤其是江浙吴语)的影响是巨大的,下面作简单的分析。

海禁未开时,上海的影响不大,只是从属于松江府和太仓州的一个小城,明清时代的地方志说:(松江)"府城视上海为轻,视嘉兴为重,大率皆吴音也"(明正德七年《松江府志》,1512年),"府城视上海为轻,视姑苏为重"(清嘉庆二十二年《松江府志》,1817年)。(许、游1988)这些说法证明当时上海方言的地位比较低下,也说明,它曾受到过嘉兴、苏州这两个邻近强势方言的很大影响。

最近这100多年里上海话变化巨大,跟这个城市的近代化有紧密的关系。根据《南京条约》,上海于1843年"开埠"。这一事件是上海方言历史上一个非常重要的转折点。因为从这时起,上海的城市急剧膨胀,人口飞速增长。外来人口占据了居民总数的绝大多数。如1852年,上海县人口是54万,到1910年增长到67万,而租界人口从几百人猛增到61万,两项合计近129万。到1950年上海人口已达到498万(邹依仁1980:90)。在公共租界,本地籍贯人口和非本地籍贯人口的比例,1885年是15:85,1935年是21:79;而在"华界",1929年这一比例是28:72(因为此前的统计上海籍和江苏籍合在一起的,故采用这一年的数字。邹依仁1980:112)。其中外来人口的优势是不言而喻的。从统计数字看,外来人口中,江苏、浙江人占多数,如1930年上海人口为169万,其中本地籍人口为43.6万,江苏籍66.9万,浙江籍34.2万,3者共计144.7万,占总人

口的85.6%。所以,现代的上海话中有明显的江浙吴语的痕迹也就不足为怪了。

早在1917年,姚公鹤就指出:"上海五方杂处,语言庞杂,不可究诘。"他说,当时上海的语言可分5类:广东话、宁波话、苏帮话(他称之为"地主也")、北方话和上海本地土话。又说:"上海土语,除城南、城西一带,尚有完全土著外,其余一变再变。所谓上海白者,大抵均宁波、苏州混合之语言,已非通商前之旧矣。"(姚公鹤1989:19)

影山巍(1928)说:"実に本来の上海語はその系統より推して蘇州語の変相と謂ひ得べく、寧波音、広東音及び其の他の雑音の混入は今去る八十餘年前の上海開港以後の事である。"(实际上,从系统来推测,本来上海话可以说是苏州话的变种,而宁波音、广东音的混入还是80多年前上海开港以来的事。)他还指出,在上海,广东人、扬州人也不少,但是对上海话(尤其是租界里的方言)的影响很小。他说,从比例来看,上海话里,苏州系的语音占75.0%,宁波系统语音占10.0%,广东系统语音占0.5%,其他语音(江北话、普通话等)占14.5%。总之,可以说,上海话就是按上述比例组合起来的混合语(影山巍1928:702—703)。影山没有说是根据什么资料作的结论,但是其判断大致符合实际的情况。

要特别指出的是,明清时代,尤其是清末,苏州话在上海地区有很大的影响。松江人韩邦庆用苏州话创作《海上花列传》就是一个例证,他运用苏州方言的纯熟程度也说明当年苏州话在上海的地位和影响。又如《九尾龟》144回里,几个扬州姑娘硬把自己的方言叫做"苏白",也是一例。文学史上很多所谓"苏白小说",绝大多数是在清末民初的上海出版发行的。

五、上海方言的演变及邻近方言的关系

(一) 老上海话的新旧派及邻近地区的方言

在100多年的历史中,受到邻近方言,尤其是苏州话的影响,上海话的语音

发生了显著的变化。现代上海话里变化剧烈以至丢失的成分（如缩气音、复杂的入声韵母），实际上是本地方言原有的特点，是相当土的成分。但有的在艾氏的时代已经开始发生变化，这应该说是苏州等比较发达的城市在早期对上海话施加的影响。本节所谓"新成分"是指跟艾氏时代比较，现代上海话中新增加或变化的语音成分。这里主要讨论这些成分跟郊县方言和邻近江浙地区吴语的关系。

赵元任说，20 世纪初期的上海话"有新旧派，新派分类近似苏州，旧派分类近似浦东（两派人以'苏州音''浦东音'互相指斥），但许多人搀杂两种。"（赵元任 1928:82）他具体举出以下几个方面的例子（其中的音标是赵自拟的吴音，这里部分地方加上国际音标，用 [ ] 括起来，标点也有所改动）：

(1) 旧派"来＝雷≠兰"，新派"雷≠来＝兰"。

(2) 旧派"on"（暖、南）有的字读 é[e]，有的读 ö[ø]，新派一律读 ö。

(3) 旧派 h(u)、f 常混（忽＝拂），w、v 常混（王＝房），新派不大混。

(4) 旧派分两种 oq（各、谷），新派不分。（按，即"各"[ɔʔ]、"谷"[oʔ]。）

(5) 两派阳平上去单读时都不分（阳＝养＝样），在词句中阳平跟上去不同。

他还补充说："本书中所谓旧派恐怕已经是混合派，真正的旧派，大概还能辨全浊上去，b、d 两母用真浊音，等等。"（按：真浊音一项指缩气音声母脱落，读成普通的清塞音 p t。）

这里的所谓新派，其语音特征大多与苏州方音一致。此外还能列举的类似特征有：

(6) 果假摄开口一二等见系部分字（如"可下丫哑"），韵母不读为 [ɒ]，改为 [o]。

(7) 中古遇摄知照组字（如"书处朱"）读为圆唇的舌尖元音 [ʮ]。

(8) dz 声母丢失，并入 z。

(9) iú（靴）韵母消失，并入 io。

除了以上语音特征以外，还有：

(10) 是非疑问句,借用疑问副词"阿"。原来上海用句末的语气助词"哦"表示。如《土话指南》一般在句末用"否"(即"哦"),但是也出现了用"阿"的例子:

阿是阁下要想租呢啥?(是你自己想租还是怎么?)

阿曾补过歇实缺个?(补过实缺没有?)

包定当之后来,阿要教人来看拉个否?(包定了以后,要叫人来看守的吗?)

最后一例中,"阿"与"否"同时使用,是一种杂糅现象。

在上海,宁波人的影响也很大,现代的上海话,还吸收了不少宁波方言的特征,这些大多可以在《宁波方言词典》(汤、陈、吴1997)里找到。如:

(11) 复数第一人称代词从原来的"伲"改为宁波的"阿拉"。这是最有名的例子。(见汤、陈、吴1997:322)

(12) 入声韵母的大规模合并,声调的混淆和连读变调格式的简化。(参见同上7—9页)

(13) "吃"的韵母读成[ioʔ]、[yoʔ]。(同上348页,又见石汝杰、蒋剑平1987:285)

(14) 语法上,新产生了"拉该"(动词、介词:在)、"高头"(方位词:上)等形式。如现代宁波话的类似形式为:

来[le^{24}]:动词、介词,在。后面跟表示远指的助词"该",成为"来该"[le^{22} ke^{54}]。如"昨日夜头来该看电影。"(同上124页)

高头[kɔ^{44} dœɣ^{53}]:上面。如:大厨高头|山高头。(同上89页)

以上所说的变化情况比较复杂,除了苏州和宁波的影响外,还能观察到以下各点:

(15) 尖音并入团音,这当是浙江(尤其是宁波及杭嘉湖)方言的影响(钱乃荣1992:1093)。尖团不分的现象在江苏南部吴语出现得相当晚,但在近几十年里则成为这一地区语音变化的大潮流,而上海话是开风气之先的。

(16) ien变作[i],即咸山摄开口三四等的韵母变得与止摄开口三等相同,如"离连"、"西先"分别同音。这一变化可以说是几个方面的因素造成的。一是上海市区本来正处于[iɪ]（烟）和[i]（衣）分混的边界线上偏向分的一边，而郊县东南片（以浦东为主）方言（如川沙、南汇、松江等地）则不分（石汝杰2011b，钱乃荣1992），二是宁波话的影响（汤、陈、吴1997:12—42），宁波话就是两类相混的方言，所以这也可以说是一种自然的结果。

(17) 圆唇的舌尖韵母[ʮ]消失，只有不圆唇的[ɿ]。这在上海地区和杭州湾一带是分布很广泛的特点。其演变过程比较复杂，因为圆唇的舌尖韵母[ʮ]的字，有一部分原来读为[y]，如《土话指南》里的[y]韵母里，舌尖声母字有(u是法语的读音，即[y])：

　　　　tsu 朱珠蛛主 | 追最/tshu 处/su 书舒输署 | 须虽岁/zu 除厨如汝署树住柱 | 遂叙

其中"|"线前的字，现代上海话都读成不圆唇的[ɿ]了。（此处依据王一萍2012）

(18) ûe/ ûi 韵母的部分字变入[ø]，这也是上海郊县多个地方的特点，如川沙城厢镇读为[ø]韵的有："追锥最醉缀吹催脆翠虽岁随税锐瑞"等，南汇等地情况相仿。

还有部分现象可能是吴语发展过程中共同的，典型的特点如:-n和-ng两类韵尾不区别意义。

陈忠敏(1995)从艾约瑟的音系出发讨论100多年来上海话的演变，其中把"书"的读音从[sy]变为[sʮ]（现代变为[sɿ]）、"雷＝来[le]"与"兰[lɛ]"从不同音变得三者同音（[lɛ]）等现象称为苏州话渗透的结果，这样的分析是合理的。他也提到了宁波话以及苏北的江淮方言的影响。

（二）新上海话的特征

总之，老上海话（松江府）和苏州话、宁波话都属于吴语北部的太湖片（也是吴语最大的一片），它们在开埠前后的上海展开了竞争。它们凭借各自的地理、文化、经济的优势，在十里洋场这一个语言熔炉里互相影响、争夺地位，再加上其他系统的方言（如苏北的江淮方言和普通话）的作用，经过100多年的争斗和互相融合的过程,最后形成现代的新上海话。

这个新上海话,在许多方面与附近的吴语方言有明显的差异。主要有:

(1) 元音合并速度极快,最新派的韵母类别已经从根本上动摇了北部吴语的基本韵母体系,如入声字"麦袜末"、"脚甲结"分别同音,主要元音为[ə]或[ɐ]。

(2) 一般吴语的声调是 7—8 个,但是上海声调数量少,只有 5 个,比江淮方言的 6—7 个还少。

(3) 疑问句用"哦"结句,很少用疑问副词"阿"。

(4) 复数第一人称代词改用"阿拉"。

(5) 吸收北方话的语音、词汇、语法的各种成分和形式要比其他吴语多得多。

由此,我们可作出结论,现代上海方言已经成为一种相当特殊的吴语,它既保留了吴语的基本特征,又混合了各地方言的要素,并按照自己的方式不断快速地发展变化,形成了现在的面貌。

六、方言岛的理论

从上文的分析来看,可以说,现代上海话已经脱离吴语的一般发展轨道,成为一种明显特殊的吴语方言。这是一种值得重视的社会语言学的现象。

我们往往把大城市的方言看作该地区的方言的代表,这是有一定的道理的。因为这样的城市在政治、经济、文化等方面影响大,本地出身的研究者众多,研究成果也丰富。

以上海市区方言这一实际的例子来看,我们无法否认上海话是一个很重要的吴语方言,但是它已经不是和周围方言融为一体的、普通的吴语方言了。在处理方言间的关系及进行方言分区时,不能不考虑到这一实际,所以,有必要扩大"方言岛"这个概念的内涵。

一般认为,方言岛是存在于一个方言区域里的另外一种异质的方言,如西南官话包围中的华阳凉水井客家话,就是个有名的方言岛。游汝杰对方言岛的实况及分类有详细的分析。他说:"在方言地理学上,被另一种方言(或语言)包围的方言称为方言岛。"并举例说明,哪些分布属于方言岛,哪些不是。(游汝杰2000:58)

我们观察到,在许多城镇(甚至是在农村包围中的小镇),尤其是成为行政中心(如县、乡政府所在地)的城镇,常常能看到与周围方言异质的语言特征。在上海这样的超级大城市,其方言有显著的特殊性,就更不是奇怪的事了。因为其语言特点与周围方言有很多很大的差异,具有很明显的异质性,如果把这些地点的方言处理为方言岛,会有很多方便。为了与方言岛原有的定义有所区别,我们提出"准方言岛"的新概念,即在同一类别的方言区域中,存在着跟周围的同类方言有较多显著的不同特征的方言小块。明确一点说,准方言岛就是:跟周围方言属于同一类别,但是与周围方言相比,又有显著的异质性的方言小区。其中心大多是一个相当发达的城市。这样的区域有一个相对模糊的边界,边界线里外的方言应该有较大的不同。同时,这一边界线不会离开中心城市很远。这种方言岛的形成,一般有历史上的、文化上的原因。在吴语地区,最典型的准方言岛是上海方言和杭州方言。

钱乃荣(1998)用5个语音特征将城区上海方言的发展分为四期,并以语音、词汇等方面的特征为依据,作出结论:"自1843年开埠以后,上海地区方言高速发展,实际形成了一个城市方言中心岛",其主张与本文相通,只是钱先生还没有直截了当地提出"方言岛"的概念。游汝杰(2004)的讨论,一部分内容与本文相仿,但是游文强调连读变调和人称代词的用法,资料和分析方法与本文有不同,结论则有共同之处。游汝杰(2006)是在2004年论文的基础上,从讨论方言分区的角度出发,主张上海话在吴语内部分类上,可以自成一类。他把现代上海方言称为混合型的城市方言,是本地方言在与苏南、浙北方言接触、交融后形成的。他所谓的上海方言应该特指市区的方言,跟郊县的方言有不同。以上这些论文出发点和目的有不同,但都在不同程度上强调上海市区方言的异质性,并联系其复杂来源进行分析,也能作为本文结论的有力佐证。

参考文献

陈忠敏:《上海市区话语音一百多年来的演变》,《吴语和闽语的比较研究》,上海教育出版社 1995 年版。

陈忠敏:《论北部吴语一种代词前缀"是"》,《语言研究》1996 年第 2 期。

胡明扬:《上海话一百年来的若干变化》,《中国语文》1978 年第 3 期。

钱乃荣:《当代吴语研究》,上海教育出版社 1992 年版。

钱乃荣:《上海城市方言中心的形成》,《上海大学学报》(社会科学版)1998 年 6 月。

钱乃荣:《上海语言发展史》,上海人民出版社 2003 年版。

石汝杰:川沙方言音系,复旦大学硕士学位论文,1985 年。

石汝杰:19 世纪上海音系和相关的问题,《中国音韵学研究会第八次学术讨论会论文集》(《语言研究》1994 年增刊),又载石汝杰《明清吴语和现代方言研究》。

石汝杰:《川沙方言同音字表》,科研报告『呉語読本』音声データの作成と公開》(科学研究費補助金(基盤研究(C)(2),2003—2004 年度)。

石汝杰:《明清吴语和现代方言研究》,上海辞书出版社 2006 年版。

石汝杰:《艾约瑟〈上海方言语法〉同音字表》,《熊本学園大学文学・言語学論集》第 18 卷第 1 号(通卷第 35 号),2011 年。

石汝杰:《上海川沙方音的地域差异》,《吴语研究》第 6 辑,上海教育出版社 2011 年版。

石汝杰、蒋剑平:《上海市区中年人语音共时差异的五百人调查》,《语言研究集刊》第 1 辑,复旦大学出版社 1987 年版。

汤珍珠、陈忠敏、吴新贤:《宁波方言词典》,江苏教育出版社 1997 年版。

《土话指南》,上海土山湾慈母堂第二次印,1908 年。

王一萍:《20 世纪初上海方言音系研究——以〈土话指南〉为例》,熊本学园大学修士学位论文,2012 年。

许宝华、汤珍珠主编:《上海市区方言志》(修订版),上海教育出版社 1997 年版。

许宝华、陶寰:《上海方言词典》,江苏教育出版社 1997 年版。

许宝华、游汝杰:《方志所见上海初探》,《吴语论丛》,上海教育出版社 1988 年版。

姚公鹤:《上海闲话》,上海古籍出版社 1989 年排印本。
游汝杰:《汉语方言学导论》(修订本),上海教育出版社 2000 年版。
游汝杰:《方言接触和上海话的形成》,《语言接触论集》,上海教育出版社 2004 年版。
游汝杰:《上海话在吴语分区上的地位——兼论上海话的混合方言性质》,《方言》2006 年第 1 期。
赵元任:《现代吴语的研究》,科学出版社 1956 年影印本。
赵元任:《中国方言当中爆发音的种类》,《"中央研究院"历史语言研究所集刊》第 5 本第 2 分,又载《赵元任语言学论文集》,商务印书馆 2002 年版。
周同春:《十九世纪的上海语音》,《吴语论丛》,上海教育出版社 1988 年版。
周振鹤、游汝杰:《方言与中国文化》,上海人民出版社 2006 年第 2 版。
朱彰年、薛恭穆、汪维辉、周志锋:《宁波方言词典》,汉语大词典出版社 1996 年版。
邹依仁:《旧上海人口变迁的研究》,上海人民出版社 1980 年版。
影山巍 1928:上海に於ける言語,《支那研究》第 18 号(上海研究号)、昭和 3 年(大空社影印本,2002 年)。
高橋孝助、古厩忠夫編:《上海史》,東方書店 1995 年版。
Edkins, Joseph, *A Grammar of Colloquial Chinese, as Exhibited in the Shanghai Dialect*, Shanghai: Presbyterian Mission Press, 2nd edition, 1868. Reprint: Nabu Press.
Edkins, Joseph, *A vocabulary of the Shanghai dialect*, Shanghai: Presbyterian Mission Press, 1869, Reprint: Nabu Press.

  本文曾两次发表。第一次发表的标题是"现代上海方言的多种来源和方言岛理论",刊登在《中国言语文化学研究》創刊号(日本大東文化大学大学院中国言语文化学專攻,2012 年 3 月,第 89—101 页)。但是因为印刷时校对不精,音标等差错很多,于第二年再次做了修改,重新发表,标题为"现代上海市区方言与方言岛理论",刊登在《中国言语文化学研究》第 2 号(2013 年 3 月,第 71—86 页)。本次发表,使用第二次发表的文本,标题改回原先的形式。

吴语早期文献所见的"等"字句*

郑 伟

1. 引 言

据《现代汉语八百词》(增订本,166—167页),现代汉语的"等"字主要有两类用法:

(1) 用作动词:(a)表示等候、等待,如:他正等着你呢|你等等我;(b)用在"等+动/小句[+的时候(之后、以后)]"的结构中,如:等下了雨就追肥|等吃过饭再去。

(2) 表示列举未尽或用在列举之后煞尾,如:唐代著名诗人李白、杜甫、白居易等|中国有长江、黄河、黑龙江、珠江等四条大河。

"等"在汉语史上还可以用在指称词后面,如:公之等《史记·日者列传》|此等怏怏,素不服官《南史·恩幸传》;或者表示类似的同动词常用与之相呼应的助词,比如:皆如编发等《维摩诘经·上》(参看吕叔湘1982:159;太田辰夫2003:102、182)。

本文旨在讨论吴语早期文献所见的一类特殊语法现象。吴语完整的文献

---

* 本文初稿完成后,曾蒙刘丹青、游汝杰、张谊生等先生垂阅并提出修改意见,谨此致谢。文中尚存错漏,则由作者负责。

资料,最早可以上推至明代晚期,其中较为著名的有明末冯梦龙(1574—1646)所辑《山歌》,以及《六十种曲》中若干南戏的宾白(梅祖麟 1998:69)。此外,还有一些吴语区的文人用官话写成的白话小说,由于作者的方言背景,这些小说带有不同程度的吴语成分。著名的有冯梦龙的"三言"、凌濛初(1580—1644)的"二拍"、韩邦庆(1856—1894)的《海上花列传》等等①。其中还包括一些文人所作的丽情小说(部分作品作者已不甚可考),例如钱乃荣先生(1994)介绍的《肉蒲团》《绣榻野史》和《浪史奇观》,写作时代为晚明至清初。本文就将以《绣榻野史》(以下简称《绣》)中所见材料为主,探讨早期吴语里"等"的几种语法功能②。

《绣》书题为情颠主人著,实为明代浙江余姚人吕天成(1580—1618)所作③,有万历年间刻本,作者于万历二十三年(1595)开始创作此书。④从钱先生(1994)的研究以及我们的考察来看,《绣》大致反映了北部吴语某个方言的早期面貌,故而《绣》作为早期吴语的文献资料是可信的。

2.《绣榻野史》中"等"的三种用法

《绣》一书篇幅不大,但却记录了丰富的吴语词汇。其中有个非常突出的语法现象,就是有大量的"等"字句,这些"等"字句可分为三类:"等$_1$"(表给予)、"等$_2$"(表使役)、"等$_3$"(表被动)。下面分别加以讨论。

---

① 石汝杰、宫田一郎(2005:824—847)附有吴语早期文献资料的详细书目。
② 我们见到的《绣榻野史》,是台湾经联出版事业公司出版的民国四年上海图书馆排印本,本文所引的例句后括弧内的数字表示所在页码。明显讹误之处,我们随文校改,恕不一一注出。由于《绣》记录的是某种早期吴语,方言词较多,故下文在讨论"等"字句时,必要时会对有些典型例句的上下文及句义作些说明。
③ 据明人王骥德《曲律》卷四:"勤之(按:吕天成字勤之)童年便有声律之嗜,既为诸生,有名,兼工古文词。与余称文字交二十年……勤之制作甚富,至摹写丽情亵语,尤称绝技。世所传《绣榻野史》《闲情别传》,皆其少年游戏之笔。"
④ 参看《〈曲品〉校注》(吕天成撰、吴书荫校注,中华书局 1990 年版)附录三"吕天成和他的作品考"。

2.1 表示给予义的动词或介词(等₁),《绣》共 4 见。例如:

a. 把＋N1＋等＋N2＋V

① 你肯再把阿秀等我弄一弄罢。(44 页;把阿秀给我弄一弄)

② 后头要把母猪等你杀完了,我们两个骡子要等你骑了,才算报得完哩。(97 页)

从句式看,上面两例均为处置式。吴福祥先生将近代汉语的广义处置式"把＋N1＋V＋N2"(此类处置式的述语动词所表示的动作涉及两个论元,语义上处置性较弱)分成几个小类,其中有一类属于"处置(给):把 N1 给与 N2"的结构(参阅蒋绍愚、曹广顺 2005:354)。例如:

(1) 善知识将佛法菩提与人,亦不为人安心。(《神会和尚语录》,南阳和上顿教解脱禅门直了性坛语)

(2) 莫将天人(女)施沙门,休把娇姿与菩萨。(《敦煌变文集》,维摩诘经讲经文)

这两例中的"与"用作表给予的动词。下面几例属于"处置(给):把＋N1＋与＋N2＋V"的句式,其中的"与"可以理解为介词"给":

(3) 我将马王与圣子乘。(《佛本行集经》;把马王给圣子骑)

(4) 师曰:将饭与阇梨吃底人,还有眼也无?(《祖堂集》卷四,丹霞和尚)

(5) 将饭与人吃,感恩则有分,为什摩却成不具眼去?(同上)

(6) 我而今穷乏,你那鹿肉将与我,我把这儿子与你去。(《元朝秘史》卷一;把儿子给你拿去)

(7) 次日因见女婿家中全无活计,养赡不起,把十五贯钱与女婿作本,开店养身。(《醒世恒言》卷三十三;把钱给女婿作本)

冯春田先生(1991:19)认为,例(4)(5)即"将饭给阇梨吃""将饭给人吃"的意思,此处"与"可由介词"给"替代。关于两句中"将"的句法性质,梅祖麟先生(2005:168)是把例(4)看作"V(NP₂)与 NP₁V"的句式,认为"将"作动词。如果"将"作动词(相当于动词"拿"),就和下文所举的"与"字句(兼语句)同属一类。从句式和语义上说,把这两例的"将"看作介词也并无不可。

上引《绣》中的两例处置句也是"处置(给):把＋N1＋与＋N2＋V"的句式,"等"相当于"给"。其中例②是两个并列分句,从句式和语义看,前一分句当然应理解为处置句;后一分句其实是省略了"把"字,完整的句子应该是"要(把)我们两个骡子等你骑了",此时"等"也相当于"给"。

b. 兼语句式:

③ 你如今只是来了等我吃还便罢。(31 页;给我吃倒还罢了)

④ 我怕你病,安排药来等你吃,你倒要自死。(49 页;安排药来给你吃)

试比较下面几例"与"的用法:

(1) 可耐伊家忎恁村,冷饭拿来与我吞。(《清平山堂话本》,快嘴李翠莲记;冷饭拿来给我吞)

(2) 你可将一坛酒来,与我吃了,做我不着,捉他去见大尹。(《警世通言》卷二十八;拿一坛酒来,给我喝了)

(3) 既是他们疑心,且卖一桶与我们吃。(《水浒传》16 回;就卖一桶给我们吃)

2.2 表示使役义(等$_2$),"等$_2$"在《绣》中共出现 20 多次。

a. 表示"使、让":

① 少不要搁在大里肩头上,等他看看也动情。(11 页;使他看着也动情)

② 且拍开等我看一看。(28 页;让我看)

b. 表示"容许、听任":

③ 狗忘八,你倒等他骂我么。(94 页;容许他骂)

④ 又把自家腿压在两只脚上,不等他动。(60—61 页;不许他动)

⑤ 原来是大嫂捉弄我,快些等我拿出来罢。(62 页;容许我拿出来)

例③说的是金氏、麻氏二人争醋,东门生对麻氏谩骂其妻金氏无动于衷,于是金氏怒斥东门生,说"你倒等他骂我么",此处"等"无疑表示的是"容许、听任";例④是说金氏将自己的腿压在麻氏的脚上,"不等他动"的意思只能是不允许她动,而非"不等着她动";例⑤说的是麻氏请求金氏允许自己将缅铃取出,这里的"等"也只能理解为容许。

2.3 表示被动义的介词(等$_3$),此类"等"用例最多,在《绣》中共有近30例。下面略举数例讨论:

① 你去见他,笑他怎么这等没用东西,直等我安排的讨饶。(21页;被我安排得讨饶)

② 阿弟差了,阿嫂等你戏了,就是你的老婆一般的了。(56页;被你戏)

③ 奴家恨他,因此骗上了你来,等我丈夫戏还哩。(79页;骗了你来,被我丈夫戏还)

④ 我有个道理,只不等麻氏晓得了。(80页;只是不能被麻氏知道了)

前三例为"N1+等+N2+VP"的句式,从语义关系看,N2是VP的施事:若N1是VP的受事,就是典型的被动句式,"等"则为被动标记;若"等"是等待义的动词,此句便是连动句式,这时VP的所指必定是未然的,因为是N1等待VP的发生。就例①至例③在《绣》中的上下文来看,这三例的VP都表示已然。例①说的是金氏怂恿东门生去当面取笑赵大里,笑他反被金氏戏弄。"戏弄"已经成事实了,动作已经结束,"等"当然无法表示等待;例②是东门生的话,他对赵大里说,既然"阿嫂(指金氏)等你戏了",那么"(阿嫂)就是你的老婆一般的了",这里"戏"的动作已发生,所以"等"也只能是个被动标记;例③从上下文看,同样也是在麻氏被东门生"戏还"之后,金氏对麻氏说的话,"等"也是"被"的意思;例④也不能理解成"道理(办法N1)不能等着麻氏(N2)知道",而是"办法不能被麻氏知道"。

下面几例《绣》中的"等",同样当作"被"理解:

⑤ 等他拖出做了一根尾耙也好。(43页;被他拖出)

⑥ 若等他有些龊龊带出,就倒兴了。(25页;被他带出)

⑦ 这样小官人,等我一口水吞了他才好哩。(3页;被我吞了)

3. 其他历史文献里的"等"

《明清吴语词典》(石汝杰、宫田一郎 2005:127)的"等"字条下列有"让、使"义项：

① 月公道："我徒弟自有，徒孙没有，等他做我徒孙吧。"就留在寺中。(《型世言》30 回)

② 如此说，相公请坐了，等我一头斟酒，一头说便了。(《党人碑》9 出)

③ 我今日呦勿要开啥牢店哉，且等耳朵里静办勾日把介。(《报恩缘》15 出)

④ 明朝要到上海去住格两日，……等倪散散心看，勿然是坐勒屋里向，倪头脑子也涨格哉。(《九尾龟》24 回)

《词典》所谓的"吴语"主要是指苏南、上海及浙北地区的方言，即为广大的北部吴语方言(石汝杰、宫田一郎 2005:前言5)，但因《词典》未收《绣》一书，我们就无法从《词典》了解到"等"在四百年前的吴语中的完整用法。《绣》的刊行稍早于《型世言》(初刻于崇祯年间)，《绣》的材料除了提供了"等₂"更早的文献用例，更说明了"等"在晚明吴语里还可以兼表给予和被动。

再举个一百多年前苏州话的"等₂"的例子：

⑤ 就来仔末，等俚哚亭子间里吃。(《海上花列传》21 回；让他们在亭子间里吃)

下面一些元代以后文献中所见"等"，一般认为都是表使役的"让"①：

① 则着他背狗皮号令在长街市，也等那一辈儿狗党狐朋做样子。(《杀狗劝夫》四，尾煞)

② 梅香，休要吵闹，等他歇息，我且回去咱。(《倩女离魂》三，斗鹌鹑；

---

① 例句引自李崇兴等(1999:74)、王锳(2005:77)及许宝华、宫田一郎(1999:6186)。

让他歇息)

③ 我不要半星热血红尘洒,都只在八尺旗枪素练悬,等他四下里皆瞧见。(《窦娥冤》三;让他瞧见)

④ 你不晓的意思,等我解与你听。(《渔樵闲话》一;让我讲解给你听)

⑤ 老夫一生辛勤,挣这铜斗儿家计,等他这般废败,便死在九泉下也不瞑目!(《东堂老》楔子;家当让他如此废败)

⑥ 还要分付后槽,将这厮收的好者,不要等他溜了。(《生金阁》一;让他溜了)

⑦ 两位姐姐,看得高兴啊,也等我每看看。(《长生殿》窥浴;也让我们看看)

其中例⑤可理解成"(家当)任由他废败",这时"等₂"表示"让";但也可以说成"(家当)被他废败",那"等"就相当于"被"了,"他"是"废败"的施事,"家当"是受事。这点颇类似于"与""给"由表使役向表被动转化的重新分析(可参看江蓝生 2000、蒋绍愚 2002、梅祖麟 2005 等先生的论述)。

再看几个宋元(明)以来江南白话小说中"等₂"例子,如:

① 秀才不嫌家间澹薄,搬到家下,与老汉同住几日,随常茶饭,等老汉也不寂寞,过了岁朝再处。(《二刻拍案惊奇》11回;使老汉不寂寞)

② 塔下必有寺院,院内必有僧家,且等人走走。(《西游记》28回;让人走)

③ 莫嚷,莫嚷!等他抬!(《西游记》84回;让他抬)①

例①②顾之川(2000:42)曾引过。顾先生认为,"'等'在'等待'义的基础上虚化出'使'、'让'义"。例③的上下文是当时三藏、孙行者等人都已经在被人抬着

---

① "三言""二拍"是明末冯梦龙(苏州人)根据宋元以来的话本小说编定而成的,吕叔湘先生认为"话本系文献大致可信其依据汴京与临安之口语"(《汉语语法论文集》增订本,70页),故应带有江南白话的成分。《西游记》《金瓶梅》等几部小说也都多少带有吴语和江淮官话的成分(可参阅蒋绍愚 2005:327—336 的评述)。近来颇有学者从音韵演变、词汇、语法结构诸多方面讨论吴语与江淮官话之密切关系,可参看李小凡、陈宝贤(2002),鲁国尧(2002、2003),袁毓林、王健(2005)等学者的相关论文。

走,孙行者说"等他抬",意思就是"任由他抬",当然也就无法理解成一般意义的"等"。这应该是《西游记》中吴语成分的反映①。

4. 《绣榻野史》中"待"的语法功能

《绣》中除了可见"等"表给予、使役、被动的用例以外,同样表示等待义的"待"也有和"等"平行的三种用例。比如:

4.1 表示给予义

① 今夜晚他来待你伴伴,做过刨婆婆用。(71页;给你作伴)

此句的上下文是说,金氏将其夫东门生收藏的几幅春意图摆出,供麻氏观赏,这句话是金氏对麻氏所说。这里的"他"实指那些图画儿,此句当理解为"今天晚上(这些图)给你作伴"。

4.2 表示使役义

a. 使、让:

② 你便说说我听,待我发一发兴。(6页;让我发一发兴)

b. 容许:

③ 今晚你不待我出去,我定要去了。(23页;不容许我出去)

④ 如今待我自家记数。(21页;容许我自己数)

例③是金氏对东门生所说的话,意思是无论丈夫容许与否,她也一定要出门。此处"待"明显相当于表容许的"让";例④的"待"同样是要求允许的意思,而非等待义。

4.3 表示被动义

⑤ 不想今日待我解了裹脚,在此捏弄。(14页;被我解了裹脚)

⑥ 我的心肝,待我咬落了才快活。(21页;(球儿)被我咬落)

---

① 参阅章培恒《百回本〈西游记〉是否吴承恩所作》,《社会科学战线》1983年第4期,第300页。

从上下文看,例⑤所说"解裹脚"的动作已经完成,而不能是"等着我解了裹脚",因此"待"不是等待义,只能看成被动标记;例⑥的意思当然不能是"等着我咬落",而应该理解为"被我咬落"。

《明清吴语词典》(115 页)也列了早期吴语表"让、使"义的"待":

① 到叫我是跛头!也罢,站定了,待我跛一个与你看看。(缀白裘,3集2卷)

② 舒大少,吱吱吱吱可不像是老虫叫么,待我去捉只猫来。(续海上繁华梦,2集14回)

同样,受材料的限制,《词典》也并没有给出早期吴语的"待"表给予、被动的例子。

《绣》及其他吴语文献出现和"等"字语法功能平行的"待",有两种可能:一、在《绣》作者的方言里,"待"和"等"一样,的确有给予、使役和被动三种用法。二、"待""等"之间只是简单的词汇替代,后者是当时的口语词,而前者则略带书面语的意味。我们知道,从汉语史看,"待"表示等待义要比"等"早,而且自中古以后直到现在,两者间文言和口语的对比色彩还较明显。现代方言中"待"不常用,也似乎未见和"等"相平行的特殊用法,其语法功能的演变自然也就无从谈起。所以,我们倾向于第二种解释,即认为"待"字句的产生只是"等"字句类比的结果。

5. 现代南方方言里的"等"

既然《绣》反映的是早期吴语,那么上述"等"的用法自然会在今天的南方方言里有所表现。下面分类举例①。

---

① 以下所引方言材料,主要来自《现代汉语方言大词典》(李荣先生主编,江苏教育出版社)各分卷本,许宝华、宫田一郎(1999),伍云姬(1998),李如龙、张双庆(2000)及钱乃荣(1992),其余来自作者自己的调查。

5.1 表给予义的"等₁"

黎川(赣语)：我个车子坏了，汝等[tɛŋ⁴⁴]我整一下好么_{你给我修一下好吗}(引介受益对象"我"，相当于"替、为")

高安老屋周家(赣语)：你等[tɛn⁴²]替我写封信｜我俚娘等替我买个一双鞋子

萍乡(赣语)：这件事等[tē³⁵]给你做(连动句式)｜我等嘎渠一本书_{我给了他一本书}(双宾语结构)

石城(客家话)：街上个屋税等[tɐu³¹]粮管所呃_{街上的房子租给粮管所了}(用作后助动词)｜到来广州呃时打个电话等□_{到了广州的话打个电话给我}(与格句式)｜拿杆笔等渠_{拿支笔给我}(与格句式)

5.2 表使役义的"等₂"

常州(吴语)：东西你放勒过头吧，等[təŋ⁵⁵]我来做_{你把东西放那儿吧，让我来做}

常熟(吴语)：能□lE²⁴哉，等[tən⁴⁴]渠去 lE²⁴_{你别弄了，让他去弄}

汤溪(吴语)：等[nai⁵³⁴⁻⁵²]渠归去_{让他回去}

娄底(湘语)：他不听话啊，等[tē⁵¹]我来啰｜先生起介身哩啊，等我到只讲台桌子高里坐一下唧哒_{老师走了，让我到讲台上坐坐}。此外，还见于湖南长沙等湘语。

萍乡(赣语)：等他去哭，不要齿_答理他。另外还见于江西莲花、高安老屋周家、宜春等赣语。

贵阳(西南官话)：等[tən⁵³]我看下_{让我看看}｜等他先学到_{让他先学着，以后再……}

成都(西南官话)：不听劝告的人，等[tən⁵³]他去碰壁｜不免将我玉姐喊来，等他去看看可救得活否(川剧传统剧目汇编，第四集)

广州(粤语)：等[tɛŋ³⁵]我睇下_{让我看看}｜打开视窗，等啲新鲜空气入嚟_{让新鲜空气进来}

5.3 表被动义的"等₃"

汤溪（吴语）：个碗等渠打打破那个碗被他打碎了｜些酥饼等渠个农买买了那些酥饼被他一个人买光了｜等大水头桥冲冲走那座桥被大水冲走了①

衢州（吴语）：其等[tən⁴⁵]我敲勒两记他被我打了两下

株洲（湘语）：（参看伍云姬 1998：3，缺例句）

南昌（赣语）：碗等[tɛn²¹³]我搭捧碎了｜脚踏车等人家偷泼了

萍乡（赣语）：我等渠打嘎一餐我被他打了一顿②

平江（赣语）：他等[tɛn³²⁴]狗咬了一口。另外还见于江西永修赣语。

江西石城（客家话）：水牛等贼牯偷走水牛被贼偷了｜水缸等大细□[tə]打烂□[tʰəu]水缸被小孩打破了｜买电视机个票 tə 等□跌□[tʰəu]那座桥被大水冲走了

江西上犹（杜溪）[tē⁴²]、福建武平（武东）[tē³¹]（客家话）：佢等癫狗咬哩一口他被疯狗咬了一口

可见，三种用法的"等"在吴、湘、西南官话、客赣、粤语等南方话里有着不同程度的分布。

如果能注意到更多的早期吴语的文献资料，对方言虚词的探源工作也会有所帮助。如戴昭铭先生（2003：91—92）曾提出：吴语区诸暨、嵊县（崇仁）的"得"、嵊县（太平）的"带"、衢州的"等"这几个被动标记都来自于动词"代"，"得"是"代"的促化，"等"由韵尾[n]在例句"等我"的[ŋ]声母逆同化而来（"代"如何能变成嵊县太平话的"带"，戴先生未作解释），理由是浙江天台话里的"代"有"替、给"的意思。诚然，虚词作为一个封闭类系统，其音韵变化往往会比较特别，就吴语而言，的确有众多弱化、促化之类的音变，然而正是由于虚词系统音

---

① 上引"等"字句在李如龙、张双庆（2000：67）用的都是介词"约"（同音字）。据该文作者曹志耘先生的描述，在汤溪话里，这些"约"字句都可换成"等"。

② 《萍乡方言词典》（江苏教育出版社 1998 年版）只列了表使役的"等"，但根据我们的调查，"等"在萍乡话实际上还有表给予和被动的用法。

变复杂、容易产生例外,我们在虚词探源时就要慎用所谓"音变规则"。说"等"由"代我"的韵尾变化而来,无法用系统内的音变规则去验证;"等"出现的环境很多,故而不能单凭一点作此推测,况且"代→等"也不只是韵尾的演变,它涉及整个韵母的音变。我们认为,既然早期吴语有"等"表示被动的明确用例,还是应该将衢州话被动标记[tən⁴⁵]的本字定为"等"。①

6. 余　　论

6.1　《绣榻野史》作为晚明吴语的一项共时资料,它反映的是 400 多年前某个吴语方言的语法现象,即早期吴语的"等"可以有表示给予、使役和被动三种用法。

从《绣》显示的方言背景和现代汉语方言的分布看,"等"三种用法的出现也许最早在南方开始,兴起于江浙、江西一带。②上文所引的元杂剧各例,均来自赵琦美脉望馆《古今杂剧》的明抄本,或是明代臧晋叔的《元曲选》(序作于 1616年),缺乏可信的元刊本,故而这些"等"字句的形成年代只能大致定在明代,说它们和晚明吴语的"等"有关,应该没有问题。③梅祖麟先生(1988;1998)曾讨论过完成貌助词"着"在白话文献和现代方言的分布,认为"着"萌芽于江浙地带,而后散播到吴、湘、闽语及西南官话当中;南、北方言在完成貌助词的发展史上有所不同,北方话的"动+了+宾"作为完成式的标准句型的年代,和《大慧书》中"着"字作为完成助词出现的年代密切衔接。"等"表给予、使役、被动的三种用法可能和完成貌助词"着"一样,至迟在明代出现于江南,然后向其他方言区传播。

---

① 戴先生(2003:92)认为吴语表"替、给"义的介词"搭/脱/得"(吴语的"得"和"等"有相似的语法功能,"得"的用法在湘语里也能见到)也是从"代"演变来的,这些虚词的来源如何,还应作进一步考察。

② 现代北方话罕有此类的"等",但也有例外,如河南话有"等₂"的用法(顾之川 2000:42)。

③ 我们现在见到晚明吴语文献中的"等"有三种语法功能,而语法演变实际发生的年代又要早于文献著录的年代,因此,吴语的三类"等"至少在晚明以前就出现了。

受材料的限制,《绣》中未见"等₁"在处置、兼语等句式以外的结构中出现,但就客赣方言的资料来看,我们或可推测早期吴语的"等₁"也可用于与格、双宾等其他句式。①早期吴语"等"的语法功能,应和晚唐五代的"与"字相类似(梅祖麟 2005:167—168)。

"等"的三种语法功能之所以能在南部吴语、客赣、湘语里保存较完整,大概是因为古江西在地理上有"吴头楚尾"之称,而湘、赣、浙地区的方言在古代又有密切联系(游汝杰 2000:107; Norman 1988,1995:174—200);另外,也可能跟该地区受官话成分冲击相对较小有关。至于北部吴语、西南官话、粤语的"等"只能表示使役,是原本就无其他用法的"等",还是受官话的影响而后来消失了?现在还不容易断定。

6.2 不少研究汉语语法史的学者已经谈到"与、给、乞、教"等动词的语法化问题②,而"等"字的特殊用法学界似乎还未及注意。这一方面是由于目前所见历史文献,大多只能反映官话的语法史;另一方面也因为对各方言早期资料的发掘尚显不足,方言语法史(尤其是吴语语法史)的探讨还有待深入展开。就吴语的文献资料而言,诸如《山歌》之类的早期苏州话的材料大家比较关注,而同时代(甚至更早)的、其他吴语地区的基本资料也还亟待利用。本文的工作,主要是从《绣榻野史》所见材料出发,分析早期吴语里"等"的特殊用法,将现代南方话的相关语法现象追溯至四百多年前的明代。至于等待义的动词"等"在早期吴语为何会有类似于"给"的语法演变,背后的演变机制如何,本文没有涉及。给予义动词的典型用法是带两个名词性论元,一表受事,一表与事,而"等"表给予的用法在文献里不见典型例句,也不符合演变机制,如何会发展出给予义?目前似乎还没有圆满的解释,留待以后再作研究。

---

① 最近读到林素娥(2007),根据该文的报道,湘语邵东话中的"等"不仅可以表示给予,如"我等本书等你"(我给本书给你),还可以充当处置句标记,如"我等古本书等你"(我把这本书给你)。
② 如江蓝生(2000)、蒋绍愚(2002)、洪波(2004)、梅祖麟(2005)等,《近代汉语语法史研究综述》(蒋绍愚、曹广顺 2005:379—418)对相关研究作了较全面的总结,可参看。

参考文献

戴昭铭:《弱化、促化、虚化和语法化——吴方言中的一种重要的演变现象》,《汉语方言语法研究和探索——首届国际方言语法学术研讨会论文集》,黑龙江人民出版社 2003 年版。

冯春田:《近代汉语语法问题研究》,山东教育出版社 1991 年版。

顾之川:《明代汉语词汇研究》,河南大学出版社 2000 年版。

洪波:《"给"字的语法化》,《南开语言学刊》第四辑,南开大学出版社 2004 年版。

江蓝生(1999):《汉语使役与被动兼用探源》,《近代汉语探源》,商务印书馆 2000 年版。

蒋绍愚:《"给"字句、"教"字句表被动的来源——兼谈语法化、类推与功能扩展》,《语言学论丛》第 26 辑,商务印书馆 2002 年版。

蒋绍愚:《近代汉语研究概要》,北京大学出版社 2005 年版。

蒋绍愚、曹广顺:《近代汉语语法史研究综述》,商务印书馆 2005 年版。

李崇兴等:《元语言词典》,上海教育出版社 1999 年版。

李如龙、张双庆主编:《介词》(《中国东南部方言比较研究丛书》第五辑),暨南大学出版社 2000 年版。

李小凡、陈宝贤:《从"港"的词义分布和地域分布看古吴语的北界》,《方言》2002 年第 3 期。

林素娥:《北京话"给"表处置的来源之我见》,《汉语学报》2007 年第 4 期。

鲁国尧:《"颜之推谜题"及其半解》,《中国语文》2002 年第 6 期、2003 年第 2 期。

吕叔湘:《中国文法要略》,商务印书馆 1982 年版。

梅祖麟(1988):《汉语方言虚词"着"字三种用法的来源》,《梅祖麟语言学论文集》,商务印书馆 2000 年版。

梅祖麟:《〈朱子语类〉和休宁话的完成态"着"字》,《语言学论丛》第 20 辑,商务印书馆 1998 年版。

梅祖麟:《闽南话 hɔ²"给予"的本字及其语法功能的来源》,《永远的 POLA——王士元先生七秩寿庆论文集》,台北"中央研究院"语言学研究所,2005 年。

钱乃荣:《当代吴语研究》,上海教育出版社 1992 年版。

钱乃荣:《〈肉蒲团〉〈绣榻野史〉〈浪史奇观〉三书中的吴语》,《语言研究》1994 年第 1 期。

石汝杰、宫田一郎:《明清吴语词典》,中华书局 2005 年版。

太田辰夫:《中国话历史文法(修订译本)》,蒋绍愚、徐昌华译,北京大学出版社 2003 年版。

王锳:《诗词曲语词例释(第二次增订本)》,中华书局 2005 年版。

伍云姬主编:《湖南方言的介词》,湖南师范大学出版社 1998 年版。

许宝华、宫田一郎主编:《汉语方言大词典》,中华书局 1999 年版。

游汝杰:《汉语方言学导论(修订本)》,上海教育出版社 2000 年版。

袁毓林、王健:《吴语的动词重叠式及相关的类型学参项——从几种语法格式的分布地域看古吴语的北界》,《吴语研究》,上海教育出版社 2005 年版。

Alain, Peyraube, Syntactic Change in Chinese: Grammaticalization, 1991, *BIHP* 59.3:617-652. 中译本:贝罗贝:《汉语的语法演变——论语法化》,《汉语语法化研究》,吴福祥、孙梅清译,商务印书馆 2005 年版。

Hopper, Paul and Elizabeth Traugott, *Grammaticalization* (2nd edition). Cambridge University Press, 2003.

Norman, Jerry, *Chinese*. Cambridge University Press, 1988. 中译本:张惠英译:《汉语概说》,语文出版社 1995 年版。

原载《中国语文研究》2007 年第 2 期

编　后　记

　　吴语(吴方言)是汉语重要的方言,也是除北方方言外使用人口最多的方言。吴语研究的历史也十分悠久,最早的现代汉语方言研究专著就是1928年出版的《现代吴语的研究》,作者是中国现代语言学奠基人赵元任先生。复旦大学吴语研究在二十世纪五六十年代由许宝华、汤珍珠两位先生开创。二十世纪七十年代末八十年代初,复旦大学中文系在全国高校里率先成立了专门的方言研究室——吴语研究室。在许、汤两位先生的带领下,吴语研究室的同仁,以及中文系语言学科的其他师生(以下简称"复旦学者")兴起了吴语以及其他汉语方言研究的热潮,并在以下几个方面取得杰出成就。本卷所收集的文章部分展示了这些成就。

　　第一,注重城市方言研究。复旦大学地处中国最大的工业城市上海,复旦学者自然更关注上海城市方言。与其他城市相比,上海建市历史短,移民背景复杂,所以市区方言充满变异。早在二十世纪六十年代初复旦学者就关注这一问题。1962年许宝华、汤珍珠发表的《上海方音的内部差异》(列于本卷首篇)是汉语方言界较早研究城市方音变异的经典之作;以后许宝华、汤珍珠、汤志祥《上海方音的共时差异》就此专题作了更为深入的探讨。许宝华、汤珍珠主编的《上海市区方言志》(上海教育出版社1988年版)对当时上海市区方言语音、词汇、句法作了全面的描写,堪称城市方言志编写的典范著作。收入本卷的邵慧君《上海市区与近郊方音的比较研究》也是上海城市方言与郊县方言比较的代表作。

第二，注重共时和历时比较研究。复旦学者的吴语研究一开始就有共时描写与历时发展相结合、方言语音与语音演变史相结合的研究传统，尤其到了二十世纪七八十年代后这一研究特点更为明显。共时与历时比较主要指：1.方言间的横向比较研究，这包括吴语内部各点的比较来看吴语演变的规律和吴语的历史；吴语与周边方言的比较来看吴语与非吴语的关系及吴语的特征。列入本卷的潘悟云《吴语形成的历史背景》、陶寰《吴闽语比较二则》、蒋冰冰《宣州片吴语古全浊声母的演变》等是这一方面的代表作。2.方言的纵向比较，包括共时方言与汉语官话发展史比较来看官话跟吴语的对应关系以及对吴语的影响等。吴语文献（包括中国古人写的和外国传教士写的）极为丰富，利用这些文献与共时方言比较来研究吴语的历史也是复旦学者的特色，收入本卷张惠英《吴语札记》、郑伟《吴语早期文献所见的"等"字句》代表这一方向的研究。

第三，注重吴语的语法研究。方言研究大多以语音研究见长，不过复旦中文系有悠久的语法研究传统，受此熏陶，复旦学者在方言学界中较早从事方言句法、词法研究，并取得了显著成就。1993年在复旦大学召开的"中国东南部方言比较研究计划"第二次会议专题讨论动词的体，复旦学者是这次会议的中坚力量。该计划持续召开了十多次会议，复旦学者一直积极参与。收入本卷的游汝杰《吴语里的反复问句》、范晓《吴语"V-脱"中的"脱"》、钱乃荣《SOV完成体句和SVO完成体句在吴语中的接触结果》、杨剑桥《吴语"指示词＋量词"的省略式》、戴昭铭《天台话的几种语法现象》、张洪明"On Language Change: A Case Study of Morphosyntactic Diffusion"、盛益民《汉语吴方言的"处所成分—指示词"演化圈》等论文展现了这方面的成就。

第四，注重总结和运用新理论、新方法研究吴语。复旦学者，特别是八十年代后培养的复旦学者，他们勤于思考、勇于开拓，具有鲜明的海派研究风格。比如根据新的汉语发展史观提出的层次分析理论和研究方法；根据近二三十年来城镇化进程中城市语言变异，提出城市方言学、城市方言岛概念及城市方言变异研究方法；在方言的演变中提出要区分纵向传递、横向传递的理念、连读变调理论等。收入本卷的陈忠敏《吴语人称代词的范式、层次及其合音现象》、石汝杰《现代上海市区方言的多种来源与方言岛理论》、沈钟伟《吴语 ɦ 的音系地位》、平悦铃《上海城市方言疑问句式使用情况的社会语言学调查》、汤珍珠、游汝杰、陈忠敏等《宁波方言（老派）的单字调和两字组变调》展现了此类风格。实验语音学研究方法介入方言语音研究在汉语方言界恐怕也是吴语区做得最好，其中复旦学者是中坚力量。收入本卷的朱晓农《浙江台州方言中的嘎裂声中折调》、胡方《降峰双元音是一个动态目标而升峰双元音是两个目标：宁波方言双元音的声学与发音运动学特性》、马良、陈忠敏、魏建国《论清浊塞音的发音协调机制——以上海话为例》等论文是这方面的代表作。

  2017 年正值复旦中文学科百年庆，复旦中文系吴语研究也有了半个多世纪的历史。我们在这里尽可能展现吴语研究的各个侧面，由于篇幅的限制，本卷收录的复旦学者吴语研究论文只能部分反映我们已经取得的成果。进入新时代，我们会继往开来，在保持吴语研究的优良传统的基础上，勇于开拓，做出新的贡献。

编选者

2017 年 7 月